LES ENFANTS DU CHÂTEAU-VAISSIER

DES MÊMES AUTEURS
(à paraître)

Tome II
Libres Tropiques

Tome III
Le retour des Indiens

Corinne Vandewalle
& Serge Gruzinski

Les enfants du Château-Vaissier

Tome I

Fayard

En couverture
Corinne, Carole, Serge et Patricia sur la plage de La Panne, août 1957
Maquette Hokus Pokus

Dépôt légal : novembre 2019

ISBN : 978-2-213-71177-5

À Thérèse & Françoise

Avant-propos

Nés dans l'immédiat après-guerre, Corinne et Serge se connaissent depuis l'enfance, ils ont presque le même âge. C'est en juin 2015 qu'ils décident d'écrire ce livre alors qu'ils déjeunent au restaurant de La Piscine, le musée de Roubaix. Ils ont grandi dans le même quartier, le Château-Vaissier à Tourcoing. Le père de Serge s'est remarié avec Thérèse, la mère de Corinne. Elle était divorcée. Il était veuf. C'est ainsi qu'amis de toujours, Corinne et Serge sont devenus frère et sœur.

Pourquoi écrire un livre ensemble ? Peut-être est-ce à l'approche de la mort de Thérèse que la nécessité de raconter notre histoire s'est manifestée. « La vie des gens ordinaires n'intéresse personne », disait-elle. Mais c'est dans l'ordinaire que se cache l'extraordinaire. Notre idée n'était pas d'écrire une histoire de nos familles mais plutôt de retracer notre traversée du siècle au fur et à mesure qu'il se transformait. Nous sommes partis de nos souvenirs et de ceux que nous avions recueillis et qui nous ont habités tout au long de ces décennies.

Écrire à *deux*, mais chacun de son côté. Quitte parfois à écrire à quatre mains, mais en maintenant d'un bout à l'autre la stéréophonie : un garçon, une fille, une même réalité avec des points de vue alternatifs, qui se recoupent, se chevauchent et parfois divergent. On peut avoir vécu la même chose ou presque et en garder des traces différentes, voire contradictoires.

Au fur et à mesure que nous avancions, nous nous sommes rendu compte que nous touchions des choses plus profondes. Pour Serge, au départ, il était important de laisser un témoignage comme les historiens rêvent d'en trouver sur d'autres époques. Il voulait essayer de comprendre et peut-être de faire comprendre ce à travers quoi sont passés des enfants d'après guerre dans une Europe qui pour la première fois cessait d'être mise à feu et à sang. Mais ce qu'il cherchait et retrouvait dans sa mémoire le ramenait sans cesse à ce qui s'est lentement construit en lui. Un des premiers lecteurs du manuscrit lui a même demandé si nous avions voulu écrire un roman d'apprentissage.

Pour Corinne, professeur de yoga, mère et grand-mère, cette entreprise s'est vite révélée être une sorte de devoir de mémoire, quasiment une thérapie familiale : raconter et réparer, dévoiler et libérer en transmettant à ses enfants et à leurs enfants la source des valeurs et le poids du monde dont ils sont issus.

Prologue

Le centre du monde

Le Château-Vaissier

Serge

« Petit joyau de la métropole Lille-Roubaix-Tourcoing », le Château-Vaissier est l'île sur laquelle débute notre histoire.

Notre quartier porte le nom d'un grand disparu. Chef-d'œuvre de la Belle Époque, avec ses coupoles orientalisantes, le château Vaissier était une résidence de rêve qu'on appelait aussi le palais du Congo. Le palais, aux allures de Taj Mahal, avait vu le jour à la fin du XIXe siècle, en 1892, au Blanc Seau à Tourcoing, dans le Nord. Son propriétaire, Victor Vaissier, avait fait fortune dans les savons et la parfumerie. Son ego surdimensionné accoucha de cette énorme bâtisse entourée d'un parc somptueux : « Le château Vaissier se composait d'un hall d'entrée d'une surface de 100 m² surmonté d'une vaste verrière. Ce hall était le centre des pièces de réception : salon japonais, salle à manger Renaissance, salon indien, salle à manger indienne, salon mauresque, salle à manger mauresque. »

Dans mon enfance, je trouvais drôle qu'un marchand de savons, alias le « roi Makoko » (c'était le nom qu'il se donnait), puisse s'offrir un palais. Érigé à la gloire d'un des grands patrons du Nord, exubérant de splendeur kitsch, le château traverse brillamment la Belle Époque nordiste mais finit par se volatiliser sans guerre ni bombardement. En 1923, à la mort du parfumeur, la municipalité de Tourcoing refuse de racheter le château. Six ans plus tard, il s'écroule sous la pioche des démolisseurs. Les cinq hectares de la propriété sont fractionnés en parcelles, vendus et progressivement lotis. À partir de 1929, un architecte de renom décide d'y construire une trentaine de pavillons, des maisons en série et de petits immeubles. Tous ont un air de famille. Ils portent souvent en façade une signature : *Émile Desmettre Architecte.*

Le Château Vaissier avant sa destruction (1929)

Du château Vaissier, si brutalement rayé du paysage une vingtaine d'années avant nos naissances, notre quartier n'a sauvé que le nom. Au milieu du XXe siècle, rien ne survit du palais mauresque, à l'exception de deux modestes pavillons aux formes tarabiscotées, nichés entre les nouveaux immeubles de la rue de Mouvaux. Nos mères nous parlent de temps en temps du palais disparu, même si aucune d'elles n'en garde le moindre souvenir : ma mère Françoise était encore petite quand le palais a été rasé, et Thérèse, la mère de Corinne, n'était pas encore de ce monde. L'image du château Vaissier refera surface plusieurs dizaines d'années plus tard quand on commencera à s'intéresser au patrimoine local et que notre pâtissier s'inspirera de vieilles cartes postales pour orner ses pièces montées.

De temps plus anciens, seuls subsistent l'ancienne cour de ferme et les petites maisons de briques. Je les aperçois de ma chambre, la chambre où je suis né, qui donne sur la rue de Mouvaux. C'est l'héritage d'une époque, le XIXe siècle, où la campagne n'avait pas encore été engloutie par la ville ouvrière. Puis, l'une après l'autre, les « censes » des environs se sont transformées en courées et leurs occupants prolétarisés. Au-dessus des maisonnées et des toits de tuiles noircies, une haie d'arbres immenses masque en partie le ciel qui éclaire la chambre de mon enfance. Ils ombragent le parc du « château des Motte » : de cette vaste propriété qui domine la rue de Mouvaux les châtaigniers centenaires et le haut mur d'enceinte ne laissent rien deviner, sauf quand s'ouvre sous mes yeux curieux le portail à deux battants derrière lesquels s'engouffrent de luxueuses automobiles.

Si les courées d'en face sont l'habitat des pauvres, le château Motte incarne la grande bourgeoisie du textile : petite classe moyenne oblige, pas une seule fois les Gruzinski n'ont mis les pieds dans les masures de l'autre côté de la rue, pas plus qu'ils n'ont franchi le portail de fer du château.

Orphelin de son passé, le quartier a donc une apparence cossue, qui contraste avec l'impersonnalité des pavillons populaires, tous construits après guerre sur le même modèle, à l'orée de la ville limitrophe de Mouvaux. Avec leur modernité sobre, leurs murets discrets et leurs jardinets de façade, les immeubles et les villas du Château-Vaissier composent le décor de notre enfance. C'est là que nous sommes nés et avons grandi.

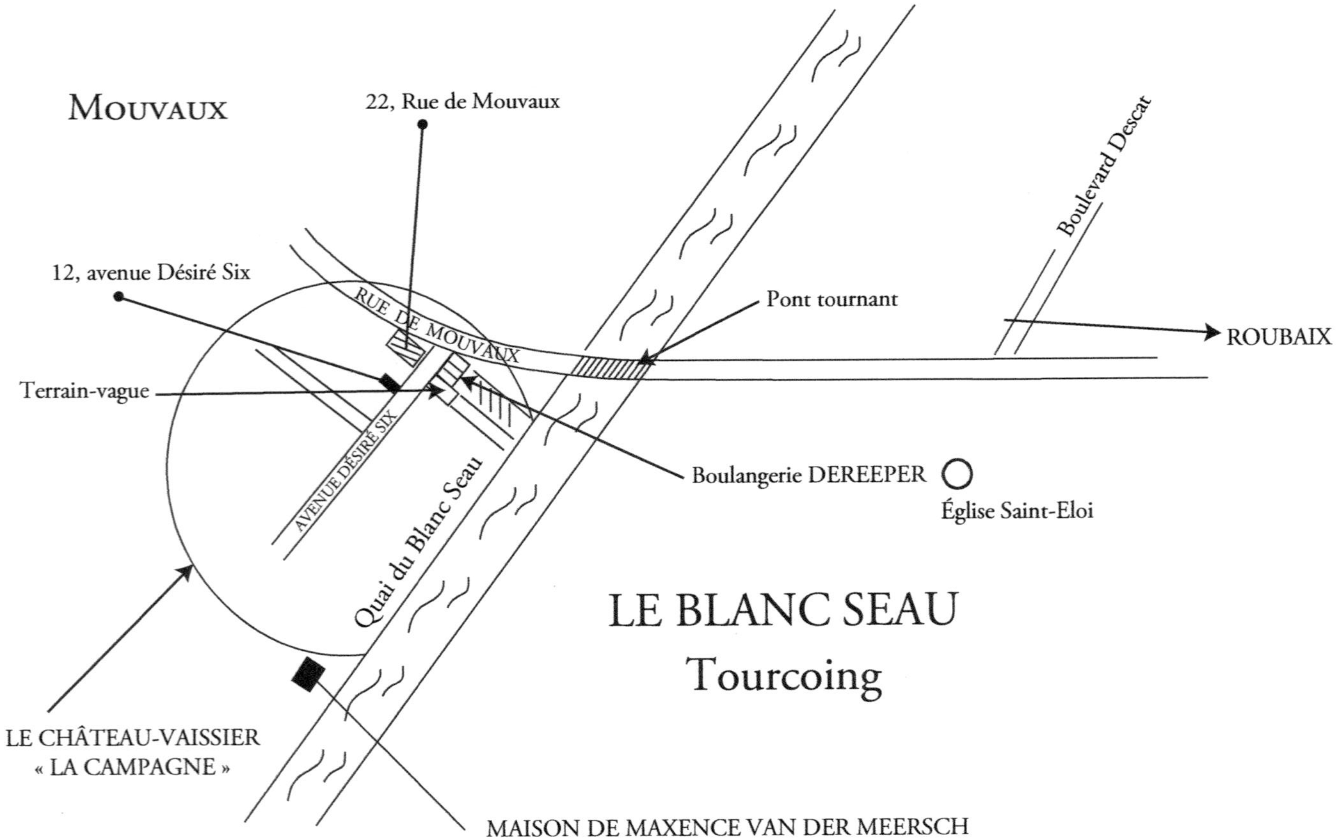
MOUVAUX
22, Rue de Mouvaux
12, avenue Désiré Six
Terrain-vague
RUE DE MOUVAUX
AVENUE DÉSIRÉ SIX
Quai du Blanc Seau
Pont tournant
Boulevard Descat
ROUBAIX
Boulangerie DEREEPER
Église Saint-Eloi
LE BLANC SEAU
Tourcoing
LE CHÂTEAU-VAISSIER
« LA CAMPAGNE »
MAISON DE MAXENCE VAN DER MEERSCH

L'avenue Désiré-Six et la rue de Mouvaux, carte postale, Médiathèque municipale de Tourcoing

Le canal de Roubaix

Nous, les Gruzinski, habitons sur la rue de Mouvaux, au premier étage. L'appartement surplombe un carrefour où débouche la paisible avenue Désiré-Six. Accoudé aux fenêtres de la salle à manger, j'ai souvent observé le spectacle de la rue. Quand il fait beau, la vue porte jusqu'à Roubaix, mais le regard se pose d'abord sur l'architecture de fer d'un pont tournant. Chaque fois que le pont pivote, le flot des voitures s'immobilise et leur file s'allonge jusqu'en haut de la rue qui retrouve un moment le calme de la soirée ou des après-midi d'été. Notre pont tournant ressemble au pont-levis d'un château fort, et le Canal à une frontière au-delà de laquelle vivent d'autres gens dans des maisons plus anciennes, serrées les unes contre les autres, toutes pareilles, toutes noircies par la poussière de charbon. De l'autre côté de l'eau, les ateliers et les entrepôts de charbon sont encore nombreux. Notre quartier résidentiel fait face à cet îlot industriel. Dans la centaine de mètres qui nous sépare du Canal, deux épiceries, une boucherie, une boulangerie assurent l'essentiel du ravitaillement. Depuis les baies de la salle à manger, je vois défiler tous les gens du quartier. Et j'écoute les commentaires, pas toujours amènes, de ma mère. Mais pour nous le cœur du Château-Vaissier, et donc le cœur du monde, se loge au croisement que la rue de Mouvaux forme avec l'avenue Désiré-Six.

Une avenue n'est pas une rue. Avant de se jeter dans la rue de Mouvaux toujours bruyante, l'avenue Désiré-Six tire son charme discret de l'enfilade de villas, de jardinets et d'immeubles d'appartements qui la bordent et, côté Canal, du calme des jardins potagers qui occupent les lopins encore libres.

Les années ont passé et les jardinets disparaîtront un à un, remplacés par de coquettes villas qui accentuent le caractère résidentiel du voisinage.

Au-delà de l'avenue Désiré-Six, règne encore la « campagne » avec ses fermes, ses animaux et ses pâtures, une seconde barrière que nous apprendrons vite à franchir. De l'autre côté du Canal, bat le cœur du Blanc Seau avec sa mairie, son église, ses écoles, sa place du marché. Les centres de Roubaix ou de Tourcoing sont loin, hors de notre portée, et la métropole lilloise, à plus d'une trentaine de minutes de tramway, le bout du monde.

Sur cette avenue Désiré-Six, au numéro 12, vit l'autre famille, les Vandewalle et leurs filles Corinne et Carole. Corinne nous appelle la « famille aux yeux verts ». Fort tôt ma sœur Patricia et moi avons commencé à jouer avec nos voisines.

Le temps du hula hoop : Patricia, Serge, Carole et Sylvie B., vers 1957, devant le garage du 12, avenue Désiré-Six

Le goûter du mercredi

Corinne

Septembre 1956. Blanc Seau, Tourcoing

Au coin de la rue de Mouvaux et de l'avenue Désiré-Six, il y a cette famille aux yeux verts. En face de chez eux, sur l'autre coin, la boulangerie-pâtisserie Dereeper, où tout est bon. Tôt le matin, quand nous partons pour l'école, l'odeur du pain sorti du four émane d'un soupirail toujours éclairé et nous accompagne, un peu comme un petit nuage au parfum de brioche.

En octobre, j'aurai huit ans. Je suis assez grande pour que Maman me confie son porte-monnaie et m'envoie toute seule chercher un pain ou un cramique (*kramiek* en flamand). Parfois deux sucettes « Pierrot Gourmand ».

La dame aux yeux verts et Maman sont devenues amies. Elle s'appelle Françoise, elle a un mari et deux enfants, Serge et Patricia, que j'ai toujours connus sous le nom de Yoja et Nounoune. La famille Gruzinski.

Yoja a un an de moins que moi. Nounoune a un an de moins que Carole.

Il fait soleil, on a eu le droit de goûter dans le jardin. Notre jardin n'est pas très grand, la table de ping-pong en occupe une large portion.

Nos mères prennent le thé au premier étage. Nous, nous pique-niquons dans l'herbe entre rois et reines, chevaliers et princesses, tartines trop beurrées et petits chats gris qui sortent en titubant du panier de leur mère. On boit des Fanta orange ou citron, qui nous font roter. Et rire de nos rots.

Chaque mercredi Françoise vient prendre le thé chez nous, avec Yoja et Nounoune. La semaine suivante, Maman va chez Françoise, mais Carole et moi ne l'accompagnons pas ou très rarement. C'est trop petit chez eux et leur pépé pas commode n'aime pas qu'on le dérange. Il sent le tabac à pipe.

Pas grave. On joue dans l'avenue. Ils ont de la chance, ils ont une trottinette et des patins à roulettes. Pas nous. Nous, on a des petits chats, des nichées de petits chats sans cesse renouvelées. Et le téléphone, une voiture. Et une télévision depuis le couronnement de la reine d'Angleterre. Mon premier écran.

Tous les jours ou presque, Yoja et Nounoune viennent jouer dans le jardin. Nos mères ont repris le rituel du thé une fois par semaine. Et du tricot. Pour Carole et moi, les pelotes de laine sont souvent bleues, l'uniforme de Notre-Dame de la Sagesse oblige. Béret, jupe plissée, chemise blanche, veste bleue.

La chaleur de cette fin d'été plombe le jardin. La piscine en plastique turquoise se remplit et se vide et se ré-remplit sans arrêt. Nous versons autant d'eau dehors que dedans et nos arrosoirs s'en donnent à cœur joie. On est trempé, le sol aussi, nos pieds nus couverts de boue et d'herbe.

Le soleil passe derrière les peupliers du voisin, un choco BN fond dans une flaque, le beurre d'une tartine a tourné en huile dégoûtante, j'entends la voix de Françoise Gruzinski : « Les enfants, encore cinq minutes ! » On jouait si bien, il va falloir se laver les pieds, se rhabiller dans la salle de bains, on traîne un peu, on se rince au jet d'eau en hurlant. Nos mères arrivent avec les serviettes-éponges.

Bientôt la rentrée des classes va nous séparer. Je vais rentrer en huitième. Huit ans en huitième, c'est la fierté de ma mère. Je serai la plus jeune de la classe, la plus petite sans doute. Comme d'habitude. Les autres filles de ma classe auront un an ou deux de plus que moi. Elles m'appelleront le bébé, ou la petite, et ne joueront pas avec moi à la récré, parce que je n'attrape jamais la balle au prisonnier, et que je ne saute pas aussi bien qu'elles à la corde. Alors je jouerai avec les garçons qui me feront garder le camp pendant qu'ils iront à la guerre. Ou bien j'irai rêver dans un coin, avec les petits. Mais quoi, il faut faire plaisir à Maman, c'est ce qui compte, non ?

Carole et moi allons à Roubaix à La Sagesse, Yoja et Nounoune ne quittent pas le quartier du Blanc Seau.

Heureusement il nous reste les Allumoirs : lundi prochain, dernier lundi de septembre, dès la tombée de la nuit, nous défilerons dans les rues du quartier avec, au bout d'un bâton, un lampion éclairé par une bougie.

On chante :

Vive les allumoirs, ma mère, vive les allumoirs !
On les allume quand i' fait noir
Vive les allumoirs !

Nous sommes excités comme des puces. Cette fête populaire marquant la fin de l'été est pour nous, enfants du Château-Vaissier, l'occasion de marcher en cortège, ensemble, dans la rue en balançant comme un encensoir nos lampions multicolores, fabriqués par nos soins ou achetés au petit magasin de jouets de la rue de Mouvaux. Parfois, le balancement de notre allumoir ou le vent de la nuit automnale met le feu au papier coloré, réduisant en cendres sous nos yeux épouvantés la magie du rituel tant attendu.

– C'est pas grave, dit Maman.

Mais si, c'est très grave. Défiler sans allumoir n'a plus aucun sens. Je rentre à la maison le cœur brisé, au bord des larmes.

Chapitre I

Les grandes douleurs sont muettes

La Première Guerre mondiale

Mes petites oreilles d'enfant

Corinne

Les ombres de 14/18

Les rues de Tourcoing sont sales et boueuses. Le Nord est occupé par l'ennemi. Les enfants ont faim.

Il n'y a plus de père à la maison. Où est-il passé le Jean-Baptiste ? Avec neuf enfants, il aurait pu rester à la maison, mais non…

Andréa n'a pas dix ans. Avec ses frères et sœurs, elle court derrière les soldats allemands. Ils leur donnent des fonds de gamelles. Des oignons frits. C'était bon, c'était tellement bon. On avait faim, on avait tellement faim ! Elle a les larmes aux yeux. « Les petits oignons frits. » C'est ma mamie qui me l'a dit. Andréa Vanelslander, ma grand-mère paternelle.

Le 6 août 1914, aux premiers jours de la Première Guerre mondiale, une balle traversa le front de mon grand-oncle Philémon Allaerd, dit Philo. Il avait vingt-deux ans. Elle transperça par la même occasion le cœur de mon arrière-grand-mère Maria Louise, sa mère, et de ses sœurs : Marguerite, Noémie, et Simone, ma grand-mère maternelle. Et voyagea de génération en génération et fit de lui le héros de la famille. Et cette blessure fatale que nous portons toutes inconsciemment… si nous la laissions se cicatriser, les filles ?

Depuis la mort de Philémon, la plaie est béante, sanglante comme une tranchée. Les familles françaises sont obligées d'héberger des soldats allemands. Quelle souffrance pour Maria Louise. Accueillir l'ennemi chez elle, qui vit avec ses trois jeunes filles et le fantôme de son fils adoré. Et puis, la nuit, elle entend les sanglots du jeune homme dans sa chambre. Lui aussi n'a que vingt ans, une maman au loin qui le pleure, et la peur au ventre.

Les diables gris à Tourcoing

Depuis que les hommes sont partis au front, pères, maris, fiancés, frères, cousins, amis, les femmes à la maison survivent, mères, filles, sœurs, cousines. Les enfants grandissent dans la peur et le manque.

Des soldats allemands sont installés de force dans les familles françaises. C'est insupportable pour Maria Louise et ses trois filles. On les appelle les « diables gris », ces occupants, ces locataires. Plus ou moins jeunes, plus ou moins corrects. Parfois de vrais rustres, grossiers, méchants. Comme celui-là qui balançait ses poux dans le berceau du bébé. Parfois effrayants, parfois effrayés, tout simplement désolés.

Mais celui-ci est différent. D'ailleurs, il parle parfaitement français, il est tout jeune, il doit avoir l'âge qu'aurait Philémon.

– Mon père est professeur de français à l'Université de Heidelberg, dit-il, en s'excusant presque.

Maria est musicienne. Elle joue du piano, quand elle en a le temps, le cœur. Si doucement, si tristement. Alors Klaus lui demande la permission de s'asseoir au salon. Il écoute, les yeux fermés. Parfois, il lui arrive de jouer.

Ce soir, il est rentré abasourdi. Simone, la fille de Maria Louise, lui a servi un bol de soupe, mais il a refusé. Il est allé vomir dans la cour. On dit, on raconte que les rues de Lille sont jonchées de cadavres.

La nuit, Maria entend des pleurs à travers la cloison.

– *Mutti, Mutti.*

Il gémit comme un enfant. Elle aussi, comme lui, pleure toutes les nuits. Elle pleure son fils. On entend tellement d'horreurs, on ne sait plus que croire.

– *Mutti, Mutti.*

Il sanglote maintenant. Maria se lève et va dans la cuisine. Il reste un peu de lait, qu'elle coupe avec de l'eau, ajoute un peu de sucre. Elle pousse la porte de la chambre.

– Tiens, mon petit. Attention, c'est un peu chaud.

Il a les yeux rouges, le regard fébrile. Il s'assied et boit son bol de lait. Il tremble comme un enfant qui a peur. Elle pose la main sur son front, ses joues, ses cheveux blonds. Il est brûlant.

– *Mutti* ?

– Quand la guerre sera finie, tu retrouveras ta maman, ton pays, ta famille. On m'a dit que c'était si beau, Heidelberg. Dors maintenant, mon petit.

Plusieurs jours durant, il brûle de fièvre. Il délire. Un médecin militaire allemand est venu de Lille. On va renvoyer Klaus chez lui, à Heidelberg.

– Peut-être la tuberculose.

Avant de partir, Klaus plonge son regard clair dans l'eau si bleue des yeux de Maria Louise.

– Attends, petit. Tu donneras ça à ta maman, murmure-t-elle en lui tendant un petit col en dentelle confectionné par Simone.

– Vous savez, Madame Maria, j'ai perdu ma mère quand j'avais six ans. C'est vous que j'appelle *Mutti*..

Il y eut un silence. Il l'embrassa sur le front, elle pleurait. Les filles regardaient leurs chaussures.

– Merci encore pour le piano.

Picarde

Sainte Colette, la patronne de la ville de Corbie, austère religieuse, solide Picarde, est à l'origine du prénom de mon arrière-grand-mère paternelle, Marie-Colette Berthe, « grand-maman ».

Marie-Colette est née Wilbert en mai 1876 à Corbie, puis fut reconnue par le mari de Marie-Colombe sa mère, un certain Brandicourt (son géniteur ? Peut-être...).

Pour moi, Grand-Maman s'appelait Berthe Brandicourt, on disait B. B pour la faire « endêver ». Une petite bonne femme courageuse, que j'ai bien connue (elle est morte à quatre-vingt quinze ans, j'en avais vingt-deux) et que j'ai toujours vue souffrir. Elle avait un vilain ulcère à la jambe, qui lui rongeait les chairs et la faisait par moments tressaillir et serrer les dents.

Quand le docteur venait la voir chez ma Mamie, on nous demandait de sortir de la cuisine, pour nous éviter le spectacle du pansement. Elle était assise à côté de la grande cuisinière à charbon qui diffusait une chaleur rassurante dans toute la maison.

Grand-Maman ! J'en ai passé des heures à tes côtés à te questionner. Toute vieille, tu somnolais près du poêle, ton petit filet à cheveux sur la tête, ton tablier à fleurs sur une robe noire, ton profil osseux et tes lunettes cerclées de métal. Tu ne souriais pas beaucoup. Ta vie avait été dure. Très dure, je n'imaginais pas. Je t'accablais de questions. Alors, raconte Grand-Maman !

« Mais quelle soyeuse ! » tu disais en riant un peu. Traduction (soyeux, soyeuse : casse-pied). Oui, je pouvais te casser les pieds pendant des heures.

Je la regardais souffrir, du haut de mes quatre ans déjà : « T'inquiète pas, Grand-Maman, quand on est vieux, on va bientôt mourir et quand on est mort, on sent plus rien. »

Ma réconfortante philosophie avait fait le tour de la famille, qui en avait beaucoup ri... mais ne l'avait pas convaincue, elle, qui a encore vécu dix-huit ans après ma déclaration.

Petite et douloureuse, elle avait mené sa barque sur le long fleuve pas du tout tranquille de sa vie, traversé deux guerres mondiales dans le Nord qui n'était pas le meilleur endroit du moment, élevé huit enfants (le neuvième, Jean, est mort à quelques mois), et tenu sa place dans la famille jusqu'en 1971, en sa quatre-vingt-seizième année, après avoir enterré plusieurs de ses enfants. Elle me fascinait. Un mystère.

Dans la famille de Papa – les Vanelslander – après quelques verres, tout le monde (sauf Papa) parlait chti, langue incompréhensible et drôle. Le vernis craquait pour faire face au vrai, à la rigolade. Je n'entendais rien à ce patois d'origine picarde, complètement différent du flamand que je ne comprenais pas non plus d'ailleurs.

Berthe donc, pour ne pas l'appeler Marie-Colette, était née à Corbie en 1876 dans une famille d'honnêtes gens, les Brandicourt, travailleurs et respectables, dont on ne m'a jamais parlé. Pas un mot. Rien.

Sauf qu'engrossée à dix-sept ans par le fils de ses patrons, elle s'est vite retrouvée fille-mère. À moins qu'elle ne fût nourrice, comme il était coutume de le faire à l'époque : choisir une jeune fille saine et travailleuse, l'engrosser pour son lait qu'elle partagera entre son bébé et les enfants des familles bourgeoises qui l'emploient à cette fin. D'ailleurs, rebelote, elle retombe enceinte à dix-neuf ans. Suite à une grosse dispute avec ses parents, elle part travailler en usine à Tourcoing avec son petit Raphaël âgé de deux ans et son gros ventre.

Quelques années après la naissance de Samuel, son deuxième garçon, elle rencontre Jean-Baptiste Vanelslander, un chaudronnier qui l'épousera en 1901, reconnaîtra ses deux fils et lui fera encore sept enfants.

Neuf enfants ! Quand je regardais mon arrière-grand-mère dans son petit corps osseux, j'avais du mal à imaginer qu'elle ait pu mettre au monde une telle ribambelle de gamins. Mais si.

C'était une coriace, Grand-Maman. Jean-Baptiste Vanelslander était surtout un artiste, un forgeron. Un artiste du métal. Assez vite, il se mit à la sculpture et au fer forgé. Avec un certain succès d'ailleurs. Il forma son fils Georges à la ferronnerie. J'ai souvent entendu dans mon enfance « bon Georges », mon parrain, se vanter d'avoir forgé dans l'atelier où il travaillait les grilles de la préfecture de Lille.

De riches industriels du Nord, de Belgique et même de Paris firent appel à ses talents pour leur forger grilles, portails, statues et autres décorations. Si bien que notre artiste, commençant à être connu et bien payé, se désintéressa peu à peu de sa marmaille, laissant souvent Berthe à Tourcoing élever sa tribu, tâche dont elle s'acquitta fort bien mais qui lui laissa une certaine amertume à l'égard des hommes. Il arrivait à Jean-Baptiste de disparaître et de réapparaître quelques mois plus tard. Disparu, revenu, disparu à nouveau… Un jour Berthe demanda le divorce. Et l'obtint.

Baptiste

Il paraît que mon énergumène d'arrière-grand-père, Jean-Baptiste Vanelslander, avait choisi d'aller à la guerre plutôt que de rester au logis en tant que soutien de famille – et quelle famille, une femme et huit enfants ! Il aurait pu… mais non, il préférait partir au front plutôt que de subvenir à leurs besoins. Ce choix est aussi à l'origine de la demande de divorce de Marie-Colette Berthe. Entre autres raisons.

Pourtant – chapeau Grand-Maman ! – tous les enfants Vanelslander ont été bien élevés et s'en sont plutôt bien sortis (sauf Tonton Marcel, un des héros de notre famille, cheminot torturé et tué par la Gestapo en 1942, j'en parlerai plus tard).

Tous ont eu leur certificat d'études à quatorze ans. Andréa, ma mamie, ne faisait pas de fautes d'orthographe et parlait un français impeccable, sauf – comme je l'ai dit plus haut – quand après quelques verres, tout le monde se lâchait en patois picard, en chti.

Malgré la misère et la détresse dans lesquelles le Nord s'est retrouvé pendant et après la Première Guerre mondiale, la faim, l'absence du père de famille et l'obligation pour les enfants de travailler très jeunes, je n'ai connu chez mes grands-oncles et grands-tantes que d'honnêtes gens, travailleurs et respectables : cheminots, cafetiers, coiffeuse, forgeron, petits commerçants et (cela, je l'ai découvert plus tard)… communistes. Après le certif, ils ont tous appris un métier. Andréa, bobineuse dès quatorze ans dans une usine textile, ouvrira un café restaurant dans le quartier du Brun Pain, Marguerite, « Tante Guite », a appris la coiffure et tenu salon toute sa vie durant, « Bon Georges » mon parrain, chaudronnier et forgeron comme son père Baptiste, Marcel et Pierre – le plus jeune de la fratrie – cheminots.

Après la libération de Tourcoing en octobre 1918 par les troupes britanniques, Georges Clemenceau et Raymond Poincaré y sont accueillis avec ferveur. On va nettoyer, on va reconstruire, sécher les larmes. Mais oublier, sûrement pas. Pleure pas, Mamie. Une mamie qui pleure, ça fait peur aux petites filles.

De la Laponie aux tranchées

Serge

Isabelle au Cercle polaire, 5 août 1914

– *Miss Isabelle, war has been declared against our country and yours. We must leave at once and go back home. Pack your belongings and take care of the children. Make sure you do not forget anything.*

Nous sommes au bord du cercle polaire, le 5 août 1914. « Miss Isabelle », c'est la mère de mon père. La voix qui s'adresse à elle est celle de ses patrons, un couple d'Anglais argentés qui ont la passion des voyages.

Ma grand-mère avait poursuivi des études à l'École normale de Melun. Elle aurait fait une bonne institutrice si elle avait continué dans cette voie. En tout cas, elle savait assez d'anglais pour s'entendre avec des étrangers. À Fontainebleau, une famille britannique cherchait une jeune Française au pair pour les accompagner en Scandinavie. Isabelle donnerait des cours de français aux enfants et leur tiendrait compagnie. Ces Anglais étaient anglicans et le pasteur de Fontainebleau avait chaudement recommandé Isabelle Volck, jeune encore mais certainement très dévouée et bien sous tous les rapports. En somme « une protestante honnête », une formule que j'ai souvent entendue dans la famille comme si les deux qualités allaient toujours de pair.

Pour visiter les fjords, les Anglais ont pris l'express côtier qui, depuis vingt ans, relie le centre de la Norvège au nord du pays. La petite famille a visité les îles Lofoten. Elle a aimé ses maisons de pêcheurs aux couleurs vives et ses montagnes tombant à pic dans la mer. Maintenant elle compte bien atteindre le légendaire cap Nord. En cette période de l'année, sous le soleil de minuit, le paysage prend des tons rougeâtres qui fascinent Isabelle. Pourtant ce sont les Lapons avec leurs longues vestes de drap bleu roi, leurs bottes à pointes recourbées et leurs rennes qu'elle nous racontera dans sa vieillesse. Au cours des escales, les Lapons se pressent pour vendre aux touristes des fourrures, des bracelets, des gobelets en bois de renne gravé. Mais Isabelle ne verra pas de traîneau faute de neige.

Atteindre le cap Nord, décidément ces Anglais n'ont peur de rien ! Pourtant ils ne sont pas seuls à visiter la Norvège : l'empereur Guillaume II aime y prendre ses quartiers d'été. Il s'est fait même reconstruire sa villégiature préférée, Alesund, en style Art Déco. C'est là qu'en juillet, lors d'une escale, la petite famille a croisé des touristes allemands et autrichiens. Apparemment, tous ces voyageurs nagent dans l'insouciance. Mais la dame anglaise n'apprécie pas l'Art nouveau à la mode germanique, le *Jugendstil*, et juge les Allemands, surtout les Prussiens, un peu vulgaires.

Pendant qu'Isabelle et ses Anglais explorent le nord du pays, malgré l'attentat de Sarajevo, Guillaume II les suit dans une énième croisière sur les eaux norvégiennes. Tout à coup le

27 juillet, le yacht impérial fait demi-tour. Il regagne Kiel. L'orage s'approche. Nos Anglais, eux, continuent leur progression vers le Nord. Le 5 août, une agitation inhabituelle intrigue le couple. Ils ne comprennent pas un mot de norvégien. Un télégramme vient de tomber. Un officier de l'Express côtier parle anglais : la veille, la Grande-Bretagne a déclaré la guerre à l'Allemagne qui a violé la neutralité de la Belgique.

Que va décider la Norvège qu'apprécie tant l'empereur Guillaume ? Le couple d'Anglais est alarmé. Ils voyagent avec une petite Française, ce qui complique encore les choses. Si le pays rejoint les puissances centrales, on les mettra en prison. Des rumeurs de débarquement allemand circulent. On dit même qu'à Oslo et à Bergen, les rares banques ouvertes sont prises d'assaut.

La grande histoire a rattrapé Isabelle sur le cercle polaire. Elle est loin d'imaginer à quel point la guerre va bouleverser son existence et celle de toute l'Europe. Elle retourne en France via l'Angleterre. De là elle regagnera la région parisienne, puis se repliera dans le centre du pays. Jamais plus Isabelle ne fera de voyage lointain.

Ma grand-mère avait donc visité le pays du Père Noël.

Eguzon dans l'Indre

Telle est la raison pour laquelle mon père a vu le jour bien loin du Nord, au centre de la France en novembre 1917. Isabelle m'a souvent raconté cet épisode.

– Pourquoi Papa n'est pas né ici, à Tourcoing ?

– Ton père est né à Eguzon, dans l'Indre. C'est une longue histoire. Ma sœur, ta tante Rachel, était institutrice à Strasbourg. Quand les Allemands ont envahi l'Alsace ou un peu avant, je ne sais plus, on l'a évacuée à Peugueffier, un village à la frontière de l'Indre et de la Creuse, avec d'autres réfugiés de l'Est. Je suis allée la rejoindre là-bas en 1916. J'étais enceinte. L'endroit était plus sûr. On était très loin des

Allemands, même au cas où ils auraient pris Paris comme en 1870. À l'époque, j'habitais Paris avec ton grand-père.

– Mais Papa est né à Eguzon ? C'est où, Eguzon ?

– Eguzon, c'est tout près de Peugueffier, le village où on était réfugié. Ouvre ton livre de géographie. Tu vois, Eguzon se trouve exactement au cœur de la France. Ton papa est né dans une ferme et pas dans une maternité. J'ai accouché sur un sol de terre battue, comme les paysannes du coin. La frontière des deux départements, je m'en souviens, traversait la cour de la ferme.

Les boîtes du grand-père

La Laponie, Eguzon, j'ai beau chercher dans ma mémoire, rien d'autre n'affleure. Aucun autre souvenir, aucune autre anecdote ne me permettent d'évoquer des moments plus intimes ou plus dramatiques comme vient de le faire Corinne.

Aussi étrange que cela puisse paraître, j'ai vécu enfant avec dans la tête des dizaines d'images de la Grande Guerre comme si j'y étais. Pas de récit de famille mais des images à foison. Plus exactement, une collection de clichés stéréoscopiques. Ils étaient rangés dans trois boîtes de bois, hermétiquement fermées par un petit loquet de métal. Le loquet en forme de crochet a souvent écorché mon doigt maladroit quand ce n'était pas la tranche effilée des plaques de verre sur lesquelles ces photos étaient fixées. Nous les regardions, ma petite sœur et moi, en usant d'une étrange paire de jumelles, en fait un vérascope en bois. Du bois, du verre, du métal un peu rouillé, des matériaux déjà vieillots alors que le plastique commence à envahir ces années 1950. Le vérascope « faisait mal aux yeux ». J'ai vite compris qu'astucieusement introduites dans notre projecteur à diapositives, les plaques livraient un spectacle bien plus impressionnant quand elles s'étalaient dans l'obscurité du soir sur les murs de la chambre que je partageais avec ma sœur.

– Papa, est-ce qu'on peut regarder les « *dias* » de la Guerre ?

– Oui, les enfants, mais gare à vous, n'en cassez pas comme la dernière fois sinon je vous reprends les boîtes.

– Nounoune (c'est le surnom affectueux qu'on donne tous à ma sœur), ferme bien le rideau pendant que je branche le projecteur. Y a trop de lumière qui rentre de la rue. Après manger, on va regarder les photos de la deuxième boîte...

À chaque séance, la Grande Guerre déroule sa procession macabre et les « projections-surprises » deviennent un jeu pour faire peur aux copains et aux cousins qui viennent de temps en temps nous visiter ou dormir à la maison. Quitte à jouer aux fantômes, pourquoi ne pas convoquer ceux de la Grande Guerre ? Beaucoup de ces images sont encore greffées dans ma mémoire : les corps des chevaux déchiquetés par les obus, les cadavres dans les tranchées, la neige sur les décombres des villages, les arbres décapités ou à moitié consumés par le feu, les fermes calcinées. Ces dizaines de scènes plus sinistres les unes que les autres excitaient notre voyeurisme d'enfant sans que s'en alarment nos parents. Ils craignaient surtout qu'en jouant nous brisions des plaques et, plus encore, que nous nous blessions avec les éclats de verre.

La Grande Guerre dans les vues stéréoscopiques, anonyme

L'origine de ces plaques ? Voilà bien le cadet de nos soucis. On nous avait expliqué qu'il s'agissait d'un cadeau offert à mon grand-père René Gruzinski après la Guerre. Drôle d'idée pour un cadeau ! Les plaques faisaient partie de l'histoire de ce grand-père que je ne connaissais que par bribes. Car à la maison ou chez ma grand-mère Isabelle, on parlait le moins possible de son mari René Gruzinski.

– Tiens, tu veux voir à quoi ressemblait ton grand-père ? Je vais te le montrer, me disait mon père, en feuilletant les pages d'une revue ancienne, *L'Illustration*, le *Paris-Match* de la Belle Époque, où quelques lignes rendaient hommage aux prouesses militaires de René Gruzinski et encadraient la photo d'un homme encore jeune et souriant.

– Voilà ton grand-père quand il était soldat, en 1917. C'est cette année-là que je suis né dans le village dont t'a parlé ta Mémé.

La vieille revue, autrefois fameuse, avait triste mine à côté des photos en couleurs du *Paris-Match* que lisaient mes parents. Outre cette photo, mon grand-père, c'était aussi un objet précieux qui a vite rejoint ma boîte aux trésors : sa Légion d'honneur.

– Tu veux jouer avec la décoration qu'on a donnée à mon père parce qu'il a fait la guerre ? Tiens, tu peux la garder mais fais attention, la croix est fragile. N'abîme pas l'émail !

Sans plus d'explications, mon père m'a confié la décoration pour que je m'amuse avec elle. Tout juste ce qu'il me fallait pour mon déguisement de « chevalier du Moyen Âge ».

D'où venait cette Légion d'honneur ? Pas la moindre évocation, à la maison, des faits d'armes que je lis un demi-siècle plus tard dans les archives de l'Institut de la Légion d'honneur : « M. Gruzinski, René, sous-lieutenant au 127e régiment d'infanterie, le 29 août 1916, a par son énergie et son exemple maintenu sa section sous un violent feu de grenades et a contribué à faire échouer une attaque ennemie. »

René a donc été une figure héroïque. Mais mon père ne ressent aucune admiration pour le soldat de Quatorze. Sans même prononcer un mot contre René, il m'a subtilement inculqué ce qu'il pensait de la guerre, et de toutes les guerres, en me laissant faire de cette médaille sacrée un trésor de pacotille.

Comment René Gruzinski a-t-il vécu la guerre ? Impossible de mettre des mots dans sa bouche, de lui faire décrire les horreurs ou la grandeur de Verdun, le soulagement des permissions au cours desquelles mon père sera conçu. Le silence de son fils explique le brouillard qui entoure la figure de René.

La belle Jeanne

– Ton grand-père René est né à Paris en 1891, boulevard de Port-Royal, dans le XIVe arrondissement. On n'a jamais su qui était son père. Je pense même qu'il ne l'a jamais connu. Mais sa mère s'appelait Jeanne, Jeanne Gruzinski. « Elle », personne ne sait d'où elle venait, ni où elle était née. En tout cas, à la naissance de mon père, Jeanne était française.

Mon père en savait-il plus ? Ma grand-mère Isabelle parlait le moins possible de Jeanne, sa belle-mère. En 1891, l'année où paraît *L'Argent* d'Émile Zola, cette petite couturière vit à Paris, au 15 rue Tiquetonne, entre la rue Saint-Denis et la rue Montmartre. Elle n'a que dix-neuf ans quand elle met René au monde à la maternité de Port-Royal.

– Mémé, pourquoi mon grand-père n'a pas de papa ? Comment il est né si sa maman n'était pas mariée ?

– On t'expliquera cela quand tu seras plus grand, mon petit garçon.

C'était bien sûr la question, parmi d'autres, à ne pas poser… Mon père est plus loquace :

– Ma grand-mère Jeanne, on racontait qu'elle dansait dans les cabarets de Roubaix, qu'elle avait beaucoup d'allure, et même qu'elle était très jolie. On la voyait se promener en calèche en compagnie de riches messieurs qui portaient hauts de forme et redingotes.

Jeanne Gruzinski, que l'état civil disait célibataire et dont la rumeur publique vantait les charmes, faisait partie des secrets de famille. Ma tante Nadine, la fille cadette d'Isabelle, se rappelle encore les questions ironiques que lui posaient ses camarades de classe à la fin des années 1930, mais elle ne comprenait pas où elles voulaient en venir. Ce halo de mystère m'a toujours rendu Jeanne attirante, sans pour autant que je parvienne jamais à le dissiper.

Tout cela n'améliorait pas l'image de mon grand-père et plongeait les ancêtres en -ski dans d'épaisses ténèbres dont ils ne sont jamais sortis. Quelle était l'origine de ces gens ? Quand sont-ils arrivés à Paris ? Comment s'écrivait leur nom ? Selon ma grand-mère, un agent de l'état civil parisien aurait voulu simplifier un Grudzedzinski si incommode à porter et à écrire en terre française. Origine probable de Jeanne, la Pologne... Religion : catholique. Ce qui n'arrangeait pas les choses puisque sa belle-fille Isabelle était protestante et fière de l'être. En somme, on ne savait rien de précis et personne jamais n'a cherché à en savoir plus. Les silences calculés sont souvent plus ravageurs que les défaillances de la mémoire.

Plus tard je découvrirai qu'un prince Gruzinski traverse *Guerre et Paix* de Tolstoï, pas si mal que cela, même si c'est la fiction qui m'offre des racines. Mais à quoi servent les racines ?

Le secret des Sudètes

Le mariage de René Gruzinski avec Isabelle Volck est venu ajouter une seconde couche de mystère, en introduisant un autre horizon aussi peu hexagonal et tout aussi nébuleux.

– René et moi, on s'est mariés à Avon. Avon, c'est une bourgade collée à la ville de Fontainebleau, tu sais là où se trouve le château de Napoléon. C'était pendant la Grande Guerre, en octobre 1915. Mon père s'appelait Jacob, Jacob Volck. Lui, il est né à Paris.

– Pourquoi il s'appelle Volck ? C'est pas un nom français !

– Dans la famille de Jacob, on disait que ses ancêtres étaient originaires des Sudètes.

Dans ma tête, les Sudètes ont longtemps constitué une contrée mystérieuse que j'imaginais comme des Carpates, mais sans vampire. La famille Volck aurait donc quitté cette terre autrefois de langue germanique et qui fait aujourd'hui partie de la Tchéquie. À la naissance de Jacob, en 1867, la province appartient à l'empire austro-hongrois. Mais Isabelle ne sait rien de plus et l'enfant que je suis garde l'idée qu'il y a des Allemands dans la famille. Pourquoi pas ? Et qu'on peut porter des noms bizarres, Volck ou Gruzinski, sans cesser pour autant d'être français. Après tout, à Tourcoing comme à Roubaix une partie des habitants ont des noms flamands.

Soixante ans plus tard, la toile m'apprend que le père de Jacob est né dans le grand-duché de Hesse et qu'il était sculpteur sur cuivre. Sa femme était originaire du Wurtemberg, et simple journalière. Les parents de Jacob se marient à Paris à la fin du Second Empire, trois ans avant l'invasion allemande, et cinq ans après être sortis du Wurtemberg. Les Volck ont-ils cherché à se différencier des Prussiens détestés en se faisant passer pour des sujets de l'Empire austro-hongrois ? C'est bien possible. Ce qui veut dire qu'en se battant contre les Allemands, mon grand-père René s'en prenait au pays de sa belle-famille. Une guerre fratricide au sens littéral du terme !

– Papa Jacob a été cuisinier de l'armée à Fontainebleau, m'explique ma grand-mère. À vingt et un ans, il a épousé Marie Aline. Elle lavait le linge pour les riches et avait quitté Avon, près de Fontainebleau, pour s'établir à Paris comme couturière. Elle s'appelait Jourdain. Un Jourdain avait autrefois été maire d'Avon. Et ces Jourdain, mon petit Yoja, tiens-toi bien, ont un ancêtre célèbre dont tu as certainement entendu parler à l'école…

Ma grand-mère me racontera avec le plus grand sérieux du monde que les Jourdain d'Avon descendaient du Monsieur Jourdain du *Bourgeois gentilhomme*. Pas de chance. Pour une fois qu'on avait des ancêtres « clairement » repérables – fameux et on ne peut plus français ! –, le passé prenait des allures aussi comiques, pour ne pas dire aussi grotesques que les personnages de Molière. Alors Molière (Jourdain) ou Tolstoï (Gruzinski) ?

Les Jourdain étaient-ils catholiques ? Probablement, mais ma grand-mère, ses sœurs Rachel et Clémence, son frère Paul, tous sont élevés dans la foi réformée, héritée des Volck. J'oubliais. Dans ma mémoire traîne un autre souvenir. À cause de ses origines germaniques, le cuisinier Jacob Volck aurait failli être chassé du mess des officiers, mais la protection d'un maréchal célèbre (Joffre ?) lui aurait permis de rester à ses fourneaux avant qu'il parte ouvrir un restaurant du côté de Robinson. Il s'éteint à Paris au début des années 1930. C'est du moins ce que je captais des récits de famille qui vantaient ses talents de cuisinier. La germanophobie dont il a pu être victime est contemporaine de l'antisémitisme qui envoya le capitaine Dreyfus au bagne de Cayenne.

– Mémé, qu'est-ce que tu faisais quand tu étais petite ?

– Tu sais, mon petit Yoja, de quoi je me souviens le plus quand j'étais petite-fille ? Chaque semaine, j'allais à l'école du dimanche du temple de la rue Béranger à Fontainebleau. Il n'y avait pas de voiture ni d'autobus en ce temps-là. C'était avant 1900. Chaque fois que je devais traverser le parc de Fontainebleau, j'étais morte de peur, surtout dans ces journées de décembre et de janvier, quand la nuit tombe dès cinq heures. Je croyais toujours voir des ombres derrière les arbres et les buissons, et je courais à perdre haleine sur le sentier enneigé qui menait d'Avon à Fontainebleau.

Les futaies ténébreuses, la neige et le silence qui l'entoure, l'ombre du grand méchant loup, la course effrénée de cette petite fille, mais aussi son assiduité religieuse composaient un de ces jolis contes de Noël qu'Isabelle prenait plaisir à nous raconter et que j'ai entendu si souvent qu'il s'est ancré dans ma mémoire comme si moi aussi j'avais traversé le parc en courant. Les créatures dissimulées derrière les arbres de Fontainebleau ont épargné la petite fille qu'était ma grand-mère. Comme l'épargnera la Grande Guerre puisque son René survivra aux tranchées.

Du côté de ma mère

Mes deux grands-pères Gruzinski et Delcambre ont des points communs. La Grande Guerre bien sûr, la Première Guerre mondiale qui a décimé les hommes de leur génération, les frères, les cousins, les copains. Des faits d'armes ou des peurs du père de ma mère, Marcel Delcambre, j'ignore tout. Sauf que pour lui, la Grande Guerre se prolonge par une autre calamité : la grippe espagnole. Marcel est sorti indemne des combats mais il est rattrapé par l'épidémie en 1918. Il en réchappe de justesse. Cette manière dramatique de clore une guerre me rendait encore plus sombre cette période lointaine. Les parents m'ont parlé de la grippe espagnole lorsque à sept ans la grippe asiatique viendra s'occuper de moi.

Du côté maternel, pas un mot de l'occupation allemande de Tourcoing pendant la Première Guerre mondiale, quand la cité et toute la région sont restées isolées du reste du pays. Certes ma mère, née en 1921, ne l'avait pas vécue. Les Allemands ont pourtant occupé la ville d'octobre 14 à octobre 18, razziant tout ce qu'ils pouvaient. Machines et métiers ont été emportés comme les stocks des marchandises. Soumises à la Kommandantur allemande, les populations ont vécu dans la crainte qu'on déporte aussi les hommes valides : Tourcoing aura perdu plus de 2 500 hommes, militaires et civils. Mais d'autres raisons expliquent ce silence, elles sont liées à mon grand-père. J'y reviendrai.

Marcel François Édouard Delcambre a donc survécu à la Grande Guerre et à la grippe espagnole. Il porte un patronyme bien du Nord. On trouve des Delcambre à Roubaix-Tourcoing dès la fin du XVIIe siècle. La légende familiale remontait même à des origines espagnoles, qu'on croyait repérer dans le Del de Delcambre. Des soldats de Castille se seraient fixés près du Bois de la Cambre, aux abords de Bruxelles, et auraient fait souche. Étymologie évidemment fantaisiste mais qui peut faire rêver un gosse. Décidément, entre Gruzinski, Volck et Delcambre mes ancêtres dessinent la carte de l'Europe plus que celle de la France.

– Ton grand-père a épousé ma mère en 1913. Marcel était d'ici, poursuit ma mère, il était né à Roubaix en 1889. Elle, elle n'était pas de la région, mais de l'Aisne. Elle s'appelait Marie-Louise Roger. Elle était née à Laon, un an après Marcel. À leur mariage, à la veille de la Guerre, mon père avait vingt-quatre ans et elle vingt-trois. Tous deux se sont connus et se sont aimés alors que Marcel faisait son service militaire à Laon.

Delcambre, Roger, du côté maternel les noms de famille sont moins exotiques. Ma mère m'explique que les Roger de Laon, selon la tradition familiale, plongeaient leurs racines dans le XVe siècle, autant dire Mathusalem comparé aux branches de la famille paternelle. Ils étaient alliés à la famille Judas, des gens si catholiques qu'ils se seraient battus en justice pour faire sauter le *d* et prendre l'appellation, moins déicide, de Jubas. Là, je ne comprends plus grand-chose.

– Qui est-ce Judas ?

– C'est le traître qui a vendu Jésus et l'a envoyé sur la croix. Ton grand-père travaillait comme représentant de commerce, Marie-Louise, sa femme, était couturière.

Encore une couturière comme Jeanne, la mère de René Gruzinski, comme Marie-Aline, la mère d'Isabelle. La toile m'en apprend davantage : le père de Marie-Louise, Alfred, était loueur de voitures à Laon, sa tante Marthe était aussi couturière, le grand-père Félix Jean-Baptiste était cribleur de grains et marchand forain, et son épouse Augustine manouvrière. En fait, j'ignore tout de ce passé laonnois qu'on n'a jamais pris la peine de me raconter.

– Ton grand-père Marcel s'était fait pas mal d'amis à Laon, des militaires, des journalistes, et il les a gardés jusqu'à la fin de l'autre guerre. Il jouait au football comme gardien de but, mais il aimait autant arroser le ballon que le rattraper.

Une photo du temps de l'armée montre Marcel sanglé dans son uniforme qui lui va à ravir. Sur une autre, le musicien qu'il était aussi apparaît en uniforme de parade. La beauté du regard de cet homme jeune et sûr de lui me frappe. Mais plus personne n'est là pour répondre aux questions que ces vieux clichés me posent.

Chapitre II

D'une guerre à l'autre

Les Anciens Combattants

Serge

La jambe de bois

Mon père méprisait le militarisme, la gloriole militaire, les banquets. Il abhorrait tout ce qui avait donné un sens à l'existence de René Gruzinski dans les années 1920 et 1930. Il m'a vaguement expliqué que son père avait fait la Grande Guerre, qu'il était par la force des choses devenu un ancien combattant et qu'il avait passé sa vie à présider des banquets réunissant les survivants de l'hécatombe. Mais ce passé m'est toujours resté étranger ou plutôt indifférent.

Un album somptueusement relié, qui dormait dans les tiroirs de ma grand-mère, rassemblait des photos grand format que mon père commentait à sa manière. Sur l'une d'elles, René ranime la flamme à l'Arc de Triomphe, à la tête d'une délégation roubaisienne.

– Et là, c'est encore ton grand-père, quand il s'occupait des anciens combattants.

– Qu'est-ce que c'étaient les anciens combattants ?

– Tous les hommes qui ne sont pas morts dans cette boucherie. Ici, c'est ton grand-père à Paris puis à Fontainebleau, devant le palais de Napoléon. René était toujours plus souvent dehors qu'à la maison. Un jour, il présidait le banquet des anciens combattants, un autre jour, une cérémonie en l'honneur des Médaillés militaires, le lendemain, une œuvre de bienfaisance au profit des Veuves de guerre ou encore des « Gueules cassées ». Tiens ici, en 1932, il est à « l'arbre de Noël des A(nciens) C(ombattants) ».

– C'est quoi, les Gueules cassées ?

– Tous ceux qui ont perdu un bras, une jambe ou même leur visage dans les combats.

– Ah ça doit pas être beau à voir !

René Gruzinski (au centre) et les Anciens combattants, Roubaix, vers 1934

On ne me dira jamais que mon grand-père s'exprimait aussi au nom des Croix de feu, une organisation nationaliste et royaliste d'extrême-droite qui finira par être dissoute en 1936. Le flou entourant la vie de René s'accordait au flou entourant sa naissance. Mon père m'explique pourtant deux ou trois choses…

– Un jour tu comprendras tout ça, mon petit Yoja, René n'est pas vraiment responsable de tout ce qui lui est arrivé. Il n'avait pas de père mais il avait une jambe de bois, et tout le monde croyait qu'il l'avait perdue au combat et qu'il était lui aussi une Gueule cassée. J'ai encore sa carte d'invalidité de l'Office des anciens combattants et des victimes de guerre. Beaucoup de soldats étaient des mutilés de guerre. Mais sa jambe de bois, il l'a gagnée bien après les combats. Pas à cause des Allemands, à cause de l'absinthe. Et de ces banquets à répétition qu'il adorait présider. Tous ces anciens poilus buvaient beaucoup. Beaucoup trop, sans doute pour oublier. La guerre, c'est jamais beau. Et René a bu au point d'en perdre la jambe et de ne plus être capable d'aller travailler et de nourrir la famille. Les années passant, je devais aller le récupérer dans les bistrots d'où il ne sortait plus et je le portais sur mon dos, souvent ivre, pour le ramener à la maison.

Pour le petit garçon que je suis, cette histoire est triste comme un conte d'Andersen avec, à la clé, cette sale histoire d'un membre coupé comme pour le capitaine Crochet.

– Ta grand-mère Isabelle gardait des enfants, mais ce n'était pas suffisant. Il fallait bien que mes sœurs puissent étudier. On finira par abandonner la grande maison du boulevard Émile-Zola à Croix, pour un deuxième étage, au-dessus d'un café, qui s'appelait la Diligence, tout prêt du Canal de Roubaix. Et moi, bien avant, à dix-sept ans, j'ai dû quitter le lycée pour chercher du travail en usine.

Son bulletin scolaire s'arrête brutalement en janvier 1935, au début du deuxième trimestre de la classe de première. Il est premier en allemand, premier en histoire-géographie, deuxième en anglais. Les avis élogieux de ses professeurs – « excellent élève, très bon élève »... –, les prix d'excellence et les premiers prix décrochés année après année ne font rien à l'affaire et n'épargnent pas des coups du sort. « Serge

Gruzinski, explique le proviseur du lycée de Tourcoing, est un élève modèle, particulièrement bien doué, sérieux et travailleur, et d'une conduite et d'une moralité au-dessus de tout éloge. Il a pendant son séjour au lycée remporté les plus hautes récompenses scolaires [...]. J'ajoute que la situation de famille de M. Gruzinski est extrêmement difficile. » Ces accidents sont courants à l'époque et le resteront encore longtemps : en 1946, le futur champion cycliste Stablinski doit abandonner l'école et travailler dans une zinguerie pour éviter la saisie de la maison familiale.

Je sentais de la tristesse dans la manière dont mon père évoquait ce parcours brisé, mais pas la moindre animosité. Il s'en souviendra toute sa vie. Il y pensait encore en novembre 1943 alors qu'il était prisonnier en Allemagne :

« Cher lycée, comme je l'aimais, ces murs sombres, ces cours de graviers, ces préaux glissants sous lesquels nous faisions des parties acharnées de "foot" en miniature, ces colonnes de fonte dont ma petite tête éprouva plus d'une fois la solidité. Oh ! cher vieux lycée, souvenir de toute une jeunesse d'études laborieuses, je mettais toute mon ardeur à apprendre, ah ! ces maths, cauchemar de la première année et le "prof" Doublepatte, comme tout a pu me sembler aride avec lui tout d'abord. L'histoire et la géo étaient aussi une bête sombre, non pas par elles-mêmes mais par celle qui les enseignait "Cunégonde" ! Celle-ci avait mis en pièces mes meilleurs dessins d'histoire naturelle, résultats de tant d'application, le hanneton, le papillon et la sauterelle étaient si réussis ! J'en étais si fier. »

L'eau qui tue (1926)

La chronologie n'existe pas pour la mémoire. Retour en arrière. Après la fin de la guerre, adieu Fontainebleau et la région parisienne. Les Gruzinski, Isabelle et René, se sont installés dans le Nord. Ils occupent une grande bâtisse près de Roubaix, à Croix, au 130 du boulevard Émile Zola. La demeure bourgeoise possède un jardin, si vaste qu'il occupe un jardinier. Isabelle est alors mère de trois enfants, Sonia, Serge et le petit Michel. De l'eau est en train de chauffer dans une bassine sur la cuisinière. Est-ce l'eau de son bain ? Le bébé, dix-huit mois, se redresse maladroitement sur la chaise où on l'a laissé. Il a peur de tomber. Il s'agrippe aux bords de la casserole. Entraînée par son poids, la bassine remplie d'eau bouillante se renverse sur lui. Ma grand-mère se précipite. Michel crie de toutes ses forces. Il porte un lainage qu'Isabelle s'empresse de lui retirer. Elle commet l'irréparable, la peau brûlée du bébé adhère au lainage et se détache par lambeaux. Le bébé est emmené à l'hôpital où il résiste trois jours. Une septicémie l'emportera.

– Souviens-toi toujours, m'explique ma grand-mère, tu t'appelles Serge Michel à cause de ton oncle. Il était le petit frère de ton père, qui alors n'avait même pas dix ans. Mais avant toi, c'est sa sœur, ta tante Nadine, qui a reçu ce prénom, Michèle. Bébé, on lui a fait longtemps porter les vêtements du petit. Elle remplaçait le garçon que j'avais perdu.

On pouvait donc aussi bien porter un nom que porter des vêtements. J'ai du mal à comprendre. Isabelle ne s'en remettra jamais. Michel est l'un de ces chers fantômes qui hantent toutes les familles, une de ces existences éphémères dont le souvenir résiste au temps comme si leur fin tragique leur assurait une forme d'éternité.

Le sapin de Noël

Il n'y a que la foi qui sauve. Isabelle trouve sa consolation dans la religion. C'est à ma grand-mère, dans ma mémoire d'enfant, que remonte le protestantisme familial. Les Volck étaient protestants. Mon père le sera. Bien plus tard, ma mère, d'origine catholique, s'est convertie. Isabelle a une sœur aînée, la tante Rachel. Je ne sais trop pourquoi dans ma tête, le nom de la tante Rachel, on prononce « Tant'Rachel », restera toujours associé au titre d'un roman de Daphné du Maurier qui traînait à la maison et que ma mère avait beaucoup aimé, *Ma cousine Rachel.* Rachel Volck est l'incarnation parfaite de l'institutrice protestante, patriote – elle enseigne à Strasbourg et la ville est redevenue française en 1918 –, vieille fille et redoutée de toute la famille.

– On attendait toujours avec impatience les fêtes de Noël, me raconte Isabelle. Chaque année, autour du 20 décembre, ma sœur Rachel venait nous rejoindre à Croix. Et son arrivée ne passait jamais inaperçue. À la gare, elle engageait un charretier qui débarquait du train l'immense sapin qu'elle apportait de Strasbourg. Puis il attachait l'arbre sur sa carriole et déposait le tout, Rachel avec son énorme cadeau de Noël, devant le 130 du boulevard Émile-Zola. Ah, mon petit Yoja, tu n'imagines pas comme les voisins étaient à zieuter depuis leurs fenêtres. Tout le monde guettait ce spectacle qui se répétait chaque année. Personne alors n'avait d'arbre de Noël dans le quartier. C'était notre petit luxe à nous.

Le monde du Broutteux

Et le grand-père Delcambre ? Une fois de plus, je me heurte à pas mal de trous. On comprend que ni mon père ni ma mère n'aimaient parler d'un père qu'il fallait aller chercher dans des estaminets, parfois, c'est le cas pour Marcel, en douteuse compagnie. Et pourtant Marcel comme René mènent une vie sociale singulièrement active.

Alors que Gruzinski fait le bonheur des associations d'anciens combattants, des veuves et des orphelins, Delcambre fréquente le gratin littéraire et musical de Roubaix-Tourcoing. Dès 1907, le jeune Marcel a récolté à Roubaix des prix de musique et de théâtre. Ce musicien doué joue du « saxo » dans l'Harmonie des anciens combattants. En 1932, il accompagne ses compagnons à Nanterre où l'Harmonie « se couvre de gloire ». Son

« dévouement à la cause musicale » lui vaut même les palmes académiques en 1935, à 46 ans.

« J'honore depuis longtemps Marcel Delcambre de la plus grande estime », ainsi s'exprime la plus haute autorité littéraire du Tourcoing de la Belle Époque et de l'entre-deux-guerres. Cette autorité s'appelle Jules Watteeuw, dit le Broutteux. Né en 1849 et mort presque centenaire en 1947, le Broutteux s'est fait le chroniqueur intarissable des deux cités. Il a donné plus d'un millier d'articles au *Journal de Roubaix* entre 1911 et 1939 où il commente l'actualité de Roubaix-Tourcoing. Mais il est bien davantage, une sorte d'oracle littéraire que sa mémoire et sa longévité inscrivent au cœur de l'histoire de Tourcoing et de la grande marée industrielle. L'homme ne cessa jamais d'écrire, des pièces de théâtre, des poésies, des chansons. Toujours en picard. On lui doit même une histoire de la ville de Tourcoing.

Une forte différence d'âge sépare mon grand-père du Broutteux, qui représente à la veille de la Deuxième Guerre ce qui subsiste du monde nordiste de la Belle Époque :

– *Inne petite goutte de bon g'néfe de Wambrechies*, mon petit Marcel ? Tu te rappelles quand nous nous sommes connus ? C'était avant la Grande Guerre, dans ce café pas fort bien famé, près de l'église Saint-Martin. Je t'avais prêté les partitions de *Tannhäuser* et de *Cavalleria rusticana*, que tu ne m'as toujours pas rendues.

– Maître, vous m'aviez aussi donné celle de *Phi-phi*, l'opérette de Christiné.

– Tu pourrais m'en jouer un air sur ton saxo ?

Marcel s'exécute.

– *Tiens, min pt'i rojin, j'vais t'faire un aut' cadeau. Le premier volume d'mes œuvres.*

– Celui que vous avez dédicacé à Alexandre Desrousseaux…

– Oui, Desrousseaux venait d'écrire son *Ptit Quiquin*. Et en 1870, c'était ce que chantaient nos gars du Nord qui partaient à la guerre contre les Boches.

– Vous avez aussi connu Gustave Nadaud. Lui, c'était quel genre d'homme ?

– Ah c'était un sacré chansonnier ! Si tu l'avais rencontré... Le petit Gustave a passé son enfance chez nous, à Roubaix, avant de descendre à Paris. Et tu sais, il se débrouillait pas mal en picard. Voici ce qu'il m'a écrit en patois quand il a reçu mon deuxième volume :

Quand tu cant's, faut ben qu'j'applaudisse
Quand tu m'tends la main, qu'j'la saisisse.
Quant t'eternu's que Dieu t'bénisse.

Nadaud, lui, c'était un radical. I'n'avait pas froid aux yeux ! Il détestait Napoléon III et le second Empire. Mais pas autant que son ami Eugène Pottier, l'auteur de *L'Internationale*, et que ce Paul Degeyter qui l'a mise en musique[1]. Moi j'n'ai jamais aimé ces Lillois, tous des socialos... Cela dit, je le reconnais, le pauvre Degeyter avait du talent.

– On m'a dit, Maître, que vous estimiez beaucoup Gustave Charpentier.

– Encore un gars de ch'teu Nord qui nous a abandonnés quand la capitale lui a offert une bourse. Ya que moi qui suis resté dans mon cher Tourco ! J'ai fréquenté Gustave quand sa famille s'est installée à Tourcoing, juste après la guerre de 70. Nous avions à peine vingt ans, tu te rends compte !

– Vous l'avez donc connu bien avant qu'il écrive son opéra *Louise* et devienne célèbre ?

– Bien sûr et comment ! Mais il ne m'a jamais oublié. En 23, il m'a écrit encore une si gentille lettre.

– Et Albert Roussel ?

– Tu parles des frères Roussel ? Eux aussi des gars doués qui nous ont lâchés pour la capitale, et Albert quel musicien !

1. On doit à Eugène Pottier le texte de *L'Internationale*, que le maire de Lille fit mettre en musique par un autre Lillois, Paul Degeyter en 1887.

Tourcoing est loin d'être alors le désert culturel que j'imagine dans mon adolescence. Le Broutteux n'a rien d'un socialiste enragé mais il incarne une culture populaire et picarde, à la manière d'Alexandre Desrousseaux. Une culture à la fois orale et écrite, savante et accessible dans l'esprit de Gustave Nadaud et de Gustave Charpentier. On est chti et on se sent patriote. Écrire en patois n'exprime aucune revendication subversive ou révolutionnaire même si cet attachement au terroir entend bien marquer les limites de la langue officielle, le français de Paris. Au reste, les grandes familles de la ville, les barons du tissage, les Flipo, les Flipo-Segard, les Lorthiois, les Motte, les Masurel, les Tiberghien, les Roussel financent avec enthousiasme l'édition des œuvres de la gloire locale.

C'est longtemps après sa mort que j'apprends que Marcel Delcambre a aussi fréquenté les cercles littéraires de Laon, ses sociétés, ses journaux et ses imprimeries. En mai 1939, Charles Westercamp lui dédie son *Laonnois pittoresque* « en souvenir des *Revues des Amis* réunis auquel [*sic*] il a prêté un si précieux concours ». Journaliste, conférencier et historien, membre de la société académique de Laon, de l'union des anciens combattants et d'autres sociétés savantes, Westercamp publie en 1930 une histoire de la ville et du Laonnais qui se veut à la fois régionaliste et patriote. Le journaliste finira mal. Du radicalisme au régionalisme, puis au pétainisme : directeur de *L'Argus de l'Aisne* pendant l'occupation allemande, il se distinguera par sa haine des alliés et sa collaboration active avec les nazis, au point de fuir en Allemagne avant l'arrivée des troupes américaines.

L'amitié de mon grand-père pour le journaliste Westercamp allait-elle plus loin que le culte partagé du régionalisme ? Le portrait de Pétain que Pépé a gardé jusqu'à sa mort au-dessus de son lit n'augure rien de bon, mais Marcel n'est plus de ce monde pour se défendre ou du moins pour s'en expliquer. Reste que ma connaissance de la ville de Laon provient de l'ouvrage de Westercamp et essentiellement de ses illustrations, des gravures sur bois qui se confondent avec mes souvenirs de la vieille cité picarde.

Musicien et acteur comique dans l'entre-deux-guerres, Pépé Delcambre a aussi besoin de gagner sa vie : il est représentant de commerce en meubles et en machines à laver. L'homme semble avoir eu pas de mal de bagout, ses dons d'acteur devaient l'aider à placer ses machines, ses salons et ses chambres à coucher. Des meubles à la mode dans les années 1930 et des machines à la pointe de la modernité. La France des classes moyennes commence à s'équiper comme elle continuera à le faire dans les années cinquante à coup de Frigidaires et télévisions. Une vieille coupure de journal m'explique que lors de la Foire commerciale de Lille, en avril 1928, un groupe de représentants, des copains à lui, s'est arrêté à son stand pour fêter sa réussite et donner « une sérénade à notre sympathique collègue Marcel Delcambre, exposant la meilleure machine à laver, la *Recta* ».

De fait, c'est avant tout par sa machine à laver et ses meubles « modernes » que Pépé existera pour nous. Ce décor s'accorde à la modernité de l'appartement que la famille Delcambre a loué en 1937, au 22 rue de Mouvaux : une cuisine, deux chambres, une salle à manger et une salle de bains avec baignoire et WC, assez vaste pour abriter une énorme laveuse-centrifugeuse, dans un petit immeuble de trois étages, récemment construit par l'architecte Desmettre à l'emplacement du château Vaissier. L'appartement occupait la moitié du premier étage. L'immeuble était collé à un vestige du château, le pavillon des concierges, dont le dôme aux tuiles multicolores introduisait une rare touche de couleur dans la grisaille du quartier.

Commode, vaisselier, desserte, table de salle à manger, chaises, les meubles « modernes » qui me paraissent aujourd'hui si massifs et si surchargés de moulures et de festons ne sont pas des meubles de famille. Ils proviennent des ensembles que plaçait mon grand-père. Comme le mobilier, l'appartement n'a pas de mémoire : ma mère n'y vivait que depuis douze ans quand elle m'a mis au monde. Pas d'histoire à raconter accrochée à des murs ou à de vieilles armoires, pas d'origines à évoquer ou à revendiquer. Comme si le monde d'avant mes parents, celui des grands-parents et de leurs prédécesseurs, n'avait jamais existé.

Une poignée de photos sans parole

Quelques images m'évoquent cette période : ma mère coiffée à la garçonne, elle a sans doute huit ans, elle se tient debout et esquisse un sourire. Une autre pose chez le même photographe : elle me fixe d'un regard décidé et interrogateur, déjà celui d'une adulte, en tout cas de celle qui, quelque temps plus tard, décidera seule de faire de la natation et du scoutisme. Ces clichés sont pris par un photographe parisien, Lucas Bédart, 84, rue Blomet. Sont-ils les seuls témoins d'un voyage à Paris où ma mère aurait accompagné ses parents ?

La troisième photo : la scène n'a plus pour cadre le studio parisien. Mais elle a sans doute été composée par un professionnel. Le grand vase de cristal de Baccarat sur le guéridon vient à point équilibrer l'ensemble qu'il nimbe d'une lumière douce. Ma mère, qui est née en 1922, paraît avoir douze ans environ. D'un geste assuré, elle sert le thé à deux dames assises autour d'une table, ma grand-mère Marie-Louise et sa sœur Germaine. La scène se passe à Laon, chez ma grand-tante, Tata Germaine, qui tient alors un magasin d'objets d'art rue Saint-Martin. Atmosphère bourgeoise. Le mobilier respire le bon goût et la modernité. Ma mère semble me sourire. Elle est heureuse. Elle est à Laon. Le visage creusé de Marie-Louise est celui d'une femme qui s'achemine vers sa mort. Elle la rencontrera en 1937. Une absente, pourtant, la sœur de ma mère, Loulou, au visage si fin mais à la silhouette si ingrate : Loulou est bossue.

Françoise et sa mère Marie-Louise dans la famille de Laon, vers 1933

Sur ce cliché, ma mère rayonne. Comme si Laon était associé au bonheur. À Tourcoing, s'attachent des souvenirs moins gais. Ma mère n'aimait pas se plaindre mais…

– Je ne l'ai pas toujours eue belle quand j'étais petite, tu sais. Un soir de Noël, Maman m'a suppliée d'aller chercher mon père qui tardait à nous rejoindre. Il fêtait Noël dans un estaminet, en bas de la rue de Turenne où nous habitions. Avec des camarades, dans une atmosphère enfumée, chaude et festive, et le bras passé autour du cou d'une dame. J'avais, je crois, à peine douze ans.

– Allez, Papa, rentrons à la maison. C'est Maman qui m'envoie. C'est Noël…

– Ma petite Fafa, ma petite crotte, c'est bien pour toi que je rentre. Merde alors, si on n'a plus le droit de s'amuser tranquillement !

(Fafa est le nom affecteux que portera toujours ma mère Françoise.) Marcel se rhabille et sort avec Fafa dont il tient la main. Il neige. Dans ma tête, les lumières du café colorent la boue grise qui recouvre le trottoir. Marcel, trop éméché, glisse et se rattrape en s'agrippant à la petite Fafa. La scène devait se répéter. Je l'imagine à travers les mélodrames vus à la télé. La mémoire familiale prend parfois des tons sombres et sales comme la neige du Nord. Qui sont pour nous enfants autant d'avertissements muets.

D'autres photos m'aident à imaginer la scène : dans un estaminet enfumé, éclairé par la seule fenêtre qui donne sur la rue, mon grand-père avec sa pipe, sa cravate, son feutre et son pardessus, le sourire séducteur, prend la pose. Sur l'une d'elles, mon grand-père apparaît au milieu d'une quinzaine de dames et de trois messieurs. Les dames sont toutes chapeautées et guindées, l'horloge, au-dessus de la réclame pour le Dubonnet, marque 11 h 05. C'est l'heure de l'apéritif, mais qu'est-ce qui réunit cette vingtaine de personnes, à quelle date et où ? Étrange de connaître l'heure, sans rien savoir de l'année ni du jour ni du lieu ! Sur un autre cliché, deux femmes l'entourent, l'une d'elles, plus délurée, fait un pied de nez au photographe d'occasion. Celles-là, elles n'ont pas de chapeau, elles ne sont visiblement pas du même monde. Nous sommes probablement au début des années 30. Marie-Louise, l'épouse, est restée au foyer.

Comme ma grand-mère Isabelle, durant la Grande Guerre Marie-Louise avait vécu avec son homme sur le front dans les tranchées. Angoissée mais heureuse. Le retour à la paix ne concernera pas les ménages. Marie-Louise devait mourir du cœur à 47 ans en 1937, à Mouvaux, rue de Turenne. Une rue qui descend vers le Canal et le quartier du Fresnoy, triste comme un ciel du Nord en novembre, bordée de maisons de briques toutes pareilles, étroites et sévères.

C'était avant que la famille Delcambre – Pépé, ma mère et sa sœur Loulou – parte emménager dans un immeuble tout neuf et plus confortable, au 22 rue de Mouvaux.

Encore une image. Le mariage du cousin **** doit se situer vers 1939. La mariée et les dames d'honneur sont toutes en blanc et robes longues. Les messieurs sans exception portent le smoking. Nœuds papillons blancs et noirs. Le cliché étale l'opulence festive des classes moyennes de l'entre-deux-guerres, le formalisme qu'elles cultivent encore. Ma mère pointe sa tête entre celle de la mariée et celle d'un homme plus âgé, sans doute le père de la future épouse. Sur cette quarantaine de personnes dont la plupart ont rejoint depuis longtemps le royaume des morts, je ne reconnais que ma mère qui a environ dix-huit ans. On a dû banqueter, danser et s'amuser tard dans la nuit. Elle, la première.

« La mémoire est un miroir à fantômes » (Marguerite Yourcenar).

Le peu que j'en sais

Mes deux grands-pères resteront donc pour moi des figures lointaines. Que représente mon grand-père paternel, René Gruzinski, pour le petit garçon que je suis au milieu des années 50 et pour l'adolescent que je deviendrai ? Pas grand-chose à en juger par l'image évanescente que mon père m'en a transmise, à peine une silhouette aux traits à jamais brouillés. Je garde en mémoire, confusément, le crachin d'une matinée de printemps où mon père m'a emmené à son enterrement : j'avais sept ans, c'était en avril 1957, quelque part dans la banlieue lilloise, à Seclin, à deux pas de l'hospice où le vieil homme a fini ses jours.

Mon grand-père maternel, Marcel Delcambre, en revanche, je l'ai vu, ou plutôt entrevu, tous les jours pendant quinze ans. Pépé a été le témoin de mon enfance et de mon adolescence. Il a partagé notre appartement jusqu'à sa mort en 1966. Pour autant cette présence ne l'a pas rapproché de moi. Il faisait partie des meubles, de l'appartement au même titre que le chauffage central, l'essoreuse centrifuge ou le garde-manger. Mais il appartenait à une autre planète, inconnue de nous, et avec laquelle, après leur mariage, mon père et ma mère avaient résolu de couper les ponts.

Bruxelles, ma belle

Corinne

Après la Grande Guerre

Parfois, quand ces histoires me reviennent en mémoire, j'ai l'impression de déambuler dans des couloirs mal éclairés, tapissés de vieilles photos et d'images que je n'ai jamais vraiment vues – de mes yeux vues – mais qui sont pourtant bien là, indécollables, indéchirables, imprimées. Certaines terribles. Et ces mots à double ou triple sens en fond sonore.

« On a mangé des rats. »

« On a même pensé manger le chien. »

« Ce salaud, il jetait des poux dans le berceau du bébé. »

« Une balle en plein front. »

« On avait tellement faim… »

« Cette femme, c'était la bonté sur Terre. »

Comment raconter ma famille à partir de ces fragments, depuis ces bribes de phrases entendues par mes petites oreilles d'enfant, où se côtoient petite et grande Histoire qui se nouent, se tissent comme les grands draps écrus que je regardais naître et grandir sur les métiers à tisser du Nord, fascinée par la chaîne et la trame, la navette volante, l'odeur du lin et du coton, et le vacarme assourdissant des ateliers textiles ?

La guerre 14/18 a tout ratatiné. Le Nord de la France n'est plus qu'un champ de ruines, une longue plaie. « Tout le monde était maigre, même les riches » j'ai entendu Pépé Bausier dire ça.

Mais ces deux-là sont jeunes, et d'une grande beauté. Ils ont vingt ans, on dit d'eux qu'ils sont le « plus beau couple du Blanc Seau ». Elle, Simonne avec deux n, est une merveille. Elle a la peau douce et claire, elle brode magnifiquement, bien élevée, intelligente, elle a son Brevet – rare à l'époque ! –, vit avec sa mère et ses sœurs. Lui, il est très grand, beau parleur, séducteur, belle allure. Doué en affaires.

En novembre 1919, cette jeune fille catholique dit oui à son amoureux, Fernand Bausier. Construire, reconstruire, faire des enfants. Quoi d'autre ? Pleurer comme toutes ces mères, ces veuves, ces femmes meurtries, et ces hommes brisés, ces gueules cassées ?

Ils sont jeunes et beaux, ils s'aiment. Un jour, Fernand offre à Simonne une broche à cheveux en écaille. Un peu chère, presque un bijou. Rien n'est trop beau pour elle. Son ventre est déjà rond. La semaine suivante, il se rend à Paris. Un marchand ambulant pousse dans la rue un étalage de peignes, pinces à cheveux et broches. Fernand reconnaît là la broche qu'il vient d'offrir à sa belle. Il la regarde bien. Oui, c'est exactement la même, sauf qu'elle coûte quatre fois moins cher ! Fernand est un homme impulsif. Il a de l'argent sur lui. Il ne fait ni une ni deux. Il achète tout le stock du petit marchand qui bénit le ciel de cette aubaine… C'est ainsi que Fernand se lance dans le commerce de peignes et de broches. Il décide même d'en fabriquer, il monte à Roubaix une petite usine qui prospère.

Trois fils naissent dans la foulée, Fernand en 1920, Henri en 1921 et Georges en 1922. En 1926, Simonne fait un pèlerinage à Lisieux et prie sainte Thérèse. Elle voudrait une fille. Son vœu est exaucé : le 14 septembre 1927, elle met au monde une petite fille, Marie-Thérèse Bausier, à Roubaix, rue Philippe de Girard. Ma maman, Thérèse.

Les trois garnements (1928 -1930)

Trois garnements, voilà ce que sont les garçons, Fernand, Henri et Georges Bausier. Cette petite sœur ne les intéresse pas beaucoup. Simonne leur a confié la garde du bébé pendant la sieste. La voisine est prévenue :

– Juste le temps d'aller faire quelques courses et de passer au Blanc Seau voir ma mère et ma sœur Noémie.

Sur le chemin du retour, Simonne presse le pas. Au loin elle aperçoit un nuage de fumée. Les cloches des pompiers sonnent dans le lointain.

– Tiens, quelque chose brûle dans le quartier de l'Épeule.

– C'est fou ce que ça brûle bien !
– T'es pas chiche ?
– Vas-y, Georges !
– Allume le chalumeau, Henri !

Ils s'amusent, ils rient, ils se défient l'un l'autre. Ils jouent avec les allumettes, les peignes, les broches, l'écaille. Vroooom, c'est parti. En un clin d'œil la petite fabrique s'enflamme. Tout s'embrase, ils se précipitent dehors. Les voisins courent chercher du secours. Les trois garnements, alignés dans la rue, regardent brûler l'atelier et la maison. Ils n'en mènent pas large, mais ils sont fascinés par les flammes. Ils ont neuf, huit et sept ans.

« Ta Maman est partie avec le bébé ? »

Ils sont tout penauds, ils n'y ont même pas pensé… « Le bébé ?! » Non… le bébé est dans la chambre. Ils sont si confus, ils n'arrivent plus à parler, hypnotisés par le spectacle du brasier, tétanisés par l'ampleur de leur bêtise. La voisine se précipite, monte quatre à quatre les escaliers, arrache la petite fille à son berceau, la sauve.

Au fur et à mesure que ses pas la rapprochent de la maison, l'inquiétude de Simonne croît. « C'est dans le quartier, mon Dieu… c'est dans ma rue. » Quand elle arrive devant chez elle, les pompiers sont en train d'arroser ce qu'il reste des lieux. Toutes les choses qu'ils ont essayé de sauver, de jeter par les fenêtres ont été immédiatement volées… Les garçons ont la tête basse, la petite Thérèse a les joues toutes rouges dans les bras de son héroïque voisine. Simonne s'assied sur les pavés du trottoir, ses jambes lui font défaut. Elle pleure en embrassant sa petite fille, les trois garçons s'approchent et se serrent contre elle.

C'est la fin de l'aventure peignes, broches, pinces à cheveux de la famille Bausier.

Le château Vaissier

Après la chute de l'empire Vaissier et la mort du roi Makoko en 1923, la ville de Tourcoing refuse de faire l'acquisition du château. En 1929 « la plus grande résidence privée de France » est rasée et les cinq hectares de parc sont vendus par lots de taille plus ou moins grande.

Mon grand-père Fernand – son usine réduite en cendres – est désormais représentant pour une entreprise de tissus de luxe. Il achète une des parcelles du château Vaissier et y fait construire une maison au 12 avenue Désiré-Six, tout comme sa cousine Mathilde Kindts au numéro 14. Maisons jumelles et symétriques, conçues par l'architecte Émile Desmettre : un rez de chaussée et trois étages. Jardinet devant ouvert sur l'avenue et petit jardin derrière. Fernand, Simonne, les trois garçons et la petite Thérèse s'y installent. Le quartier est joli, cossu, chic moderne. Les villas et les maisons poussent comme des champignons. Presque toutes signées Émile Desmettre, l'architecte à la mode.

Fernand gagne bien sa vie et rembourse facilement l'emprunt qu'il a contracté pour l'achat de cette maison. En mai 1932, une deuxième petite fille y voit le jour, Marie-Claire.

Mais voilà que quelques mois plus tard, l'entreprise textile « Bacro » pour laquelle Fernand travaille l'envoie à Charleroi en Belgique. Simonne et les cinq enfants Bausier suivent le mouvement. La maison du Château-Vaissier (c'est ainsi que le quartier s'appelle encore aujourd'hui) est mise en location.

À Charleroi, début 1933, Simonne s'aperçoit qu'elle est de nouveau enceinte… Elle refuse l'idée d'accoucher en Belgique et viendra mettre au monde son sixième et dernier enfant chez sa mère, Maria Louise Allaerd, à Tourcoing. Le petit Paul naît en octobre à quelques kilomètres de la frontière. Pour elle, c'est important, elle veut que tous ses enfants naissent en France !

Pourtant son propre père, Philémon Charles Allaerd, était né à Courtrai, allez comprendre…

Bruxelles, rue Ortélius

Après Charleroi, la famille Bausier-Allaerd monte à la capitale. BACRO offre à Fernand un poste à Bruxelles. Il y installe femme et enfants, ainsi que sa mère, Aline Bausier et Maman Elvire, la meilleure amie de celle-ci, d'abord rue des Deux-Églises, puis rue Ortélius, dans une grande maison bourgeoise.

La cohabitation entre Simone, sa femme, et Aline, sa mère, n'est pas toujours facile. Et pour cause : Aline Bausier, née Kindts, est une bourgeoise fière et hautaine… mais ruinée. Ce n'est pas la belle-mère idéale et elle dépend à présent de son fils Fernand, après avoir dilapidé la confortable fortune de son défunt mari Henri, propriétaire d'une fabrique de toile de jute, de plusieurs maisons à Roubaix et autres terrains. Les emprunts russes et les courses de chevaux eurent bientôt raison du portefeuille et des biens d'Aline, réduite à suivre son fils en Belgique. D'où l'amertume que nourrit à son égard la famille. Et particulièrement sa bru Simone.

La maison du 1 rue Ortélius que Fernand loue pour sa famille dans le centre de Bruxelles dès 1934 présente une façade curieuse : elle forme un angle brisé dans le prolongement de la rue du Marteau. Grand portail de bois à double battant, un sous-sol, un rez-de-chaussée et deux étages. Tout là-haut, sous le toit, des combles.

Sur la façade de briquettes jaunes, un « bow-window » s'avance sur la rue, apportant de la lumière au premier étage. Sous la haute gouttière du toit, une corniche en pierre blanche, élégamment taillée et quatre têtes de lions. Cette maison de petit-bourgeois, plus haute que large comme la plupart des maisons bruxelloises, abrite désormais Fernand, sa femme Simonne, sa mère Aline (Maman Elvire est décédée), les trois fils, Fernand, Henri et Georges (quatorze, treize et douze ans), les deux filles, Thérèse et Claire (sept et deux ans) et le petit Paul.

Les enfants reçoivent une éducation catholique. Bien sûr. Bien sûr mais... Mais bientôt le beau Fernand, toujours élégant et chic, trouve pesante cette vie de famille nombreuse. Il a trente-six ans, il aime les jeunes et jolies femmes, il conduit une belle voiture, son métier de négociant en tissus de luxe l'éloigne souvent du domicile conjugal. De violentes disputes éclatent entre les époux.

La Reine morte

En août 1935, tout Bruxelles défile devant la dépouille de la reine Astrid. La Belgique est en larmes. Leur belle souveraine est morte à trente ans dans un accident de voiture en Suisse. Le roi Léopold qui conduisait s'en est sorti indemne. Thérèse serre très fort la main de son frère. Elle n'a pas huit ans, mais le souvenir de cette longue attente pour saluer la reine morte, dans son cercueil, les milliers de fleurs qui recouvrent les pavés de la capitale gravent dans sa mémoire d'enfant une image et une émotion telles qu'elle tombe malade à peine rentrée à la maison.

Elle en parlera toute sa vie.

On trouve Thérèse bien pâlotte. Ses trois grands frères ne sont pas des modèles de sagesse et lui font des misères. N'ont-ils pas revendu le vélo qu'elle avait reçu pour son anniversaire ? Elle pleure. Simonne est souvent débordée, fatiguée, pas toujours patiente, Fernand de plus en plus souvent absent pour son travail ou occupé à faire le joli cœur avec ses maîtresses. En ce début d'année 1937, Thérèse qui n'a pas dix ans est envoyée sur avis du médecin en Suisse au préventorium du « Rosaire ». La tuberculose fait peur. La petite a les poumons fragiles, on s'inquiète sérieusement pour elle. Ce séjour en

Suisse de trois mois l'éloignera des tracas de Bruxelles et lui permettra de découvrir de merveilleux paysages.

Elle se requinque physiquement et moralement, elle voit autre chose que la grisaille du Nord et de la Belgique. Le « Rosaire », tel un immense paquebot échoué au cœur des Alpes suisses, fut construit dans l'entre-deux-guerres. Ce préventorium moderne accueille des femmes, des jeunes filles et des fillettes soupçonnées de primo-infection ou de tuberculose. Les religieuses sont très gentilles et dévouées. Au sein de l'établissement les petites malades sont chouchoutées. Tous les dimanches, la petite Thérèse assiste fidèlement à la messe avec ses petites camarades dans la chapelle art déco. Ses parents ou sa tante Noémie viennent lui rendre visite. Elle est heureuse.

Quand elle rentre à Bruxelles, la pâleur de son visage a laissé place à deux bonnes joues rouges. Sa force intimide même ses grands frères. Elle n'hésite plus à leur répondre, à se défendre. Elle ne se laisse plus faire !

Elle a pris quelque retard à l'école, mais qu'importe. Elle a appris tant d'autres choses. De toute façon, Thérèse est une bonne élève. Attentive, appliquée, elle prend soin de son uniforme bleu marine. Le printemps est là, bientôt les grandes vacances.

Thérèse raconte

Hiver 1936/37. Le Docteur est passé. Je tousse beaucoup. La semaine dernière, à la visite médicale de l'école, l'infirmière a fait la grimace. La Mère supérieure a demandé à Maman de passer la voir. Mes poumons sont pleins de tristesse, pleins d'humidité.

Papa aussi est venu. On ne le voit plus beaucoup à la maison, Papa. Il vit avec une « fille » comme dit Maman. Je suis triste. Pourtant je travaille bien à l'école pour qu'il soit fier de moi, mais il regarde à peine mes bulletins scolaires avant de les signer, le dimanche soir. Mes grands frères en profitent. Souvent leur école appelle pour signaler qu'ils ne sont pas venus en classe. Maman est débordée. J'ai neuf ans, Marie-Claire bientôt cinq, et Paulo trois. Je me sens un peu perdue entre mes grands frères qui n'obéissent plus à Maman et les petits qui sont toujours fourrés dans ses jupes. Je ne suis ni grande ni petite.

La mère de Papa, « Mémé Aline », vit aussi à la maison. Quand son amie Elvire était encore là, elles aidaient Maman. Ensemble, elles épluchaient les légumes, faisaient de la couture, du tricot. Mais le plus souvent, elles papotaient, elles se chamaillaient, comme des vieilles. Mais Maman Elvire est morte et Aline, belle-mère hautaine, n'est pas facile à vivre.

Papa a une belle voiture, mais il ne nous emmène pas souvent dedans. Quand il passe dans le quartier, on le remarque. Il est grand, il porte toujours un beau costume, de belles chaussures.

La « fille » avec qui il vit, on l'appelle la « Prudhomme », je ne sais pas ce que ça veut dire. On la déteste. Maman pleure souvent. Je crois que Mémé Aline n'est pas trop fière de son fils, mais elle ne lui fait pas de reproches. Du moins devant nous. Elle dit à Maman qu'elle a grossi et que c'est pour ça que Papa préfère la Prudhomme. Maman Elvire baisse les yeux, elle chuchote : « Tais-toi, Aline, ce n'est pas bien de parler de ça à Simonne, tu es dure !

– Mêle-toi de tes oignons, Elvire ! »

Alors elles épluchent toutes les trois des oignons et elles pleurent.

Enfant, on entend des mots qu'on ne comprend pas bien : Hitler. Le front populaire. Blum. Tuberculose. Prudhomme. Comme des petits cailloux qu'on jette dans notre crâne. Les adultes se taisent quand on entre dans la pièce.

L'année dernière en septembre, Papa m'a offert un vélo pour mes huit ans. Il sait bien que c'est moi qui l'aime le plus. Marie-Claire le déteste depuis qu'elle l'a vu jeter un fer à repasser sur Maman. Heureusement qu'elle s'est baissée à temps, le fer est tombé sur le carrelage et a cassé un pot de géranium. Paulo le reconnaît à peine : « Il est encore là, celui-là ? »

Mes frères ont vendu mon vélo. Je n'arrête pas de pleurer. Pas étonnant que mes poumons soient remplis de chagrin. Je pleure, je tousse. Pas étonnant non plus que les bonnes sœurs aimeraient bien m'envoyer en Préventorium. Elles ont donné une bonne adresse à Maman. Chez d'autres bonnes sœurs.

Tu vas partir te reposer en Suisse. Tu verras comme c'est beau la montagne. Tu vas respirer du bon air et quand tu reviendras, tu seras guérie. Marraine Noémie essaie de me rassurer. Ça fait un peu peur, cette idée de partir toute seule de la maison, loin de Maman. Trois mois minimum a dit le docteur en signant les papiers.

Papa a promis qu'il m'y emmènerait dans sa belle voiture avec Maman. Bien fait pour la Prudhomme.

Ma grand-mère et mes tantes de Tourcoing me tricotent des chandails et me cousent de nouveaux vêtements. J'ai aussi besoin de bonnes chaussures et d'un bonnet. Je suis à la fois triste et contente. Mes frères sont morts de jalousie, ça leur apprendra à me voler mon vélo.

Depuis que je suis malade, Papa vient plus souvent à la maison. J'ai lu un petit livret sur « Le Rosaire », le Préventorium où je vais aller me reposer. Ça a l'air fantastique. Comme dans les films de cinéma qu'on va voir le dimanche après-midi, si on a été sages.

Je pars respirer.

Le Rosaire

Printemps 1937. Je n'ai jamais été aussi heureuse. Je ne savais pas que le monde pouvait être aussi beau. On s'occupe de moi ici, on me soigne, je suis importante, on me parle, on m'écoute, on me dorlote.

Le Rosaire, les Sciernes en Gruyère :
Préventorium où Marie-Thérèse séjourna 3 mois en 1937
et 3 mois en 1942

Bien sûr, le soir quand je vais me coucher, je pense à ma famille, surtout à Maman qui me manque, mais ça passe vite… avec mes copines de dortoir – six par dortoir – quelle rigolade !

Ici, au préventorium du Rosaire, il n'y a quasiment que des femmes. À part les docteurs et Philippe, l'homme à tout faire, je suis entourée de religieuses : infirmières, cuisinières, femmes de ménage, toutes ces cornettes amidonnées qui sentent bon le propre. En Suisse, on ne plaisante pas avec la propreté. Dans les couloirs encaustiqués, nos glissades en chaussettes de laine cirent le parquet.

– Mesdemoiselles, s'il vous plaît ! Vous allez finir par tomber !

Leur accent me rappelle l'accent belge, mais pas tout à fait.

Et puis ces vieilles dames chic, ces jolies femmes qui toussent, ces jeunes filles un peu pâles, et les petites filles comme nous. Notre point commun : les poumons fragiles, comme on dit poliment pour ne pas dire les tuberculeuses.

Quelle opulence, quelle richesse ! Les curistes portent de beaux vêtements, des bijoux, des sacs et des chaussures de luxe, elles ne font rien, elles lisent, elles se reposent. Mais comme moi, elles sont malades. Quintes de toux et cernes sous les yeux sont notre lot à toutes. Nous nous comprenons, nous nous sourions avec douceur.

Les montagnes qui entourent le Rosaire emplissent mes yeux et mon cœur de leur splendeur. Non, je n'ai jamais été aussi heureuse. Jamais je n'ai mangé de plats aussi succulents, prié dans une chapelle aussi extraordinaire, ni ne me suis promenée dans un cadre aussi magnifique. Ces dames m'adorent. Souvent elles me donnent leurs desserts ! Je grossis. Ça ne me fait pas de mal, j'étais si pâle et maigrichonne en arrivant ici.

Une fois par semaine nous avons droit à un bain bien chaud et Sœur Edmond nous fait une radio des poumons. Si le diagnostic est bon, pas de problème. Mais hier ma copine Marie-Hélène a été envoyée au sanatorium de Leysin, plus haut dans la montagne. Elle pleurait contre sa maman, dans l'ambulance qui devait l'emmener là-haut. Longtemps j'ai suivi des yeux la petite croix rouge peinte sur les côtés de la voiture qui grimpait vers les hauteurs, pour moi Marie-Hélène partait au ciel. Promis je vais t'écrire.

Dimanche une célèbre dame anglaise est venue dans une longue limousine rendre visite à son amie Jane, une petite vieille très maligne, qui m'aime bien. Jane m'a présentée à la dame qui écrit des romans policiers, et au monsieur qui l'accompagnait, un pianiste renommé. J'avais mis ma robe bleu marine et mon col blanc. J'ai oublié leurs noms, mais je n'oublierai jamais le concert qu'il a donné après la messe, dans la salle au bout du couloir. J'étais assise juste à côté du piano. Il m'a demandé mon prénom. Eh bien, Marie-Thérèse, aujourd'hui c'est pour toi que je joue. Je me suis sentie comme une reine. J'ai écrit à Papa et Maman que je voulais devenir pianiste.

La neige a fondu. Le printemps découvre les flancs de la montagne, nous allons jouer dehors. Il paraît que dès le mois de juin, les sous-bois sont remplis de fraises. Je voudrais bien voir ça mais il paraît qu'en juin je pourrai rentrer chez moi.

Bientôt Papa et Maman vont venir me voir. On ira se promener dans les chemins de montagne autour de Sciernes-en-Gruyère. Je leur montrerai un coin que je connais, rempli de jonquilles et de narcisses. Il y a des fleurs partout, comme pour la reine Astrid. Mais maintenant la reine c'est moi. Je ne me laisserai plus faire par mes frères. Et j'irai tuer la Prudhomme. Pour la fête des mères, je brode un petit napperon avec des edelweiss.

Je m'entraîne tous les jours au piano dans la salle de concert. Une de ces dames me fait travailler. Elle m'encourage. Je fais des progrès, c'est bien. Je respire le bonheur.

Retour à Bruxelles (1937-1940)

À mon retour à Bruxelles, la vie reprend son cours, mais les choses ont changé. J'ai grandi, je me sens plus forte. Mes frères me laissent tranquille, ils commencent à s'intéresser aux filles.

Papa partage toujours sa vie entre notre famille rue Ortélius et sa maîtresse, la Prudhomme. Où est passée Mémé ? Elle a disparu… Depuis la mort de son amie Elvire, la présence de Mémé Aline est pesante pour Maman, qui demande à ce qu'elle soit placée à l'hospice. Mémé Aline vit maintenant à l'Hôpital de la rue Haute, près de la Porte de Hal. Très vite, elle y meurt en 1938. Désormais Maman s'occupe de nous toute seule et pour arrondir ses fins de mois elle a mis en location les deux chambres du haut.

À l'école, je travaille bien. J'ai rattrapé mon retard. Je fais très attention à mon uniforme. À la cantine, je retourne ma jupe plissée sur mes cuisses pour ne pas faire de taches. Les religieuses sont gentilles avec ma sœur et moi. Enfin pas toutes, certaines sont de vraies peaux de vache ! Je n'aime pas le regard qu'elles posent sur nous. Comme si nous étions des pauvresses. À Notre-Dame de la Sagesse, il y a des filles de riches et des filles de pauvres. Parce que les institutions religieuses se doivent d'accueillir tout le monde. Moi je ne sais pas très bien dans quelle case je me trouve.

Mais un jour… alors que je joue dans la cour en attendant Maman, chère sœur Marie-Madeleine arrive précipitamment.

– Marie-Thérèse, Marie-Thérèse, venez vite. Quelqu'un est venu vous chercher.

Elle est excitée comme une puce. Elle me regarde avec des étincelles dans les yeux. Comme si elle venait de faire une découverte extraordinaire. Ce qui en fait est le cas. Elle vient de découvrir mon père. Papa. Il est là, grand, magnifique, habillé comme un prince, le chapeau à la main. Papa !

Quel infini bonheur, quelle joie pour la petite fille que je suis. Sa superbe auto est garée devant la porte de l'école. Sœur Marie-Madeleine n'en peut plus de courbettes et de Monsieur Bausier par-ci, et de Monsieur Bausier par-là.

Mon père, de sa voix grave et enjôleuse, séduit toutes les femmes, même les bonnes sœurs. Majestueux, il me prend par la main, salue les religieuses aux yeux qui brillent et m'installe à côté de lui sur le cuir beige de son automobile étincelante. De ce jour, sœur Marie-Madeleine ne me regardera plus de la même manière. Je ne suis pas une pauvresse.

Chapitre III

La guerre est de retour

Les chemins de la Résistance

Corinne

Simonne ou Simone...

Simone est un peu lasse. Elle appuie son front contre la vitre de la fenêtre et contemple, mélancolique, les rares passants de la rue Ortélius.

Outre le poids de la guerre, Simone a d'autres raisons d'avoir le cœur lourd. Six enfants, cette grande maison, les locataires et un mari volage. Fernand, le grand, le beau, le magnifique Fernand qui la trompe ouvertement. Elle ne lui en veut même pas, elle ne peut pas lui en vouloir. Il est tellement beau, il plaît, il séduit. Quant à elle, six grossesses et autant de fausses couches ont déformé son si joli corps. Elle a grossi, elle a molli, elle comprend bien qu'il n'ait plus guère de désir pour elle. Mais elle est toujours sa femme. Elle cueille au bord du menton une larme, comme un grain de riz. Elle l'écrase.

Là haut, les filles, Thérèse et Claire, jouent à la poupée. Les trois garçons, les grands frères, vont bientôt rentrer. Aucun des trois n'aimait l'école et les études. Dieu merci, ils se sont assagis et ont trouvé du travail.

Fernand fils travaille dans un magasin de textile et son patron, tailleur de costumes pour hommes, semble très satisfait de lui. Henri est employé dans un bureau à l'Ambassade de France. C'est Georges qui a le plus de mal à trouver un boulot stable. Quand il était apprenti à la pâtisserie M., il rapportait tous les soirs à la maison les gâteaux invendus, viennoiseries et autres délices qui faisaient le bonheur de toute la famille. Mais quand sa patronne est tombée amoureuse de lui – faut dire qu'il est beau gosse – il a dû quitter la boutique avant que ça ne tourne mal avec le pâtissier…

Henri a réussi à obtenir pour son frère un poste de coursier pour l'Ambassade. Georges est le poète de la famille, le plus rêveur, il aime le piano mais refuse d'apprendre le solfège. Aussitôt sa paye en poche, il la dépense avec ses copains. Simone lui pardonne tout. C'est un panier percé, mais elle l'adore, comme elle adore tous ses enfants. Il met de la gaieté dans la maison. Il chante toute la journée. Il les fait rire.

Popaul s'est endormi, au chaud près de la cuisinière. Le couvercle de la cafetière clapote. Odeur de café fort, odeur de Belgique. Presque la paix, si ce n'était la guerre, partout en Europe, si proche. L'attitude de son mari la tourmente. Rentrera-t-il ce soir ? Il faudrait qu'il signe les bulletins des filles.

À l'étage, dans la chambre, un choc, un cri, des pleurs. Elle lève les yeux. Allons bon, voilà qu'elles se chamaillent. Thérèse dévale l'escalier en hurlant, exhibant une poupée aveugle, la voilà qui hoquette.

– Maman, Maman, regarde ce qu'elle a fait à ma Bella !

Ce n'est pas grand-chose, mais pour Thérèse, c'est une catastrophe. De ses petits doigts explorateurs, Claire a enfoncé dans leurs orbites les yeux bleus et stupides de la Bella en question.

– Ma poupée, Maman, pleure Thérèse !

– Ton Papa va réparer ça, ma Tété, n'en fais pas un drame.

– Papa est là ?

– Il va rentrer ce soir. Tu as fini tes devoirs ?

– Presque. Encore une récitation. Tu veux que je te la récite ?

– Quand tu la sauras bien. Tu veux goûter ? Va chercher Claire. Tes frères vont rentrer. Je vais réchauffer le cacao. Arrête de pleurer, Tété, c'est ta faute aussi. Tu ne devrais pas laisser Claire jouer avec cette poupée. Elle est trop belle et ta sœur est encore trop petite. Noémie a dû la payer très cher. Ah voilà tes frères. Sors les bols et le sucre.

Thérèse qui rêve

Papa est rentré hier soir. Maman a beaucoup pleuré. Mes frères ont filé doux. Il a regardé mon carnet de notes, il était fier de moi. Moi aussi j'étais fière de moi. Il a fait des promesses. Il allait quitter sa maîtresse. Je n'ai pas très bien compris ce que ça voulait dire. Puis j'ai entendu Maman dire : « ta poule », alors j'ai su qu'il parlait de la Prudhomme. Il a dit qu'il allait revenir pour de bon. Il a même dormi avec Maman. C'était comme dans un rêve. Mon papa est revenu.

Je m'endors. Maintenant tout ira mieux, tous les soirs je lui réciterai mes leçons et il nous emmènera à l'école dans sa belle auto et les autres filles cesseront de se moquer de nous et de nos vêtements trop courts. Et nous on sera heureux pour toujours. Marie-Claire et Popaul ne sont pas de mon avis. Ils préfèrent quand Papa n'est pas là.

Le lendemain matin, les yeux de ma poupée étaient réparés, mais Papa avait déjà disparu. Jusqu'à quand ?

« Voleuse de papas »

Pour tenir cette grande maison, élever six enfants, accueillir des locataires, il faut une femme forte. Et forte, elle l'est Simone. Mais trop, c'est trop. Malgré ses promesses, Fernand va et vient, repart et rentre au foyer qu'il quitte aussitôt.

Heureusement, les trois garçons travaillent. Le week-end, elle aime rendre visite à sa mère et sa sœur Noémie à Tourcoing avec les enfants. Depuis que la France a déclaré la guerre à l'Allemagne, on entend des choses terribles, effrayantes. Tendu, l'air du temps. La ligne Maginot est infranchissable, mais que va faire Hitler ? La jeunesse est insouciante et les garçons ne se rendent pas compte des enjeux. À vrai dire personne.

Les petites et Paul vont à l'école et quand leur père passe rue Ortélius, Marie-Claire l'ignore et Paul fait semblant de ne pas le reconnaître. Thérèse lui montre son bulletin scolaire. Simone a un plan. Elle sait l'attachement que Thérèse a pour son père. Elle élabore un stratagème et l'explique à sa fille, qui n'a que douze ans.

Elle sort la carte de Bruxelles et l'étale sur la toile cirée.

– Tu vas prendre le tramway jusque-là. Emmène Claire avec toi, fais très attention et surtout n'oublie pas ce que tu dois faire. Tu vas aller chez Monsieur et Madame Prudhomme. Retiens bien cette adresse. Ce sont des gens bien. Ils vont à la messe et ils ne doivent pas être très fiers de leur fille. Alors voilà ce que tu leur diras.

Thérèse prend le tram, morte de peur. Elle tient serrée la petite main de sa sœur qui la suit docilement, toute contente d'aller faire un tour. Voilà la rue, le numéro, la maison, leur nom sous la sonnette. Elle hésite, rebrousse chemin. Mais non, elle revient sur ses pas, elle sonne, elle attend. Claire ne comprend pas bien ce qui se passe. Une dame inconnue ouvre la porte et ne peut cacher sa surprise devant les deux petites filles proprettes et effrayées qu'elle trouve sur le seuil.

– Bonjour, Madame. Je viens vous voir pour vous demander quand votre fille va nous rendre notre papa.

Texto. Voilà ce que la plus grande lui envoie en pleine figure. Madame Prudhomme chancelle un peu et prend appui sur le mur. Elle appelle son mari.

– Maurice, viens voir…

Monsieur Prudhomme est plus âgé, il arrive doucement dans le couloir et sourit en voyant les deux petites frimousses.

– Mais qui sont ces deux gentilles petites demoiselles ? demande-t-il avec douceur.

– Ce sont les filles de Fernand Bausier…

– Aaaah… (il soupire)… Fais-les rentrer, ne les laisse pas à la porte, Léontine.

Thérèse est terrorisée, Claire regarde autour d'elle en silence.

– Un biscuit ?

– On voudrait que votre fille nous rende notre papa.

– C'est votre maman qui vous envoie ?

– Non, non, ment Thérèse. Elle ne le sait pas. Surtout, Monsieur, s'il vous plaît, faut pas lui dire. Faut pas qu'elle le sache. Elle serait très fâchée, elle va nous punir.

Léontine regarde Maurice. Ils sont bien d'accord avec ces deux petites filles. Il est grand temps que leur fille Paulette mette fin à cette liaison qui leur fait honte, qui les déshonore et qu'ils désapprouvent en silence. Depuis que Paulette est avec ce Fernand, elle ne vient presque plus les voir. Un homme marié, père de famille. De toute façon, jamais il ne l'épousera. La famille, les amis, les voisins ne se privent pas de leur faire des réflexions. Devant ces deux petites filles aux yeux tristes, leur cœur fond. Même s'ils répètent « C'est votre maman qui vous envoie ? », même s'ils soupçonnent la ruse, peu importe, ils sont touchés.

Thérèse se met à pleurer, Claire doit faire pipi. Maurice et Léontine se sentent un peu perdus. Un biscuit ?

Dans le tram du retour, Thérèse tremble encore un peu. Pourtant quelque chose s'élève en elle, un sentiment de fierté, de mission accomplie, presque d'héroïsme.

Cette histoire l'habitera toute sa vie.

Quelques jours plus tard, oui si vite, Fernand regagne le foyer avec ses valises et sa belle automobile. Pour de bon. Oh, ce ne sera pas facile, mais la famille va tenir bon. On n'entendra plus parler de la Prudhomme. Et il restera le père Bausier pour le restant de sa vie. Mon Pépé Bausier.

1940 leur réserve quelques surprises.

Résistante avant l'heure : mai 1940

– Avez-vous reçu du courrier pour moi, Madame Beausire ?

– Non, Johanna, rien pour vous aujourd'hui.

– Peut-être demain ?

Depuis près d'un an, la locataire de la chambre du haut est une jeune Allemande. Blonde, plutôt jolie, elle est gentille, elle joue avec les enfants, fait sauter Popaul sur ses genoux, « *Hope, hope Reiter, wenn er fällt, er weint* ». Elle parle un français impeccable, avec un léger accent. Elle s'obstine à appeler Simone « Madame Beausire », qui est à l'origine le vrai nom de la famille Bausier si un employé de mairie belge n'avait mal orthographié leur patronyme.

C'est une locataire irréprochable, mais… Mais elle travaille à l'ambassade d'Allemagne. Elle est la secrétaire particulière du général von N. Et par les temps qui courent, surtout depuis que la guerre a été déclarée, une jeune Allemande vivant dans une famille française pourrait paraître incongrue. Simonne n'a pas froid aux yeux, on le sait. Ou alors elle est complètement inconsciente des risques qu'elle prend.

– Vous vous rendez compte du danger dans lequel vous vous mettez, Madame Bausier ? C'est tout à votre honneur, mais vous avez une famille…

– Je ne fais que mon devoir, Monsieur de la Chauvinière. Mon pays est en guerre et…

– Les documents que vous nous montrez-là sont extrêmement confidentiels et précieux. Êtes-vous sûre que votre locataire ne se doute de rien ?

– Absolument.

Monsieur le comte de la Chauvinière regarde avec admiration cette femme, cette mère de famille, qui vient lui apporter des lettres. Des lettres venues d'Allemagne et d'Autriche, adressées à Johanna. Et chaque jour Simonne les dépose à l'ambassade de France, où elles sont ouvertes à la vapeur, lues, recopiées et recollées avant d'être données à leur destinataire, c'est-à-dire à Johanna. Ce petit jeu dure pendant des mois. Et revêt vite un caractère de la plus haute importance. Et dangereux[1]. Johanna se méfie. Johanna tend un piège. Elle glisse elle-même ce matin en partant travailler une grosse lettre dans la boîte du 1, rue Ortélius.

– Avez-vous reçu du courrier pour moi, Madame Beausire ?

– Non, Johanna, rien pour vous aujourd'hui.

– Peut-être demain.

Le 8 mai 1940, on fête les huit ans de Marie-Claire. Dans la foulée, elle fait sa communion privée. Hitler décide de contourner la ligne Maginot et de passer par la Belgique. Le petit jeu que Simonne menait avec l'ambassade de France a fini par être repéré par la gentille Johanna qui tout compte fait n'est peut-être pas si gentille que ça. Avant tout, Allemande et secrétaire d'un général.

Si ce sont la France et l'Angleterre qui ont déclaré la guerre à l'Allemagne le 3 septembre 1939, c'est sur Bruxelles que tombe une pluie de bombes incendiaires, aujourd'hui 10 mai 1940.

Il y a peu de temps, quelques mois peut-être, que Fernand a quitté sa jeune maîtresse pour regagner le domicile conjugal. Thérèse est ravie et fière d'avoir ramené son papa à la maison. Claire et Paul ont huit et six ans et demi, et la présence de leur père au logis ne leur plaît pas vraiment. Maman Simonne est plus coulante, elle leur pardonne tout. Avec Papa Fernand, on file doux.

Un vent de panique souffle sur la Belgique, sur Bruxelles, sur la famille Bausier. Simonne a demandé aux garçons d'aller disposer sur le plancher du grenier des sacs de sable humide. Grand bien leur fasse. Dans la rue Ortélius, une maison brûle. Dans les combles, Henri ne tarde pas à trouver une bombe incendiaire qui s'est éteinte sur un sac de sable, laissant un

---

1. Bruxelles est un important centre d'espionnage. L'état-major français cherche à savoir si l'Allemagne violera la neutralité belge pour attaquer la France et contourner la ligne Maginot. La Belgique est alors au cœur du conflit que se livrent les puissances belligérantes. Ce que, bien évidemment, Simone ignore.

trou dans la toiture. Pétard mouillé, mais quand même... Aux quatre coins de la maison, des coupelles pleines de dragées roses et blanches disposées là pour tous, voisins, amis, locataires, leur rappellent que Marie-Claire a fait sa communion privée la veille. Pour ses huit ans, elle s'est vu offrir une magnifique poupée. Aussi belle que celle de Tété, qui ne pourra plus désormais l'accuser d'abîmer sa Bella.

Mais ce matin, 10 mai, les nouvelles sont terribles. Tout s'est enchaîné trop vite et leurs têtes d'enfants ont du mal à suivre. C'est quoi, la guerre ? Cette pluie de bombes affole la population. Les pompiers ont finalement réussi à éteindre l'incendie de la maison de monsieur Vanderlinden, qui a presque entièrement brûlé.

Pas de doute, c'est bien la guerre. Sa femme pleure sur le trottoir. Ils ont pu sauver quelques biens, des papiers, des bijoux, quelques vêtements. Ils ne sont plus tout jeunes, ces deux paisibles retraités de la Poste belge. Leur vie est partie en fumée. Ils disent à Simonne qui leur apporte du café qu'ils vont partir ce soir chez leur fils, dentiste à Ostende. Cette guerre ne peut pas durer bien longtemps, les Américains ne vont faire qu'une bouchée de ce malade mental d'Hitler. Tout devrait rentrer rapidement dans l'ordre. N'empêche, leur maison est en cendres.

– Madame Bausier, Madame Bausier ! Il faut que vous appeliez immédiatement l'ambassade de France. Monsieur le comte de la Chauvinière a laissé un message pour vous.

Quentin, un autre voisin, vient en courant annoncer la nouvelle à Simonne. Il travaille à l'ambassade comme coursier. C'est un bon copain de Georges et Henri qui y travaillent aussi.

Apparemment, la dernière lettre que Simonne y a déposée était un piège. L'enveloppe est impossible à recoller. Tout ça va un peu vite. Simonne appelle l'ambassade depuis le téléphone du couloir qui est à la disposition des locataires. Monsieur le comte est à Poitiers. Il vient d'être nommé dans la Vienne.

De retour à Bruxelles, au vu des circonstances, il réalise que madame Bausier, pour qui il a la plus grande estime, est en grand danger. Les Allemands sont prêts à tout, cette intrusion en pays neutre en est une preuve supplémentaire. Il doit repartir en France, mais il dépêche un des coursiers de l'ambassade pour alerter au plus vite la famille Bausier et leur conseiller de quitter Bruxelles au plus tôt.

– Il faut faire vite, Madame Beausire, vite, vite, halète le Quentin.

La fuite de Bruxelles

12 mai 1940, Bruxelles.

À la gare du Midi, c'est la panique la plus totale, la cohue, le chaos complet. Ne pas perdre les enfants, ne pas rater le train, surveiller les valises. Des familles entières se déplacent. Sur quel quai ? À quelle heure ? Il vous reste de la place pour Paris ? Lille ? Roubaix ?

Au coin de la rue du Marteau, Johanna apparaît, pâle comme un fantôme. Vous partez Madame Beausire ? Mais qu'est-ce qu'il se passe ici ? Le regard gris d'acier de Simonne croise le bleu des yeux de Johanna. Toi, la Boche, tu la fermes. Johanna cligne des paupières.

« *Hope, hope, Reiter, wenn er fällt, er weint...* » Oui, il pleure le petit Paul quand il tombe.

Thérèse se dit « C'est ça la guerre ? » Dans le train qui les ramène en France, elle pleure. Elle a soif. Maman, j'ai soif. Marie-Claire aussi pleure. Elle a dû laisser sa poupée, sa toute nouvelle poupée, sa belle, belle poupée d'anniversaire. Mais pourquoi Maman n'a pas voulu que je la prenne ?

Mais qui ne pleure pas dans ce train ? Même les papas pleurent, la tête entre les mains. Tout quitter, tout laisser, tout perdre. La guerre remplit les yeux des parents, elle pénètre les enfants.

Quitter notre ville, notre rue, notre maison, notre école, nos copains, nos jouets. Et le chien. Thérèse pleure son chien. Elle pleure son chien, le cœur brisé. Vicky, Vicky.

C'est donc ça la guerre ? Briser la vie des gens, briser leur cœur ? Mais c'est qui ce « Fureur » qui se croit tout permis ?

Maman, j'ai soif. Dans l'affolement général, Simonne a fait précipitamment les bagages, emporté quelques biscuits pour la route, donné le chien Vicky à des voisins, mon Dieu, mon Dieu, vite, vite à la gare du Midi. Mais elle a oublié de remplir les gourdes d'eau.

Toute la famille descend du train à la gare d'Herseaux, à Mouscron, ville-frontière entre la France et la Belgique. On remplit les gourdes à une pompe, tout le monde est assoiffé. Le passage à la douane ne pose aucun problème, ils sont tous Français. Il y a encore quelques kilomètres à parcourir, plus d'une heure de marche jusqu'à chez Mémé Allaerd et Tante Noémie, rue Béranger, dans le quartier du Blanc Seau à Tourcoing. Une bonne trotte. Popaul et Claire traînent la patte. Inconsolable, Tété pleure son chien.

Mémé et Noémie les attendent. Il y a de la soupe. Les petits sont épuisés et s'endorment presque dans leur bol.

Fernand, en père de famille qui ne perd pas le Nord, garde le contrôle. Il téléphone à gauche et à droite pour trouver une solution rapide et mettre toute la famille à l'abri. Si Johanna a donné l'alerte, la Gestapo va vite se mettre à la recherche de Simonne. Où aller ?

Après un bref passage en Normandie, chez un ami de Fernand, la famille Bausier part se réfugier dans la Vienne. Probablement avec le secours de monsieur de la Chauvinière, en poste à Poitiers. Et ironie du sort, c'est une famille juive de Montmorillon qui va les accueillir pendant toute la durée de la guerre : les Marguillès.

Montmorillon

Tout au long de ma vie, de ma plus tendre enfance – et probablement même déjà dans le ventre de Maman Thérèse – et jusqu'à la mort de celle-ci en 2015, le nom de cette ville a résonné en moi. Montmorillon.

Après avoir vécu le plus clair de leur vie – et le plus sombre aussi – entre le Nord de la France et la Belgique : Roubaix, Tourcoing, Charleroi et Bruxelles, voilà que le destin projette la famille Bausier-Allaerd à la campagne, dans une jolie petite ville de la Vienne, traversée par la Gartempe.

Je connaissais Montmorillon bien avant d'y être allée, sa rivière, son moulin, son école... Peu avant de mourir, Maman m'a avoué que les plus belles années de sa vie ont été... ces années de guerre, 1940 à 1945. Comment est-ce possible ?

– J'étais jeune, j'étais adolescente et les horreurs de la guerre ne sont jamais venues jusqu'à nous. Du moins pas vraiment. On entendait parler des camps, d'arrestation des Juifs, de prises d'otages, mais ça restait vague pour nous.

Toute la famille, habituée à la grande maison de Bruxelles, se retrouve entassée dans une même grande pièce, rue de la Cueille... Réfugiée, mais saine et sauve. Et qui plus est dans une famille juive !

Les aînés décident de rester dans le Nord et, plus tard, de se cacher du STO, le service du travail obligatoire en Allemagne. Si Fernand fils arrive à passer entre les mailles du filet, son frère Georges se fera prendre. Henri, lui, travaillera avec son père entre Roubaix et Montmorillon.

Simone, ses deux filles Thérèse et Claire et bien sûr Popaul, le plus jeune de la tribu, vont passer toute la guerre à Montmorillon.

Thérèse, qui a toujours eu les poumons fragiles, fait une rechute et doit retourner passer quelques mois en Suisse, au préventorium du Rosaire, où elle a été si heureuse quand elle était petite en 1936. Les religieuses de Sciernes en Gruyère l'accueillent à bras ouverts et prennent grand soin de leur petite protégée. Le piano est encore là, quel bonheur.

Après son séjour dans les Alpes, elle a grandi, elle a grossi et pris des couleurs. Elle a un peu de retard en classe (est-ce pour cela qu'elle a mis un point d'honneur à ce que ses propres filles soient en avance à l'école ? Pas impossible) mais qu'importe, elle est en bonne santé.

Thérèse et Claire sont inscrites à l'institution Saint-Martial, une école rendue célèbre par les écrits de Régine Deforges, qui y était pendant la guerre. Petit Paul, lui, est inscrit à Saint-Joseph.

Bien sûr, c'est la guerre. Mais malgré les restrictions, l'espace de vie limité, les bruits qui courent sur les horreurs en cours, Thérèse adolescente est heureuse. Des amitiés profondes vont se créer pendant cette période. Cette joyeuse bande de jeunes qui dès la sortie des cours enfourchent leurs bicyclettes pour aller jusqu'au moulin se baigner dans la Gartempe, a-t-elle l'air de souffrir ?

Fernand Bausier père est débrouillard et travailleur. Il a aussi de l'imagination. Ne va-t-il pas jusqu'à inventer un assaisonnement pour la salade dans une France où la pénurie d'huile de table se fait sentir ? Son produit comestible, « Ilang », connaît même un certain succès commercial… Il voyage entre le Nord et la Vienne pour subvenir aux besoins de sa famille. Fernand fils, qui est resté dans le Nord, se marie à une autre Thérèse, une gentille couturière, qui lui donnera un fils en novembre 1941, mon cousin « Petit Jean ».

À Saint-Martial, Thérèse et Claire sont bonnes élèves. Elles vont au catéchisme, font leur communion. Elles ont obtenu une petite chambre mansardée chez une voisine et savourent un peu de tranquillité. La pièce est très humide et le plancher vermoulu, mais au moins elles ont une chambre à elles !

Dans la bande de copains, un certain Robert – dit Bichon comme le surnomme sa maman – se fait baptiser catholique ! Sa famille d'origine juive espère trouver dans ce sacrement chrétien une protection contre l'antisémitisme. Un jour, son père, Monsieur Hirsch, joaillier à Paris, se fait assassiner dans sa bijouterie pour des raisons non élucidées. Robert Hirsch – oui, c'est bien lui ! – passera toute la guerre dans la maison de famille à Montmorillon. Pour le plus grand plaisir de sa bande de copains que sa grandiloquence et son attitude théâtrale feront rire tant et plus. La véritable passion de Bichon est la danse. Il arrive un jour au bord de la Gartempe déguisé en femme, dans un costume de cocotte du début du siècle : robe longue, frou-frou, chapeau et ombrelle. Tous les copains sont morts de rire. Où est-il encore allé dénicher ça ? Il avance à petits pas jusqu'au bout du ponton et plouf ! il saute dans l'eau de la rivière. Il n'avait pas prévu, excellent nageur qu'il était, que sa robe et ses dentelles pèseraient si lourd une fois mouillées... Il a fallu l'aide de plusieurs de ses amis pour le repêcher !

Une amitié cruciale dans la vie de Thérèse dont elle nous a souvent parlé.

Marie-Thérèse Bausier et Robert Hirsch, « Bichon », au bord de la Gartempe à Montmorillon (vers 1944)

Combien d'histoires as-tu pu me raconter, Maman Thérèse, sur Montmorillon ? J'étais petite, quatre, cinq ou six ans, je n'avais aucune idée de ce que pouvait être une guerre. Je ne connaissais que mon quartier, mon école, ma famille, les vacances à Bray-Dunes, et cette ville lointaine, dont tu nous parlais tous les jours ou presque, faisait partie d'un monde imaginaire. Il y avait une rivière, un château, des bonnes sœurs (ça je connaissais), des bicyclettes, un moulin. C'était un conte de fée pour moi. Mais pour toi, qui y avais passé cinq ans, c'était encore tout frais…

Un jour que je jouais avec Carole, tu as commencé à me parler de Montmorillon. Pour changer. Cette fois-ci, je n'avais pas envie d'écouter ton histoire.

– Montmorillon ! Montmorillon ! J'en ai assez que tu nous parles de Montmorillon ! On les connaît toutes tes histoires de Montmorillon !

Papa a rigolé. Ce n'était pas très gentil, ni de sa part ni de la mienne. Tu t'es arrêtée net, interdite. J'ai compris que je t'avais blessée. Tu t'es assise et tu t'es mise à pleurer.

– Puisque c'est comme ça, je ne vous en parlerai plus. Et d'abord cette histoire-là, je ne vous l'avais jamais racontée…

Papa, gauchement, a essayé de te consoler. Mais moi j'avais tellement honte d'avoir fait pleurer ma Maman.

La débâcle

Après cinq années de privations et pourtant d'adolescence joyeuse et insouciante, quand Thérèse et ses copains apprennent que les Alliés ont débarqué en Normandie, la Vienne est libérée. Un convoi de prisonniers allemands va traverser Montmorillon.

Thérèse a dix-sept ans. Elle et ses amis décident d'aller voir passer les Boches, crier, huer, humilier, se venger, se défouler, exprimer leurs frustrations, leur colère, leur haine, tout ça sur le pont de la Gartempe. Assis sur le rebord du pont, ils attendent. Ah ce qu'on va leur mettre à ces ordures !

Regardez, les voilà qui arrivent ! Et là... sous leurs yeux d'adolescents, que voient-ils défiler ? Des hommes, des soldats, mais surtout d'autres adolescents, certains sont vraiment très jeunes. Quel âge peut-il avoir ce petit blond qui traîne savates, les pieds en sang ? Quatorze ans ? Quinze ans ? Hagards, le regard perdu, les prisonniers allemands ne sont que des hommes qui ont vécu la guerre dans toute son horreur et sa folie. Alors Thérèse bouleversée se met à pleurer, part en courant et rentre chez elle, secouée de sanglots. Mais, Maman, c'étaient des jeunes, comme nous ! crie-t-elle inconsolable.

Échos

C'est qui les Boches ? Je ne sais pas qui sont ces gens, mais on ne les aime pas trop dans la famille. Ni dans la famille de Papa, ni dans la famille de Maman. Il y a eu la guerre quatorze et la guerre quarante. Et la guerre dans la cour de récréation, mais nous, les filles, on n'a pas le droit d'y jouer. On s'en fout, on n'a pas envie.

Donc Quatorze et Quarante. Je ne sais pas comment on mesure les guerres. Il paraît qu'il y en a eu une qui a duré cent ans. J'imagine une armée de vieillards qui se tapent dessus. Jeanne d'Arc y a mis fin. Jeanne d'Arc, comme le nom de mon école maternelle à Roubaix. Et de ma coupe de cheveux.

Les Boches étaient des gens très méchants, qui ont tué et torturé mes tontons, et aussi les Juifs.

C'est qui les Juifs ? Je sais que Jésus était juif, et que lui aussi a été torturé. Mais pas par les Boches. Par des soldats romains. La guerre, c'est compliqué. C'était avant ma naissance, tout ça.

Mamie dit : « Parlez pas de ça devant les petites ! » mais le plus souvent, c'est elle qui en parle. Et quand Mamie parle de la guerre quatorze ou de la guerre quarante, elle tremble. Elle renverse un peu de café sur la toile cirée, vite, vite, elle l'essuie, comme un mauvais souvenir. Elle a les yeux qui se mouillent.

« On avait faim, on avait tellement faim. »

« Mon frère Marcel, ils l'ont torturé, son corps était tout boursouflé, tout bleu. Mais il n'a jamais parlé. »

Jamais parlé, Tonton Marcel ? Il était muet ?

En 1914, Andréa avait sept ans, elle était la sixième de la grande marmaille des Vanelslander-Brandicourt. À quoi pouvait bien ressembler Tourcoing en 1914 ? Les « diables gris » défilaient. Les enfants affamés leur couraient après, parce que les Boches leur laissaient leurs gamelles à finir. Les fameux « petits oignons frits, qui étaient si bons ». Ils étaient pas si méchants, alors, ces grands gamins blonds qui ne rêvaient qu'à une chose : rentrer chez eux, comme tout le monde.

– Pourquoi tu pleures, Mamie ?

Les oignons, sans doute.

Dans les yeux de ma grand-mère, derrière le tremblement des larmes, je perçois de la peur, de l'horreur, des images terribles. Alors elle me fait un cacao et des tartines trop beurrées, elle met une bouillotte dans mon lit d'enfant pour consoler la petite fille qu'elle a été et qui a trop souffert.

Tonton Marcel, héros fantôme de mon enfance

Si vos pas vous mènent un jour à la gare de Tourcoing, vous pourrez voir sur la façade une plaque commémorative à la Gloire de ses morts pour la France. Parmi les photos des résistants des Chemins de fer français, un médaillon portant la photo de Marcel Vanelslander attirera votre attention. Tonton Marcel était le frère de ma grand-mère paternelle Andréa.

Héros de la Résistance, héros de la famille. Depuis ma plus tendre enfance, cette même photo était exposée chez tous mes oncles, tantes, grands-parents et chez Berthe mon arrière-grand-mère paternelle, notre « Grand-Maman ». Ce regard étrange, ce demi-sourire, cet homme qui torturé à mort à la prison de

Loos n'a jamais parlé, ce grand-oncle que je n'ai pas connu, ce Tonton Marcel dont le seul nom faisait mouiller les yeux de ma Mamie mérite bien que je vous raconte son histoire.

Juillet 1941, Wattrelos :

– Regarde, Annette : tu coupes le papier comme ça. Un point de colle. Tu recommences avec une autre couleur. Un point de colle. Voilà. Comme ça, c'est bien. Bleu, blanc, rouge, bleu, blanc rouge.

Annette a huit ans. Elle s'applique. Ses tantes et leurs amies fabriquent des guirlandes. Bleu, blanc, rouge, bleu, blanc, rouge. Parce que dans trois jours, c'est le 14 Juillet et qu'elles n'ont pas froid aux yeux.

Les Allemands sont partout. En fait, ici, à Tourcoing, il paraît qu'on est maintenant en Allemagne. Mais non. Marcel Vanelslander et ses amis, ses collègues des Chemins de fer, ses frères et ses sœurs préparent en secret une manifestation. Et un bal. Rien que ça.

D'abord au cimetière du Crétinier, un hommage aux Anglais, morts et enterrés ici en 1940. Nos drapeaux portent les mêmes couleurs, bleu, blanc, rouge, bleu, blanc, rouge. Le jour de la fête nationale, les tombes des soldats britanniques se couvrent de fleurs. En silence, les familles défilent paisiblement. En paix, en pleine guerre.

Les guirlandes tricolores ont été aussi accrochées aux fenêtres, aux branches des arbres, aux façades tout autour de la Place du Sapin Vert sur laquelle la femme de Marcel Vanelslander tient un bistrot. Et le soir, on guinche au bal du 14 juillet. Ça danse, ça chante, un sacré culot quand même ! Un accordéon, un violon, ça danse, ça chante et même ça provoque : La Marseillaise, *God Save The King* et… *L'Internationale.* Les bocks de bière s'entrechoquent. L'alcool aidant, les patriotes n'ont peur de rien et… ce qui doit arriver arrive.

La réponse des Allemands ne tarde pas. À l'issue du bal populaire, suite à une bagarre, une vingtaine de personnes sont arrêtées. Trois jours plus tard, Marcel Vanelslander et une trentaine de ses camarades communistes sont arrêtés à leur tour.

Tonton Marcel, le frère de ma Mamie Andréa, est soupçonné d'avoir organisé la manifestation pacifique au cimetière et le bal du 14 Juillet. Il a trente-neuf ans, cheminot chaudronnier à la SNCF et sa femme est cafetière au Sapin Vert. Incarcéré à la prison de Loos-lez-Lille sous le matricule 280, il dessine dans sa cellule. Il a un bon coup de crayon et ses autoportraits dénoncent les conditions de sa détention. Abominables, inhumaines.

Comment devient-on un héros ? Torturé, il ne parlera jamais. Il meurt le 7 janvier 1942 d'une prétendue pneumonie. C'est sa sœur Andréa qui devra venir identifier le corps tuméfié de Marcel, le « passager 280 ». Bleui par les tortures qu'il a subies, il est méconnaissable. Elle a du mal à le regarder, à le reconnaître, elle manque de s'évanouir. Ma grand-mère est alors une jeune femme de trente-cinq ans, cafetière elle aussi, et la vue du cadavre de son frère l'horrifie. « Ils lui avaient fait des piqûres d'essence dans les veines. » Elle en parlera toute sa vie.

En épouvantant ainsi les familles soupçonnées de résistance, les Allemands, espèrent décourager les actions de ces « terroristes », des patriotes. Peine perdue. Le contraire se produit. La veuve de Marcel prend la relève. L'arrière-salle de son café du Sapin Vert devient un lieu de réunion de résistants. Comme sa belle-sœur Andréa le fait rue du Brun Pain à Tourcoing, elle cache des Anglais au risque de sa vie. Le benjamin des frères Vanelslander, Pierrot, « Tonton Pierre » le père d'Annette, travaille lui aussi aux Chemins de fer. Ce casse-cou n'a peur de rien.

Quand dix ans plus tard, la petite Corinne écoute les grands raconter ces histoires, que peut-elle bien y comprendre ? Plonger dans l'eau froide du Canal pour aller déposer une bombe sous une péniche allemande, faire sauter un train avant qu'il n'entre dans la gare de Tourcoing, ou plus simplement remplir de sucre les réservoirs d'essence des voitures militaires des Boches, il a fait ça Tonton Pierre ? J'ai entendu parler de ses exploits. Je le regarde assis dans son fauteuil, buvant un « jus », comme on appelle le café, archi noir et archi « bouillu » qui murmure toute la journée sur la cuisinière flamande. Je le regarde et je trouve qu'il a l'air triste.

Je regarde souvent la photo de Tonton Marcel et je me dis qu'il ressemble à mon parrain « Bon Georges », le frère de Mamie, et aussi un peu à mon Papa Jo. Parfois Mamie prend la photo de son frère et elle l'embrasse.

Marcel avait un fils, le cousin de Papa. Dans la famille on l'appelait « le petit Marcel ». Enfants, Jojo et Marcel jouaient ensemble.

J'avais peut-être sept ou huit ans la seule fois où j'ai vu pleurer mon père quand le « petit Marcel » est mort des suites d'une opération de l'appendicite. Il n'était pas bien vieux. Le téléphone a sonné. Papa a décroché, il a éclaté en sanglots. Maman et moi, on s'est regardées sans comprendre. Papa s'est assis, il a pleuré, la tête entre les mains. Le petit Marcel est mort, il a dit. Maman est venue derrière lui et l'a consolé. Bouche bée, je regardais pleurer mes parents. Je suis sortie de la cuisine, perplexe.

Une péritonite, c'est quoi ? Je ne le connaissais pas ce petit Marcel, mais visiblement mon papa devait l'aimer beaucoup. Comme moi mes cousins sans doute.

By George !

Dans la famille, il y avait cinq Georges. Moi, j'entendais « saint Georges », comme un de ces martyrs dont les images me terrifiaient dans les livres des bonnes Sœurs de la Sagesse. Comment saint Georges, celui qui avait terrassé un dragon, pouvait-il bien être un membre de la famille ?! Mais non, riait Maman : il y a cinq Georges !

Le premier était mon Papa, Georges Vandewalle dit Geo, Jo ou Jojo. Pour nous, Papa Jo.

Tonton Georges, l'un des frères de Maman, était Georges Bausier, l'artiste, le pianiste, le bohème rigolo.

« Bon Georges ». Tout le monde l'appelait « Bon Georges » parce qu'il avait un grand cœur. C'était mon parrain, Georges

Vanelslander, le frère de ma Mamie Andréa, ma grand-mère paternelle.

Le second mari de ma Mamie Andréa s'appelait Georges lui aussi, Georges Masclef. Le beau-père de Papa, donc mon faux grand-père… mais mon vrai Papi !

Le dernier Georges de la famille, c'était mon Onc' Breyer. Il avait épousé en secondes noces Noémie, sœur de ma grand-mère, la belle Simonne Allaerd. Noémie Allaerd était une vraie grenouille de bénitier. Suite à un gros chagrin d'amour (un fiancé parti ou tué à la guerre ? Je n'en ai pas la moindre idée, elle n'en parlait jamais), Marraine Noémie (tout le monde l'appelaient Marraine) ne s'était jamais mariée et avait vécu dans la plus grande chasteté auprès de sa mère Maria-Louise, mon arrière-grand-mère.

Voilà-t-y pas qu'un paroissien de Saint-Éloi, l'église du Blanc Seau, veuf et bien de sa personne, Georges Breyer, la demande en mariage ! Elle avait cinquante-six ans et toute sa vertu. Mon Onc' Breyer était un rigolo. Il travaillait pour le journal *Nord-Éclair*. Il confondait toujours nos prénoms, à Carole et à moi. Il disait qu'un honnête homme se devait d'honorer sa femme tous les jours ! Si Noémie a gardé sa virginité jusqu'à cinquante-six ans, elle a bien rattrapé le temps perdu avec son polisson de mari. Elle embellit, ses joues devinrent plus roses, elle riait plus souvent.

Voilà donc les cinq Georges de ma famille. Vous êtes perdus ? Moi aussi.

Jules Vandewalle

De Jules Vandewalle, mon grand-père paternel, on ne me dit rien. Rien de rien. Jamais. Cet homme dont je porte le nom est pour moi un parfait inconnu. Une case vide dans l'arbre généalogique, une branche morte.

J'ai dû gratter, fouiller, poser mille questions, appeler des gens trouvés dans l'annuaire… et des Vandewalle, il y en a des quantités dans l'annuaire du Nord ! C'était avant Internet. Aller à la Mairie de Tourcoing pour presque rien.

Je sais que quand il a épousé ma grand-mère Andréa Vanelslander en février 1926, elle est enceinte et déjà bien ronde. J'ai vu sur l'acte de naissance de Papa que son père Jules était « tapisseur » (je ne connais pas ce mot... Celui qui tapisse les murs avec du papier peint ? Celui qui tisse des tapis ? Non, me dit Google : celui qui réalise des tapisseries... On en apprend tous les jours).

Aux premiers jours de l'été 1926, Georges Émile Vandewalle, mon papa, naît à Tourcoing. Aimé, adoré, adulé par toutes les femmes de la famille : arrière-grand-mère, grand-mère, mère et tantes feront de ce beau petit blondinet un maniaque de l'ordre et de la propreté. Une idée en tête : le travail, le travail, le travail !

Jules et Andréa tiendront un café-restaurant rue du Brun Pain. On y donne aussi des combats de coqs ! Alcool et violence viendront à bout de leur couple et ils divorceront. Andréa restera seule avec son fils et tiendra son café avec beaucoup d'honneur et de courage. Jusqu'à ce qu'elle se remarie avec Georges Masclef en 1939 puis donne à son fils adolescent une petite sœur, Jocelyne. En pleine guerre. Son mari est parti au front et fait prisonnier.

« Je n'ai jamais laissé passer un homme derrière mon bar ! » Fière, digne et travailleuse, ma Mamie.

Mais bien qu'on ne m'ait jamais beaucoup parlé de ce grand-père Jules Vandewalle, de la guerre, mes oreilles d'enfant ont enregistré des choses. La Gestapo, la Résistance, la guerre du rail, Tonton Marcel torturé. Je n'ai rien oublié de ce que, petite fille, j'ai imaginé.

– On ne parle pas de ça devant les petites.

– Son corps était tout bouffi, tout bleu. Ils lui avaient fait des piqûres avec de l'essence.

– Quand j'ai dû aller identifier le corps de mon frère Marcel à la prison de Loos, j'ai eu du mal à le reconnaître, pleurait ma Mamie, horrifiée.

– On ne parle pas de ça devant les petites.

– Quand ils ont chanté l'Internationale au café, les Boches ont fait une descente. Ils ont embarqué tout le monde. Sauf les femmes et Jojo qui était dans sa chambre.

Malgré tout, devant les petites, souvent, ils en parlent. Mais sur Jules Vandewalle, silence radio, pourquoi ?

Pierrot le fou

Le printemps 1943 est timide.

Pour rentrer rue du Brun Pain, là où ils habitent, Jojo et Marco – c'est-à-dire mon père Georges Vandewalle et Marc Vandamme son meilleur ami, alors adolescents –, doivent longer le canal de Tourcoing qui borde le lycée de garçons, remonter la rue du Flocon jusqu'à la Gare des Francs. Les deux adolescents s'attardent un peu le long des rails et regardent de leurs yeux de gamins wagons et locomotives, courent sur les rails et les traverses de chemin de fer jusqu'à ce qu'une voix menaçante leur crie en allemand de dégager des lieux et en vitesse. *Raust ! Schnell* ! Ils ramassent leurs cartables et les jettent sur leurs épaules, partent sans plus attendre, traversent la rue du Clinquet et filent en direction du Brun Pain.

Si le sac scolaire est un peu lourd aux omoplates des garçons, le sac à secrets pèse encore davantage sur leur cœur. Monsieur Vandamme, le père de Marc, est à la tête d'un réseau de Résistance. Des réunions ont lieu à l'arrière du café-restaurant d'Andréa Masclef, la maman de Jojo. Ou chez sa belle-sœur place du Sapin Vert à Wattrelos.

Andréa est divorcée du père de Jojo, remariée et une petite sœur vient de naître. Cela fait beaucoup pour lui. La guerre, l'école, Jocelyne la petite sœur et la Résistance… Il monte dans sa chambre et s'allonge sur son lit. Dans la famille, on n'est pas des trouillards : au mur, des cocardes bleu-blanc-rouge, la photo du général de Gaulle, un drapeau français et un drapeau anglais. Rien que ça. Ça n'est pas très prudent, il s'en fout.

Son beau-père, Georges Masclef, est prisonnier en Allemagne. Andréa est une forte femme, elle dirige toute seule le café-restaurant, aidée tour à tour par sa mère, un frère, une sœur. La famille Vanelslander est grande, on se soutient.

Georges, dit Jojo, fait ses devoirs sans grand enthousiasme. Il n'aime pas l'école, il préfère regarder par la fenêtre. Un arbre, dans un jardin voisin, lui rappelle timidement de ses bourgeons pâles que le printemps vient d'arriver.

En bas, dans le café, ça braille, ça crie autour d'un combat de coqs. La scène est d'une cruauté sans nom, mais on se défoule comme on peut. Faute de pouvoir s'en prendre directement à l'ennemi, on regarde s'entre-tuer les coqs, on parie, on perd, on gagne. C'est la guerre en miniature, sur le petit ring des gallinacés. Quand des soldats allemands entrent dans le bar, le plus souvent, le silence se fait. On les sert, ils prennent de la bière, un repas chaud, une cigarette. Ils parlent fort.

Andréa est soucieuse. Et même plus que ça. Son plus jeune frère Pierre est une tête brûlée. Avec ses camarades Louis et Émile, il s'est porté volontaire pour aller poser des bombes à la Gare des Francs. Un convoi de munitions à faire sauter… Beau feu d'artifice en perspective. Beaucoup de morts, des Français, des Allemands, civils ou militaires, beaucoup de sang et de larmes aussi. Derrière son comptoir, Andréa essuie les verres, nerveusement.

– Jojo, finis ton assiette et va te coucher.

Un peu plus tard dans la nuit, quand le café a baissé sa grille de fer, allongée seule dans son lit, elle regarde fixement le plafond, puis la petite pendule sur la table de nuit. La peur lui donne la colique. Le chagrin lui serre la gorge. Le bébé a pleuré. Elle se lève pour la consoler, petite Jocelyne, quelle idée de naître en pleine guerre ! Chut, chut !

Un bruit énorme au loin. La maison tremble, la ville tremble. Des cris, des clameurs, des sirènes. Jojo se lève. Maman, c'était quoi ce bruit ?

Dans la rue, on entend des cavalcades, des véhicules qui passent en trombe, des cris et des jurons en allemand. Comment dormir ? Avant le lever du jour, on frappe à la porte de derrière. C'est Pierrot. Ses yeux bleus roulent dans tous les sens, comme s'il était devenu fou.

– Tu es tout seul ?

– Oui, oui, on s'est dispersé. Émile est rentré chez lui, Louis je ne sais pas.

Deux jours plus tard, les Allemands saisissent une douzaine d'otages et les emmènent à la prison de Loos, en signe de représailles. Les jours, les mois passent. Jojo et Marco traînent toujours sur le chemin du lycée, mais ils font un détour pour éviter la Gare des Francs. Les coqs s'entre-tuent. Jocelyne marche presque maintenant. Andréa a reçu une lettre de son mari.

Cinq années allemandes

Serge

Une drôle de guerre

La seconde guerre me rattrape à travers des récits de captivité et des anecdotes du temps de l'occupation. Mes parents ne se connaissent pas encore. Leurs souvenirs adoptent rarement un ton dramatique car chacun d'eux a tendance à gommer les moments les plus difficiles ou les plus insoutenables. Parce que nous sommes encore des enfants ou parce qu'ils préfèrent oublier et ne pas en parler ? Dommage qu'on n'ait pas eu l'esprit de leur poser les bonnes questions aux bons moments.

À dix-sept ans, en 1935, mon père est contraint d'abandonner son cher lycée et sa classe de première. L'usine succède au lycée. Puis deux ans plus tard, c'est l'enchaînement infernal : en 1937, il part au service militaire. En 1939, le service achevé, il est mobilisé et envoyé sur la ligne Maginot. Mon oncle Albert le photographie et le filme à la veille de son départ pour le front, dans le jardin de la grande maison du boulevard Émile-Zola. Dernière photo avant la tourmente : il me sourit en tenue de tennisman, tout de blanc vêtu, chaussures blanches, raquette sous le bras, chemise à manches courtes, elle aussi immaculée. Il pose devant les massifs de fleurs, mais sa tignasse, qui m'a longtemps semblé d'un autre âge, est revenue à la mode ces dernières années. Quelques minutes de film, plus précieuses encore, le montrent heureux au milieu des siens.

La ligne Maginot, c'est d'abord la « drôle de guerre ». Celle-ci lui paraît interminable. Il m'en reste une poignée d'images si vives que j'ai l'impression d'y avoir été. Chaque dimanche, mon père et ses camarades de régiment trompent l'ennui en allant regarder les soldats allemands qui jouent au football. Aucun désir de se taper dessus au cours de ces semaines et de ces mois qui se suivent et se ressemblent trop. Et surtout pas la moindre envie de revivre la folie absurde des tranchées : « Pas de guerre, guerre au capital. » Il ne s'agissait pas d'une guerre entre les peuples, elle ne nous concernait pas, c'était une guerre entre capitalistes français et capitalistes allemands, me répétait-il à chaque fois que je l'interrogeais sur sa guerre.

Mai 1940 : la vraie guerre succède à la drôle de guerre. La ligne Maginot s'effondre. Elle est prise par les Allemands. Les troupes françaises battent en retraite :

« Je me souviens de ces heures de déroute totale que j'ai vécues alors que nous nous battions en retraite en juin 40 et que je me suis trouvé absolument seul, abandonné de tous, sans ordre, sans la moindre indication, à la garde d'un matériel de guerre », écrit-il à sa mère.

Prisonnier en Allemagne

Fait prisonnier, il est envoyé en Allemagne comme des centaines de milliers d'autres Français. La chronologie et la géographie de sa captivité n'ont laissé aucune trace dans ma mémoire d'enfant, pas plus la ville de Dillenburg en Hesse, où il est enfermé dans « une authentique prison », que le stalag

IX A de Ziegenhain en Rhénanie-Palatinat (près de Kassel) ou l'usine Busch-Jaeger en Westphalie (Aue).

La captivité de mon père se résume pour moi à des récits d'évasions, et toujours d'évasions manquées. À mes oreilles, elles sonnent encore comme des aventures de cowboys et d'Indiens. Les épisodes se répètent, se superposent et se confondent. Toujours la même trame : de longs préparatifs – mon père est précautionneux –, la confection de faux papiers, la collecte de vêtements civils à peu près portables, la traversée en train d'une partie de l'Allemagne, puis celle du Luxembourg, les chiens des policiers luxembourgeois, les aboiements dans la nuit, la peur des molosses, l'arrestation sans ménagement par la police locale – plus brutale que la police allemande –, puis, immanquablement, la sanction : le camp de représailles.

Mon père était obstiné. Il s'était mis en tête de rejoindre à tout prix sa mère et ses sœurs, sans se rendre bien compte que la famille Gruzinski habite à Croix, entre Roubaix et Lille, autrement dit, en pleine « zone interdite ». Le Nord est alors rattaché au commandement militaire allemand de Bruxelles. Une évasion réussie l'aurait jeté dans la gueule du loup. Mais, m'explique-t-il, la soif de liberté et de revoir les siens balayait les meilleures raisons du monde et l'incitait à fuir coûte que coûte.

– Tu ne peux pas comprendre ce que c'est ! La liberté, mon petit garçon, quel merveilleux mirage, elle était toujours devant mes yeux, mais insaisissable. Je ne supportais plus d'être enfermé et privé de ma mère et de ma famille.

– Et qu'est-ce qu'on t'a fait quand les Allemands t'ont repris ?

– Ah ça, bien des misères. J'en ai vu de toutes les couleurs !

Et il me raconte les kapos ukrainiens – ce ne sont jamais des Allemands, il insiste toujours – qui chaque soir forment une haie et font défiler entre eux les prisonniers pour tenter de les assommer à coups de matraque : gare alors à qui ne baisse pas la tête au bon moment. Mon père est fort, il a toujours su esquiver à temps les coups de massue. Je suis fier de lui sans imaginer ce qu'à d'autres ce jeu sadique a pu coûter.

D'autres images tout aussi noires remontent en moi. Comme ces histoires de gitans battus à mort par les soldats allemands, ou, dans l'usine où il travaille, ces ouvriers et ces ouvrières russes maltraités, ou exécutés par leurs kapos. Serge a le béguin pour une Russe en particulier. Cette ouvrière vient de Moscou, elle est jolie, elle parle allemand comme lui. Elle lui raconte la Russie. Au paradis des travailleurs tous ceux qui le méritent vont au bout de leurs études sans avoir à partir en usine comme lui il a dû le faire ; là-bas les gens détestent la guerre, le paradis des travailleurs est aussi la terre du pacifisme. La paix revenue, ils se marieront et s'en iront vivre en Union soviétique.

Le rêve avorte. L'ouvrière ne verra jamais la fin du conflit pas plus qu'elle ne retournera à Moscou. Elle meurt d'épuisement ou de faim. Mon père n'oubliera jamais son rêve de Russie.

– Comment elle s'appelait, la dame qui aurait pu être ma maman ?

– Sonia, comme ma sœur. Et toi, tu aurais été russe et pas français !

– Et les Juifs ? Est-ce que tu as vu des choses ? Qu'est-ce qui se passait avec eux ?

Quand adolescent et curieux, je pose la question, mon père répond invariablement qu'il ne peut parler que de ce qu'il a vu. Et des Juifs en Allemagne, il n'en a jamais vu. Par contre, il se souvient qu'à chacune de ses arrivées dans un camp, les Allemands lui font baisser le caleçon pour savoir s'il est circoncis. Auquel cas, pour Gruzinski, fils d'Isabelle Volck, les ennuis auraient sans doute commencé. Mon père était d'une assurance désarmante : « De toute façon, moi, j'étais protestant, il ne pouvait rien m'arriver, je n'avais aucune raison de me faire du souci. Regarde, mon beau-frère Albert Ephraïm était protestant tout comme nous et pendant la guerre il était photographe à Tourcoing. À ma connaissance, il n'a jamais été inquiété et il ne s'est jamais préoccupé. Albert et Sonia ont même eu leur petite fille en pleine guerre, ta cousine Nénette. »

Tous les Allemands ne sont pas mauvais

Mon père rencontre aussi des Allemands compréhensifs, en particulier au début de sa captivité ceux qui l'accueillent dans leur ferme comme travailleur agricole. Ces vieux partagent avec lui leur vie, leurs soucis – leur fils est sur le front russe – et leur nourriture. Lui il mange à sa faim et si la liberté lui manque, il profite de cette vie au grand air après l'enfermement du lycée, de l'usine, de la caserne et de la ligne Maginot. Enfin quelques mois tranquilles, rythmés par les travaux des champs, alors que l'Europe est ravagée par les armées du Reich et que le reste du monde sombre dans la guerre. Mon père en conservera la nostalgie d'une vie frugale et simple, et la conviction qu'on n'a besoin que du strict minimum pour être heureux. J'écoute et j'enregistre.

D'autres Allemands se montreront secourables, comme ce maire de village qui laissera mon père « emprunter » les tampons officiels du Reich, de quoi se fabriquer un faux permis pour rejoindre sa famille en France et tromper les contrôles dans les trains et à la frontière. Mon père a pour lui un atout majeur, il parle et écrit l'allemand couramment, ce qui l'aide à traverser les années de captivité sans trop de casse.

Ses récits ne charrient jamais aucune animosité contre l'Allemagne ou les Allemands. En mai 43, malgré le travail de nuit si exténuant à l'usine, il part dans les champs épauler des paysans qui rentrent la moisson :

– J'ai rendu service à de braves vieux et j'ai été soigné on ne peut mieux. Il fait si bon d'avoir l'illusion d'être libre dans cette belle nature.

Il n'hésite pas à aider une vieille Allemande à pelleter les boulets de charbon et reçoit un pot de confitures de la nièce de la dame, Dorothea, une orpheline de guerre. En échange, la petite lui demande son sac de couchage. Sur le moment il ne comprend pas. Il le lui donne pourtant. Tant mieux, si ça peut servir à cette enfant !

Elle le lui rapportera une heure plus tard, entièrement rapiécé.

La mort de près

Le plus impressionnant de ses récits se situe au printemps 1944. Mon père a pris l'habitude de se rendre sur une butte qui domine l'usine où il travaille douze heures par jour, pour s'isoler et écrire les lettres qu'il envoie à sa famille.

Ce jour-là, vers midi, la faim le tenaille et le pousse à sortir du *kommando* : « Je suis monté sur la butte puis je me suis glissé dans le petit bois derrière où j'avais repéré des touffes de pissenlits. Tu sais, c'est très bon, les pissenlits, surtout quand on a faim. Je suis occupé à les arracher avec leurs racines quand tout à coup surgit une escadrille qui remplit le ciel. Les bombardiers alliés se sont mis à pilonner l'usine. C'était une usine de produits chimiques. Sous les bombes, les bâtiments s'embrasent puis explosent, et j'ai vu alors le plus beau feu d'artifice de ma vie, couché sous les pins. »

Du moins, c'est l'image que m'imprimera son récit, les flammes multicolores qui allument le ciel en plein midi dans le vacarme des bombes et des moteurs d'avions. Mais il y avait aussi cette histoire de pissenlits, ressortie à satiété chaque fois que je ne finissais pas mon assiette, ou que je faisais le « difficile ». L'atrocité des bombes, la peur de la mort et l'épreuve surhumaine de ce spectacle, qui se répète alors partout en Europe et dans d'autres coins du monde, c'était aussi une façon de me dire, ou plutôt de me faire sentir qu'il fallait savoir affronter le pire si l'occasion s'en présentait. Comme les autres histoires de captivité, celle-ci avait sa petite et sa grande morale.

La grande leçon qu'il n'a pas cessé de m'inculquer, c'est la condamnation sans appel de la guerre, quelle qu'elle soit, d'où qu'elle vienne. Le fils du héros de Verdun est un pacifiste invétéré. Mon père n'est pas contre les Allemands, il est contre la guerre : « Plus que jamais je hais la guerre et la hais de toutes mes forces d'autant plus que j'en ai ressenti de façon aiguë les terribles conséquences. Il faut à tout prix lutter contre ce fléau et ne pas l'accepter passivement. J'ai été bien lâche durant de longues années, n'est-ce pas ? L'ennemi n'est pas tel ou tel peuple, mais il est bel et bien en nous-mêmes, à nous de l'en chasser. Cette guerre est finie pour moi, mon arme ne m'a pas servi et c'est mieux ainsi. [...] Qui donc arrêtera ces interminables meurtres en série ? »

« Je suis un peu fou, n'est-ce pas ? »

Pour supporter la captivité, mon père écrit chaque semaine, dans une langue dont le ton et la force me ravissent encore aujourd'hui. Au moins cinq courriers par mois partent du camp de prisonniers, davantage encore au cours de l'année 44. Jamais il n'aura autant écrit dans sa vie. Ses lettres m'aident à recadrer mes souvenirs et à coudre ensemble les bribes que j'ai encore en tête, en faisant remonter à la surface des événements depuis longtemps oubliés ou restés confus. De l'Allemagne à Croix ou à Roubaix où résident sa mère, son père et ses sœurs Nadine et Sonia, le courrier met deux bonnes semaines, et autant dans l'autre sens. Le passage obligé par la censure allemande n'accélère pas les échanges. Il explique aussi la discrétion sur les nouvelles qui lui parviennent des divers fronts ou sur son propre sort : d'où les allusions elliptiques à ses tentatives d'évasion :

« Notre première tentative pour vous revoir, après tant d'années d'attente, a échoué au "port", c'est le cas de le dire. Nous avons maintenant payé et nous redevenons "libres". »

Le ton des lettres, qu'il adresse la plupart du temps à sa mère, s'efforce d'être rassurant. Mais au fil des ans, la tristesse monte, elle se fait plus pesante, « la nervosité [...] augmente chez nous tous au fur et à mesure que la captivité s'allonge ». Dans l'une des missives de 1942 il parle d'« affreux cauchemar ».

Mon père n'a pourtant rien vécu d'exceptionnel. Mais son expérience distingue radicalement sa génération de la mienne : pour moi, pas d'apprentissage du métier de soldat, pas de caserne, pas de mobilisation ni de front, pas de combat, pas de captivité, pas de mort frôlée à tout moment, pas de boucherie, pas de paillasses pleines de poux, pas de représailles... Ni privations ni séquelles à surmonter ou insurmontables. En un mot, pas de guerre pour ma génération ni pour celles qui me suivront comme si s'était enfin clos un cycle infernal, vieux comme l'humanité.

Les années de casernement et de captivité sont des années de solitude, d'attente intenable et d'insupportable promiscuité. Mon père m'en parle à peine. Ses lettres me l'apprennent. « Cette vie en commun dure depuis 62 mois !!! Le cinquième de ma vie (nous sommes en octobre 1943). Être seul est aussi impossible qu'être libre. »

Les mêmes mots reviennent lettre après lettre : la monotonie du quotidien, « le boulet que l'on traîne », « une tristesse infinie », « la souffrance », « ma vie n'est plus qu'un vide », la détresse affective – « j'ai une soif terrible d'affection, de baisers, de vos baisers ; je suis un peu fou, n'est-ce pas ? »

Tout cela est gommé dans les récits que j'écoute enfant. Mais les lettres ne disent pas tout. Pas la moindre critique, censure oblige, de la politique menée par l'État français, sauf une fois : « Je me demande quand nous, les prisonniers, nous aurons fini d'être les victimes et les pantins des têtes qui gouvernent. » Pour tromper les censeurs, mon père a rajouté au-dessus du mot « gouvernent » un passé composé : « ont gouverné ». Mais « gouvernent » n'a pas été effacé, simplement mis entre parenthèses et biffé.

Par contre, il ne dissimule rien de ses conditions de vie. Dans l'usine Busch-Jaeger à Aue Wingeshausen, les prisonniers font des journées ou, pire, des nuitées de douze heures. Le travail de nuit est éprouvant quand on n'arrive pas à récupérer dans la journée, ce qui est son cas. En été, la chaleur que dégagent les machines l'insupporte : « Quel total abrutissement que ces douze heures de travail de nuit [...] La chaleur terrible de ces presses nous détraque le système nerveux et provoque en nous une surfatigue qui, loin d'amener le sommeil, le chasse ou du moins le trouble. »

Les travaux (forcés) et les jours

À quoi peut ressembler mon père dans les camps, quatre ans après le début de la guerre ? Est-il encore le jeune homme sportif qui sourit dans le jardin de la maison du boulevard Émile-Zola ? Je croyais qu'il n'était pas question de faire des photos en Allemagne et j'étais persuadé que les seules images de la captivité de mon père étaient celles que ses récits avaient déposées dans ma mémoire d'enfant. N'écrivait-il pas : « Je serais bien heureux de vous envoyer une photo mais il est impossible ici de se faire photographier » ?

D'autres lettres pourtant m'apprennent que des camarades parviennent à se procurer des appareils, des pellicules et à tirer des photos : « Je serai bref puisque ce n'est pas une lettre que je vous envoie mais une photo. [...] Ce visage qui s'en va vers vous, vous dira que je vous aime et que je demeure fort et vaillant dans l'épreuve avec l'aide de Dieu. »

Au recto de la lettre : « Pour la Censure : Veuillez, je vous prie, ne pas arrêter cette photographie. C'est un message qui s'en va vers une maman qui n'a plus la joie de revoir son fils depuis cinq longues années. Merci ! »

Bien avant les selfies, le besoin d'envoyer des images est donc aussi pressant que celui d'envoyer des mots : « Je me réjouissais de vous envoyer encore quelques images de ma vie ici ! »

Quelques photos ont survécu. Le jeune homme apparaît toujours souriant au milieu des copains, mais sous le lourd pardessus on devine un corps bien maigrichon.

Serge Gruzinski en compagnie d'autres soldats prisonniers, Westphalie, 1944 (Coll.S.G.)

L'auberge Grünewald

Étrangement, cette captivité revêt parfois des allures de colonies de vacances. Livrés à eux-mêmes, ces hommes jeunes et moins jeunes doivent se débrouiller entre eux. Il faut préparer la popote, faire la lessive, rapiécer les vêtements, repriser les paires de chaussettes. Pour rompre la monotonie des travaux et des jours, mon père « s'échappe » dans la nature. Le rythme des saisons efface le temps immobile de la captivité mais pas celui d'un monde en guerre. Novembre 43 vient à peine de commencer, l'hiver s'approche : « Il a gelé blanc cette nuit. Le brouillard s'est dissipé, démasquant un ciel absolument pur et le soleil encore chaud vous fait souvenir des beaux jours passés, mais les quelques arbres tout proches du kommando n'ont plus que quelques feuilles dorées ; les champs fraîchement labourés jettent maintenant une note plus sombre à la lisière des sapins qui seuls ont gardé leur parure. L'hiver s'annonce déjà avec ses rigueurs et à cette pensée une tristesse profonde vous étreint, combien de pauvres êtres vont souffrir dans le froid… »

Faute de réussir à prendre le large, mon père a l'illusion de s'évader en gagnant les bois des alentours, « afin de trouver la solitude et la paix dans la forêt » : « Les sapins sentent si bon et ils sont si jolis […]. J'ai profité d'un soleil magnifique pour m'étendre sur un pré voisin, il fait si chaud que la sueur ruisselle sur tout mon corps. »

Moments de grâce où le poids de la captivité semble s'estomper : « Nous avions formé hier le projet d'une belle promenade en forêt ; samedi, il neigeait assez abondamment ; j'avais déjà l'itinéraire tracé en tête, non loin d'ici nous serions allés et nous aurions pu faire des photos splendides. Hélas hier à mon réveil, il pleuvait à torrents et la neige avait presque entièrement disparu ! Quel dommage ! »

Les copains partent en promenade vers l'auberge Grünewald. La collecte des champignons, cèpes, girolles et coulemelles, les occupe, la musette à l'épaule. « Les myrtilles me rappellent le Mont-de-l'Enclus », un coin de Belgique où l'adolescent passait ses vacances. La journée du 30 janvier 1944 offre une parenthèse idyllique alors que la guerre redouble en Europe et dans le monde : « J'ai profité d'une bonne journée très douce, quoique sans soleil, pour aller faire un tour accompagné de Victor jusqu'à l'endroit dénommé par nous le "cirque" où nous nous baignions l'été dernier. C'est une jolie petite vallée circulaire au fond de laquelle coule la rivière, à cette place approfondie par un barrage. De part et d'autre, les pentes boisées par ci, déboisées par là, font penser aux gradins d'un cirque. La rivière grossie par les pluies abondantes de cet hiver me donnait grande envie de me baigner […]. Cet été, j'ai pris des bains de soleil dans la cour du Kommando, et j'étais devenu un véritable nègre. »

Mon père ne manque jamais l'occasion de m'expliquer qu'il s'efforçait de se laver de la tête aux pieds tous les jours. Petite leçon d'hygiène à l'usage d'enfants pour qui on fait couler un bain chaque soir alors que beaucoup de nos camarades de classe n'y ont droit qu'une fois la semaine, le samedi après-midi.

Les lettres me révèlent un autre visage de mon père. Alors qu'il ne nous parle jamais de sa foi ni de l'importance que la religion a prise pour lui en captivité, ses lignes sont tout imprégnées de spiritualité. Celle d'un protestant qui prie, chante des cantiques et s'adresse quotidiennement à son Dieu : « Et toutes ces épreuves, Dieu nous les envoie pour nous rendre meilleurs. Partout et en tout temps il m'a soutenu, j'ai senti sa main dans ma main, Lui seul peut faire de moi un homme… »

Nous sommes le 13 novembre 1942, jour de ses vingt-cinq ans. Sa foi est la seule arme qui lui reste face à la privation de liberté, à la solitude et à l'absurde de la guerre. Mais de tout cela rien ne transpirera dans ce qu'il transmettra à ses enfants.

L'exode avorté (1940)

Pour ma mère, Françoise Delcambre dite Fafa, la guerre débute fort mal. À Tourcoing en mai 1940, la plupart des administrations sont closes, les pompiers ont quitté la ville, les boulangers ont mis la clé sous la porte. On a fait évacuer les quartiers proches de la frontière belge. Des bombes à retardement éclatent dans cette zone interdite. Elles font des victimes. Le troupeau de la ferme municipale de la Bourgogne est lâché dans la nature. Sur 82 000 habitants, Tourcoing n'en compte plus que 7 000. En même temps, 40 000 Belges sont venus s'entasser entre ses murs. Comme à Roubaix ou à Lille, le souvenir des violences de l'occupation allemande durant la Grande Guerre taraude la population.

La peur a vidé le quartier du Blanc Seau. Fafa refuse catégoriquement de quitter l'appartement et trouve ces départs de masse parfaitement absurdes. Pour aller où ? Mais voilà, épicerie, boulangerie, boucherie, les boutiques ferment les unes après les autres. Plus de pain, plus de viande, plus d'eau bientôt. Que faire ? Où aller ? Fafa a dix-huit ans. Elle est restée seule dans l'appartement du 22, rue de Mouvaux où elle habite depuis la mort de sa mère avec son père Marcel et sa sœur Loulou.

Ni une ni deux, Fafa décide de prendre son vélo et de partir en direction de la côte. Elle sait par les nouvelles et les rumeurs que les troupes alliées se rassemblent de ce côté-là et elle imagine qu'elle y sera à l'abri de l'envahisseur sur lequel courent des bruits terrifiants : les Allemands pillent, violent, massacrent... Notre sportive traverse Mouvaux, passe par Wambrechies, dépasse Quesnoy-sur-Deule. Après quelques dizaines de kilomètres, la vue d'un horizon rougeoyant lui fait rebrousser chemin. Le ciel en flammes, c'est sans doute Dunkerque pilonné par l'aviation allemande. Elle croise un convoi de réfugiés. On lui explique que là-bas les combats font rage. Cette vignette tragique d'une Françoise piégée, que je date de la dernière semaine de mai 40, résiste encore dans ma mémoire. Je la vois épuisée regagner le quartier du Blanc Seau. Y rejoint-elle son père et sa sœur au 22, rue de Mouvaux ou sont-ils partis de leur côté ? Laon, je l'imagine, aurait été une destination possible mais comment s'y rendre sans voiture et sans essence ?

Quantité de Tourquennois reviennent en même temps qu'elle. Les boutiques rouvrent, mal approvisionnées. Puis progressivement l'eau, le gaz et l'électricité sont rétablis. La drôle de guerre est bien finie.

Le 29 mai, les Allemands font leur entrée à Tourcoing. La veille, ils ont investi Roubaix. Impossible de ne pas les voir. Le QG de la 15e armée du Reich s'installe sur le boulevard de la Marne, près du pont hydraulique, pratiquement à l'entrée de la ville, tandis que d'autres Allemands occupent le château Motte, juste en face du 22, rue de Mouvaux. Il n'y a que la rue à traverser.

Femme et célibataire sous l'Occupation

Fafa a eu dix-neuf ans en mai 40. En 1934, elle a décroché son certificat d'études à l'Institut Sévigné à Tourcoing avec la mention Bien. Cinq ans plus tard, elle entreprend des études d'infirmière. À la veille de la guerre, en janvier 1939, elle entame un stage de médecine générale à Roubaix, à l'hôpital de la Fraternité. « Très bonne élève, serait capable de faire une bonne infirmière [...] Stagiaire intelligente et dévouée », le livret scolaire ne tarit pas d'éloges. Le régime est strict : « une tenue parfaite est exigée. L'usage des fards et de parfums est formellement interdit ». En avril 40, elle obtient le diplôme d'aide-infirmière, comme l'atteste son livret individuel, délivré par l'Union des Femmes de France. Elle s'est engagée « à remplir, en temps de guerre, les fonctions d'infirmière dans une des formations sanitaires de l'armée ».

Une photo me la montre souriante, dans son bel uniforme, fort entourée par des médecins de l'hôpital. C'est cette aide-infirmière qui traversera la guerre et l'après-guerre jusqu'à son mariage avec mon père. Elle en tire de quoi assurer son indépendance, ce qui est crucial à ses yeux, et améliorer le quotidien de la famille. Au 22, elle partage l'appartement avec son père et avec Loulou, sa sœur aînée. Loulou, notre tante, était une petite bossue, dont l'intelligence, le goût, l'entrain et la dextérité faisaient oublier le handicap.

Pendant que mon père compte les années en Allemagne et bien avant qu'elle ne le rencontre, Fafa vit sa vie de célibataire dans un Nord en partie coupé du reste du pays. Ici ni zone libre, ni zone occupée. Tourcoing, comme Roubaix et Lille, a le malheur d'être en zone interdite. Pour la seconde fois en un quart de siècle la région est tenue par les Allemands. Le cauchemar se répète. Les départements du Nord et du Pas-de-Calais, on le sait, sont directement rattachés à l'administration allemande de Bruxelles. Et l'Allemagne nazie caresse le projet d'annexer la région à un grand État flamand, membre à part entière d'une « Europe germanique ». Le pire restait donc à venir...

N'empêche, au quotidien, la frontière avec la Belgique n'a pas disparu. Ma mère nous parlera souvent du marché noir qui a prospéré pendant la guerre. À l'époque ce n'est pas la drogue mais le charbon qui traverse clandestinement la frontière et d'autres marchandises rationnées à Tourcoing comme le beurre, le café et les pommes de terre.

– Tout le monde n'en a pas bavé de la même façon pendant la guerre, m'explique ma mère, sarcastique. Il y en avait qui ne se gênaient pas pour faire du marché noir...

– C'est quoi, Maman, le marché noir ?

– On n'avait pas de charbon pendant la guerre mais les Belges eux en avaient car les occupants étaient moins durs avec eux. Et dans la famille de votre pépé, on a des cousins qui avaient des parents en Belgique qui leur faisaient passer du charbon en douce. Ils en ont profité, comme tant d'autres, pour le revendre et gagner de l'argent. C'est ça « faire du marché noir ».

En effet, nos voisins flamands étaient relativement plus épargnés par les Allemands. Et à la frontière qui n'a pas de cousin flamand ? Bien après la fin de la guerre, on croisait parfois sur les trottoirs de la rue de Mouvaux ou de l'avenue Désiré-Six des tantes éloignées ou des petites-cousines qui s'en étaient mieux tirées que d'autres au cours des années d'Occupation. J'avais six ou sept ans. Pour ma mère, mieux valait garder ses distances avec « ces gens-là », quitte à changer de trottoir quand elle les voyait s'approcher ou à abréger les politesses échangées.

Encore une que les Boches n'auront pas !

Des angoisses du quotidien, des privations, de la crainte des bombes et des occupants, il sera rarement question dans ce que notre mère nous racontera. À quelques exceptions près : d'abord cette peur panique qui l'a saisie un matin. Elle a vingt ans à peine quand dans la rue de Mouvaux, au-delà du Canal, un Allemand sur une moto, un SS tout caparaçonné de cuir, fonce en direction de Roubaix. L'Allemand arrête brusquement son engin à la hauteur de Fafa – j'imagine un Madmax dans sa cuirasse – et l'interpelle. Fafa tremble. Il sort une lettre qu'il lui tend pour qu'elle la jette dans la boîte aux lettres : « Mad'moizel, s'il vous plaît... Merci, gentille

Mad'moizel. » Françoise médusée s'exécute et le motard disparaît en trombe. Peur et soulagement, dans son souvenir, l'Allemand était aussi impressionnant et courtois qu'effrayant. Plus tard, enfant, quand j'irai à mon tour jeter du courrier dans la boîte aux lettres, je me rappellerai souvent cet épisode.

Depuis le début du conflit, le Blanc Seau vit dans la crainte des bombardements. Les ponts, le Canal, la gare de Roubaix toute proche, autant de cibles pour les Alliés. En mai 44, les avions américains pilonneront la gare de Tourcoing, important nœud ferroviaire avec la Belgique. Le 13 mai, les bombes feront plusieurs dizaines de morts dans la population civile. Usines, écoles, églises seront touchées. C'est la guerre, des alertes périodiques envoient les locataires du 22, rue de Mouvaux aux abris :

– Allez, il va falloir encore tous descendre... On prend les couvertures et on ferme l'appartement à clé. Loulou, n'oublie pas de prendre de l'eau.

Tous ont la hantise des bombes et aussi des pillages. La fin de l'alerte arrive et on ne manque pas de célébrer le retour sain et sauf dans l'immeuble. Moments de solidarité et de soulagement entre voisins, les Tison du troisième, les Brachot du deuxième, les Delcambre du premier, le couple du rez-de-chaussée : Magali et son mari qu'on surnommera Tchang Kaï-chek après guerre à cause de sa mine asiatique. Charles, le jeune inspecteur des impôts qui habite au deuxième étage, a la chance d'être revenu d'Allemagne parce qu'il est marié.

– Qui veut un coup de calva ? Cette fois, c'est à mon tour d'offrir la tournée, lance, maintenant plus rassuré, Paul Tison !

– Encore une, comme on dit, que les Boches n'auront pas...

– Pas si fort, Loulou, ils sont en face chez les Motte...

– Allez, Fafa, chantez-nous une petite chanson, ça nous remontera le moral !

– Et moi, demain matin, j'irai à la messe remercier Notre-Dame de Bonsecours. Elle nous a une fois encore tirés d'affaire, murmure la pieuse Mme Tison, Francette pour les voisins de l'immeuble.

Son mari Paul la serre entre ses bras. Paul a lui aussi bien de la chance, trop jeune pour faire 14/18, il a été réformé avant guerre. Pour lui pas de front, pas de ligne Maginot et pas de captivité.

En repensant à la scène que ma mère m'a si souvent racontée, je réalise que l'immeuble du 22 n'a jamais eu de cave, ou plutôt que toutes les caves occupaient le rez-de-chaussée. Où donc était situé l'abri où les voisins se réfugiaient ? Trop tard pour le savoir.

Tante Loulou

Mais la solidarité des abris a aussi des limites. La tante Loulou boude notre voisin, le jeune inspecteur des impôts, qui fait du zèle et lui rappelle pour la énième fois que si elle ne déclare pas son négoce de fleurs en papier, il devra la signaler aux autorités, autrement dit la dénoncer au fisc.

– En temps de guerre, cela pourrait vous mener loin....

Loulou se tait. Un sourire ironique passe sur ses lèvres mais ses yeux lancent des éclairs. Elle échange un regard complice avec sa sœur Fafa. Elle en a supporté d'autres, la « petite bossue ». Les fleurs en papier crépon et en tissus, ses fleurs, c'est pourtant tout ce qu'elle a pour vivre ou plutôt pour survivre. Loulou, handicapée, vivote en confectionnant toutes sortes de décorations florales pour les mariages, les baptêmes, les communions et même pour les décès. Les fleurs véritables sont rares et chères en temps de guerre. Loulou a de l'or dans les mains, tout le monde en convient. Et en créant ses fleurs elle affronte les douleurs de sa scoliose et la grisaille de l'Occupation avec une bonne humeur désarmante.

Une femme libre

En fait, c'est surtout Fafa qui subvient aux besoins de son père et de sa sœur car la famille ne roule pas sur l'or : Marcel le commis-voyageur voyage de moins en moins et même si les doigts agiles de la petite Loulou font des prodiges, le commerce des fleurs fournit à peine l'ordinaire. Pas question d'acheter une maison, ni même un appartement. Les Delcambre ne possèdent que le mobilier du 22, une grosse machine à laver – qui lave et qui essore – et un aspirateur Hoover. Et bien sûr pas de voiture. C'est la guerre. Au printemps 41, Roubaix compte plus de 17 000 chômeurs pour plus de 100 000 habitants. Le textile ne tourne plus qu'au ralenti.

– Il faut apprendre à mener sa barque, répète Fafa, philosophe.

Sa barque, elle la mène dans une drôle de société. Avec le retour à l'« ordre », comme tant d'autres femmes de France, elle découvre la situation inédite qui a fait de millions de mâles français des vaincus, des morts ou des prisonniers. La plupart des hommes demeurés sur place sont des adolescents, des réformés, des handicapés ou des gens âgés. Avec en prime à la tête de l'État français, un grand vieillard, le maréchal Pétain. Fafa ne semble pas si mécontente que cela de se retrouver dans un monde où bien des choses reposent sur des épaules féminines. Ce sentiment paradoxal de liberté (toute relative dans une France pétainiste, occupée et sous commandement militaire allemand) m'est resté en mémoire davantage que les souvenirs qu'elle a pu me raconter.

Les excursions à Laon rompent la monotonie tourquennoise. Tout comme ses sorties au grand air avec les scouts et les journées à la piscine. Fafa continue à nager aux Enfants de Neptune où elle assouvit sa passion pour ce sport. Le club est célèbre depuis sa création en 1904, qui s'est accompagnée de l'ouverture d'une école de natation. Dès les années 20, de grandes nageuses s'y distinguent en battant des records de France. Le club attire les jeunes. Sous l'Occupation allemande, dès août 1940, il rouvre ses portes : « Les Enfants de Neptune ont repris leur activité. Notre vaillante société de natation a fait parler d'elle dans toute la France et même au-delà de ses frontières. Les membres masculins se retrouvent deux fois chaque semaine dans la piscine de la rue du Printemps [...] dans une atmosphère de franche camaraderie. [...] Quant à la section féminine, ses entraînements ont lieu sous la direction de Mme Casteur, les mardis et vendredis de chaque semaine de 16 h à 19 h. Tourcoing, qui a toujours été au premier plan de l'activité nautique, fait tout ce qu'elle peut pour être en mesure de répondre à l'avenir aux espérances de tous. »

L'annonce de la réouverture se glisse dans le journal entre les listes de Nordistes prisonniers, les instructions pour correspondre avec eux en Allemagne et en Italie, et les renseignements concernant les familles évacuées et dispersées. Beaucoup d'épouses sont sans nouvelle de leurs maris ou de leurs fils disparus. C'est presque une chance de ne pas avoir à la maison d'homme en état de porter les armes.

La jeune Fafa nage. Elle fait partie de ces générations de femmes françaises qui découvrent le goût et l'importance du sport. Elle adhère au scoutisme quand le mouvement des scouts de France et celui des Guides connaissent un essor sans précédent. Fafa s'intéresse même au naturisme comme me l'apprendront les gros livres illustrés, serrés dans le tiroir de la lourde commode qui encombre notre chambre d'enfants. Les camps de camping et les clubs naturistes se sont multipliés dans les années 30. Les Français s'initient alors aux mérites d'une vie proche de la nature. Avec l'avènement des congés payés, pour la première fois une partie de la population, la plus démunie, prend le chemin des plages et des forêts. Entrer chez les guides permet de sortir des villes du Nord noircies et polluées par le « mauvais air », de s'immerger dans la nature et de s'occuper d'enfants.

Dans une cité de province comme Tourcoing, Fafa s'est frottée à ce qui constituait la modernité de l'avant-guerre et notre éducation en portera la marque. Quelques années plus tard, en 1948, dans les premières lettres qu'elle adresse à celui qui deviendra son époux, il ne sera question que de colonies de vacances, de copains et copines, moniteurs et guides, de baignades dans les rivières et de camps dans les bois. Mais de son côté, mon père, prisonnier en Allemagne, n'essayait-il pas lui aussi de reprendre des forces en s'exposant au soleil et en communiant avec la forêt ?

Sur d'autres points, ma mémoire reste vide. Rien sur la visite d'Adolf Hitler à Tourcoing le 29 mai 1940, 26 ans après celle du Kaiser Guillaume II. Rien sur les Juifs, rien sur la rafle de septembre 1942 qui envoie à Auschwitz plus de 500 personnes, hommes, femmes et enfants du Nord. Rien non plus sur les grèves de mai 41. Rien sur la Libération quand en septembre 1944, les résistants s'en prennent aux convois allemands qui traversent la ville et se replient sur la Belgique.

Et pourtant, de l'été 1940 au printemps 1941, Roubaix a été l'une des capitales de la résistance. Des filières organisent le rapatriement des soldats anglais cachés dans la ville, les liens avec la résistance belge permettent d'envoyer à Londres des Anglais, des Belges ou des Français. À Roubaix, le café de l'Univers sert de point de ralliement aux fugitifs. Comme infirmière, membre de l'Union des Femmes de France devenue la Croix-Rouge en juin 40, Fafa a pourtant dû en savoir des choses et en voir aussi. Les hôpitaux récupèrent des patients venus de la prison de Loos ou des services de la Gestapo, souvent en fort mauvais état.

La Libération

Fafa nous parle plutôt du quotidien : des cartes de ravitaillement, de la pénurie de café et de ses substituts (la chicorée), de la saveur du rutabaga, de l'interdiction des bals à partir d'août 40, elle qui aimait tant danser. Elle se souvient surtout de sa sœur Loulou.

– Au 22, rue de Mouvaux on n'a pas vraiment fêté la Libération, le cœur n'y était pas. Ma sœur Loulou est morte en septembre 44. Elle avait mal supporté les longues années de privations et sa scoliose s'était aggravée. Les séjours au bord de la mer n'avaient rien donné et les médecins expliquaient que faute de médicament on ne pouvait pas la soigner. Votre tante Loulou n'avait même pas trente ans et elle n'aura survécu que dix jours à la libération de Tourcoing. Et pendant que je pleurais ma sœur, d'autres familles enterraient les morts laissés par les derniers combats...

J'imagine Loulou à la veille de sa mort : les yeux marron vert, les cheveux bruns, minuscule, pas plus d'un mètre quarante-deux, un visage à la Frida Kahlo, pétillant d'intelligence, le cou serré dans une étole de renard. J'aurais tant aimé parler avec elle. Loulou a le regard de celles qui savent que leur fin est proche. Sa dernière carte d'identité, établie en août 44 quelques jours avant la Libération, ne lui aura jamais servi.

N° 1298
CARTE D'IDENTITÉ
NATIONALITÉ FRANÇAISE
Nom : Delcambre
Prénoms : Marie Louise
Date de naissance : 15 février 1915
Lieu de naissance : Croix
Profession : sans
Domicile : 22 rue de Mouvaux Tourcoing
SIGNALEMENT
Taille : 1m42
Yeux : marron vert
Cheveux : bruns
Nez : rectiligne
Visage : ovale
Barbe : néant
Teint : ordinaire
Signes particuliers : scoliose droite
Signature du titulaire
Empreinte digitale
Délivrée le 1944
Le Commissaire de Police,
TIMBRE FISCAL
2 FRANCS
POLICE NATIONALE
Commissariat du 2e Arrondissement

Loulou (Marie-Louise Delcambre), carte d'identité, août 1944

Elle avait fréquenté le sanatorium de Zuydcoote, entre Bray-Dunes et Dunkerque. Plus tard, en découvrant le sort que les nazis réservaient aux handicapés physiques et mentaux, il m'est arrivé de me demander si ses séjours à Zuydcoote n'avaient pas contribué à ruiner le peu de santé qui lui restait. Mais je préfère me rassurer aujourd'hui en me disant que le sanatorium avait été totalement évacué en 1940 puis démantelé par les Allemands, ou encore qu'il avait été transformé en hôpital militaire.

N'empêche, Zuydcoote, ce mot aux rudes consonances flamandes et que rendra célèbre le film de Henri Verneuil[1], résonne encore, sinistre, dans les creux de ma mémoire.

1. *Week-end à Zuydcoote* (1964) avec Jean-Paul Belmondo et Catherine Spaak.

Chapitre IV

Let's dance !

L'après-guerre

Autour d'une balle de tennis

Serge

1947 : « Dansez, dansez, sinon nous sommes perdus » (Pina Bausch)

– Il y a bal au Colisée, samedi soir. Fafa, on va danser ? Tu m'accompagnes ? Je n'ai vraiment pas envie de rentrer toute seule.

Françoise adore danser. Inutile alors d'aller jusqu'à Lille ou de passer la frontière.

– Dans le quartier du Blanc Seau, on avait le Fresnoy. On y était en dix minutes à peine. Un peu plus loin, dans le quartier de l'Épeule, à Roubaix, il y avait le Colisée, une salle plus chic. J'y allais à pied depuis chez moi ou avec le bus. Après avoir dansé des heures, j'avais les pieds dans un tel état que j'ôtais souvent mes chaussures pour parcourir les deux bons kilomètres qui me séparaient de l'appartement. Ah si je me souviens des gros pavés glissants de la rue de Mouvaux dans la nuit froide ! Le Colisée s'est ouvert dans les années 20 avec *Michel Strogoff*[1]. Mes parents en ont souvent parlé, mais je

1. Film muet français réalisé par Victor Tourjanski (1926) d'après le roman de Jules Verne.

ne me rappelle pas l'avoir vu, j'étais trop petite. Au Fresnoy, un établissement plus populaire, il se passait toutes sortes de choses : cinéma, dancing, music-hall. On donnait régulièrement des combats de boxe et même du catch. Pour le cinéma, de toute façon on avait l'embarras du choix. En dehors du Fresnoy et du Colisée, sur la rue de Mouvaux à la lisière de Roubaix, la petite salle du Rex passait des peplums, et, j'allais oublier, à deux pas de là, le Trianon, rue de Wasquehal.

Après la libération de la ville en 1944, Françoise peut reprendre la route des dancings fermés par Vichy et les Allemands. Comme des centaines de milliers d'autres Françaises, elle s'amourache des rythmes nouveaux introduits par les libérateurs américains en même temps qu'elle découvre les bas nylon et les films d'Hollywood bannis par la censure allemande. Mais la vie normale ne redémarre qu'à pas lents. Privations et rationnements restent de mise.

Les années de guerre lui ont enseigné à faire face, et à faire face au pire et toute seule. Le sport et le scoutisme l'ont aidée à « respirer » et à gérer sa vie avec une liberté que n'ont pas toutes les femmes de sa génération. L'univers hospitalier y est aussi pour quelque chose. Ce qu'elle nous laissait deviner du monde de l'hôpital et des « carabins », où elle officiait comme infirmière, était édifiant. Cette femme a toujours su où elle mettait les pieds et jusqu'où elle voulait ou ne voulait pas aller. Elle a appris à éviter les « accidents ». Pour elle et pour les autres. Elle nous racontera comment après une soirée bien arrosée au Colisée elle se retrouvera dans l'appartement d'un copain passablement éméché qui tentera de s'en prendre à son amie Yvonne : « Il a fallu que je fasse rempart de mon corps. » On ne comprenait pas encore bien ce que voulait dire cette rencontre « sportive ». Mais on savait que ma mère ne se laissait jamais faire.

Entre la natation de compétition, le scoutisme au grand air et les pratiques naturistes, Françoise a coupé les ponts avec la génération de sa mère Marie-Louise et de toutes les femmes qui l'ont précédée. Elle tient à son indépendance comme à la prunelle de ses yeux. Pas de mariage précoce, elle attendra les 28 ans pour épouser mon père. Lui-même alors aura déjà 32 ans.

L'Occupation n'a pas éteint sa passion pour le scoutisme. En juillet 1942 et en septembre 1943, elle a participé à des camps-écoles. Elle y a retrouvé tout un groupe de copains et de copines qui combattent du mieux qu'ils peuvent la grisaille des années de guerre et d'après guerre. Nuits sous la tente, soirées guitare, gymnastique les cuisses à l'air pour les filles, en shorts pour les garçons, torse nu ou en débardeur, cuisine au grand air sur un foyer rudimentaire fait de trois pierres... On mange sur des tables de fortune ou par terre sur une couverture jetée sur l'herbe. Des chefs séduisants, des cheftaines sportives, des gosses au visage rayonnant qui échappent pour quelques semaines à la tragédie qu'affronte l'Europe et aux rudes saisons d'après guerre.

Septembre 1945, Lulu, l'un des chefs qui pose souvent sur les photos, envoie la sienne à Françoise : « À mon amie Françoise, en souvenir des vacances 1945 passées gaiement en sa compagnie ». Il était même venu lui rendre visite au 22, rue de Mouvaux, l'année précédente, peu avant la mort de Loulou qui l'aimait bien. Mais c'est une autre photographie qu'elle gardera toujours auprès d'elle.

– « À Mademoiselle Fafa, un souvenir très cordial », ça vous va ?

– Merci, monsieur Montand.

Fafa part avec la photo du chanteur serrée sur son cœur. C'est au Colisée, dans le quartier de l'Épeule, qu'elle vient d'assister, enthousiaste, à un concert d'Yves Montand. Il a chanté *C'est si bon, Les Feuilles mortes*..., et plein d'autres titres. Mais elle a oublié. Le public était debout, déchaîné. Elle l'a attendu à la sortie des artistes comme une nuée d'autres jeunes filles pour qu'il lui dédicace la photo que j'ai sous les yeux. Elle est estampillée du fameux studio Harcourt, et date de 1948, quand Françoise est encore damoiselle. Elle l'a adoré au cinéma l'année précédente dans *Les Portes de la nuit.* Il y a déjà deux ans que Montand a rompu avec Piaf. On en parle toujours. Et Simone Signoret n'est pas encore entrée dans sa vie. Partout où il passe, les jeunes femmes tombent amoureuses de lui, et Fafa n'y échappe pas. Montand a le même âge qu'elle, 27 ans. Mais il ne sera pas l'homme de sa vie.

Yves Montand, photo dédicacée à Fafa, Studio Harcourt (Coll. SG)

Les Américains à Croix

La fin de la guerre engendre le temps des séparations. À Croix et à Thomery, un GI américain est devenu l'ami de la famille Gruzinski, des enfants de Sonia et de mon père Serge. Le GI regagne Pittsburgh, non sans une pointe de tristesse. Pendant deux ans, Frank et Serge correspondront, le premier promettant au second les balles de tennis et le café soluble qui manquent dans le Nord de la France. « *If there is anything else that you think I could get for you here in America, please let me know...* »

Le retour d'Allemagne rompt également des amitiés plus improbables. Pour la nouvelle année 1946, Max. P. et Heinrich L., des Allemands de Aue en Westphalie, où il a été des mois prisonnier, lui adressent leurs vœux : « *Herzliche Grüsse auch an Ihre Kameraden*[1] ». Au verso de la carte, un verset du Nouveau Testament (2 Corinthiens) et quelques vers du poète luthérien Paul Gerhardt qui a inspiré à Bach les textes de ses plus belles cantates. Et puis cette longue lettre, six pages, d'Elfriede Rittinghaus, la mère de Heinz, Hans et Karl, que je peine à déchiffrer. Et cette autre de l'ami Hans P. qui lui demande d'intervenir pour son neveu Ludwig M., prisonnier à Angoulême, « *Er wird sich gewiss freuen wenn dir Ihm einmal schrieben wirs*[2] ». Nous sommes en décembre 46. Décidément la roue a tourné.

Septembre 1947, l'équipe de football de Croix-Wasquehal aligne plus d'une trentaine de joueurs qui ont traversé la guerre et souvent la captivité. Serge, qui n'est pas encore mon père, est assis tout sourire, en tailleur, au premier rang. L'équipe est sponsorisée par une grande entreprise de matériel agricole installée à Croix, près de Roubaix, qui devient la CIMA l'année suivante (Compagnie internationale de matériel agricole). À la

1. Cordialement aussi à vos camarades.
2. Il sera certainement heureux si vous lui écrivez une fois.

maison, on dira aussi « Les Américains », en se demandant parfois comment « Les Américains » avaient pu continuer à tourner à plein rendement sous l'occupation allemande. Mystères du capital, secrets de la collaboration et paradoxes du capitalisme selon mon père…

Revenu travailler aux « Américains », Serge fête alors ses trente ans. L'usine, fonderie, ficellerie, machines agricoles, date d'avant la Première Guerre mondiale. Après la crise de 1929, elle est rachetée par les « Américains » de Chicago. Elle fait vivre bien du monde à Croix. Après guerre elle connaît un formidable essor en profitant du Plan Marshall pour se développer et inonder le marché français de tracteurs et de moissonneuses-batteuses. Serge, qui ne quittera jamais l'entreprise, bénéficiera de cette conjoncture. Il travaille dans les bureaux comme comptable. Il a aussi des activités syndicales mais ce n'est pas de cela qu'il me parlera, sauf d'un épisode, qui reste noyé dans les brumes de ma petite enfance, où il participe activement à la séquestration de la direction. Il s'agit probablement de la grève de 47 menée dans l'entreprise par un futur membre du bureau politique du PCF, Gustave Ansart. En réalité, c'est de foot et de tennis que sa mémoire est pleine. Et d'une rencontre.

L'été 48

« J'attendais ta première lettre pour aujourd'hui et tu vois, je n'ai pas été déçu. Quelques jours se sont écoulés et pourtant l'empreinte qu'a laissée cette soirée où je t'ai tenue dans mes bras demeure toujours aussi vive. J'ai tellement soif de toi, de connaître toute ton âme. Et la lettre est venue ainsi que je la désirais toute simple. Un pincement dans la poitrine avant de l'ouvrir […] Ce rêve se matérialise donc véritablement… »

Serge est heureux et cette fois ce n'est ni à sa mère ni à ses sœurs qu'il écrit. Il est en vacances chez sa sœur Sonia à Thomery, à deux pas de Fontainebleau. Sonia travaille avec son mari Albert Ephraïm, qui a installé un studio de photographie et un magasin sur ce calme bord de Seine. Pendant la guerre, les Ephraïm ont quitté Roubaix-Tourcoing où ils ne reviendront plus, pour la région parisienne. La gare de Thomery est située à l'orée de la grande forêt que son beau-frère sait admirablement photographier. À Thomery, il y a des bois, de la verdure, la Seine, et « ces longs jardins avec des murs qui n'en finissent pas où les gens du pays cultivent des fruits magnifiques ». Et surtout les enfants de Sonia. Serge s'occupe de ses neveux qu'il adore, « la petite Nénette qui a six ans et le diable Serge qui en a quatre ». Son filleul porte le même prénom que lui. Déjà deux Serge dans la famille.

C'est à Françoise que Serge adresse sa lettre. Celle-ci guide une colonie de vacances dans la vallée de la Loire. « Le pays est joli mais le train électrique depuis Paris est fatigant. Mille baisers. » Blois, Chaumont, Pontlevoy marquent les étapes. À Pontlevoy, toute la bande est allée visiter la vieille abbaye et surtout la « pierre de Minuit », un dolmen qui, dit-on, se met à tourner le dernier jour de l'année. À Chaumont, les filles se sont bravement jetées dans la Loire, se moquant des chefs de patrouille qui ont peur des tourbillons et n'aiment pas l'eau froide : « les gars se sont dégonflés ». On va au bal du pays « et nous sommes rentrés à 3 h et demie du matin : j'ai fait prof de danse avec l'étudiant qui débute dans ce genre de sport et nous avons bien ri ». On se baigne aussi dans le Cher. Les fous rires qui éclatent dans les bois, les corps qui se réchauffent et se rapprochent près des feux de camp, les chansons entonnées à tue-tête, plus personne, et c'est bien mieux ainsi, ne pense à la ligne de démarcation que l'occupant avait plaquée sur le cours du Cher.

Serge et Françoise se sont rencontrés au Racing à Roubaix sur un court de tennis. En 1948, ou peut-être déjà en 1947. Serge est aussi bon tennisman que footballeur. Françoise l'a tout de suite remarqué. Il a proposé de jouer avec elle. Il lui a même donné plusieurs leçons. Serge a quelque chose de différent des autres, il s'arrange toujours pour mettre la balle au milieu de la raquette de sa partenaire. Sportif mais pas macho, et de surcroît attentionné. Quel dommage qu'il n'aime pas danser ! Ah ! ces protestants, se dit Fafa la catho. Ils se sont plu. Ils ont pris un verre, puis deux à la buvette du Racing. Ils se sont raconté leurs vies.

Serge a 31 ans et Françoise 27. L'un vit avec son père, sa mère et sa sœur, l'autre seule avec son père. Rien de très emballant. Elle s'est perdue dans son regard profond qui lui a tout de suite inspiré confiance, elle qui se défie de tout le monde. Lui, il a été attiré par cette femme qui n'a pas froid aux yeux, nageuse, passionnée de nature et bourrée d'énergie, avide d'affection. Françoise a fait connaissance d'Albert L. l'assureur et des copains de tennis de Serge, surpris par cette jeune femme que rien ne semble intimider. On a juré de se revoir très vite. Les vacances les séparent. Serge lui écrit depuis Thomery : « Le destin a voulu nous unir la veille d'une séparation. Faut-il lui en vouloir ? [...] Il a suffi de si peu de choses pour que nous ne nous rencontrions pas. Dimanche, ce matin j'étais réveillé très tôt vers 3 h à peu près. Je me suis levé sans bruit, j'avais envie de me trouver seul avec la nature et avec toi. Une douzaine de km à bicyclette dans la nuit à peine fraîche. Je suis arrivé au bord d'un étang et je me suis assis tout à côté de l'eau. J'ai pesé ce grand bonheur qui était en moi, par la présence de ton âme unie à la mienne. [...] On dirait que quelqu'un souffle sur le léger brouillard qui se déchire par lambeaux et ces lambeaux trouvent refuge sur l'eau où accrochés dans les roseaux ils pourront tenir quelque temps encore. Je suis face au soleil qui perce le rideau d'arbres et je compare ce jour naissant à notre amour. »

Serge se souvient de la première rencontre et se murmure les paroles de Françoise, qui est passée brusquement du vous au tu intime : « Cela vous fait plaisir de m'embrasser [...] Tu crois que je pourrais être ta femme. »

Françoise et Serge ont chacun longtemps attendu pour trouver « l'âme sœur ». Au 22, rue de Mouvaux, cela fait quatre ans que Loulou est morte. Fafa partage l'appartement avec son père Marcel, un tête-à-tête pas toujours chaleureux. Serge supporte le sien, alcoolique et handicapé, et joue le soutien de famille auprès de sa mère Isabelle et sa sœur Nadine. Pour l'un comme pour l'autre, prendre la décision de se marier signifie larguer les amarres. Pas facile pour Serge qui a manifesté lors de sa longue captivité l'amour sans borne qu'il éprouvait pour sa mère, pas facile non plus pour Françoise qui n'a pas les moyens de quitter le 22, rue de Mouvaux.

Le salut vient du tennis. C'est lui qui dénoue ces situations. « Il a suffi de si peu de choses, écrira mon père, pour que nous ne nous rencontrions pas. » Mais ils n'ont pas fait connaissance n'importe où. Les courts en terre battue du Racing Club de Roubaix sont réputés, même si ce sport est encore réservé à une minorité : cotisations, raquettes, balles et tenues blanches obligatoires ne sont pas données. Pour Françoise et Serge, le court de tennis vaut bien ce sacrifice. Mais pour eux, c'est plus qu'un espace de détente et de jeu, socialement valorisant. C'est, à mi-chemin entre Croix et le Blanc Seau, le refuge qui leur permettra de construire leur vie hors du foyer paternel et du travail quotidien.

En même temps, ils n'échappent pas à leur époque. Avant la fringale de consommation, la pratique du sport s'est emparée de cette société nordiste : Françoise a choisi le tennis et la natation, et Serge, le foot et le tennis. Mais pour eux deux, la décision ne date pas d'hier. Le pli est pris dès les années 1930. L'après-guerre n'est pas toujours le tournant ou la rupture que l'on croit, elle fait apparaître les années noires comme un temps arrêté, une absurde parenthèse dans des vies déjà entamées.

Marions-les !

Corinne

Georges et Thérèse

Roubaix, 1er mai 1947. Elle dévale les escaliers du Colisée, grande et belle dans sa robe de bal.

– Attends, Thérèse ! Tu veux déjà rentrer ? Il est à peine minuit… Tu te prends pour Cendrillon ?

Sa copine de lycée, Paulette, aimerait bien la retenir encore un peu. C'est le bal du 1er mai 1947, elles sont jeunes et jolies, la guerre est finie. Tout commence. Dansons !

– Viens, j'ai rencontré deux copains, je vais te les présenter.

C'est ainsi que Thérèse, un peu à contre-cœur, remonte les marches du Colisée et fait la connaissance de Georges. Georges Vandewalle. Ils se plaisent, ils dansent, ils discutent.

Elle n'a pas encore vingt ans. Elle est en terminale Philo au lycée de Jeunes Filles de Roubaix. Lui travaille déjà dans un bureau à Tourcoing. Il a vingt et un ans. Ils tombent amoureux.

En juin, Thérèse est reçue au baccalauréat Philosophie, à la grande surprise de ses professeurs : elle déserte le lycée depuis trois mois pour se préparer seule à l'examen. Elle voudrait s'inscrire en médecine à la Fac de Lille. Pendant les vacances d'été, Georges et Thérèse s'échangent des lettres d'amour. En septembre, ils se fiancent.

Fernand est ferme quand il déclare à sa fille : « Ramène-moi qui tu veux, mais pas un fainéant ! » Dans la famille Vandewalle-Vanelslander, on est tout sauf des fainéants. Depuis des générations, tout le monde travaille dur. Hommes et femmes. Les gens du Nord sont des bosseurs, durs à la tâche !

Fernand propose à son futur gendre un poste de directeur dans sa petite entreprise textile, le Tissage Domino, qu'il a montée après la guerre avec sa femme Simone, rue de Mouvaux à Roubaix. Coïncidence ? Cette usine appartenait au début du siècle à Victor Vaissier, l'industriel mégalo du Blanc Seau, le bâtisseur du château Vaissier, et lors des travaux mes grands-parents y découvrent des caisses de savons et de parfums vieux de presque cinquante ans !

Les affaires sont florissantes, toute la France a besoin de nouveaux draps, taies d'oreillers, bleus de travail, les métiers à tisser filent bon train. Leur gendre Georges, mon père, fait ses preuves.

« Je ne veux pas que ma femme travaille. » Cette déclaration mettra fin au rêve de Thérèse de devenir médecin. Un point c'est tout. Georges a tellement vu sa mère, sa grand-mère, ses tantes s'épuiser à la tâche qu'il met un point d'honneur à subvenir seul aux besoins du ménage.

Le 27 décembre 1947, entre les fêtes de Noël et le Nouvel An, Georges et Thérèse se marient à l'église Notre-Dame à Roubaix.

Au retour de leur voyage de noces à Cannes, le jeune couple s'installe au Château-Vaissier. Georges et Thérèse partagent la maison de l'avenue Désiré-Six avec un autre couple : Henri Bausier, le frère de Thérèse, et sa femme Gisèle. Très vite, les deux jeunes femmes sont enceintes. Le 2 octobre 1948, au bout de dix-sept heures de travail, la sage-femme familiale Julia et le docteur C. n'en peuvent plus. La pauvre Thérèse est exténuée. Georges n'en mène pas large. Simone veille.

Finalement, le bébé est extrait du ventre de sa mère avec les « fers ». Il est midi 10. Champagne ! C'est une petite fille, toute mignonne malgré les bleus que les forceps lui ont laissés sur le nez et sur le crâne. Elle pleure beaucoup. Dix-sept heures, c'est épuisant. Les forceps, ça fait mal.

On l'appelle Corinne. Corinne, Marie-Thérèse Vandewalle.

En février 1949, mon cousin Jean-Jacques naît à l'étage du dessus chez Tonton Henri et Tante Gisèle. En mars 1950, ma petite sœur Carole voit le jour dans cette même maison. Jean-Jacques, Carole et moi y partagerons nos premières années, nos premiers pas sur Terre, nos premiers jeux.

À quelques cent mètres de là, au coin de la rue de Mouvaux, en novembre 1949 naît un petit garçon, Serge, chez Françoise et Serge Gruzinski. Bientôt nos destins vont se croiser. Nous sommes les enfants du Château-Vaissier.

Baby-boomer

Oui, je crois que j'ai été une enfant heureuse, aimée, choyée. Papa et Maman sont jeunes et beaux. Papa travaille, Maman s'occupe de moi. On dit que je suis vive et intelligente. Ça ne tombe pas dans les petites oreilles d'une sourde. J'entends ça. L'info s'imprime.

Je fais mes premiers pas sur le parquet du salon, sur le carrelage frais de la cuisine, je m'essaie à l'escalier. On nous assied, Jean-Jacques et moi, sur une couverture dans le jardin. Au fond, il y a un petit poulailler. Je passe les doigts à travers le grillage. Une idiote de poule les prend pour des vers de terre, elle me pince, je hurle, Maman arrive, me console. Une des premières leçons de vie qui me viennent en mémoire. Ne pas faire confiance aux créatures dangereuses et stupides, comme les poules.

Parfois je tape sur mon cousin avec ma pelle ou mon râteau. Parfois je le mords. J'entends ma tante Gisèle crier de la fenêtre d'en haut. Un jour, Maman me mord, bien fort, à l'avant-bras. J'en reste bouche bée, ça fait mal. Je ne savais pas que ça faisait mal. De ce jour, j'ai arrêté de mordre définitivement. Autre leçon de vie. J'ai toujours entendu ma mère dire qu'il ne fallait pas faire aux autres ce qu'on ne voudrait pas qu'on nous fasse. Chaque fois que j'ai essayé, je me suis aperçue tôt ou tard qu'elle avait raison.

En 1949, ma cousine Josiane meurt à l'âge de quatre ans d'une tumeur au cerveau. Je n'ai que quelques mois et cette histoire se grave profondément en moi. Je vais vivre avec ce petit fantôme blond une bonne partie de ma vie. On a suspendu au mur de ma chambre sa photo encadrée, Josiane, que je ne connais pas, jolie et souriante mais qui me regarde jouer et dormir. Suis-je coupable d'être vivante ? Je ne sais pas, mais à partir de cet événement d'une infinie tristesse, on me protège deux fois plus, on me couve, je suis le centre du monde.

L'arrivée de ma sœur Carole change la donne. Alors que j'avais mis dix-sept heures à naître, mademoiselle Bélier arrive en dix minutes. Un boulet de canon. À peine le temps d'appeler le docteur C. que Carole est déjà là en train de hurler à pleins poumons.

– Ah… mais non, fait Georges, tout penaud, en raccrochant le téléphone.

– Qu'est-ce que j'en fais ? Je la remets d'où qu'elle vient ??

Julia, la sage-femme attitrée de toute la famille Bausier, en poste à la maison depuis quelques jours déjà, est une caricature de chti. Un monument historique, une montagne d'amour simple et de sagesse populaire. Quand elle est là, Maman pleure de rire. Elle est grosse, elle parle fort, elle coupe les cordons, talque les bébés, les lange en moins de deux. Elle fait un peu peur, on ne peut que l'aimer.

Carole, donc. Voici donc le petit frère dont on me rebat les oreilles depuis que Maman a un gros ventre. En fait il s'agit d'une petite sœur. J'ai 18 mois, je parle beaucoup, déjà.

On m'amène près du bébé. C'est donc ça un nouveau-né. Je suis en train de manger une pomme. Je ne fais ni une ni deux, je la balance direct dans le berceau. « Tiens, Carole. » La pomme fait à peu près la taille de sa tête. Aïe. On m'a raconté cette histoire mille fois, on a longtemps attribué ce geste à de la jalousie. Peut-être. Mais moi, je reste persuadée que je voulais juste partager ma pomme avec la nouvelle venue. Tout simplement.

Mes parents n'étaient pas ravis d'avoir aussi vite un deuxième enfant. Quand Thérèse s'est aperçue qu'elle était de nouveau enceinte, je n'avais que neuf mois. Le passage du lait maternel au lait de vache s'était soldé par une catastrophique fièvre aphteuse qui m'a fait souffrir horriblement. Il fallait enduire de beurre la tétine de mon biberon pour pouvoir l'introduire dans ma bouche. Des lèvres à l'estomac, je n'étais que souffrance.

– Le lait n'avait pas bouilli assez longtemps...

– Pauvre petite !

Sous le regard des anciennes, Thérèse se sent jugée et coupable. Et en plus enceinte !

– Vous les élèverez ensemble.

– Pourvu que ce soit un garçon !

Et bingo, c'est une fille... Et moi, je change de statut. Je deviens dès lors le « garçon manqué ». Que ne ferait-on pas pour faire plaisir à ses parents ?

Le TISSAGE DOMINO

On ne nous appelle pas encore les *baby-boomers*. Ce nom ne viendra que bien plus tard. Nous sommes les enfants d'après guerre. Quand la France se reconstruit, se marie, se reproduit, s'enrichit. On nous gâte, on nous chérit. Nos robes à smocks offertes par les grands-mères sont jolies, nos chaussures blanches.

Je regarde, hypnotisée, le métier à tisser. L'ouvrière de mon Pépé Bausier me fait signe de m'éloigner un peu, c'est sale. L'atelier est terriblement bruyant. La navette va et vient, les fils dansent au rythme de la machine et le miracle se produit : un drap écru, magnifique, sort du ventre de cette ferraille. L'odeur du coton, l'odeur du lin, le tchak-tchak infernal du métier et cette femme en tablier qui ne peut pas relâcher son attention une seconde au risque d'y laisser un doigt ou deux, tout cela me fascine. C'est l'enfer, en fait. Si près de nous.

– Simone ! Où est passée Corinne ?

Juste derrière la porte de la cuisine, dans laquelle ma Mémé Bausier me prépare un chocolat chaud et de toutes petites tartines recouvertes d'une couche de beurre aussi épaisse que le pain. Après le goûter, je suis Mémé dans le bureau. Dans la salle à manger, mon grand-père a installé un billard.

« Tissage Domino. Directeur » dit le carton sur la porte. Mais je ne sais pas encore lire. Dans cet endroit dont la grande fenêtre donne sur la rue de Mouvaux, s'empilent le courrier, les commandes, les affiches, les carnets d'échantillons. Mon grand-père Fernand est au téléphone. Ce qui attire mon attention, ce sont les ciseaux. Les énormes, immenses paires de ciseaux qui pendent au mur. Grandes comme trois fois ma main de petite fille, leurs mâchoires découpent les draps, taillent les bleus de travail, les taies d'oreiller, les serviettes et les torchons. Le Tissage Domino tourne à fond, prospère.

Les ciseaux à échantillons sont les plus intéressants. Leurs dents crantées comme des gueules de crocodile coupent dans un bruit délicieux crouc-crouc-crouc des petits carrés aux bords en zigzag qu'on agrafe en catalogue. Coton. 100 % coton. Coton mélangé. Écru. Pur Lin. Métis. Rien à voir avec les petits ciseaux bleus à bouts ronds que j'ai dans ma trousse.

– Laisse ces ciseaux, ma chérie, tu vas te couper.

D'ailleurs, je découpe avec délice mon pantalon en laine bleu, tout neuf, que Maman vient d'acheter. Ça ne lui fait pas plaisir.

Le magasin de ma Mamie : articles de ménage, vaisselle...

Du côté paternel, mes autres grands-parents, Papi et Mamie, vivent à Tourcoing. Mamie, Andréa de son prénom, tient un magasin de vaisselle et de cadeaux rue du Brun Pain. Papi est contremaître au Service des Eaux, Georges Masclef, le second mari de ma grand-mère. Je ne connais pas l'autre, Jules Vandewalle, le père de Papa, jamais vu, jamais entendu parler, un mystère complet. Mais Georges Masclef, c'est notre Papi. Il ne parle pas beaucoup, il est sourd d'une oreille. Un obus a explosé près de lui et lui a crevé le tympan.

Parfois, la nuit, des gens viennent et l'appellent. Alors il se lève, revêt son grand manteau de cuir sombre, sa casquette de chef des canalisations tourquennoises et va réparer à l'autre bout de la ville une énorme fuite qui inonde la rue. Un sauveur ! Il rentre le matin, fatigué, mais assez fier de lui, parfois avec un ou deux gars de son équipe. Mamie leur fait du café. Ils racontent leur épopée.

Le samedi, Papa nous amène rue du Brun Pain où nous venons passer le week-end. On entre par la porte du magasin. La grille en métal est ouverte. Tout est étincelant dans la boutique de Mamie. À gauche la vaisselle en métal : casseroles, poêles, gamelles pour les ouvriers, couvercles, couverts, ustensiles. Mais aussi bassines, seaux et arrosoirs. À droite, tout ce qui casse : porcelaine, céramique, faïence, verres, bols, assiettes, tasses, services à café, cadeaux, bibelots et le coin totalement interdit : le cristal ! C'est un magasin magique.

Parfois, Mamie est occupée au comptoir avec des clients. Sa nièce, Anne-Marie, « marraine Annette », emballe un vase en opaline rose pour une petite fille qui a cassé sa tirelire pour la Fête des Mères, ou un cendrier vert en forme de feuille, une bonbonnière, un sucrier. Elle colle une étiquette « Bonne Fête, Maman » ou « Bon Anniversaire ». Nous, on n'a pas le droit d'y toucher.

Papa nous dirige en silence vers la porte à l'arrière du comptoir, la salle de séjour où trône un rutilant poêle à charbon – attention ça brûle – la cuisine rassurante et sur l'étagère un poste de radio qui chante du Bourvil. À part Domi, cet horrible petit chien hargneux qui mord nos chaussures, Carole et moi recevons beaucoup d'amour dans cette maison commerçante. Oh, combien de biches en plâtre avons-nous cassées ? On ne fait pas les fières avec une patte de Bambi dans la main, Papi fait les gros yeux. Dans la petite véranda, on nous installe une table et de la pâte à modeler. C'est moins cassant. On roule des saucisses de toutes les couleurs, en mangeant des caramels et des nic-nac. Le bonheur. Papi nous prépare des pommes de terre sautées, il appelle ça des « petits roux ». À table, les biquettes !

Mamie a fait chauffer de l'eau sur la cuisinière à charbon qu'elle verse dans une grande bassine en métal (le plastique n'existe pas) au milieu de la cuisine. Sur le carrelage, elle a posé des serpillières autour de notre bain. Elle nous lave les cheveux, en chantant « Dop, dop, dop, employez le shampoing Dop ! » Une fois bien récurées, les ongles coupés, les cheveux séchés, enveloppées dans des serviettes-éponges toutes chaudes, on se sent comme les princesses du hammam. Les pyjamas et hop au lit. Quel bonheur, le week-end chez Mamie.

La demi-sœur de Papa, tata Jocelyne, n'a que six ans de plus que moi. Elle fait ses devoirs sur un bureau en haut, dans sa chambre, pas comme nous sur la table de la cuisine. Elle joue du piano. Pas très bien. Rien à voir avec Maman.

Papa Jo

Si je n'ai pas beaucoup parlé de mon père jusqu'à présent, c'est parce que – je m'en rends compte aujourd'hui – je ne le connaissais pas si bien que ça. Il ne parlait pas beaucoup, du moins à moi. J'ai beau chercher, je n'ai quasiment aucun souvenir de tendresse avec toi, Papa. Mon Papa Jo. Petite fille, je crois que je t'aimais beaucoup. Passionnément peut-être. Mais le sentiment que tu m'inspirais le plus souvent était la peur. Tu criais fort, tu devenais tout rouge. Furibond, effrayant, quand le vernis du commercial craquait, quand ton carcan nickel chrome sautait. J'étais terrifiée. Gueulard, comme disait Maman. Mais pas violent. Je ne t'ai jamais vu lever la main sur Maman. Quelques fessées à Carole et moi, des « cliques » sur nos cuisses d'enfants.

– Tu les veux ces cinq doigts ?

Cinq traces rouges sur la peau. Cuisantes. On ne disait plus rien, on pleurait.

– On ne frappe pas un enfant, protestait Mamie.

Jules Vandewalle, ton père, avait épousé Andréa Vanelslander quelques mois avant ta naissance. Un beau couple, des ouvriers, des travailleurs, des bosseurs, comme on en fait dans les Flandres. Ils aimaient être élégants, coquets, « propres ». Tu es né le 23 juin 1926 à Tourcoing, et j'imagine toutes les bonnes fées qui se sont penchées sur ton berceau : ta mère Andréa, ta grand-mère Berthe, tes tantes, ton arrière-grand-mère picarde Marie-Colombe qui s'était réconciliée avec sa fille depuis longtemps et probablement autant du côté de ton père, la famille Vandewalle (que je n'ai jamais connue et dont tu ne m'as jamais parlé).

Jules et Andréa ont ouvert un bistrot. Tu as grandi, chouchouté par les femmes de la famille, bien propret, bien habillé. Quand tes parents ont divorcé – alcool et violence dans un bistrot, *what did you expect* ? – Jules ton père s'est complètement désintéressé de toi et Andréa a gardé le café avant que Jules n'ait « bu son fonds de commerce » comme j'ai entendu dire.

Dans ce café de la rue du Brun Pain, on donnait aussi des combats de coqs. Ces pauvres volatiles – shootés au speed, à l'alcool et au café – armés de piques, s'entre-tuaient sur un ring sanglant et ce devait être abominable pour ce beau petit garçon que tu étais de voir ces hommes fortement alcoolisés hurler, parier, défouler leurs propres frustrations et leur sadisme sur des animaux rendus fous.

Et puis la guerre est venue. Tu étais adolescent, lycéen. Ta mère s'est remariée en 1939 avec Georges Masclef qui ne tarda pas à partir au front. Puis fut fait prisonnier. Ta petite sœur Jocelyne est née en 1943.

Andréa et ses frères Vanelslander étaient entrés dans la Résistance dès l'appel du général de Gaulle. Ta chambre d'ado était tapissée de drapeaux français et de photos du Général. Dans l'arrière-salle du café-restaurant, on écoutait la radio de Londres. On a caché des Anglais dans le grenier et aussi dans la cave du café de Tonton Marcel au Sapin Vert, à Wattrelos.

Le jour où après une bagarre dans le café de la rue du Brun Pain, un officier allemand a été blessé, on l'a monté et couché dans ta chambre. Il a forcément vu tes affiches… Pourtant, une fois soigné, il n'a rien dit.

Après la guerre, tu as rencontré Maman, Marie-Thérèse Bausier, qui passait son bac à Roubaix en 1947. Fiancés, puis mariés dans la foulée, vous êtes partis en voyage de noces à Cannes et dix mois plus tard, je naissais.

La première nuit de ma vie, j'ai beaucoup pleuré. Tu penses, toute cabossée que j'étais, le nez écrasé par les forceps, arrachée de force du ventre maternel au bout de tant d'heures de travail, ce n'était pas la joie. Et en plus, tu voulais un garçon ! Tu t'es levé pour me bercer, me consoler : « Pleure pas ma poulette. »

Puis Carole est venue en 1950.

Georges et Marie-Thérèse Vandewalle-Bausier à la Panne, Belgique, été 52

Je t'ai toujours connu, Papa, en train de travailler. Quand ce n'était pas pour ton boulot, tu nettoyais à fond ta voiture comme un maniaque, tu rangeais ton garage, tes outils, tu posais une étagère. Tu te reposais peu, même le week-end. Ton métier d'inspecteur des ventes chez Phildar exigeait de toi une tenue impeccable et tes chemises blanches devaient être repassées, pliées dans ta valise quand tu partais le mardi matin, tes chaussures cirées, tes costumes taillés sur mesure sans un faux pli.

Pas beaucoup de place pour la conversation et la tendresse. Je dois reconnaître toutefois que ton père avait dû te servir de contre-exemple parce que tu n'as jamais été ni alcoolique ni violent. Tabagique par contre, tu fumais comme un pompier, des gitanes « Disque Bleu filtre ».

Mais, putain, tu gueulais fort ! « Je vais vous démolir ! » Comment peut-on dire ça à des petites filles ? D'où te venait cette horrible expression ? Maman t'aimait, ça c'est sûr.

Attends, je gratte, je cherche, je fouille. J'envoie mon hippocampe dans les profondeurs de la mémoire.

Je me revois petite, derrière ton fauteuil, tu étais assoupi. Je regardais tes cheveux blonds en brosse. J'y voyais un champ de blé (bien avant Johnny et *Que je t'aime*). Je suis allée chercher ma brosse à cheveux de poupée pour peigner cette blondeur. Tu as sursauté. J'ai eu peur. Mais tu as souri.

Un jour, quelle drôle d'idée, tu as décidé d'aller à la chasse… Où étions-nous et qui avait bien pu te prêter un fusil ? Mille fois je t'avais vu pêcher, tranquille, paisible, assis au bord de l'eau, heureux même. Mais chasser, jamais. Je t'ai supplié de m'emmener. J'avais quatre ou cinq ans et l'idée ne devait pas t'enchanter, mais tu as dit oui. Cette promenade dans les bois avec mon papa, un rêve de petite fille, me parut interminable. Elle n'a sûrement pas duré aussi longtemps que ça, mais je n'en pouvais plus. Mes petites jambes peinaient à suivre ton rythme. Tout à coup, au milieu de ce chemin forestier, je suis tombée à genoux, les mains jointes, comme pour prier le Seigneur.

– Je t'en supplie, Papa Jo, porte-moi !

Tu m'as prise sur ton dos et tu es rentré lentement, le poids d'une enfant endormie sur les épaules, la tête posée sur la tienne. Bredouille.

Chapitre V

Enfances

Les biquettes

Corinne

Jeanne d'Arc

1er octobre 1952. Demain, c'est mon anniversaire. Dimanche, on ira chez ma Mamie et il y aura un gâteau avec quatre bougies que je soufflerai. Et qu'on rallumera pour ma petite sœur Carole qui les soufflera à son tour. La politique de ma Mamie Andréa – ma grand-mère paternelle – c'est « pas de jaloux ». Si bien qu'à chaque anniversaire, que ce soit le mien ou celui de Carole, on a les mêmes cadeaux. Mêmes poupées, mêmes dînettes, mêmes vêtements et même literie pour les mêmes berceaux de nos poupées. La seule différence, c'est la couleur. Bleu pour moi et rose pour elle. Normal. Je suis censée être un garçon.

Mais ce matin, mercredi 1er octobre 1952, grande injustice. Je vais à l'école pour la première fois et pas Carole. Nous sommes assises à l'arrière de la 4 CV de Maman. Je n'en mène pas large. Direction Roubaix, le parc Barbieux, quartier chic et résidentiel s'il en est. Mon école s'appelle Institution Sainte Jeanne d'Arc.

Jeanne d'Arc, je l'aime bien sans la connaître. Je suppose qu'elle a un arc. Et des flèches comme petit Jean, mon cousin très beau. Parmi mes cousins il y a des Indiens, des cow-boys et des aviateurs. Jeanne d'Arc et moi avons un point commun. La coupe de cheveux. Quand je vais chez la coiffeuse, le plus souvent rue du Clinquet à Tourcoing chez ma Tante Guite, la sœur de Mamie, j'entends : « Faites-lui une coupe à la Jeanne d'Arc. »

Corinne aux cheveux courts, Carole aux cheveux longs

Autre injustice, autre souffrance : ma sœur Carole a le droit d'avoir les cheveux longs. Elle est blonde, c'est une fille. Moi, je suis le garçon manqué. Cheveux châtains, coupés courts, à la Jeanne d'Arc. Est-ce qu'un garçon manqué, ça veut dire une fille réussie ? Pas sûr. Jeanne d'Arc donc. Ça me paraît normal d'aller à l'école Sainte Jeanne d'Arc. Ma copine aux cheveux courts, coupés au bol.

Dans la cour, Maman me tient la main, puis la lâche, me donne un goûter, m'embrasse, m'abandonne et repart avec ma petite sœur dans la 4 CV. Je pleure évidemment, comme tous les autres. Tout ce petit monde appelle Maman.

Les nez coulent. Horrible sentiment d'être perdue. Puis deux ou trois gentilles dames nous consolent, nous mouchent et nous emmènent dans ce grand lieu inconnu, mystérieux, la classe. Et finalement tout rentre dans l'ordre.

Je vais rester deux ans dans cette école catholique. Le temps d'entendre parler du Bon Dieu, de Moïse, de Noé, des anges, de la Sainte Vierge Marie – je la connais un peu déjà celle-là, j'ai sa photo dans ma chambre et sa médaille autour du cou. De Jésus aussi, bien sûr. Un beau jeune homme barbu aux cheveux longs, qui porte une robe et des sandales. Il ne ressemble à aucun des hommes que je connais. Ni Papa, ni mes tontons, ni Papi, ni Pépé. Aucun. Personne ne porte de cheveux longs, une barbe et une grande robe comme lui dans mon entourage. Parfois des sandales.

On me dit de l'adorer, alors je l'adore. Pas de problème pour adorer Jésus, il aime les petits enfants a dit la maîtresse. J'ai mis un haricot blanc dans du coton, il a poussé. Je commence à comprendre ce que veut dire miracle.

Je n'ai pas beaucoup de copines. Je n'aime pas leurs jeux gnangnan. Il a fait beau aujourd'hui, pourtant je suis rentrée couverte de boue. La seule flaque d'eau, autour du marronnier, c'était pour moi. Patauger, éclabousser, piétiner, ça j'aime. Maman n'est pas très contente. Surtout pour mes chaussures. Mais après le savon qu'elle me passe – au propre comme au figuré – je crois que ça la fait rire. J'entends Papa – pas très content non plus – dire : « Elle en rate pas une. » Ils boivent une bière dans la cuisine avec Mathilde, la voisine. Elle a perdu son fils à la guerre, elle est philosophe. « C'est juste de la boue, Thérèse. C'est pas bien grave. » Je suis assez d'accord avec elle.

La Sagesse : 1954-1958

Au tour de Carole d'aller à l'école. Normal, elle a quatre ans et demi. On nous inscrit toutes les deux dans une institution religieuse, Notre Dame de la Sagesse à Roubaix à l'automne 1954. C'est le même nom que l'école que fréquentaient Maman et Marie-Claire à Bruxelles. Des bonnes sœurs à cornettes, en robe grise, des Ursulines.

Ma grand-mère Simone – Mémé Bausier – a insisté pour nous envoyer dans cette école réputée pour la qualité de son enseignement et la bonne éducation catholique des enfants. Je suis le mouvement et Carole aussi. Dieu existe, c'est le père. Jésus, le beau mec en sandale, c'est le fils. Le Saint-Esprit, c'est déjà plus nébuleux. Quant à la mère, elle passe à l'as. C'est Marie, mais elle est vierge. Ça peut paraître bizarre, mais ça nc posc pas question pour l'instant, je ne sais pas ce que ça veut dire vierge.

Comme pour moi, on fait sauter une classe à Carole.

La Sagesse se trouve en plein centre de Roubaix, derrière la monumentale mairie. Les classes sont mixtes jusqu'à la dixième (CE1), après les garçons disparaissent.

J'aime bien cette école, je m'y sens bien. Le matin, Papa ou Maman nous y conduit. Le soir, c'est un vieux bus bringuebalant vert clair qui nous dépose au Blanc Seau. Je n'ai pas beaucoup d'amies à l'école. Je m'en fiche. J'ai Yoja et Nounoune. Parfois en rentrant de l'arrêt du bus, je les croise. Ils vont en classe dans le quartier. Dans une école pas catholique. Normal, ils sont protestants. Au catéchisme, on nous a dit que les protestants étaient des hérétiques, mais je ne sais pas ce que ça veut dire, donc pas de problème. J'ai aussi un peu de mal à comprendre que quelqu'un qui est mort il y a presque 2 000 ans porte les péchés du monde, notamment les miens, alors que je n'étais pas encore née. Mort pour des péchés que je n'avais pas encore commis, alors que je ne lui ai rien demandé… Je ne suis pas d'accord ! Qu'il me laisse me débrouiller avec mes péchés et qu'on le descende de cette croix nom de Dieu ! La bonne sœur reste sans voix, elle ne sait que répondre… Elle trouve que je pose de drôles de questions pour mon âge.

Du boulevard Descat on remonte la rue de Mouvaux vers le Château-Vaissier, on passe sur le pont du Blanc Seau ou

– plus marrant – sur la passerelle en ferraille qui enjambe le Canal, quand l'énorme masse pivote sur elle-même pour laisser une péniche continuer son voyage fluvial.

Péniches lourdes, pleines de charbon, de graviers, de mystère. Qui sont ces gens étranges qu'on appelle les mariniers, qui sont toujours sales, leurs femmes et leurs enfants plantés là, d'où viennent-ils, où vont-ils ? Vont-ils à l'école ? Monsieur Clarisse, l'épicier, a aperçu deux gamines en train de voler des mandarines à l'étalage. Il leur a crié « Hep, là ! » mais quand elles ont fui vers le Canal, il n'a rien fait, il ne les a pas poursuivies. Il a dit à Maman qui achetait du beurre et du sucre fin pour faire des crêpes : « Elles doivent pas en manger souvent, des mandarines, ces petites-là. »

Au coin de la rue, on se sépare. Yoja monte chez lui et nous tournons avenue Désiré-Six. Après le goûter, après les devoirs, on se retrouvera peut-être au « Terrain-Vague », s'il fait encore jour.

Mémé Bausier est morte

En juin 1956, Mémé est morte. Dans notre maison, dans la pièce de devant, à l'endroit même où je suis née. Maman s'est occupée de sa mère jusqu'au bout. Tous les jours, une infirmière venait la soigner chez nous. Elle répandait autour d'elle une odeur de médicaments que j'adorais. C'était une bonne sœur très gentille, sœur Saint Ignace, avec des cornettes amidonnées. Elle arrivait de Roubaix en vélo et je me demandais comment elle faisait pour pédaler avec ses longues jupes grises et son grand chapelet qui lui serrait la taille. À côté du lit de Mémé, un médaillon de sainte Rita, la sainte protectrice de la famille. Même ceux qui ne croyaient pas en Dieu priaient sainte Rita. Allez comprendre.

J'ai toujours eu le sentiment, et même l'absolue certitude d'être aimée. Mémé Bausier m'aimait beaucoup. Elle cousait des médailles de la Sainte Vierge sur nos vêtements. Pour protéger les petites filles. Pourtant elle n'allait jamais à la Messe et ne nous parlait jamais du Bon Dieu. La bigote, c'était sa sœur, Marraine Noémie. Ce jour-là, juste avant les grandes vacances, je suis rentrée de l'école et sur la porte du garage, il y avait une croix avec un ruban noir. On ne nous a pas laissées rentrer dans la maison. Quelqu'un nous a descendu des tartines et du chocolat et nous a dit de rester jouer dehors. Quelle drôle d'idée. Le marchand de glaces est passé dans l'avenue avec son triporteur et sa trompette, mais ce n'était pas le moment d'aller déranger la famille, c'est bon, j'avais compris. Le lendemain, j'ai pleuré à l'école. « Ma grand-mère est morte. » Toute ma classe a assisté à l'enterrement. Le piano de Maman, un demi-queue noir, a pris sa place dans le salon. Maman joue, si grande, si belle. Elle joue *Tristesse* et ses larmes s'aplatissent sur les touches d'ivoire. Je ne sais pas quoi faire à part la regarder et l'écouter.

Mathilde notre voisine couturière est une cousine de mon Pépé Bausier. Son fils de dix-sept ans est mort à la Libération, bêtement, en se moquant des soldats allemands qui rentraient chez eux, sur le Grand Boulevard. Le chagrin, Mathilde, elle connaît. Parfois elle rit tellement fort que ça me fait peur. Elle vient souvent, elle console Maman. Les voisins, les voisines, la boulangère, les sœurs Braqueveld, Marthe et Germaine épicières et vieilles filles, les commerçants de la rue de Mouvaux nous parlent gentiment, nous sourient. Mémé est morte.

Et bien sûr, la dame aux yeux verts, qui passe plus souvent. Françoise et Maman sont devenues amies. Les vacances arrivent. Nous partons à Bray-Dunes dans la grande villa de famille de Pépé et Mémé Bausier. La villa « Les Algues » accueille toute la famille, mes tantes, mes oncles, et surtout mes cousins. Mais cette année, il n'y aura plus Mémé, ses larges robes, ses beaux yeux bleus profonds, toujours un peu tristes, debout dans la cuisine, peu bavarde, mais tellement présente.

Les Gruzinski nous ont envoyé une carte postale de Suisse. Je n'ai jamais vu la montagne, ou alors toute petite, je ne m'en souviens plus. Pour moi, les vacances, c'est la mer. La mer du

Nord, la plage, le sable, le vent, les cornets de glace, et mes cousins. Et Mémé Bausier. Le cahier de devoirs de vacances arrive à sa fin.

En septembre, retour à la maison. Retrouvailles avec nos poupées, nos jouets, notre chambre, l'avenue Désiré-Six et ses jolis petits pavés rouge brique. Nos pieds ont grandi, il va falloir aller à Roubaix acheter de nouvelles chaussures pour la rentrée. J'aimerais bien un nouveau cartable, mais non. Papa dit que le mien est encore bon.

Je ne sais plus lequel a disparu le premier du salon, Mémé ou le piano à queue. Mais toujours est-il que le salon, après une période de deuil, a changé d'allure. Une belle cheminée blanche entourée de briquettes rouges, avec de chaque côté des étagères fabriquées sur mesure par mon Papi en bois sombre et métal noir, très chic, modernes, et deux fauteuils club. Un nouveau lustre aussi. Maman a hérité du piano droit de sa mère. Pour le tapis, on verra plus tard, dit Papa. Le plancher en chêne a été vitrifié. C'est un énorme chantier, ça dure des semaines. C'est rigolo, on doit passer sur les planches pour aller de l'escalier à la cuisine. Il y a de la poussière partout, on se bousille les chaussettes. André Desbonnet, un chauffagiste tonitruant et patoisant, installe un nouveau chauffage central, aidé par le cousin de Maman. Il passe son temps à insulter les radiateurs, les tuyaux et même la chaudière en hurlant : « Te veux un coup su' t' gueule, saloperie ? » Le tuyau, perplexe, ne répond pas. Et bing, il l'assomme à coup de marteau. La plupart du temps, il parle chti. Maman est morte de rire en lui servant une bière Motte-Cordonnier, qui est notre fournisseur attitré. Une grosse jument de brasserie passe régulièrement dans l'avenue et livre des cageots de bière et de Fanta qu'on entrepose dans le garage. Fanta orange et Fanta citron.

Donc l'école, ça va. Papa a changé de métier. Il a travaillé quelque temps chez Pépé Bausier au TISSAGE DOMINO, puis – je n'ai jamais su pourquoi – il a quitté ce poste de directeur que lui avait alloué son beau-père. Il est devenu représentant en librairie. Il a une camionnette, un « Tube Citroën » gris aménagé avec des étagères. Il vend des livres, des journaux, des cahiers, des buvards, des magazines et les distribue dans toutes les librairies-papeteries de la région. Le matin, il nous dépose parfois à La Sagesse avec son Tube. Assises à ses côtés, Carole et moi voyons le monde de haut. Sinon, c'est Maman avec sa petite 4 CV.

Un jour, mademoiselle Marie-France, ma maîtresse de huitième puis de septième (CM1 et CM2) que je trouve plutôt mignonne, arrive en classe habillée en bonne sœur. Je suis époustouflée ! Sans voix, assommée ! Quoi ? C'est carnaval ? Cette charmante jeune fille qui hier encore montrait au monde ses jolies jambes, portait bas et chaussures à talons, s'est métamorphosée en religieuse ? J'en pleurerais. Quand finalement je lui demande des explications – toutes les filles pouffent de rire mais personne n'ose rien dire – elle nous explique qu'elle vient de prononcer « ses vœux ». Elle s'est fiancée à Jésus… D'ailleurs j'apprends que l'aumônier à qui je confesse mes petits péchés tous les mardis est son frère. Ça doit être de famille. Je croyais que les bonnes sœurs et les curés étaient une race à part, une espèce d'un autre monde. Qu'on naissait comme ça… Mais non, voyez-vous, c'est un choix !

Non, les idées ne sont pas toutes faites

IDÉE N° 1 : *Pour être belle, il faut souffrir.*

Carole pleure quand Maman lui démêle les cheveux. Ses longs cheveux blonds. Mes petits cheveux châtains à la Jeanne d'Arc ne me font pas souffrir quand on les peigne. Plutôt quand on les coupe. Être belle…

Dans le Nord, dans la famille de Papa, on ne dit pas « tu es belle » à une petite fille. Grand-Maman disait : « Tu es propre, petit. » Ce qui veut dire que tu es bien habillée, bien coiffée, que tes vêtements sont sans tache, que tes chaussures sont cirées. Que tu fais plaisir à voir. Un sou neuf ! Mais belle, non, ça ne se dit pas.

IDÉE N° 2 : *Tous les hommes sont des salauds ; ils ne pensent qu'à ça.*

Ça quoi ?

Après, ils te plaquent.

Après quoi ? Tous des salauds ? Papa ? Papi ? Pépé ? Mes oncles ? Mes cousins ? Les voisins ? Ou bien ceux-ci échappent-ils à l'appellation ? Et moi, qui suis un garçon manqué…

IDÉE N° 3 : *Il faut se marier vierge.*

Comme la Sainte Vierge ? Comme cette énorme médaille de baptême que je porte au cou, qui a coûté une fortune à ma grand-mère et sur laquelle est gravé « VIRGO ». On m'a vite estampillée !

IDÉE N° 4 : *Si tu ne travailles pas bien à l'école, tu iras à l'usine à quatorze ans.*

M'enfin, j'ai quasiment deux ans d'avance. Je suis dans les premières de la classe. Qu'est-ce qu'il vous faut de plus ? Un singe savant ? Mais oui, j'aime rêver. Écrire des poèmes. Laisser le sable glisser entre mes doigts. Regarder les péniches. Parler à Dieu. Mais j'aime bien l'école. Apprendre.

IDÉE N° 5 : *Saint(e) = Martyr(e)*

Ah ça non. Très vite je décide de ne pas être une sainte. Je ne rentrerai pas dans ce jeu-là : torturée, livrée aux taureaux comme sainte Blandine dont l'horrible image illustre mon livre d'histoire, mangée par les lions, coupée avec une scie en bois, brûlée vive, crucifiée, insultée, crachée dessus, flagellée. Non merci, mes chères Sœurs de la Sagesse.

De toute façon, je suis protégée par toutes ces médailles bleues que ma grand-mère coud sur mes vêtements. Et ça marche. La résurrection, à la rigueur. Très vite, l'idée de la réincarnation me paraît être une option sympathique.

Je me suis faufilée dans la Chapelle de l'école. J'ai poussé la barrière interdite. Celle qui nous sépare de l'autel. Je me suis approchée du Crucifié. L'arnaque. Ce corps sanguinolent, il est en plâtre, il s'écaille même par endroits. Le sang ? De la peinture rouge. Plus question que j'adore cette horrible statue.

Par contre chanter, d'accord. C'est bien, mon cœur s'ouvre comme une bombe : « Saint ! Saint ! Saint ! » Je m'époumone en regardant les vitraux.

À confesse, j'invente des péchés. Faut bien dire quelque chose quand en mon âme et conscience, je n'ai rien fait de mal.

– J'ai menti, j'ai désobéi, j'ai été gourmande, j'ai embêté ma petite sœur (ça, peut- être…).

– Oui, oui, murmure l'aumônier. *Ego te absolvo.*

Je m'en sors avec un « Notre père » et trois « Je vous salue, Marie » pour des fautes que je n'ai pas commises. Je sors du confessionnal, une autre petite fille me succède. Je vais m'agenouiller sur un prie-Dieu. La lumière du ciel filtre à travers les rosaces et les saints vitrifiés. Dehors il fait soleil. Vivement la récré. Les garçons joueront à la guerre, les filles à la corde à sauter ou à traîne, traîne mon balai. Moi, je m'assiérai sur un banc et je les regarderai. Je suis amoureuse d'un petit garçon qui s'appelle Jean-Philippe et qui joue à la guerre tout le temps. Il me dit de garder la maison sous le marronnier. Je ne bouge pas de mon banc. À la fête de Pâques, il joue le rôle de Jésus. Je suis amoureuse de ce Jésus-là, mais pas comme les bonnes sœurs. Le mien joue dans la cour, le leur est une statue sanguinolente. Il m'a donné un carré de chocolat. Au catéchisme, j'ai entendu : « Je suis dans ce monde, mais je ne suis pas de ce monde. » Oui, c'est un peu ça que je ressens. Parfois, à la récré, une toute petite fille blonde très jolie vient s'asseoir à côté de moi. Elle s'appelle Fabienne. Elle pose la tête sur mon épaule. Elle a peut-être quatre ans. On ne parle pas. On est une bulle d'amour posée sous le préau. Une bonne sœur tire la cloche, ça signifie que la récré est terminée. Fabienne s'envole fragile comme un oiseau blond vers les petites classes. Pour moi, retour aux conjugaisons, aux tables de multiplication, à l'Histoire de France et aux « leçons de choses ». Avant de regagner la classe, sœur Marie-Madeleine nous donne de grands verres de lait chaud sucré. C'est un délice. Nous sommes les enfants de l'après-guerre, l'État veut que nous ayons des os solides !

Yoja et Nounoune

Serge

Retour en arrière. Février 1949.

Serge et Fafa sont partis pour un court voyage de noces sur la Riviera. Rien de bien original, mais c'est probablement la villa de l'oncle Paul à Antibes, le frère d'Isabelle, qui a accueilli les deux tourtereaux. Les hôtels sont hors de prix. Et Paul aime Serge comme le fils qu'il n'aura jamais. C'est à l'autre bout de la France, dans la lumière de février et les odeurs de mimosas que j'ai été conçu. Mais j'ai vu le jour à Tourcoing, un 5 novembre.

L'accouchement se passe au 22, rue de Mouvaux, et pas dans une maternité anonyme. La grisaille de novembre viendra éclairer mon premier matin dans la chambre de mes parents. C'est là qu'on a installé mon berceau près de la fenêtre. Quand, des dizaines d'années plus tard, il m'arrivera de passer au pied de l'appartement, je me dirai que c'est de là-haut, de ce premier étage, ébloui par ce pâle coin de ciel blanc que pour la première fois mon regard s'est frotté au monde. Et je m'étonnerai de pouvoir encore contempler le même morceau de ciel.

Je suis le troisième Serge de la famille. Mon père et l'un de mes cousins portent déjà ce prénom aux résonances slaves. Ce qui me vaut d'être immédiatement rebaptisé *Seryoja*, diminutif affectueux, à son tour aussitôt raccourci en *Yoja*. Yoja, dès lors, s'imposera et je ne deviendrai Serge qu'au lycée et après mon départ pour Paris.

Du plus profond de cette petite enfance me parviennent encore quelques sons, comme le signal du dernier train qui quittait (ou atteignait ?) la gare de Roubaix. Un long sifflement dans le lointain, perdu dans la nuit d'été, traversait les fenêtres tendues de moustiquaires pour que les bestioles du Canal n'attaquent pas mon berceau. Ou encore, chaque après-midi toujours en été, la trompette du marchand de glaces retentissait dans l'air brûlant et les rues désertes, quand tout se figeait, même les nuages du ciel. Nounours, mon gros ours en peluche, est le premier être que je parviens à serrer entre mes bras : son front usé jusqu'à la corde témoigne encore aujourd'hui des petits baisers dont chaque soir je le gratifiais avant de m'endormir.

Au cours des premiers mois, on me promène dans la rue de Mouvaux, mais je ne vois rien du Canal, du pont tournant, de la passerelle de fer, des arbres du Petit Jardin, bien emmitouflé au fond de la lourde voiture d'enfant que souvent pousse mon père. Je n'entends rien du crissement des roues qui montent la rue de l'Escalette ni du claquement des sabots des derniers chevaux sur les pavés. Je n'entends pas les voisins qui ricanent de voir un homme pousser une voiture d'enfant comme s'il ignorait que c'était à sa femme, et à elle seule, de fournir cet effort. Mon père le sait et, j'en suis sûr, agit en connaissance de cause. Cette répartition des rôles lui semble absurde et il n'est pas mécontent de provoquer le voisinage. Nous sommes en 1950, au beau milieu du XXe siècle, mais la France n'est pas encore tout à fait sortie du XIXe siècle.

Mes parents se moquent du « qu'en dira-t-on », ma mère autant que mon père. Une fois par semaine, Françoise nettoie à grande eau toutes les fenêtres de l'appartement, celles des deux chambres, de la cuisine et de la salle à manger. Toutes donnent sur la rue de Mouvaux, fort passante. Et cela fait plusieurs années que les voisines le lui répètent gentiment ou avec l'insistance déplaisante de qui se mêle de ce qui ne le regarde pas :

– Mais Françoise, vous ne devriez pas monter sur le rebord de vos fenêtres, vous ne vous rendez vraiment pas compte !

Une jeune femme de votre âge, avec toutes ces voitures et tous ces hommes qui passent…

– Et comment voulez-vous que je les nettoie ? Vous voulez peut-être le faire à ma place !

Les voisines se taisent mais n'en pensent pas moins : n'importe quel passant peut zieuter cette jeune femme affairée au premier étage, à trois mètres du sol. Ma mère en rit et n'a pas honte de ses jambes. Elle n'a pas non plus le vertige et elle en a vu d'autres.

Mon début de vie au 22, rue de Mouvaux suit des rythmes invariables. Chaque après-midi de printemps, d'été, d'automne et parfois d'hiver, la poussette se rend au Petit Jardin, dans la ville mitoyenne de Mouvaux. Je dors et prends le sein de ma mère à l'ombre centenaire des grands arbres du parc. Mon inconscient en herbe enregistre des formes gigantesques qui s'animent avec le vent du nord. Les jardins publics abritent parfois des silhouettes étranges et passablement monstrueuses. Le monument aux morts de Mouvaux aux allures d'énorme menhir de pierre ou le colossal Vase de Sèvres du Parc Barbieux à Roubaix et ses huit mètres de haut viendront souvent habiter mes cauchemars d'enfant.

Depuis mai 1951, je ne suis plus seul. « Touche pas à Tit' sœur ! » Une autre existence encore bien fragile accapare maintenant l'attention de Françoise et de Serge. Carole était venue accompagner Corinne. Patricia m'a rejoint et j'apprends désormais à partager l'affection de mes parents. Deux enfants de chaque côté, mais Françoise a de la chance, c'est une fille après un garçon, et pas plus de deux comme si les parents avaient tout planifié.

Ma sœur n'est pas maigrichonne comme moi. Ses formes rondes s'accordent au diminutif que mes parents lui ont trouvé, Nounoune. À partir d'alors ce sera « Yoja et Nounoune », les inséparables, et pour toute notre enfance. Inséparables, même si en écrivant ces lignes je suis bien incapable de me mettre dans la tête et les souvenirs de « Tit' sœur ».

L'appartement n'est pas bien grand. Il ne compte que deux chambres, dont l'une est le domaine réservé de mon grand-père. Ce qui obligera mes parents, quand nous serons plus âgés, à se replier sur le canapé-lit de la salle à manger. Désormais pendant une douzaine d'années, Patricia et moi dormirons dans la même chambre, qui est à la fois notre espace de jeu, d'étude, de dispute et de rêve. Et jamais plus mes parents n'auront de chambre à coucher, contrainte dont je mesure aujourd'hui combien elle a dû peser sur leur vie de couple. Pas question pour eux de s'isoler, mais cette promiscuité n'a pas manqué de renforcer cette existence à quatre qui sera la nôtre des années durant. Retombée inattendue de la pénurie de logements dans une France qui se relève de la guerre.

Le goût du beurre et la couleur du fromage de Hollande

Chaque matin, la voiture du crémier s'arrête devant le 22 et ma mère descend acheter lait, œufs, beurre et fromages. Je l'accompagne parfois. Le crémier au gros nez rouge – un nez de poivrot, dit Maman – a pour moi un nom de volatile, Decocq. D'un geste assuré, il enfonce son fil métallique dans la grosse motte de beurre jaune, compte les œufs et découpe tout aussi habilement un morceau de fromage de Hollande, la mimolette parisienne. Le fromage est une boule grise et granuleuse dont on extrait des tranches aussi écarlates que la bouille du crémier. Délicieux avec de la confiture de fraise, il y en a tous les soirs sur le plateau du dîner du grand-père.

Pas question de consommer le lait immédiatement. Il doit être bouilli car il vient droit de la ferme. Je le regarde souvent bouillonner sur la cuisinière sans m'approcher trop car parfois le liquide brûlant déborde et risque d'éteindre le gaz qui brûle sous la casserole. On nous avait raconté et re-raconté le martyre du petit Michel, le frère de mon père, qui était mort brûlé. Une abondante crème surnage qu'il faut écumer. Cette crème jaunâtre me dégoûte un peu comme si le lait en ébullition rejetait quelque chose de « pas propre », obscurément lié à la disparition de mon oncle Michel.

Le lait, la viande, les légumes, les fruits, l'essentiel de ce que nous consommons jour après jour est d'une impeccable fraîcheur mais comment en irait-il autrement ? Jusqu'en 1957, nous n'avons pas de frigidaire, mais un simple garde-manger dans la cuisine, aéré et donc rafraîchi par une claire-voie qui donne sur la rue. Ce qui signifie que ma mère fait ses courses tous les matins et que les glaçons sont une espèce inconnue à la maison. La fraîcheur des aliments n'empêche pas des incidents digestifs comme ceux qu'occasionne le ver solitaire qui exige la prise périodique de vermifuge et me vaut à chaque fois une station prolongée sur le « pot » au milieu de la cuisine, sous l'œil préoccupé des parents.

Je dois avoir un peu plus de cinq ans quand on commence à me demander d'« aider pour l'apéritif ». C'est l'un de mes petits plaisirs. Il consiste à grimper sur un petit banc, à ouvrir le robinet d'eau froide de l'évier de la cuisine, à laisser couleur l'eau et à maintenir le goulot de la bouteille de Martini sous le jet, assez longtemps pour que la boisson rafraîchisse. Sans rien casser. Même chose pour obtenir le moindre verre d'eau fraîche ou pour préparer un litre d'eau gazeuse : faire longtemps couler l'eau du robinet, puis verser les sels de lithiné contenus dans des sachets que mon père achète à la pharmacie mutualiste, bien refermer le bouchon mécanique. Il faudra attendre les années 60 pour qu'à la maison le Vichy Saint-Yorre détrône le lithiné et que le Pschitt Orange ou le Spa en Belgique débarquent sur notre table. Finie la confection presque artisanale et quotidienne de la boisson familiale. Fini également notre petit « vin de Challand ».

Le temps des repas est immuable. Mon père revient de l'usine vers 12 h 30. Il faut que le repas soit avalé à 13 h 00 pour qu'il reparte au boulot terminer sa journée. Pas de cantine pour personne. On mange tous à la maison. Menu habituel : le mardi, chicons (endives) au jambon ; le mercredi, tomates farcies ; le jeudi, steak haché et frites fraîches ; le vendredi, poisson (thon en boîte ou filets de sole) et riz au curry ; le dimanche, du poulet, parfois du pintadeau, souvent des huîtres… Du lundi au samedi, ma mère est au fourneau, aux courses, à la vaisselle. Le dimanche, c'est au tour de mon père d'aller aux huîtres et de cuire la volaille.

La vie familiale a ses rythmes, rarement rompus, auxquels on me fait peu à peu participer, en m'enseignant à mettre la table, à desservir, à essuyer la vaisselle. Je me glisse dans la cuisine pour regarder ma mère préparer la tarte ou le clafoutis, souvent récompensé d'un petit morceau de pâte à gâteau bien sucrée. J'apprendrai bientôt à en faire une galette que je déposerai moi-même dans le four, à choisir l'œuf qu'elle casse et dont le jaune atterrit sur la farine immaculée. Les glaces du pâtissier, les éclairs au chocolat, les tartelettes aux fraises, les babas au rhum sont un faste du dimanche ou des grandes occasions : anniversaires, Chandeleur, Pâques, Noël et Jour de l'an. Le jeudi, pas d'école. Le cramique[1] est de règle pour le goûter, trempé dans une tasse de Banania avant que le Noir sympathique et rigolard se fasse détrôner par Nesquik. Le slogan, « Y'a bon Banania » ne dérange personne, pas plus que la possession, pour quelques petites années encore, d'un empire colonial. Qui songe alors à déchirer « *les rires Banania sur tous les murs de France* » ?

Avant qu'on m'envoie dehors en courses, mes premières missions me conduisent à l'intérieur de l'immeuble, chez les voisines du deuxième ou du troisième étage quémander un œuf pour faire une mayonnaise, une cuillère de moutarde, un fond d'huile, une tasse de sucre ou de sel, un peu de café en grains. J'apprends l'importance de ces choses – attention à ne pas renverser l'huile ! – et où me les procurer. Avec cent francs (qui ne sont pas encore les anciens francs), on m'expédie en face, de l'autre côté de l'avenue Désiré-Six, droit chez la vieille madame Dereeper qui tient la boulangerie du coin. Avec cent francs, je rapporte sept petits pains au lait. À moins

1. Le cramique est un pain brioché d'origine belge, fourré de raisins secs.

qu'on me demande de ramener un « pain de 700 » coupé. Un pain nous fait plusieurs jours. Trop dur, trempé dans du jaune d'œuf et saupoudré de sucre, il se transforme en pain perdu après un passage au four de la cuisine. Pas question de jeter la moindre miette ! Et puis j'apprends à rapporter les bouteilles consignées que ma mère a soigneusement rincées, et sans rien casser, s'il te plaît. Une habitude perdue qui reviendra peut-être bientôt !

Au cours de ces premières années, ma vie n'est assombrie que par l'heure fatidique des repas. Une épreuve pour moi et davantage encore pour mes parents. Ceux-ci dépensent des trésors d'imagination pour me faire manger. Mais la plupart du temps grimaces et jouets restent inefficaces, et, paraît-il, je ne leur facilite guère la tâche. Ils vont jusqu'à consulter un pédiatre qui s'efforce de les rassurer :

– Laissez-le donc tranquille ! On n'a jamais vu un enfant se laisser mourir de faim ! S'il est affamé, s'il a envie de manger, il finira bien par avaler ce que vous lui donnez.

Ce qui ne convainc qu'à moitié mes parents qui se méfient toujours des médecins. Mon père qui a souffert de privations tout au long de sa captivité, ma mère qui a connu les années de pénurie de l'Occupation ne conçoivent pas que je puisse refuser la bonne nourriture que l'on me sert. Ni les clafoutis de ma mère ni les sucreries n'aiguisent ma gourmandise. Je préfère dévorer un morceau de fromage « rouge » (de Hollande) avec de la confiture de fraise. Je m'imaginais alors manger quelque chose d'unique et je découvrirai bien plus tard que ce mélange s'appelle chez mes amis mexicains *ate con queso* et chez les Brésiliens *queijo com marmelada*. Mais à part cela, apparemment, je suis un gosse sans histoire.

Tenez-vous droit !

En fait, la surveillance de notre croissance reste une préoccupation majeure pour les parents. Françoise est obsédée par la crainte qu'on attrape la polio ou la tuberculose. La polio a sévi en France pendant la guerre en 1942 et 1943, et neuf ans plus tard les États-Unis subissent leur pire épidémie, le pic d'incidence se déplaçant de la petite enfance aux enfants de cinq à neuf ans. Avant 1958, pas encore de vaccin et les formes que peut prendre la maladie sont terrifiantes. Le spectre de la tuberculose hante aussi Françoise comme tant d'autres mères de famille. L'affection est encore fort répandue malgré les progrès de la médecine puisqu'on disposait du BCG. Davantage encore sans doute, elle craignait pour nous les risques de scoliose et elle avait des raisons familiales de s'inquiéter. Sa sœur Loulou avait été durement frappée par la maladie et elle-même souffrait d'une légère déviation. Comment faire en sorte que ses enfants n'en héritent pas ?

– Yoja, tiens-toi droit s'il te plaît. Je ne peux pas tout le temps te le répéter. Je ne veux pas que ta sœur et toi, vous attrapiez une déviation comme votre tante Loulou. Accroche bien ton cartable sur ton dos et ne mets pas trop de livres dedans, tu n'as pas besoin de tout ça [...]. Et vous deux, n'oubliez pas de vous laver les mains avant de manger, pas d'ongles sales à table...

Ma mère a les principes d'hygiène et de vie au grand air que lui ont inculqués ses années d'infirmière, de scoutisme et de colonies de vacances. Pas question de ne pas sortir les petits, qu'il pleuve ou qu'il vente. La tournée des vaccins autant que le grand air est censée nous préserver des maladies. Au début des années 1950, la mortalité infantile n'est pas encore une menace d'un autre temps. La France commence à peine à entrer dans la civilisation des antibiotiques et je n'ai pas oublié le passage régulier du docteur C. chargé de nous vacciner, moins à cause de la douleur redoutée de la piqûre que du jouet qui récompense mon courage. La petite grue rouge, les voitures *Dinky Toys* ou les « soldats du Moyen Âge » valent bien un dernier rappel contre la variole !

Françoise n'oublie pas qu'elle est infirmière. Elle partage aussi avec l'homme qu'elle a épousé l'idée que la culture physique, le sport, l'exposition au soleil et une vie hygiénique sont les meilleures armes contre les maladies, les déficiences génétiques – toujours la Tante Loulou – et les conditions de la vie urbaine. D'où cette dernière scansion de la journée, le bain du soir, très tôt administré dans la grande baignoire aux pieds de lion qui occupait un bon tiers de la salle de bain.

La salle de bain est un univers à part. Celui où règnent des machines : la machine Recta perle, énorme centrifugeuse, le chauffe-bain à gaz qui a parfois la mauvaise idée de continuer à brûler alors que l'eau ne coule plus dans la baignoire, provoquant la panique chez ma sœur et moi qui appelons au secours. C'est dans la salle de bains que ma mère lave ses linges tachés par ses règles – elle nous expliquera vite le pourquoi de ces tissus sanguinolents. C'est l'espace où chaque jour nous croisons nos parents aussi nus que nous. Nous sommes si accoutumés à les voir dévêtus que plus tard, je serai surpris d'apprendre que tel n'est pas partout l'usage, en tout cas pas sur les terres d'Amérique latine où je passerai une partie de ma vie.

Le bonheur à quatre

Cette existence réglée s'entoure d'un climat de tendresse que les mots rendent mal mais dont une photographie prise en 1954 a préservé l'intensité. Tirée par l'artiste de la famille, l'oncle Albert, cette photo en noir et blanc nous montre tous les quatre sur le canapé de la salle à manger. Ma sœur et moi sommes installés sur les genoux de nos parents, tous deux occupés à jouer avec la canne du grand-père. Françoise et Serge sont beaux et rayonnants. Chacun d'eux nous couve du regard. Cette photographie fixe pour moi l'image du bonheur auquel aspiraient mes parents et dans lequel ils nous enveloppaient. Ah ! si le temps avait pu s'arrêter ce jour-là…

Serge, Françoise, Yoja et Nounoune,
Tourcoing, 1954, cliché Albert Ephraïm

Le foyer ne roule pas sur l'or, mais qu'importe. Ni voiture, ni téléphone, ni Frigidaire, ni télévision, pas de murs non plus, mes parents ne sont que locataires du 22. Le chauffage central, l'aspirateur et la machine à laver sont les seuls signes avant-coureurs d'une modernité qui se prépare à envahir le foyer à la fin des années 50. Le bois du poste de TSF, le verre des bouteilles – toujours consignées –, l'alu(minium) du pot à lait et des casseroles, le charbon qu'il faut monter de la cave dans un grand seau en zinc et réceptionner au moins une fois par quinzaine en hiver, font partie du décor. Mes cubes sont en bois, mon mécano en fer mais les Indiens miniatures comme mes premiers soldats du Moyen Âge sont déjà en plastique multicolore.

Modernité, modernité à demi. Serge est comptable. Françoise s'occupe à plein temps du foyer car son mari n'a pas voulu que la mère de ses enfants reprenne son métier d'infirmière. Ma mère s'est inclinée comme bien des femmes de son époque, ce qui m'étonne après coup.

Dans le haut de l'armoire de la cuisine, dans une cache discrète, reposent quelques grosses pièces jaunes, des louis d'or, et de grands papiers joliment imprimés, soigneusement rangés dans une vieille serviette de cuir, si usée « qu'elle doit remonter à Mathusalem ». De temps à autre, mes parents sortent une pièce d'or ou découpent un bon pour améliorer l'ordinaire. Certains imprimés portent des lettres et des dessins bizarres. « Ces trucs-là, ça n'a plus aucune valeur. C'est ton Pépé qui les avait achetés bien avant la Guerre. D'ailleurs je n'ai jamais compris pourquoi Fafa y tient tant. » Moi, j'aurais préféré qu'on me les confie pour les ajouter à mon trésor. Mais pas question de toucher à ces reliques, les fameux *Emprunts russes*.

Nous ne manquons de rien, répétait ma mère. Nous surtout, les deux enfants, ne manquions de rien. Restait le superflu et c'est le miracle de la loterie nationale qui l'a apporté : en 1954, un gain inattendu offre à ma mère le seul manteau de fourrure qu'elle portera dans sa courte vie, en mouton doré. Quel plaisir d'ouvrir cette armoire dans la cuisine où le vêtement était pendu et de caresser ou de respirer le poil mordoré de ce lourd manteau qui semblait engloutir ma petite maman. L'armoire au manteau était aussi celle de la cache où dormaient les louis d'or.

Un bonheur à quatre, alors que pourtant, au 22 rue de Mouvaux, nous sommes cinq. Le grand-père Delcambre habite les lieux depuis 1937 où il a emménagé après son veuvage. Il est donc incontestablement chez lui et, dans un sens, il fait partie des meubles. De plus en plus sourd, il passe son temps reclus dans sa chambre car mes parents ne supportent pas l'odeur de la pipe qu'il fume à longueur de journée. Tout comme ils vivent dans la hantise d'un incendie provoqué par une allumette mal éteinte et parti pendant le sommeil du grand-père. Chaque soir, ma sœur et moi nous retrouvons rituellement autour de son lit pour l'embrasser sur le front (sur la joue, même rasé, il pique toujours) et dans la journée nous l'entrevoyons traverser le couloir pour se rendre à la salle de bain, de plus en plus squelettique au fil des ans. Mon grand-père assis sur le « trône » ne faisait pas un spectacle très ragoûtant. Pépé se purge régulièrement et réclame bruyamment si ma mère a oublié de lui administrer son lavement.

Avec ma naissance, finies les réunions de la famille Delcambre à la maison, avec le ban et l'arrière-ban des cousins. Tant pis aussi pour les amis du grand-père. Finies les visites aux oncles et tantes, les déjeuners dominicaux qui n'en finissent plus ou les « gueuletons » d'anniversaire ou de fin d'année. Ni ma sœur ni moi n'aurons à subir ces grands rituels familiaux auxquels on m'initiera plus tard et sous d'autres cieux. Mes parents comptent bien se consacrer exclusivement à leurs deux enfants, quitte à réduire au maximum les contacts avec l'extérieur et à vivre l'un pour l'autre. Ils y parviennent.

Quel modèle suivent-ils ? Comment s'y prennent-ils pour inventer au quotidien un mode de vie qu'ils n'ont jamais connu ? Et lui donner l'apparente logique des choses qui vont de soi ?

Un bonheur à quatre… Pourtant mon père a deux sœurs chéries, l'une, Sonia, vit très loin, dans la région parisienne du côté de Fontainebleau, l'autre, Nadine, tout près, à Croix, à deux pas de Roubaix. Deux ans après la naissance de ma sœur, en 1953, Nadine met au monde mon cousin Philippe. Je me souviens vaguement de son baptême : il y avait des dragées partout, dispersées sur le lino de l'appartement de la grand-mère Isabelle où vivent les jeunes mariés, Nadine et Achille. Je passe le plus clair de mon temps à ramper sous les lits pour ramasser des dragées tombées à terre. Souvenir en contreplongée de pieds qui passent et repassent. Avec ma tante Nadine, un ou deux ans plus tard, j'apprends à danser, les pieds posés sur les siens. J'aime bien quand elle me chante :

C'est toi ma p'tite folie
Toi ma p'tite folie
Toi mon grain de fantaisie…

Chaque fois que je la vois, elle me répète :

C'est toi ma p'tite folie
Toi ma p'tite folie…

Le mari de Nadine, mon oncle Achille, est ouvrier mécanicien. Mais il a aussi été marin. Il a fait la campagne d'Indochine. Sur un bateau de guerre. Avec lui, je découvre les pays lointains. Ou plutôt leur image. Sous la forme d'une grande carte de l'Indochine, ocre jaune et rouge, accrochée au mur de leur salle à manger. Tonton Achille m'explique les dragons, les jonques, les éléphants, une foule de petits personnages et de signes bizarres, du chinois. À côté, une photo de Tonton, tout sourire dans son beau costume de marin. C'est tout ce qui me parvient de cette guerre coloniale, la dernière dont souffrira la famille.

Quant à ma grand-mère Isabelle, on la voit tous les samedis soir à la maison. Mon père va la chercher en voiture vers 18 heures et la ramène le soir après dîner. Sa belle-fille, Françoise, s'efforce de la recevoir pour faire plaisir à Serge mais on sent bien que le courant ne passe pas entre les deux femmes.

– Françoise, il ne fallait pas vous déranger, je vous donne toujours du travail...

– Mais pas du tout. Mère, installez-vous dans le fauteuil de la salle à manger, pendant que je m'occupe des fourneaux...

Je n'imaginais pas ce que leurs amabilités avaient de convenu et de faux mais je me rendais compte que l'atmosphère familiale se tendait tout à coup. Comme c'est moi qui devais faire la conversation à ma grand-mère et écouter ses récits du temps jadis, c'est avec elle que j'ai appris l'histoire de la famille Gruzinski. Mémé avait souvent de l'humour quand elle évoquait son enfance. Elle me racontait que ses camarades d'école avaient dû plancher sur le thème « beau comme un saint Jean-Baptiste ». La moitié de la classe avait décrit un « singe en batiste », et comme je ne comprenais pas, elle m'expliquait que la baptiste était un tissu de coton ou de lin. La vieille dame en riait encore !

Longtemps soutien de famille, en épousant Françoise, mon père, le fils chéri d'Isabelle, a rompu l'équilibre des années d'après guerre. Après son retour de captivité, de 1945 à 1949,

Serge apporte à sa sœur et à sa mère l'aide matérielle et morale que ne fournissait plus le grand-père Gruzinski, qui a fini par se retrouver à l'hospice de Seclin. En 1949, mon père a déjà 32 ans et les choses auraient pu ainsi continuer longtemps s'il n'avait rencontré Françoise. S'en étonnera-t-on ? Ma grand-mère Isabelle considérait que cette Françoise lui avait « pris » son cher fils.

Tout cela, bien sûr, me dépassait complètement et après tout j'étais bien heureux d'être seul avec ma grand-mère, de l'écouter et de recevoir des petites pièces pour ma tirelire. Les fantômes du parc de Fontainebleau, l'expédition chez les Lapons, la mort tragique du petit Michel remontent à cette période. Comme le petit Bouddha qui me plaisait tant que Mémé me l'a offert pour mon anniversaire : il ira rejoindre la Légion d'honneur du grand-père Gruzinski dans ma boîte aux trésors.

Rue des Villas

Autour de Pâques 1955 mes parents ont finalement décidé de nous envoyer ma sœur et moi à la « petite école ». Comme je dois entrer en primaire en septembre, il leur semble que ces trois mois ne seront pas de trop pour me préparer à la grande école. L'école maternelle Claude Bernard vient d'être construite en 1952 sur l'autre berge du Canal, non loin du Fresnoy. Un impressionnant bas-relief de forme triangulaire représentant une maternité laïque surplombe le porche de l'entrée. Le cadre, la pédagogie, les salles de classe, les dortoirs pour la sieste, les aires de jeux, tout sent le neuf.

Pour se rendre à l'école, il faut d'abord remonter la rue du Blanc Seau qui se glisse entre le cimetière du quartier et les bords du Canal, puis franchir une longue passerelle sous laquelle défilent les péniches entre des rives escarpées couvertes d'une végétation sauvage où personne n'oserait s'enfoncer. Comme une forêt vierge. Ma mère nous conduit à l'école et vient nous chercher deux fois par jour. Je prends alors tellement goût à la maternelle que dans mes rêves ou mes cauchemars d'alors, une même angoisse me taraude : la crainte de ne pas pouvoir « aller à l'école ».

Je n'y passerai que trois mois. Assez pour remplir un cahier des toutes premières lettres que j'aurai tracées à l'école d'un crayon tremblant en tentant d'écrire « le vilain canard s'envole ». Des tampons trempés dans l'encre impriment sur la feuille une poule, un canard, un coq. La maîtresse corrige mon écriture maladroite en réécrivant en script et au stylo-bille la phrase sur le canard « devenu un beau cygne blanc ». C'est elle qui m'apprend que les jours de la semaine s'écrivent et qu'à chaque jour correspond une date du calendrier : samedi 7 mai, lundi 23 mai et ainsi de suite.

Du 23 mai 1955 date le premier texte que j'écris – en fait qu'on me fait écrire – sur les Indiens : *Il y avait une fois un grand indien et un petit indien. Le grand indien vivait dans un grand wigwam et le petit indien (illisible)... vivait wigwam.* La maîtresse corrige : *vivait dans un petit wigwam.* Décidément, le mot *wigwam* me donne du fil à retordre. Je commence à peine à écrire que déjà l'école m'enseigne un mot exotique (emprunté, je le sais aujourd'hui, aux populations algonquines de l'Amérique du nord-ouest) sans que j'aie encore conscience qu'il existe d'autres langues que celle que je parle.

Le mardi 7 juin, un animal que je connais déjà, rejoint les deux Indiens : *Le grand indien avait un grand castor qui l'accompagnait partout.* Le lendemain se déroule la promenade en bateau : *Un jour le grand indien sauta dans son grand canot et le petit indien dans son petit canot et les voilà partis à pagayer sur la rivière.* À quoi ressemblait ce grand Indien ? Sur l'une des pages de mon cahier, un tampon a imprimé la silhouette d'un jeune peau-rouge auquel j'ai donné un visage bleu, une lance et une plume de couleur verte.

Jour après jour, ma graphie s'améliore. Les pages s'enrichissent d'une foule de petits animaux, poissons, écureuils et oiseaux, découpés dans du papier à dessin, peints en vert et marron, et collés un à un sur le cahier.

L'initiation à l'écriture est donc allée de pair avec l'apprentissage du dessin. L'école primaire se chargera de briser ce couple parfait en privilégiant l'écriture, le lycée continuera sur la lancée, cantonnant le dessin à n'être qu'une discipline aussi secondaire que la musique ou l'éducation physique. Il a fallu que ce cahier de maternelle vienne au secours de ma mémoire pour me rappeler que les choses auraient pu se passer autrement.

Mais le cahier en renferme un autre, plus petit, et une poignée de dessins qui me renvoient encore plus en arrière (novembre 1954), à un temps antérieur à la maternelle, et aux toutes premières leçons d'écriture avec mon père et ma mère : toto, *titi, a, ta la...* Ces griffonnages me donnent l'impression que je me suis bien amusé. L'écriture de mes parents alterne avec mon gribouillage. Pour la première fois sans doute je trace mon nom et mon prénom : une autre identité, celle de l'école et de la vie d'adulte, rattrape le petit *Yoja*.

À la maison, lus par ma mère ou par mon père, les albums du Père Castor ont la cote. Sur la couverture de *Plouf canard sauvage*, le petit Plouf attrape une libellule. L'album s'ouvre sur un soleil flamboyant et une carte multicolore. Une forêt de couleur verte entoure l'étang bleu où niche Plumette. Ma mère nous explique ce qu'est une carte, puis elle entame sa lecture : « *Couac ! Couac ! Couac ! Plumette – la cane sauvage regarde tendrement ses huit œufs. Ils sont posés au fond du grand nid qu'elle a construit au milieu des roseaux.* »

Les intonations de sa voix accompagnent les images, son récit progresse au rythme des pages qu'elle tourne lentement, épiant nos réactions. Cette fois, nous sommes blottis contre elle sur le canapé et pas encore accroupis par terre devant les voix invisibles qui sortent du poste de TSF.

La mémoire vagabonde

Quand s'arrête cette petite enfance ? Il est toujours absurde de vouloir plaquer des dates sur le cours des choses, sauf pour les historiens en quête de chronologies. Ce pourrait être un événement ou plutôt une série d'événements qui me touchent directement. En tout cas, certainement pas la mort de mon grand-père Gruzinski (1957), qui n'a toujours été pour moi qu'un fantôme. Mes premiers mois d'école primaire en 1956 ? L'arrivée de la télévision à la maison en 1957 ? Ou encore l'épidémie de grippe asiatique à l'automne de la même année ? Elle me cloue au lit près de quatre semaines et inquiète mes parents, qui savent que la maladie fait partout des ravages. Quand je reprends enfin le chemin de l'école, je découvre avec tristesse que les grands arbres du boulevard Descat ont été impitoyablement élagués, il ne subsiste que des squelettes noirs de chaque côté du boulevard, qu'une chute de neige fait paraître plus lugubres encore. C'est peut-être la bonne date.

Reste la télévision. Dès 1956, je connais la boîte magique découverte dans un café de Menin en Belgique. Tous les jeudis, une voisine, Mme Lepers, qui n'a pas d'enfants et dont l'intérieur est tenu avec un soin si maniaque qu'on n'ose traverser le parquet ciré sans chausser des patins, nous invite à voir le programme réservé aux enfants. Elle a placé deux grandes chaises devant le poste, à bonne distance de l'appareil car, dit-elle, la lumière de l'écran abîme les yeux. La dame nous fait assoir avec l'injonction de rester « sages comme des images », donc de ne pas bouger. Nous nous installons toujours à l'avance, le temps de nous perdre dans le labyrinthe étrange de la mire, puis de suivre la trotteuse sur la grande horloge qui signale que le lever de rideau s'approche. À seize heures tapantes, les rythmes endiablés du *Carnaval romain* de Berlioz introduisent le sigle RTF, radio-télévision française, aussi mystérieux pour nous que la mire. Le spectacle peut enfin commencer. Nous sommes collés à notre chaise comme dans une salle de cinéma, la jolie speakerine, blonde et souriante (Jacqueline Caurat ?) n'a plus qu'à nous accueillir et à annoncer le déroulement des festivités. Une heure plus tard, nous repartons à la maison pour prendre le goûter. La télévision n'est pas encore prête à bousculer les horaires du 22, rue de Mouvaux.

L'année suivante, la « chose » entre dans l'appartement. On pose l'appareil, qui me paraît énorme, sur le guéridon de la salle à manger, juste au-dessus de la vieille TSF, qui doit apprendre à coexister avec son voisin de l'étage supérieur. Il est aussi question de problèmes d'antenne que je ne comprends pas, de prise murale et de fils électriques. Le nouvel hôte se manifeste chaque soir désormais au moment du dîner : pour l'instant nous avons tout juste droit au feuilleton de début de soirée, avant le *Journal* de 20 heures dont précisément l'horaire se fixe en 1957. À cette heure-là, nous sommes immanquablement envoyés au lit. Extinction des feux à 20 h 30.

Patricia, la sœur de Yoja (Serge) et Salvatore Adamo, vers 1964

Mais là, ma mémoire défaille ou plutôt se recompose. La télévision est presque aussi jeune que moi. Il faudra encore deux ou trois ans pour que nous fassions vraiment connaissance. Les images *d'Ivanhoe* (1958) et de *Rintintin* (1959) qui me reviennent à l'esprit sont postérieures à cette époque inaugurale. Comme si la première année de télé ne m'avait rien laissé, rien en tout cas d'aussi prégnant que la voix radiodiffusée de Marianne Oswald.

La voix de Marianne

« Les amoureux qui s'bécott'nt sur les bancs publics. Bancs publics, bancs publics… »

Diffusée et rediffusée sur les ondes, la chanson de Brassens (1953) continue de danser dans ma tête. J'ai quatre ou cinq ans. Chaque fois que je vois mes parents s'embrasser dans la cuisine (pourquoi dans la cuisine ?), je prends un malin plaisir à m'y précipiter pour me fourrer entre leurs deux corps enlacés. Bien sûr qu'ils sont amoureux puisque des amoureux, comme dit la chanson, ça « s'bécote ». À cette époque, le règne du poste de TSF est encore incontesté.

La TSF est chez elle dans la salle à manger. L'appareil occupe la tablette basse d'un guéridon. Je m'installe tout près de lui et c'est assis par terre, sur le tapis, que j'écoute la radio. Les yeux rivés sur la membrane de tissu qui dissimule le haut-parleur et sur le cadran transparent et allongé qui s'éclaire dès que l'appareil est allumé. Deux gros boutons de chaque côté déplacent lentement des aiguilles qui s'arrêtent sur le nom des stations. Pas question d'y toucher. Un mot mystérieux, Hilversum, nimbé d'une couleur verte, m'est resté dans la tête – où se nichait ce pays lointain ? – et je vois encore distinctement le « blason » de la marque Philips, avec son petit globe rouge barré par trois ondes et semé de quatre étoiles.

Chaque jeudi, vers quatre heures de l'après-midi, bien calés devant le poste, ma sœur et moi attendons une dame qui s'adresse à nous et nous entraîne loin de la maison. Marianne Oswald n'est qu'une voix, mais c'est la voix rauque et sans visage qui anime les *Beaux Jeudis* de Paris-Inter. Je saurai plus tard que cette voix avait chanté Brecht, Kurt Weill et Cocteau. Je n'ai pas souvenir des histoires que Marianne Oswald nous raconte alors, mais j'entends encore en moi le son de sa voix cassée qui n'a pas son pareil pour faire surgir des châteaux perchés sur des rocs escarpés, des monstres tapis dans les brumes, des à-pics sans fond où nos imaginations plongent avec délice. Plus masculine que féminine, cette voix semble sourdre d'un tréfonds fabuleux. Ses vertus hypnotiques nous maintiennent scotchés au poste, silencieux, captifs et captivés.

Mes yeux fixent l'écran de tissu qui masque le haut-parleur et j'entrevois, mieux que je ne les verrai jamais à la télévision ou au cinéma, ces mondes qui n'existent pas. En hiver, quand la lumière du jour décline et que les brouillards envahissent la rue de Mouvaux, engloutissant façades et passants, la magicienne de la radio nous fait basculer dans le royaume des fées, des ogres et des géants.

– Yoja, allume la lumière, on n'y voit plus rien. Je n'aime pas que vous restiez là dans le noir, je vous l'ai déjà dit. Vous allez vous faire mal aux yeux et un jour vous devrez porter des lunettes.

Moi, je fais semblant de ne rien entendre pour rester de l'autre côté du monde, insensible aux odeurs de crêpes ou de pain perdu qui sortent de la cuisine.

– Yoja, tu m'as entendu ou tu le fais exprès ! Le goûter est prêt dans la cuisine, le chocolat et les crêpes vont refroidir.

Quand l'émission se termine, on éteint le poste et on part goûter. Nous émergeons de l'obscurité mais la rue de Mouvaux continue à s'enfoncer dans le soir hivernal où s'évanouissent les créatures fantastiques que la Voix vient d'évoquer.

Au pays des oies sauvages

Une autre voix nous introduit dans d'autres mondes imaginaires : celle de ma mère lorsqu'elle nous lit les aventures de Mowgli ou les voyages du petit Nils Holgersson. Peu après la guerre, en 1947, elle s'est procuré un livre de la Suédoise Selma Lagerlöf, *Le Merveilleux Voyage de Nils Holgersson à travers la Suède*. Des années plus tard, elle décide de nous le faire connaître.

« Il était une fois un gamin d'environ quatorze ans, grand, dégingandé, avec des cheveux blonds comme de la filasse. Il n'était pas bon à grand'chose. Dormir et manger étaient ses occupations favorites... »

Sur la première image du livre, à califourchon sur le cou d'une oie, Nils plane au-dessus du vide. Moi, j'imagine que je survole la Suède avec le jeune Nils, escorté des grandes cigognes et des oies sauvages qui déploient leurs ailes gigantesques au-dessus des lacs et des bois. Forêts de sapins, bourgades perdues, villages sous la neige, montagnes vertes et blanches aux pentes vertigineuses défilent sous nos yeux. La Suède s'allonge démesurément jusqu'au pays des petits Lapons qu'a autrefois visité ma grand-mère.

Comment Françoise a-t-elle découvert Selma Lagerlöf et pourquoi l'a-t-elle choisie pour faire la lecture à ses enfants avec le *Livre de la Jungle* ? Pour Kipling, la réponse est simple. Pendant des années, sa pratique de guide l'a mise au contact de louveteaux qu'elle forme en leur expliquant les aventures de Mowgli. Mais Selma Lagerlöf, ce prix Nobel suédois ? Ses histoires pour enfants ont été publiées à la Belle Époque, une dizaine d'années après le livre de Rudyard Kipling. La Suédoise était une grande admiratrice de l'écrivain anglais né à Bombay et des épisodes de l'histoire de Nils s'inspirent du *Livre de la jungle*. Pas étonnant que *Nils Holgersson* véhicule des idées proches de celles du chef-d'œuvre de Kipling, des idées qui exaltent la communion avec la nature, inlassablement présentée comme un tout harmonieux. Mais ma mère cherche-t-elle réellement à nous mettre ces principes dans la tête, et si ce n'étaient pas plutôt des images, des émotions et le plaisir d'imaginer avant même le plaisir de lire ?

Elle tentera, sans succès, de nous inscrire chez les louveteaux. Mais ni ma sœur ni moi ne montrerons le moindre enthousiasme à rejoindre la tribu des scouts qui a tellement compté pour elle. Nous n'irons jamais plus loin que la lecture du *Livre de la Jungle* et des exploits de Mowgli. Sans doute considérait-elle que nous trouverions au sein de notre petite famille ce qu'elle avait dû aller chercher hors du foyer.

Mickey et compagnie

Le jeudi n'est pas seulement le jour de la dame à la voix rocailleuse. C'était aussi celui des bandes dessinées que nous allons nous procurer chez le marchand de journaux et « de couleurs », en descendant à fond de train la rue de Mouvaux jusqu'au grand carrefour qu'elle forme avec le boulevard Descat. Ma mère achète chaque semaine *Elle* et *Paris-Match*, parfois *Marie-Claire*. Mais nous, on ne nous oublie pas.

Premier journal à parcourir des yeux autant qu'à lire : le *Journal de Mickey*. Disney frappe fort : non seulement nos parents nous font lire ces bandes dessinées mais ils nous conduisent voir tous les films du maître de Hollywood, à commencer par les plus anciens qui étaient sortis entre 1938 et 1950 : *Blanche Neige et les Sept Nains, Pinocchio*, *Bambi* et *Cendrillon*.

Pourtant mon premier contact avec Disney sur écran ne concerne aucun de ces films. Il remonte à l'automne 1955. *La Grande Prairie* n'est pas un film d'animation, mais une histoire avec des vrais animaux, des bisons et des chiens de prairie. Ceux-ci crèvent l'écran : on les suit au fond de leurs terriers où l'œil de la caméra est parvenu à se faufiler. Je fais la connaissance du cinéma en couleurs. Par la magie de Disney, la nature sauvage montrée à un enfant de cinq ans se métamorphose en une sorte de grand dessin animé peuplé de créatures réelles. Les chiens de prairie seront les premiers acteurs de cinéma qui me fascineront. Et *La Grande Prairie,* mon premier souvenir cinématographique et de futur « cinéphile ». C'était plus fort que les Albums du Père Castor.

Souvenir talonné par celui de *Peter Pan,* découvert peu de temps après. Comme des milliers d'autres enfants, j'aurais tant voulu suivre le jeune Peter Pan n'importe où, voler avec lui au-dessus de la grande ville et de l'Océan, m'en aller au loin dans des mers chaudes peuplées de pirates et de crocodiles qui font tic-tac.

Les grands dessins animés américains qui envahissent la France de l'immédiat après-guerre ont d'autant plus d'impact que les seuls écrans qui nous entourent se réduisent en tout et pour tout à ceux du Fresnoy (dans le quartier) et de deux cinémas de Roubaix, le Colisée et le Casino. Ce même Colisée où Françoise et Thérèse allaient danser dans leur vie de jeune fille et qui, modernisé en 1951, est devenu, dit-on, la troisième salle de France, après le Gaumont Palace et le Grand Rex à Paris.

Les images sont encore rares. Pas étonnant que nous nous plongions chaque semaine dans le *Journal de Mickey*. Après la voix de Marianne Oswald, le charme et la magie des dessins animés de Disney me familiarisent avec la littérature de conte, même si les histoires de Perrault ou des Frères Grimm sont passées à la moulinette hollywoodienne. Avant même d'être des histoires qu'on écoute puis qu'on lit, *Blanche-Neige, Cendrillon, La Belle au Bois dormant* sont pour moi des images magistralement animées depuis l'autre côté de l'Atlantique par le père de Mickey. En ce milieu des années 50, tout ce qui vient des USA est porté par la déferlante de la modernité même si la souris et Blanche-Neige ne sont plus tout à fait des nouveautés. Ils appartenaient déjà à la culture de nos parents qui avaient connu Disney avant guerre et faisaient tout pour transmettre leur émerveillement à leur progéniture. Opération réussie : le monde des créatures de Disney nées dans les années 30 (Oncle Picsou, le canard Donald, Daisy, Minnie, Pluto...) deviendra le mien pour quelques années, le mien comme celui de millions d'autres enfants ailleurs sur la planète. Mickey cohabite un temps avec la radio des *Beaux Jeudis*.

Les bonnes résolutions

Octobre 1955, mon père dans la salle à manger :

– Mon petit Yoja, ça n'a pas l'air d'aller fort à l'école. J'en ai parlé avec ton maître, M. Debaisieux, qui te trouve bien distrait. Il va falloir que ça change. Si tu n'aimes pas l'école, tu iras à l'usine comme moi. On ne va pas t'obliger. Mais si tu veux y rester, faudra que tu t'y mettes pour de bon, mon garçon, et dès demain.

Mon père me regarde droit dans les yeux mais pourtant je sens aussi beaucoup d'affection et même de tendresse dans sa voix. Nous sommes à la maison. Je suis rentré de mon premier mois d'école primaire avec mon premier carnet. Les jours commencent à raccourcir. La nuit est tombée quand mon père arrive du bureau. Mes résultats sont médiocres, les observations du maître pointent mon manque d'attention. Je n'ai pas de bons points alors que les efforts se gratifient et se mesurent par ces petits rectangles de carton de couleur, usés à force de circuler entre les élèves. Pour tout dire, je n'ai pas compris que l'école primaire n'était pas l'école maternelle. Jusqu'à ce que j'en fasse la « rude » expérience.

Mon père sait de quoi il me menace. Le rappel de son abandon forcé du lycée fait partie de la saga familiale. Lui n'a jamais oublié, et sans doute jamais pardonné au sien et il a déposé sur son fils l'espoir que son histoire ne se répète pas. L'évocation de son propre passé introduit un rien de chantage dans les paroles paternelles. Mais c'est le ton apaisé de l'avertissement qui me frappe encore aujourd'hui et que je garde en mémoire. Pas d'éclats de voix mais plutôt un calme pétrifiant. C'était davantage un pacte, une offre qu'une menace.

Qu'ai-je alors répondu ? Je n'en ai aucune idée. Pas plus que je ne sais exactement ce qui ne marchait pas à l'école. En tout cas, j'ai fait tout ce que j'ai pu pour gommer ces premières semaines de ma mémoire.

La scène a déclenché la réaction que mon père escomptait. Aujourd'hui j'ai même l'impression (sans doute exagérée) que ce moment de ma vie fera office de « scène primitive ». Sous cette douce pression, sans qu'on n'exige plus jamais rien de moi, alors que je suis à la veille de mes six ans (le 5 novembre suivant), je me suis mis désormais à « travailler ». J'ai même fait mieux : j'ai pris l'habitude de ramasser tous les prix, du primaire au secondaire avec une régularité d'horloge rétrospectivement assez sidérante. J'entendrai plus tard, de temps en temps puis de plus en plus souvent, un autre reproche, celui de trop en faire, de trop lire, de trop étudier... J'ai toujours pensé qu'il y avait un lien entre cette « conversation » et ma trajectoire scolaire, comme si elle avait été un mystérieux déclencheur qui s'est révélé, à long terme, aussi nécessaire que bénéfique.

À vrai dire, il y a toujours un prix à payer. Cette résolution m'enfermera pour longtemps dans la case non pas du bon élève, mais de l'élève excellent, premier en tout, un « exemple » pour ses camarades, donc toujours un peu différent d'eux. Plus grave, sans que j'en prenne conscience, je deviendrai un modèle à rattraper coûte que coûte pour ma petite sœur. Patricia me le reprochera une vingtaine d'années plus tard. Je ne m'en étais jamais aperçu.

Bien des éléments ont facilité ma réussite scolaire, je les énonce après coup et pêle-mêle : la stabilité du cadre familial, l'ouverture d'esprit de mes parents, leur capacité d'allier tendresse et persuasion, la place donnée à la vie au grand air qui compensait les heures de travail scolaire. Dans ces années d'enfance, ma sœur et moi avons obscurément conscience d'une sorte de pacte conclu entre nous et nos parents. Ma mère est allée jusqu'au certificat d'études, mon père a dû quitter le lycée en classe de première, aucun d'eux n'est arrivé jusqu'au bac mais tous deux ont le sentiment qu'ils auraient pu le faire si la vie les avait autrement traités. À nous de comprendre ou du moins de sentir qu'ils faisaient chacun tout ce qui était en leur pouvoir pour nous offrir une éducation solide à la maison et à l'école. Je vais, sans bien m'en rendre compte, saisir cette opportunité.

L'école de la République

En octobre 1955, aux salles colorées de la maternelle, aux aires de jeux avec les premiers petits camarades, a succédé l'univers plus austère de l'école primaire. L'école Lasseron étale sa façade de briques noirâtres sur la place du marché du Blanc Seau dont elle barre tout un côté. Le premier jour, ma mère m'accompagne jusqu'à la porte, puis ce sera à moi de parcourir tout seul quatre fois par jour et cinq années durant le petit kilomètre qui sépare la maison de l'école. Il faut d'abord traverser le pont tournant sur le Canal ou escalader la passerelle de fer rouillé chaque fois que le pont a pivoté pour laisser passer une péniche. Au-delà du Canal, j'enfile tout droit la rue de Mouvaux, passe devant la maison de Denise la gantière, le cabinet de Brice, le dentiste « qui sent, dit ma mère, toujours l'alcool ». Parvenu à la hauteur de la boutique du libraire, je prends le boulevard Descat, planté d'arbres qui alors m'apparaissent gigantesques, avant d'obliquer vers la droite pour traverser la place du marché et me retrouver face au portail de l'école, rue Lasseron. Lasseron devient pour moi synonyme d'école primaire, sans que je ne me demande jamais ce que ce nom pouvait bien désigner.

Le cadre sévère de l'école primaire me prépare à celui guère plus réjouissant du lycée. Tout y contribue : les « uniformes » gris, en fait des tabliers obligatoires avec mon nom brodé, GRUZINSKI, l'abandon de la mixité après la maternelle où elle régnait déjà, l'obligation de se mettre en rang et chez certains des maîtres l'idée qu'il existe, ou qu'il doit exister, un lien fort entre école et service militaire puisqu'on est en train de nous apprendre à devenir de bons citoyens avant d'être un jour certainement de bons petits soldats comme l'ont été nos pères, nos grands-pères et toutes les classes d'âge qui les ont précédés.

La salle de classe de ma première année se trouvait au rez-de-chaussée. C'est le royaume de M. Debaisieux. Les bancs de bois noirci lustré par des générations de petits écoliers, les encriers de céramique blanche, le remplissage régulier à l'encre violette, le tableau, la craie et son chiffon, la carte de France et celle de l'empire colonial me propulsent dans une France antérieure aux années 1950, celle de la Troisième République et de l'« École laïque, publique et obligatoire ». Le poêle au fond de la classe, les feuilles de journal enfournées dans les bottes et les chaussures d'hiver pour les faire sécher les jours de neige me familiarisent avec le « monde d'avant » que je ne suis aujourd'hui pas mécontent d'avoir connu. Le décalage avec la modernité d'après guerre, du moins celle que je vis à la maison, est patent : il installe l'École comme le temple de la tradition, de l'histoire et de la discipline républicaines. Mais je ne m'en rends compte que bien longtemps plus tard.

L'École me mêle aussi à des petits camarades qui vivent encore souvent dans des courées, n'ont ni salle de bain ni chauffage central, et ne partent pas tous les week-ends à la mer ou en forêt. Beaucoup parlent un sabir de français et de patois, une langue que je n'entends pratiquement jamais à la maison à part quelques interjections en chti. Quant aux gosses de riches, ils restent invisibles, confiés à l'école libre, voire aux collèges huppés de la Belgique voisine.

La carte de l'empire colonial, qui aujourd'hui soulèverait un tollé, s'impose comme une évidence. Elle fait partie intégrante de l'identité républicaine qu'on s'efforce de nous inculquer. Pas plus la carte que l'existence de l'empire ne sont mises en question par les maîtres, même ceux qui sont proches du parti communiste. On m'enseigne la géographie de l'Algérie qui moins de dix ans plus tard aura disparu de l'horizon hexagonal.

Les leçons et les dessins des livres d'école nous renvoient obstinément à un improbable petit village français rythmé par la vie des champs, réveillé par le chant du coq et égayé par les animaux de la ferme. Pour apprendre l'écriture, le vocabulaire, l'arithmétique on nous fait entrer dans une France idéale et rurale qui tranche avec notre vie quotidienne et qui, avec le recul des ans, m'apparaît aussi exotique que les Iles des mers du Sud. La seule rivière que nous connaissons est un canal aux eaux placides et noires et les derniers lambeaux champêtres où nous nous risquons, Corinne, Carole, Patricia et moi, au bout de l'avenue Désiré-Six sont en train d'être dévorés par les lotissements urbains.

L'apprentissage des « pleins et des déliés » m'est revenu à l'esprit quand je me suis essayé à la calligraphie chinoise avant un voyage dans l'empire du Milieu. L'exercice se rattache à un temps où le stylo-bille – le *Bic* – est banni des salles de classe, où règnent la dictature du buvard rose et la hantise de la tache, mais aussi la satisfaction du travail bien fait, quand écrire ressemble à un geste artisanal, artistique même, avec ses outils et sa panoplie : encrier, porte-plume, plume, plumier…, à des années-lumière de la cadence désincarnée des doigts qui volent sur les touches de l'ordinateur ou l'écran du portable. Ma règle doit tirer des traits impeccables à l'image de l'ordre que le maître s'efforce de nous enseigner.

Le passé du quartier

À l'école, nous apprenons l'histoire, mais pas seulement celle des Malet-Isaac. Le maître nous enseigne aussi des rudiments d'histoire locale. En fait, d'un passé fort récent : chaque matin, M. Debaisieux nous raconte un épisode choisi de la résistance que nous écoutons dans un silence religieux comme un grand récit d'aventures avec ses suspens et ses dénouements parfois tragiques. Les ponts sur le Canal étaient des cibles privilégiées pour les résistants et il est facile à mon imagination de voler des bancs de l'école vers la voie d'eau que nous traversons tous les jours. Nous savons bien qu'en direction de Lille, sur les berges du Canal se dressent d'énormes blocs de béton, en partie ensevelis sous les ronces et les sureaux. Leur présence inquiétante rappelle les bombes et les combats, dix ans auparavant. Un pont, qu'on appelle toujours avec un petit frisson le « Pont des Voyous », avait volé en éclats lors d'une de ces opérations de la résistance locale. La préparation des attentats, les succès remportés sur l'occupant, l'héroïsme des partisans torturés excitent nos esprits qui n'ont pas encore la télévision pour s'abreuver d'exploits quotidiens. Ce cours d'histoire locale est en fait un cours de morale civique, donné par ceux-là mêmes qui en ont été les acteurs. Pour la première fois, le monde proche, celui du Canal comme celui des années de captivité que me raconte mon père, se raccroche à la grande Histoire de la nation.

Une autre série d'histoires, dans ma dernière année d'école primaire, capte autant mon imagination et me donne l'envie de lire de vrais livres. Entre quatre heures et demie et six heures, du lundi au vendredi, nous avons étude. D'ordinaire, ce temps est utilisé à repasser nos leçons et à faire nos devoirs. Mais si le maître veut nous récompenser, la dernière heure – en hiver la nuit est tombée – est consacrée à la lecture d'un roman du XIXe siècle. Nous attendons tous ce moment avec impatience. Des mois durant, le maître nous lit le *Sans famille* d'Hector Malot (1878) et cette lecture nous plonge dans les tribulations d'un enfant vendu par ses parents adoptifs à un saltimbanque. Nous voyageons sur les routes de France et d'Angleterre. Un peu l'équivalent de ce que l'on appellerait aujourd'hui un *road movie* avec ses suspens, ses rebondissements et ses longs parcours de découverte.

Pourquoi *Sans famille* et pas *Les Misérables* ? Je n'en sais rien. Hector Malot a imaginé un roman d'apprentissage qui parle de géographie, et pas seulement de celle de la France. De quoi divertir et instruire les petits gars que nous sommes, dont beaucoup se destinent ou croient se destiner à un travail manuel. À la fin des années 1950, Hector Malot est à la mode : c'est alors que sort une nouvelle version cinématographique du roman avec, dans le rôle de M. et Mme Driscoll, Pierre Brasseur et ma chère Marianne Oswald. En tout cas, à travers cette lecture, l'école primaire continue à relayer l'héritage de la Troisième République. Il ne s'agit pas seulement d'une question de valeurs. La lecture à haute voix dans la salle d'études de l'école Lasseron sous l'ampoule électrique nous relie au XIXe siècle et à ces époques déjà lointaines où enfants et parents faisaient cercle autour du conteur à la lueur du foyer. Au Blanc Seau, la tradition ne sort plus des campagnes flamandes ni des usines de la Belle Époque : elle émane de la bouche du maître assis sur un banc au milieu de la classe.

Des noms en -ski…

En classe, nous sommes presque tous des Français « de souche » dirait-on aujourd'hui, à part quelques fils de *sidis*, dont les mains colorées à l'époque des fêtes religieuses, l'Aïd, nous intriguent. À la maison on employait parfois le mot *sidi* pour désigner les gens d'Afrique du Nord, mais sans intention péjorative pour autant que je m'en souvienne. L'école est laïque : je n'ai encore pas la moindre idée de ce qu'est une religion et les mains rougies au henné entrevues dans la cour de récréation sont tout au plus une drôle de coutume, au reste qui ne pose aucun problème aux maîtres d'école, pourtant apôtres invétérés d'une laïcité tout terrain.

Parler de « Français de souche » n'a pas de sens à l'époque, si tant est qu'il en ait un aujourd'hui. En fait, nous sommes tous des Nordistes : à côté des patronymes clairement picards (Debaisieux est celui de mon premier maître, Delcambre celui de mon grand-père maternel), une bonne moitié de la classe porte des noms flamands dits « à rallonge » (Vandemeulemeester, Vandeputte…) et le quota non négligeable de noms en « ski » m'empêche de me sentir étranger ou minoritaire. Vainqueur du tour d'Espagne en 1958 et champion de France l'année suivante, le coureur cycliste Stablinski, né comme nous tous dans le Nord, est alors une gloire nationale. Si les noms en -ski pointent une origine quelconque, c'est donc essentiellement celle de… « Nordiste ». Nous parlons tous, sans nous en rendre compte, avec un lourd accent du Nord. Beaucoup mélangent encore le chti au français neutre qui est de règle à l'école. Instinctivement, j'évite de le faire, sans doute parce que, quelque part en moi, j'associe cette manière de parler au grand-père Delcambre.

Le port du tablier, gris ou noir, donc d'un uniforme, gomme les inégalités sociales ou du moins sauve les apparences d'une école qui se veut égalitaire. Idéal parfaitement compatible avec le climat de compétition qu'entretient la distribution des bons points gagnés au fil des leçons et des compositions. Chacun de nous garde ses points dans une petite boîte en fer blanc qu'il n'a pas intérêt à égarer ou à oublier. La distribution de lait chocolaté comme quatre heures aux plus méritants se déroule selon le même principe. Les heureux élus quittent la cour de récréation pour aller vider leur bouteille à l'abri des regards dans une salle de classe du premier étage. J'ai la chance d'en bénéficier régulièrement alors que certains de mes petits camarades, de familles plus démunies, en auraient davantage besoin que moi.

En principe, l'enseignement du primaire a pour but de nous mener au certificat d'études, comme au temps de mes parents. Mais progressivement nous nous rendons compte que le véritable but à atteindre est le lycée, et que les meilleurs d'entre nous se verront dispensés d'examen d'entrée dans l'école des grands. J'y emploie toute mon énergie.

La cour de récré

À heure fixe, la cour de récréation et son vaste préau qui en couvre presque un bon tiers résonnent des cris de ces bandes de garçons si fortement tenus en salle de classe. Je m'élance dans cette cour avec un plaisir toujours vif, comme si les petits pavés nettoyés et briqués par la pluie n'appartenaient qu'à moi. À vrai dire, la rangée des urinoirs et des « chiottes » n'a rien pour égayer ce paysage, barré tout au fond par les arrière-cours des logements de fonction, aussi sévères et gris que le reste des bâtiments.

La cour sert aussi aux leçons de gymnastique. Du plafond du préau pend une corde de trois mètres à laquelle il faut monter, que cela nous plaise ou non. Au début, j'ai assez peur de tomber mais je finis par poser mes mains et mes pieds aux bons endroits pour atteindre la marque tout là-haut sur la poutre du préau. La sortie hebdomadaire au Terrain du Congo est mille fois plus réjouissante. On s'amuse d'abord à traverser une partie du quartier en rangs plus ou moins disciplinés. Au-delà du Canal, presque en face du cimetière municipal, le parc nous attend pour la « gym » au grand air, les courses, les premières parties de football et de balle au prisonnier. Les deux terrains qui le composent, l'un surplombant l'autre, nous paraissent immenses. Les pelouses où l'on peut se rouler et se bagarrer et quelques grands arbres, respectés par les bâtisseurs du quartier, nous font un moment oublier l'enfermement et les contraintes de l'école.

Une autre sortie, plus rare, nous mène une fois encore du côté du Canal : la séance de cinéma offerte pour Noël par la mairie du quartier a toujours lieu au Fresnoy, un immense bâtiment à la fois salle de spectacle, salle de boxe et salle de cinéma. Je me souviens au moins de l'un de ces films : il racontait la vie d'un chanteur d'opéra, Caruso. Cela ne m'avait pas plu du tout car les acteurs chantaient tout le temps au lieu de parler. Le monsieur italien – Caruso – ne cessait de s'asperger la gorge avec une sorte de vaporisateur à parfum, ridicule ! C'est bien la seule image que j'en ai conservée.

Plus sérieuse et cette fois pas divertissante du tout, à partir de 1958, la projection annuelle de *Nuit et brouillard*, le chef-d'œuvre d'Alain Resnais, à laquelle nous assistons toutes classes confondues, est censée nous montrer dans quel abîme est tombé le monde qu'ont vécu nos parents pendant la guerre. L'École primaire n'enseigne pas seulement la Résistance, encore toute fraîche, mais aussi les monstruosités commises par les nazis, et notamment l'existence des camps de concentration. Mais elle ne pointe que la responsabilité de l'ennemi. Le temps n'est pas encore venu du *Chagrin et la Pitié*[1]. Pas question non plus d'évoquer la Shoah : les victimes de *Nuit et brouillard* sont avant tout des résistants, des hommes et des femmes, comme ceux qui faisaient sauter les ponts sur le Canal. Et puis les Juifs, on aurait eu bien de la peine à comprendre qui ils étaient dans des classes où jamais il n'était question de nos origines.

1. *Le Chagrin et la Pitié* réalisé par Marcel Ophuls est sorti au cinéma en 1971.

Vues et revues plusieurs années de suite, ces images ne sont pourtant pas celles qui peuplent mes cauchemars, mais d'autres régulièrement diffusées pas la télévision. Parfois je rêve qu'éclate une guerre atomique. Impossible de fuir le monstrueux champignon que j'aperçois (en noir et blanc) depuis la fenêtre de la maison. On se réfugie vite sous les tables tandis que les parents tendent des linges blancs sur toutes les vitres, de quoi bloquer, nous affirmait-on, les radiations mortelles. La peur d'un anéantissement inéluctable me paralyse et me réveille en sursaut.

Mon inconscient reproduisait les consignes rassurantes (mais trompeuses et inutiles) que donnait la télévision en cas de guerre nucléaire. Je n'avais pas conscience de vivre au cœur de la Guerre froide, mais il m'arrivait de l'affronter dans mon sommeil. Première victoire du petit écran sur le grand.

Entre Schtroumpf et Marsupilami

L'étape « Mickey » n'a pas survécu à l'entrée à l'école primaire. À sept ans, six ans pour ma sœur, malgré tout le prestige des studios Disney et de l'Amérique d'après guerre, c'est la Belgique qui a pris le relais avec ses dessinateurs de génie et ses maisons d'édition. Patricia et moi passons au *Journal de Spirou*, dont c'est alors l'âge d'or. Spirou, Gaston, Lucky Luke, les Schtroumpfs, tous sont nés comme nous dans l'après-guerre ou dans les années 50 et tous sont destinés à devenir des figures d'anthologie. Mes horizons s'élargissent et renvoient à jamais Picsou, Donald et ses neveux au rayon des jouets usagés. Un autre humour, d'autres styles de dessin, d'autres gammes de couleurs, des intrigues plus nourries – comme « les histoires vraies » que raconte l'Oncle Paul – accompagnent mes premiers pas sur la terre du western avec Lucky Luke, ou mes premières incursions dans le Moyen Âge au côté de Johan le vaillant écuyer et du nain Pirlouit. Tant qu'ils résisteront aux chocs et aux torsions, mon Marsupilami à la longue queue en tirebouchon et mon Schtroumpf de latex introduiront ces héros de bande dessinée partout dans l'appartement. On les oublie, on les perd et on les retrouve souvent nichés entre les plantes vertes, au pied des ficus de la salle à manger. Chargés de la présence irrésistible que les enfants savent insuffler à ces poupées d'un nouveau genre, ils remplacent mes peluches et m'imposent leur présence familière. Nounours part définitivement en retraite.

En même temps que *Spirou*, le *Journal de Tintin* vient distraire nos jeudis. Une fois de plus, la Belgique toute proche nous abreuve d'images et d'histoires. Comme pour Disney, une création des années 1930 est remise au goût des années d'après guerre. Volume après volume, les albums d'Hergé et le *Journal de Tintin*, sans que je m'en rende compte, m'expliquent le monde comme ni l'École ni mes parents ne peuvent le faire. Mais ce monde, évidemment, se résume à celui qu'a conçu et vécu Hergé : il m'inculque une géographie des nations et une histoire décalée par rapport aux années 1950. *Le Sceptre d'Ottokar* me plonge dans des Balkans d'avant guerre avec son royaume de Syldavie et sa capitale Klow, alors que depuis 1945 le communisme de Tito règne sur la Yougoslavie. L'Égypte des *Cigares du Pharaon* n'a rien de celle de Nasser : le Tintin qui s'arrête à Port-Saïd en Égypte ne me dit rien des événements décisifs qui s'y déroulent alors : la nationalisation du canal de Suez (1956). Et la Chine du *Lotus bleu* est encore occupée par les Japonais. Pas un mot de la Chine populaire qui pourtant est née comme moi en 1949. Ce déphasage constant, en partie involontaire car fruit des rééditions, me familiarise avec une Europe d'avant le rideau de fer et avec un monde pas entièrement imaginaire mais qui n'existe déjà plus.

Personne encore n'accuse Hergé de répandre colonialisme et anticommunisme. Pourtant album après album, les types, les situations, les préjugés que le dessinateur belge met remarquablement en scène ressassent quantité de clichés dont il ne sera pas si facile de se débarrasser. Mais quelle puissance d'évocation ! *Les Cigares du pharaon* m'ont initié aux mirages qui surgissent dans le désert : « Sauvé, Milou… Une oasis ! »

Comme ils m'ont fait voir des éléphants qui parlent et des asiles de fous perdus en pleine jungle, des fakirs sadiques et des Hindous sanguinaires qui rêvent de sacrifier le chien Milou au dieu Shiva.

Le Pérou du *Temple du Soleil*, à la fois imaginaire et truffé de notations vraies, m'ouvre l'Amérique du Sud. Gare aux métis cruels qui se moquent des petits Indiens, aux lamas colériques qui crachent dès qu'on les caresse, aux avalanches qui dévalent des flancs des Andes, repère de ruines incas et de sociétés disparues. Avec *L'Oreille cassée* j'explore la grande forêt amazonienne chez des Indiens que je recroiserai en classe de Philo, méconnaissables et moins divertissants, dans le *Tristes Tropiques* de Claude Lévi-Strauss.

Je ne lis pas seulement les aventures de Tintin. Je me passionne également pour celles d'Alix, qui me guide dans les sociétés de l'Antiquité. Au gré de l'inspiration de Jacques Martin, les albums me transportent en Égypte, au fond de la Mésopotamie, en Gaule ou sur les côtes d'Afrique. Avec les yeux d'Alix, j'explore la Rome impériale, la Méditerranée antique, ses pirates, ses esclaves, ses temples et ses dieux. Jamais les cours d'histoire ou de latin du lycée ne parviendront à m'immerger avec autant de force dans les secrets de ces sociétés disparues.

La quasi-absence de personnages féminins et l'amitié intense qui attache Alix à Enak ont fait couler un peu d'encre. On oublie que le puritanisme des bandes dessinées pour enfants interdisait de marier le héros ou même de lui prêter des conquêtes, ni même des amitiés féminines. Moins chanceux encore, Tintin n'aura pour seul partenaire que son chien Milou. Tout cela, bien sûr, échappe à l'enfant que je suis, qui n'aurait pour rien au monde manqué une aventure du jeune Alix et de son copain Enak. Ce qu'en faisait ou n'en faisait pas mon inconscient est autre chose.

Reste que toutes ces bandes dessinées font vivre autour de nous une myriade de petits êtres qui, relayant les créatures de Disney, peuplent nos rêves, nos jeux et nos premières conversations. Comme je l'apprendrai bien plus tard, en visitant les Amériques et en croisant d'autres témoins de ces années 1950, j'ai échappé de peu à la meute des *Superman*, *Batman* et autre *Wonderwoman*. Les dessinateurs et les scénaristes de la Belgique voisine ont su retenir les enfants du Château-Vaissier des années durant.

L'adieu aux bandes dessinées

Les meilleures choses ont une fin. Après 1959, Spirou et Tintin finissent à leur tour détrônés par un nouveau venu, *Pilote*. Avec lui, la bande dessinée française succède aux studios belges et à la préhistoire « disneyenne ». Nos parents, sans le savoir, nous ont plongés dans l'âge d'or de la BD pour enfants au fur et à mesure que nous grandissions. La France du général de Gaulle sera donc pour moi celle d'Astérix le Gaulois qui dans son incarnation de latex ira rejoindre mon Schtroumpf et mon Marsupilami, ou du moins ce qu'il en reste. Mais davantage encore, *Pilote* m'offre ces doubles pages didactiques, les *Pilotoramas*, qui excitent de plus en plus mon imagination d'historien en herbe. Les Vikings, Athènes, la légion romaine, la chevalerie, Waterloo, le Mont Saint-Michel se déploient sous mes yeux dans toute leur splendeur, mêlant encarts et notices aux paysages historiques que les dessinateurs ont soigneusement reconstitués. Aucune photographie de lieu ou d'objet, rien que des dessins des collaborateurs de *Pilote*, mais cette fois les dessins ont une base historique et plus grand-chose d'imaginaire, du moins je le crois.

Enfin, *Pilote* s'effacera devant *Tout l'Univers*, lancé en octobre 1961. De la bande dessinée, la collection (que l'on constitue en reliant les fascicules dans de jolies couvertures de carton glacé) conserve la part belle à l'image. La maîtrise de la couleur et le luxe de la mise en page qu'elle emprunte à son modèle italien prêtent aux illustrations une présence qui m'impressionne. L'effet est spectaculaire. *Tout l'Univers* fait du *Pilotorama* une vieillerie vite oubliée. Les albums sont trop beaux pour être découpés. Mais le texte occupe ici une part plus substantielle et le projet encyclopédique oriente toute l'entreprise.

Née Rostopchine...

Dès les dernières années de l'école primaire, la Nouvelle Bibliothèque rose fait son entrée à la maison, talonnée par la Bibliothèque verte. J'avoue que les histoires de la comtesse de Ségur m'auraient encore davantage ennuyé si je n'avais appris de « Mère », la très vieille madame Tison, la belle-mère de Francette et la mère de Paul, nos voisins du 3e étage, qu'elle avait dans son enfance approché la fameuse Sophie, née Rostopchine, alors comtesse de Ségur et fort âgée. Je calcule, si la scène est véridique, qu'elle a dû se dérouler à Paris, autour de 1873. « Mère » était une dame sans âge toujours vêtue de noir et immanquablement escortée de sa dame de compagnie, Angeline, elle aussi en grand deuil. À cette époque, les gens âgés ressemblaient à des gens âgés et les costumes comme les couleurs séparaient encore les générations. En tout cas, le couple que formaient Mère et Angeline me semblait droit sorti des romans de la Comtesse. Comme il lui fallait escalader trois étages pour arriver chez ses enfants, « Mère » devait s'arrêter à chaque palier en se reposant sur une chaise qu'on montait en même temps qu'elle. Les temps de pose étaient de plus en plus longs. Pour rien au monde, nous n'aurions manqué la lente ascension de ces deux fantômes échappés du XIXe siècle.

La petite Sophie, dont on lisait les malheurs et les punitions, ou les *petites filles modèles* étaient donc aussi réelles que la vieille Mme Tison. À bon entendeur... Mais le *Club des Cinq* (Enid Blyton) faisait encore plus vrai, Claudine, la meneuse de la bande, était une sorte de garçon manqué comme Corinne. N'empêche, l'île des Cinq (quatre gosses plus un chien) n'avait pas à en remontrer aux Quatre du Terrain-Vague.

Le terrain-vague est notre royaume

Corinne & Serge

On sonne à la porte du 12 avenue Désiré-Six.

– C'est Yoja. Je peux aller jouer avec lui ?

– T'as fait tes devoirs ?

– Oui, oui (même pas vrai).

Je traverse la rue avec Yoja, vite, vite…

Qui de nous quatre a inventé l'histoire du Terrain-Vague ? On préfère croire qu'il s'agit d'une invention collective, née peut-être de nos lectures croisées du Club des Cinq.

Ouvert sur l'avenue Désiré-Six, le Terrain-Vague est coincé entre l'immeuble à deux étages de la boulangerie Dereeper, les rangées de garages qui donnent sur le Canal et une jolie villa à laquelle on accède par une volée d'escaliers.

Quinze mètres sur vingt mètres, près de trois cents mètres carrés, cet espace devenait notre terrain de jeu favori le jeudi, ou le mercredi quand nous revenions de l'École et qu'à partir de mai les jours allongeaient.

– C'était surtout un amas de briques et de ferraille, de la terre mêlée de gravats, d'éclats de verre et de toutes les saletés que laissaient les chiens et les chats des alentours.

– Non mais Yoja ! Tu racontes n'importe quoi ! Tu oublies que c'est au Château-Vaissier que ça se passe, un quartier résidentiel et que les voisins n'auraient jamais accepté d'avoir une déchetterie dans leur rue. Souviens-toi de nos mères. Elles nous surveillaient de leurs fenêtres, même si nous nous imaginions dans un monde hors d'atteinte de nos parents. Jamais Françoise et Thérèse ne nous auraient laissés jouer dans un endroit plein de bouts de ferrailles et de tessons de bouteilles. Et pourquoi pas des rats ?

– À mon avis, tu enjolives un peu le passé. De toute façon, moi, tout ça ne m'embêtait pas du tout.

– Tout ça quoi ? Évidemment, c'était moins propre que notre jardin.

– Le terrain était envahi par des massifs de sureau sauvage qui lui donnaient des allures de petite jungle. On adorait ça.

– L'odeur du sureau en fleur, c'est ma madeleine de Proust. Je me retrouve au Terrain-Vague avec toi et nos deux sœurs. Il y poussait aussi des orties et des pissenlits.

Avec le printemps une épaisse végétation recouvre le Terrain-Vague, des « lianes », en fait du liseron, courent entre les buissons qu'elles rendent infranchissables sauf là où nous avons nos passages secrets. Chaque année, une déforestation s'impose : les Indiens que nous sommes avons besoin de branchages et de feuillages pour construire des fortins dont nous délimitons les contours en alignant et en empilant toutes les briques que nous pouvons ramasser.

– Des briques, des tuiles et des morceaux de carrelage, et parfois du ciment durci pour nos routes et nos frontières.

– Il faut dire, Corinne, que nous étions quatre : toi, Carole, Patricia et moi. Il fallait nous partager équitablement les lieux. Pour tracer les frontières, j'ai eu l'idée de faire une « carte du Moyen-Âge ». Pour la rendre plus vraie, j'ai inventé un blason que j'ai dessiné sur une feuille de papier Canson qui servait de parchemin. Évidemment, chacun a voulu son territoire.

– Pas vraiment. Plus qu'un territoire, on demandait un titre de noblesse, un rôle. Ni ta sœur ni moi ne voulions être des filles. Par contre, Carole était bien contente d'être une princesse. Normal avec ses longs cheveux blonds.

– Et moi, seul garçon, j'étais bien sûr le roi du Terrain-Vague : « Moi, Yoja Ier, roi du T-V ».

– Mais non, tu n'étais pas le seul garçon. Patricia et moi, on était des garçons. Quand tu as abdiqué en ma faveur, j'étais déjà roi d'Éthiopie et Patricia prince héritier.

– Mais non, Corinne, d'après le texte de l'abdication, que j'ai conservé aujourd'hui, tu étais princesse d'Athéna.

– J'ai toujours été un peu androgyne…

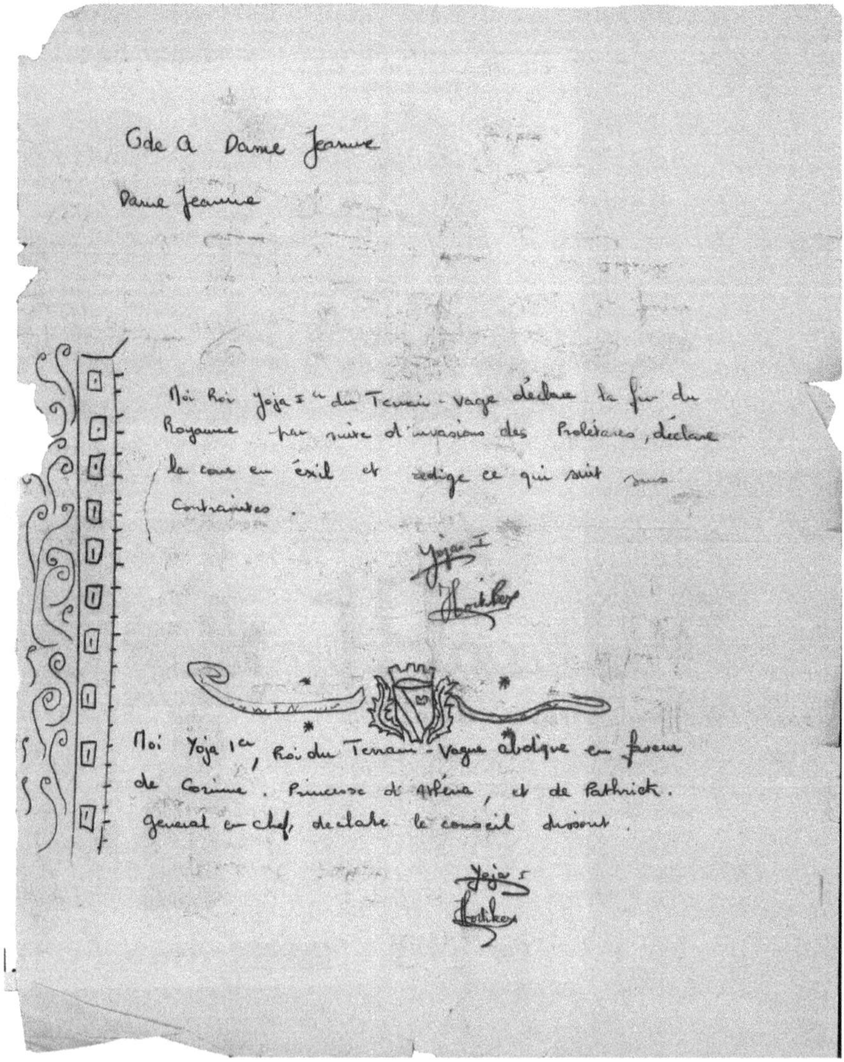

Gde a Dame Jeanne

Dame Jeanne

Moi Roi Yoja Ier du Terrain-Vague déclare la fin du Royaume par suite d'invasions des Prolétaires, déclare la cour en exil et rédige ce qui suit sous contraintes.

Yoja I

Moi Yoja Ier, Roi du Terrain-Vague abdique en faveur de Corinne. Princesse d'Athéna, et de Pathrick. general en chef, declare le conseil dissout.

Yoja I

L'acte d'abdication du roi du Terrain-Vague, coll.S.G.

Un autre garçon va nous rejoindre, Philippe Dereeper, le fils des boulangers. On lui accorde généreusement un droit de passage parce que le terrain appartient à sa famille. Mais comme il est beaucoup plus petit que nous, il ne risque pas de remettre en cause notre autorité.

Une voisine nous retrouve de temps à autre, Hélène Ignatov, si fière de son nom russe. Parfois elle apporte pour jouer une magnifique ceinture sertie de pièces en argent. Son père est un danseur russe et elle raconte qu'elle tient ce trésor de ses grands-parents qui avaient fui les communistes. Une autre voisine, Sylvie B., qui habite également au 22, rue de Mouvaux, juste au-dessus des Gruzinski, n'a jamais le droit de descendre : ses parents ne jugent pas du tout convenable qu'elle aille jouer dans la rue. De temps en temps, on la voit nous observer avec envie depuis sa fenêtre.

Le Terrain-Vague avait son journal. Le n° I a pignon sur rue, son siège se trouve « 3 rue Yoja-Hélène » ; le téléphone correspond à la date de naissance de Yoja, 5-11-49. Un titre en grands caractères, « Journal Royal », s'étale sur sa page unique, juste au-dessus des nouvelles du royaume : « Mariage et couronnement de son altesse la princesse Carole… La princesse Hélène se retire, étant jalouse de Sa Majesté le prince héritier… Le roi fit bâtir pour la reine, alias Hélène, une forteresse qui fut son cadeau de mariage. » Des dessins au crayon bleu esquissent des illustrations : un portrait en pied de « l'archiduchesse Marie-la-Nouille », les attributs de la royauté, sceptre, bague, trône… Le verso de la feuille annonce un grand reportage, perdu depuis.

Le Terrain-Vague possède aussi son règlement en cinq points :

1. *Il est interdit de couper des branches sauf pour le Palais.*
2. *Les parcelles de terrain ne seront partagées que quand tout sera en ordre.*
3. *Palais : seules les personnes ayant un poste au palais peuvent circuler librement.*
4. *Les autres doivent attendre l'ouverture des portes.*
5. *Les entrées sont les portes du palais, l'entrée du côté du boulanger et l'entrée impériale.*

Signé : « Roy du Terrain-Vague ».

Une promenade fatale

Quand un nouveau petit voisin emménage dans la maison de Mathilde, mitoyenne de celle de Corinne et Carole, il arrive ce qui devait arriver. Malgré tous ses efforts, le nouveau, Philippe B., ne parviendra jamais à se faire accepter et à intégrer l'aristocratie fermée du Terrain-Vague. Ce garçon est pour nous un intrus. Et pour bien le lui faire entendre, nous l'entraînons dans une « amicale » promenade au bout de l'avenue Désiré-Six, et plus loin encore, là où commence pour nous, la « campagne », avec ses champs et ses fermes qu'entourent de profonds fossés. Hors de la vue de nos parents et des siens, parvenus dans ce no man's land *qui nous semble désert : « Vas-y ! La voie est libre. Pousse-le ! » Et le pauvre garçon se retrouve au fond d'un fossé rempli d'orties et d'eau stagnante. Il se met à pleurer. Nous, on éclate de rire.*

Cette méchanceté remonte aux oreilles de nos parents car le petit ne tarde pas à se plaindre chez lui et son père à sonner à nos portes. Philosophes, les Gruzinski et les Vandewalle répondent en chœur que c'est une affaire de gosses, à eux de se débrouiller entre eux. Mais on nous gronde tout de même. Nous, on ne comprend pas très bien pourquoi : le Terrain-Vague est à nous, nous l'avons aménagé et nous ne voulons pas d'un intrus, un point c'est tout.

S'il y avait des ruines sur le Terrain-Vague, elles étaient forcément de la veille. Il n'y avait pas d'autre façon de faire des trouvailles que de les provoquer. Pourquoi ne pas enterrer des objets « antiques » pour les extraire ensuite du sol comme le font les archéologues ? Et faute d'en avoir sous la main, pourquoi ne pas les fabriquer ? Le sol du Terrain-Vague contenait une argile que nous avions appris à travailler.

Yoja a l'idée d'en modeler des plaquettes, de les cuire, de les peindre en rouge puis de les couvrir de coins noirs qui les font ressembler à des tablettes cunéiformes, pareilles à celles que montre le livre d'histoire de sixième au chapitre de Sumer et de Babylone.

Le four de la cuisine est réquisitionné pour cuire l'argile. Une fois les plaquettes bien dures, il ne reste plus qu'à sortir les gouaches et le pinceau. Devenues de très vieilles archives, les plaquettes de Sumer prennent le chemin du Terrain-Vague où elles finissent à une vingtaine de centimètres sous terre. Toute trace de l'opération est soigneusement effacée. Les plaquettes sont aussi invisibles que des tombeaux égyptiens au cœur du désert !

Le lendemain, comptant bien faire une découverte mémorable à laquelle le journal du Terrain-Vague aurait donné tout son éclat, Yoja descend faire ses fouilles. Il cherche la cache. Mais revient bredouille. Une drache[1] *carabinée est tombée pendant la nuit. Il ne subsiste des tablettes que des fragments informes et gluants.*

L'histoire archéologique du Terrain-Vague s'arrête là.

Au pays des fossiles

Au fond du Terrain-Vague, un passage de gravillons entre les garages mène droit au Canal mais on nous interdit d'y mettre les pieds, sinon pour rattraper un ballon ou une vieille balle de tennis. Au moins jusqu'à onze ans, l'âge où nous commençons à monter des expéditions vers la campagne ou vers les montagnes de sable et de graviers qui surplombent le Canal.

Nos expéditions ont des buts « scientifiques ». On nous a appris que certains sols sableux renfermaient des fossiles. À l'école, on nous a montré des empreintes de fougères sur des morceaux de charbon. On était sûr que les monts de graviers renfermaient des trésors et on avait raison.

Sans que l'école nous demande rien, nous prenons l'habitude de suivre les bords du Canal jusqu'à la hauteur d'une grande villa qui marque pour nous la limite du Château-Vaissier : la maison de Maxence Van der Meersch, 7 quai des Alliés.

Serge et Françoise ont expliqué à leurs enfants que ce monsieur était un grand écrivain. Il était mort depuis une dizaine d'années mais sa maison se dressait toujours là, obstinément fermée.

---

1. Une pluie battante dans le Nord.

– Cela me faisait quelque chose de savoir que dans cette bâtisse isolée au bord du Canal, et pas vraiment jolie, avait vécu un personnage célèbre dans le quartier et qui écrivait des livres. Et toi, Corinne ?

– Moi, je n'avais aucune idée de qui était ce romancier. Cependant un titre souvent cité par mes parents a longtemps frappé mon imagination : La Maison dans la dune *(1932). Il évoquait pour moi les rivages de la mer du Nord où nous passions nos vacances, avec leurs villas cachées entre les collines de sable. Je savais que c'était une histoire de contrebandiers. Mais des contrebandiers, il devait bien y en avoir à la frontière, dans ce dédale de dunes que nous explorions le week-end et pendant les vacances.*

Ça ne te paraît pas étrange, Yoja, cette histoire de contrebande de tabac ? Après tout, même nos parents allaient acheter du chocolat, des cigarettes et de l'essence de l'autre côté de la frontière sans rien déclarer. Un jour, mon père s'est même pris une amende quand le douanier a constaté qu'il venait de faire le plein.

Au pied de la villa de Maxence Van der Meersch, durant toute la journée des grues gigantesques déchargeaient les péniches. Il fallait attendre que les ouvriers quittent ces dépôts sans mur ni barrière pour en prendre possession et lancer nos prospections.

– On emportait des petits paniers en osier et on se prenait pour des archéologues chargés de fouilles importantes. On escaladait les tas de sable. L'ascension n'était pas si facile pour Carole et Patricia qui glissaient sur les pentes.

– Et on s'installait en haut des monticules comme au sommet d'une pyramide.

– Tu disais toujours que tu voulais être égyptologue !

Du haut de la pyramide, le regard plongeait sur la villa de l'écrivain et son jardin, sur le Canal et les monts de charbon qui formaient une chaîne noire sur l'autre berge. On était bien tranquille et puis on voyait tout…

– Et surtout on ramassait toutes sortes de trésors.

– Surtout des coquillages et de minuscules fragments de fougères préhistoriques… J'ai longtemps conservé dans ma chambre

une grande boîte de bois blanc où je collais un à un mes fossiles, chacun avec sa petite étiquette manuscrite.

– Souvent, au retour de nos expéditions, on rentrait à la maison, couverts de poudre blanche, le calcaire des gravillons.

*Les meilleures choses ont une fin. Deux documents signés Yoja Ier proclament « la fin du royaume par suite d'invasion des prolétaires [...] la Cour en exil [...] rédige ce qui suit sous contraintes [*sic*] », le tout, bien sûr, avec blason et enluminures. Rien ne permet de dater précisément l'événement mais il est probable que nous sommes en 1962.*

– Qui c'étaient ces « prolétaires » ?

– On avait dû entendre ce mot quelque part et on en ignorait le sens. Peut-être de la bouche d'Hélène dont la famille avait quitté précipitamment la Russie en 1917 ? Et puis un jour des ouvriers étaient venus nettoyer le terrain avec leurs brouettes et leurs pelles pour nous priver de notre royaume. Les propriétaires avaient décidé de reprendre possession des lieux pour en faire un jardin clôturé.

Notre royaume a duré trois ou quatre ans, jusqu'à nos premières années au lycée. Ensuite on abandonna les jeux de rue et les expéditions à la campagne. De plus en plus ping-pong, piscine et théâtre au grenier du 12, avenue Désiré-Six ont accaparé nos loisirs.

Notre piscine

Corinne & Serge

Quand notre piscine est devenue un musée[1] et donc que l'art a immortalisé le bassin dans lequel nous venions nous baigner, on s'est senti d'abord amusé, puis ému et qui sait si quelque part au fond de nous-mêmes nous n'avions pas l'impression de partager un peu de cette immortalité.

– Corinne, tu ne trouves pas drôle d'être en train de déjeuner là où on a appris à nager ?

1. La Piscine – Musée d'art et d'industrie de Roubaix.

– Françoise et Thérèse voulaient que nous puissions nous débrouiller dans l'eau le plus tôt possible. Pas seulement pour affronter la mer, mais aussi pour conjurer la peur que les eaux du Canal leur donnaient à toutes deux, si proches, trop proches de nos maisons.

– L'extérieur de la piscine, rue des Champs, n'avait rien de particulier à part sa grille de fer forgé, mais l'intérieur avait une autre allure avec sa voûte impressionnante, son grand bassin, ses monstres marins, ses mosaïques, et ses vitraux – le soleil levant et le soleil couchant. Ils laissaient passer des colonnes de lumière multicolores qui irisaient les eaux du bassin.

– Une eau fortement javellisée, faut bien le dire…

C'était une très jolie piscine art déco, un vrai bijou construit au début des années 30 et s'y baigner un régal de tous les sens. Aujourd'hui les cabines carrelées ont été transformées en vitrines qui exposent des œuvres textiles, des broderies, des tissages. Et les sculptures ont envahi l'ancien bassin. La piscine avait déjà plus de vingt ans quand nous avons commencé à la visiter. L'année de son inauguration (1932), c'était la plus belle de France. Lorsqu'elle ferme en 1985, il y a déjà presque trente ans que nos cris n'y retentissent plus. Et c'est au tout début du XXIe *siècle, en 2001, que la Piscine deviendra un musée d'art et d'industrie.*

– C'est comme pour le Fresnoy : naguère le cœur populaire du Blanc Seau, l'établissement est devenu à la même époque Studio national des arts contemporains (1997). De quoi s'interroger sur ces interventions bien intentionnées qui ont arraché le peu qui subsistait de culture locale et de sociabilité populaire. Balayé en quelques années, le décor de notre enfance !

Jeudi matin à la piscine

À l'heure de leur thé rituel, Françoise et Thérèse ont décidé d'emmener les enfants le lendemain à la piscine de Roubaix. Les étroites cabines où l'on se change et où on laisse sacs, vêtements et serviettes sont somptueusement décorées : leurs murs sont recouverts de carreaux brillants aux couleurs subtiles et aux dessins tarabiscotés. Nos yeux d'enfants sont-ils conscients de percevoir tant de beauté ? Nous sommes si impatients de sauter dans l'eau du petit bain – aucun d'entre nous ne sait encore nager – que la splendeur des lieux ne nous impressionne pas. Mais elle est bien là et imprègne en nous ces décors luxueux, ces arabesques vernissées, ces petits chefs-d'œuvre.

La piscine de Roubaix, carte postale

Nos mères ferment à clé nos cabines et couvrent leurs cheveux de bonnets de bain en caoutchouc, qui nous font rigoler derrière leur dos. Leurs maillots de bain aussi nous paraissent très exotiques. Dans le Paris-Match *qui traînait sur le guéridon du salon, j'ai vu Grace Kelly dans sa piscine de Monaco avec le même genre d'accoutrement. Un bonnet en caoutchouc aux fleurs multicolores et un maillot de bain assorti.*

Maman Thérèse adore Grace Kelly et Hitchcock a trouvé dans notre famille un fan-club enthousiaste. Nous ne ratons jamais les petits films du samedi soir et le mystérieux « Bonsoir » d'Alfred.

Nos deux Grace Kelly, Françoise et Thérèse, nous tiennent solidement par la main jusqu'au bord des marches. « On ne court pas dans la piscine, c'est dangereux, ça glisse... » Pour illustrer ces recommandations, une petite fille qui gambadait sur le sol humide se casse la figure et se met à hurler. On file doux. « Et on ne fait pas pipi dans la piscine ! C'est dégoûtant ! »

Arrivés au bord des larges marches de la piscine, nos mères nous laissent nous aventurer dans l'eau. Ce qui nous fascine le plus, ce sont les énormes poissons sculptés et ces visages aux gueules béantes qui lâchent des trombes d'eau assourdissantes.

Carole, Patricia et moi sommes encore de jeunes enfants, nous portons donc comme Yoja des petits slips de bain. Parfois un petit frou-frou en dentelle signale que nous sommes des filles. Pas de bikinis ni de maillots une-pièce. D'ailleurs, on me prend souvent pour un garçon avec ma coupe à la Jeanne d'Arc. J'ai l'habitude. Pas de bouée non plus.

Nos mères sont d'excellentes nageuses et nous surveillent de près. Françoise est une vraie championne de natation, une fille de Neptune comme dit Thérèse ! Thérèse aussi adore nager, mais elle n'a jamais fait de compétitions. C'est une nageuse de rivière et de bord de mer plus que de piscine. Tour à tour, l'une garde un œil sur nous, pendant que l'autre fait quelques longueurs. Elles nous apprennent les rudiments de la brasse, mais ce qui nous amuse surtout c'est de sauter dans le petit bain et d'éclabousser les autres dans de grandes gerbes d'eau et d'éclats de rire. On se pousse – interdit ! – on crie, on hurle. Le maître-nageur nous fait « les gros yeux ».

Pas le droit d'embêter les autres... pff... à quoi ça sert d'avoir une petite sœur si on n'a pas le droit de l'embêter.

– Yoja, tu arrêtes ça tout de suite !

– Corinne, laisse Carole tranquille !

Ma sœur de toute façon n'a peur de rien. Elle saute toute seule là où elle n'a pas pied et elle reste assise au fond de l'eau. « Où est passée Carole ? »

Nos mères s'affolent vite. Françoise plonge comme une sirène et remonte à la surface notre Carole tout étonnée d'avoir créé tant d'émotions. « C'est beau dans l'eau », dit-elle.

Bon, on arrête de rigoler. Passage à la douche. Nous sommes trop petits pour tenter la « salle de vapeur » dont les volutes blanches et brumeuses attirent nos regards curieux. Que font ces gens dans ce brouillard brûlant ? Ils sont fous ou quoi, ils doivent étouffer ?!

Après la douche et le shampooing, Françoise et Thérèse nous sèchent vigoureusement et nous rhabillent dans l'étroite et merveilleuse cabine. Nous nous laissons faire, épuisés et affamés. Selon l'heure, nous rentrons en bus pour déjeuner. Les Gruzinski sont très ponctuels. Thérèse beaucoup moins. Si c'est l'heure du goûter, nos mères-poules ont préparé notre « quatre heures » choco BN ou tartine de confiture, carrés de chocolat et limonade dans une gourde en métal. Le plastique – le plastique, c'est magique, c'est fantastique… du moins c'est ce que nous croyions dans les années cinquante – ne fait toujours pas partie de notre panoplie.

L'heure, c'est l'heure

La piscine nous enseigne que le temps ne s'écoule pas de la même façon au 12, avenue Désiré-Six et au 22, rue de Mouvaux. À peine cinquante mètres de distance et un décalage horaire ! Chez nous, les Gruzinski, tous les jours ponctuellement à midi et demi, le chef de famille rentre déjeuner. Une demi-heure plus tard – à 13 h impérativement – Serge embrasse sa femme et ses enfants avant de retourner au bureau. Rien ne devait déranger la mécanique huilée du déjeuner, devenue si naturelle que personne n'y prêtait attention. La règle connut pourtant quelques accrocs. La piscine en fut responsable. Il arrive que Françoise confie Yoja et Nounoune à Thérèse qui les emmène avec Corinne et Carole. Le petit groupe ravi prend alors le bus pour Roubaix à l'arrêt qui précède le Canal et de là file droit jusqu'à la rue des Champs qu'il n'a plus qu'à remonter pour atteindre l'impressionnant édifice Art Déco. Là les quatre enfants n'en finissent plus de barboter dans l'eau tandis que Thérèse les couve du regard.

– Allez les enfants, c'est l'heure ! On rentre.

– Encore un peu, Maman, on vient à peine d'arriver.

Thérèse se laissait d'autant plus facilement convaincre par ses filles que son mari, d'ordinaire en voyage d'affaires, ne revenait pas déjeuner. Autant dire que le temps filait et qu'au lieu d'être là pour la demie, on rentrait au mieux vers 13 h. Patricia et moi, les petits Gruzinski, on se doutait bien qu'on serait en retard mais comment presser cette dame si gentille qui après tout était une « grande » et devait bien savoir ce qu'elle faisait. Arrivait ce qu'il arriva, quand le bus nous lâchait presqu'au pied du 22, de l'autre côté de la rue de Mouvaux, notre mère nous accueillait plutôt fraîchement :

– J'avais pourtant dit et répété à Mme Vandewalle que vous deviez être rentrés à la maison pour le déjeuner. Elle verrait si elle était à ma place, si elle avait son mari à nourrir. C'est vraiment une bohème ! Elle ne voit donc pas le temps passer !

– C'est quoi, Maman, une bohème ?

– Yoja, pose pas de question, t'auras pas de réponse !

Quand elle me parlait comme cela, c'est qu'elle n'était vraiment pas contente…

– Mais, Maman, c'est pas not'faute.

Une demi-heure de retard prenait des proportions de drame familial dans le calme plat qui régnait d'ordinaire au 22, rue de Mouvaux. Un drame à vrai dire vite oublié… jusqu'à la prochaine visite à la Piscine.

Chapitre VI

Les grandes vacances

Les routes de la mer et de la forêt

Serge

Au début des années 1950, on peut encore vivre sans automobile. La famille Gruzinski dépend des voitures amies pour échapper à cette agglomération urbaine qui n'en finit pas, où l'on change de ville en changeant de trottoir. La grosse Buick d'un collègue de mon père, un Anglais, M. Scott, est mise à contribution. Elle m'offre une de mes premières grandes sorties et je découvre officiellement la mer à Petit-Fort-Philippe sur la côte d'Opale, à l'embouchure de l'Aa, une rivière côtière plus connue des cruciverbistes que des touristes. Une bonne centaine de kilomètres sépare la station balnéaire du 22, rue de Mouvaux. À marée basse, la Manche se retire si loin qu'elle paraît inaccessible. Il nous faudra marcher longtemps, traverser des dizaines de mares, croiser autant de chars à voile, vaincre un vent tenace avant d'atteindre le bord de l'eau.

À vrai dire, je n'ai pas le moindre souvenir de cette interminable plage, sinon cette fausse mémoire entretenue par les souvenirs de mes parents chaque fois que je les questionnais sur ma première rencontre avec la mer.

En 1954, le monde est à nous ! Grâce aux gains de la Loterie nationale, mon père est en mesure d'acquérir sa première automobile, une 4 CV. L'institution qui vient d'atteindre sa majorité n'est pas encore concurrencée par le tiercé dont mon père deviendra bientôt un adepte fidèle.

Bretagne ou Suisse ?

Où partir en vacances ? Petit-Fort-Philippe n'a pas emballé mes parents. Patricia a quatre ans, j'en ai cinq. En juillet 1955, ma mère a l'idée de passer des vacances en Bretagne qu'elle connaît déjà. Nous partons à cinq, donc avec le grand-père, ce qui, bien sûr, rend la migration plus compliquée. Le bilan du séjour est plutôt déprimant, en tout cas fort humide. Au total, une douzaine de jours de pluie ininterrompue, qui me laisseront de vagues souvenirs de châteaux perdus dans les brumes ou noyés dans le crachin : des images que j'associe depuis cette époque, je ne sais trop pourquoi, au conte du *Chat botté*. Dans ma mémoire, les coiffes fuselées des vieilles bigoudènes – ma mère, obsédée par la propreté, prétendait qu'elles étaient pleines de puces –, cohabitent avec les coquillages multicolores des colliers et des bracelets que ces dames pittoresques vendaient aux touristes. Mais aucun souvenir des dolmens ni des menhirs, aucune image de la mer ni des plages, ni même du voyage, sauf celle d'une fenêtre d'hôtel donnant sur la baie du Mont Saint-Michel. Au cours du voyage de retour, nos parents nous font admirer la montagne fortifiée qui s'élève au milieu de la baie et que nous ne verrons que de très loin. Serge et Françoise préféreront ne pas répéter l'expérience bretonne.

L'année suivante, l'expérience suisse ne sera guère plus concluante. Deux semaines en août à la Tour-de-Peilz, près de Vevey, sur les rives du lac Léman. Le grand-père est encore une fois de la partie, mais cette fois c'est la dernière. Les parents ont loué la moitié d'un grand chalet au milieu d'un parc. Mon père va pêcher dans le lac mais il préfère encore le traverser à la nage chaque jour dans les deux sens, à peine incommodé par la pluie ou les grands navires à vapeur qu'il croise sur son passage. Le grand-père ne quitte pas la grande terrasse du chalet comme à la maison il n'abandonne jamais sa chambre.

Cette fois, bons et mauvais souvenirs s'entremêlent. La pêche avec mon père, ma première montre d'enfant, suisse évidemment, une culotte courte de cuir, brodée de jolies edelweiss et de feuilles de chêne, la garde-robe de notre propriétaire qui a des armoires entières remplies de splendides costumes folkloriques, les volumes dorés sur tranche des aventures de Heidi, la petite orpheline qui vit sur les alpages. Un jour, on nous emmène visiter un vieux château perché au-dessus du lac. Son nom nous fait pouffer de rire ma sœur et moi chaque fois que nous le prononçons ou que nous l'entendons prononcer : le château de Chillon. Dans mes rêves bientôt il s'en ira rejoindre les châteaux de Bretagne. Reste le souvenir le plus fort et le plus durablement ancré : la vision des neiges éternelles. Lors d'une promenade en montagne, au détour d'un sentier, je me retrouve nez à nez face à un versant enneigé qui étincelle dans le soleil de la fin de l'après-midi. Je me mets à courir de toutes mes forces en direction du grand tapis blanc dans l'espoir de me rouler dans la neige. Mais je m'aperçois vite qu'une profonde vallée me sépare de la montagne blanche. La neige n'est plus qu'une sorte de mirage, elle est pourtant bien réelle mais elle recule au fur et à mesure que je crois m'en rapprocher. Il faudra que j'améliore mon sens des distances et que j'attende des années pour fouler la neige des cimes ! Voilà pour les bons souvenirs.

Les mauvais maintenant : la pluie presque tous les jours comme en Bretagne, les orages de montagne, avec leurs éclairs terrifiants, et cette morsure de chien lors d'une visite au lac de Thoune que souhaitait revoir mon grand-père en souvenir d'un premier voyage effectué dans les années 20.

L'eau du lac était d'un bleu cobalt et le paysage qui l'entourait si saisissant qu'il sera repris dans le troisième épisode de *La Guerre des Étoiles*.

Une tragédie me marquera davantage. Ce sera probablement le premier événement fort dont je prendrai conscience. Nous nous promenons dans des vignobles au-dessus de Vevey. Mes parents discutent vivement avec des amis qui passent leurs vacances dans les environs, nos boulangers de la rue de Mouvaux, M. et Mme Dereeper. Tous ont l'air sinistre. Intrigué, je me rapproche et tends l'oreille. Mes parents paraissent bouleversés par la nouvelle qu'ils commentent : une histoire de mine qui s'est effondrée, des mineurs tués ou bloqués dans les tunnels. Je n'ai aucune idée de l'endroit où le drame s'est passé.

– Mais, Françoise, par qui l'avez-vous su ?

– Par les journaux qui arrivent à la Tour-de-Peilz.

– Quelle horreur, lâche la jeune Mme Dereeper ! Il doit y avoir des morts ?

– On n'en sait encore rien. Beaucoup de mineurs seraient restés coincés au fond de la mine, on dit qu'il y a parmi eux des Belges et pas mal d'Italiens.

– Et pire, ajoute mon père, un incendie a pris dans les galeries.

Les deux couples parlaient de la catastrophe de Marcinelle qui fera 262 victimes. Marcinelle, c'était en Belgique, dans la région de Charleroi, donc pas si loin de chez nous. Pour une fois, cette après-midi-là il faisait beau, le soleil dorait les grappes sur les vignes, mais l'air trop lourd annonçait l'orage qui ne tarda pas à éclater.

Les remparts de Laon

Mai 1962.

– Samedi prochain, les enfants, on ira à Laon. Nous sommes invités à la communion solennelle de votre cousine Nicole.

Cette fois, on ne peut pas y couper, Nicole est ma filleule. Essayez d'être gentils avec votre cousine.

– C'est qui Nicole ?

– C'est la nièce de Tante Germaine, tu sais bien, celle qui tient le magasin d'antiquités sur les remparts et qui est sur la photo de la salle à manger.

– On va devoir aller à l'église ?

– Non, on arrivera après la messe, juste pour le banquet. La fête va sans doute durer tout l'après-midi,

Aussitôt la question à ne pas poser :

– Mais qu'est-ce qu'on va manger là-bas ?

– Tu mangeras ce qu'il y aura dans ton assiette. Tu ne vas pas déjà faire le difficile, il y aura certainement du blanc de poulet, une pièce montée et plein de bonnes choses. Les Roger aiment faire bonne chère. En tout cas, il va falloir vous lever plus tôt car nous partirons au moins vers sept heures, quand votre papa aura fait le plein d'essence.

Le poulet me rassure mais l'idée de voir autant de monde ne m'emballe guère. Laon, c'est joli, mais ce serait encore mieux avec personne !

– On dort là-bas ou on rentre le soir ?

– Non, on rentrera à la maison dans la soirée. Votre papa n'est pas chaud pour rester ni pour rouler la nuit. C'est déjà beau qu'il fasse l'effort de nous conduire à Laon.

Les Roger et les Judas de Laon pratiquent encore le culte de la famille étendue à la différence de mes parents, et notamment de mon père qui ne se sent jamais à l'aise au milieu du monde.

Françoise, par contre, n'a pas perdu le goût des grandes réunions de famille. Toute la semaine, elle répète les chansons qu'elle va interpréter à la fin du « gueuleton ». Elle met et remet sur le pick-up *Le Doux Soleil de Tourcoing*, un succès qu'interprète Bourvil et qui a rendu illustre le climat tourquennois. Et dans la voiture nous reprenons tous en chœur avec la France entière « Tout cela ne vaut pas un clair de lune à Maubeuge ».

Un autre succès fera le voyage de Laon, *La Java des Gaulois* de Ricet Barrier[1] :

> *Poilus, barbus, vêtus de peaux de bêtes,*
> *Ils bravaient la tempête*
> *Tue-le, tue-la*
> *C'était la loi des Gaulois !*

La java des Gaulois est de 1958, Astérix est né un an plus tard et la France a retrouvé son général de Gaulle et sa fierté.

L'excursion en voiture passe par Lille et Arras. À la hauteur d'Arras, nous quittons l'autoroute de Paris qui s'interrompt brusquement – l'A1 ne sera achevée que cinq ans plus tard – pour reprendre des routes nationales qui traversent des villes dont les noms sonnent à mes oreilles comme les pages du livre d'histoire : Péronne, Bapaume, Saint-Quentin… Le réseau routier oblige encore à traverser ces sous-préfectures. Au loin, après plusieurs heures de route, la ville de Laon finit par surgir perchée sur son acropole : impossible de ne pas reconnaître les tours de sa cathédrale surplombant ses remparts.

Si je suis heureux de retourner à Laon, ce n'est pas pour ma cousine Nicole. Je la connais d'ailleurs si peu. Non, c'est la ville qui m'attire. La vieille cité ne m'est pas inconnue. Elle est deux fois présente dans notre salle à manger. Une lithographie aux couleurs fanées représente la Porte d'Ardon. À cet endroit des remparts, l'accès à la ville se faisait sous une tour flanquée de deux tourelles massives et sans meurtrière. À côté de la litho, une gravure sur bois montre le Petit Saint-Vincent, un hôtel de la Renaissance, ou plus exactement sa cour pavée dominée par une tour octogonale. Une cour vide, toujours silencieuse. Quelques traits noirs dans le ciel esquissent des nuages que percent les rayons du soleil de midi.

1. Ricet Barrier a 28 ans quand il lance sa « Java des Gaulois » en 1958.

Le Petit Saint-Vincent, Laon, bois gravé, vers 1930

Dans ma tête, la ville de Laon se résumait à ces deux monuments sans équivalent dans le quartier que j'habitais. Avec ses remparts, ses portes fortifiées et ses palais, j'imagine alors la cité comme un gigantesque château du Moyen Âge. Une ville-forteresse, criblée de passages secrets. Et voici pourquoi. À Laon, nous débarquons généralement chez ma tante Germaine, la sœur de ma grand-mère maternelle. Cette vieille dame si attentionnée avec nous tenait un magasin d'antiquaires rempli d'objets d'art, de cristaux, d'argenterie et de guéridons Art Déco. Mais c'est tout autre chose qui m'intéresse chez Tata Germaine. Ma mère m'a expliqué que cette caverne d'Ali Baba est construite sur une cave, elle-même creusée au-dessus d'un souterrain « moyenâgeux » qui débouche dans la ville basse, au pied des remparts. Elle aurait mieux fait de se taire. À chaque visite, l'idée de localiser ce passage secret me taraude. Chaque fois en vain, avec toujours la même réponse : l'entrée du souterrain est obstruée depuis longtemps. L'exploration des entrailles de Laon demeurera l'un de mes plus beaux rêves de gosse.

Au pays de Tintin

Nous grandissons à deux pas de la Belgique. Un pays dont, à vrai dire, aucun véritable obstacle naturel ne nous sépare : ni fleuve, ni montagne, ni plateau boisé. Longtemps livrée au caprice des princes et aux assauts des armées qui ravagent la région, la ligne s'est déplacée au cours des siècles. Jusqu'à la guerre de conquête menée par Louis XIV (1668), Tourcoing fait partie des Pays-Bas espagnols, l'un des fleurons d'un empire qui fait le tour du monde. En 1794, les troupes de la Révolution écrasent celles de la Première Coalition, et la ville entre dans les pages glorieuses de nos manuels d'histoire : « Ch'étot in l'an 1794, explique le Broutteux, l'blé vaulot chinquante francs l'sac et les peun'terre étottent aussi rares que les beaux jours ! » Plus tard, la ville aura beau devenir l'une des capitales textiles de la révolution industrielle, elle ne fera plus guère parler d'elle.

Depuis des temps fort anciens, une autre frontière, plus pérenne que celle des princes et des royaumes, traverse la région : celle qui sépare les villages d'expression flamande des villages de parler picard. Tourcoing, la cité du Broutteux, est de ceux-ci. Il n'empêche, à Tourcoing nous sommes en Flandre comme on peut l'être à Gand ou à Anvers, et pas en pays wallon.

Dans mon enfance, la population belge de langue flamande parle encore assez de français pour que j'ignore tout de cette différence. Aucun dépaysement linguistique ne trouble nos incursions de l'autre côté de la frontière. Tout le monde, des serveurs dans les cafés aux petits commerçants, des vendeurs de glace, des loueurs de voitures à pédales aux amis de vacances que se font mes parents ou aux petits copains rencontrés sur les plages de Coxyde ou de Saint-Idesbald, tous parlent français au point que pour nous la langue flamande de la région, *West-Vlams*, reste invisible, proprement inaudible. Excepté ces pancartes accrochées aux balcons des villas de la côte belge, *Te Koop, Te Huur*, qui veulent dire, dixit mon père, « à vendre », « à louer », ou encore ce mot magique, *babelutten*, signalant la vente à Furnes de ces délicieuses friandises aromatisées au miel.

Le feu d'artifice du 21 juillet, jour de la fête nationale en Belgique, suit d'une semaine celui du 14 juillet, qui est lui aussi célébré. Comme si le pays voisin était le frère cadet du mien. Il est peut-être plus petit mais il est aussi plus riche. Aucun signe avant-coureur ne nous parvient de la fracture qui au cours des années 70 et 80 s'ouvrira entre pays flamand et pays wallon, se soldant de l'autre côté de la Lys par un usage exclusif du néerlandais et un recul spectaculaire du français.

La distance peut être insignifiante, l'écart de langue presque insensible, les séjours de l'autre côté de la frontière m'enseignent que les nations existent et qu'elles ne sont pas toutes pareilles, que la France n'est pas seule au monde et qu'un enfant belge n'est pas un enfant français. La Belgique est un royaume avec un roi et une reine, Baudouin et Fabiola. Elle possède un drapeau, une autre monnaie, le franc belge, même si l'on y accepte sans difficulté nos pièces et nos billets. Autre découverte : un franc n'est pas un franc. J'entends souvent mon père expliquer à ma mère que le change est « à dix » ou « à onze » sans rien comprendre de cette arithmétique bizarre qui les préoccupe si fort.

À partir de 1960, j'apprendrai à distinguer les Belges du cru des copains revenus du Congo. Mais un enfant n'a pas à connaître la crise coloniale qui mine cette terre africaine ni les troubles qui préludent à son indépendance pas plus que j'ai la moindre idée de ce que signifie la décolonisation du côté français. Pour moi, les enfants du Congo ont bien de la chance, leurs parents sont assez riches pour pouvoir couler le reste de leur existence sur la Côte et offrir à leurs gosses des vacances éternelles.

Cette Belgique est aussi le monde de mes premières lectures, de mes premiers journaux, de mes copains Spirou et Lucky Luke. Comme mon Congo est celui de Tintin et Milou. Et quand je dévore les aventures de *Till l'Espiègle*, dans un album du Lombard, je ne vois pas ce jeune Belge en lutte contre les « méchants » envahisseurs espagnols comme un porte-parole du peuple flamand. Ce pays est un comme la France.

Nous apprenons la Belgique au cours de nos aller-retour hebdomadaires. Elle occupe le temps des loisirs et des ballades. Pour nous quatre, la Belgique des années 50 a des allures de pays de cocagne ou, mieux, de Nouveau Monde, avec ses grosses voitures « américaines », ses villas flambant neuves aux larges baies vitrées, aux jardinets tracés au cordeau, et toutes ces terrasses accueillantes où coulent Spa orange, Spa citron et Spa grenadine dans une savoureuse odeur de frites fraîches. À en oublier les façades grises et austères des boulevards de chez nous, la brique noircie des usines, la tristesse des courées ou les décombres pas toujours déblayés de la guerre !

Passer la frontière

Pour pénétrer en Belgique, il faut montrer patte blanche. C'est-à-dire passer deux postes de douane, français puis belge : rien ne sépare la Flandre française de la Flandre des Belges, si ce n'est des douaniers, deux barrières qui se lèvent et s'abaissent, et la routine du « rien à déclarer ». Au pire, un canal aux eaux stagnantes ou une rivière de bout en bout canalisée comme la Lys à Menin. Au Mont-à-Leux, on change de pays en changeant de trottoir. Je ne compte plus les fois où la petite famille – mes parents, ma sœur et moi – a traversé cette frontière dans les deux sens, le plus souvent dans la même journée. Autant dire que nous vivons pratiquement à cheval sur deux pays : le travail, l'école, c'est la France tandis que les vacances, la nature, le sport, les sucreries, c'est la Belgique. Les deux pays se complètent et se juxtaposent si parfaitement qu'on se sent aussi bien en Belgique qu'en France. Au point que la terre voisine m'a toujours semblé plus familière que l'hexagone, qu'un Paris trop lointain que je ne visiterai qu'une fois avant mes quinze ans, sans parler du reste qui n'avait à mes yeux d'existence que sur les cartes murales de l'école et dans la classe de géographie où, s'en étonnera-t-on, on ne nous disait jamais un mot de la Belgique ? Comme ces cartes de la météo nationale qui s'arrêtent brusquement à nos frontières, les enseignants du primaire et du secondaire, toutes tendances confondues, évitaient systématiquement d'envisager la géographie, l'histoire ou la littérature d'Outre-Quiévrain. Cette aberration parmi d'autres explique les ratages de la construction européenne.

Dans les années 1950, passer la frontière – le verbe franchir a quelque chose de tranchant qui supposerait un obstacle ou une résistance que je n'ai jamais ressentie –, c'est accéder à une société moins abîmée par la guerre et qui s'est vite préoccupée de relever son niveau de vie comme de relancer sa consommation. De l'autre côté de la frontière, l'essence, le chocolat et le tabac sont bien moins chers qu'en France. Mon père a horreur du tabac mais le grand-père Delcambre fume la pipe et ma mère s'offre une cigarette de temps en temps. « Faire le plein en Belgique » est devenu un rituel hebdomadaire. J'entends encore le glouglou de la pompe qui propulse le carburant dans les entrailles de la 2 CV et pendant que l'on remplit le réservoir, nous guettons les babioles que distribuent les stations-service aux enfants de leurs clients : tirelires de métal aux couleurs verte et jaune de BP (British Petroleum) ou rouge et jaune pour Shell, papier à découper, décalcomanies, porte-clés et autres jouets qui nous occupent tout au long du trajet et viennent rejoindre les petites voitures *Matchbox* qu'on m'achète à chaque sortie en Belgique. *Matchbox*, j'aime ce mot compact à la sonorité métallique autant que le véhicule miniature qui tient dans le creux de ma main. Un petit morceau d'Amérique ! Tant pis si la firme était anglaise ! Comme tout le monde, je m'imagine que tout ce qu'il y a de moderne autour de moi ne peut venir que de l'autre côté de l'océan.

On rapporte de nos aller-retour de grandes plaques de chocolat Côte d'Or, des boîtes de conserve Libby's pleines à ras bord d'ananas en tranches, ou encore des noix de coco acquises sur la Côte sans qu'on sache encore trop bien comment et avec quoi les ouvrir. Leur pulpe est d'une blancheur éclatante. Elle a une saveur douceâtre qui m'est restée sur la langue comme la fraîcheur du lait de coco. Sur les carrés de chocolat Côte d'Or, un petit éléphant et un palmier évoquent un Congo plus familier pour nous que la Côte d'Ivoire ou l'Algérie, celui des petits camarades dont les familles reviennent par centaines de la colonie belge. En croquant les tablettes, enfin nous mettons un visage – la gueule d'un éléphant – sur le nom de la rue du Congo qui menait à notre stade de foot, le « Terrain du Congo ». Décidément j'aurai bien souvent croisé le mot « Congo » dans mon enfance.

La route de la mer

La Belgique que nous fréquentons se réduit en fait à l'une de ses provinces septentrionales, celle de la Flandre occidentale, et aux franges du Hainaut. C'est la Belgique de la Côte, ligne presque droite baignée par les eaux gris-vert et toniques de la mer du Nord, et cette petite langue de terre qui s'étend de Renaix à Tournai. Pour y pénétrer il faut d'abord franchir une première ligne qui rassemble les bourgades de la frontière, Menin, Mouscron, Warneton avec leurs postes de douane, leurs files d'attente, leurs cafés enfumés et leurs baraques à frites, refuges si proches de la maison les jours de froid, de pluie ou de brouillard – ils sont fréquents – ou premières étapes sur la route accueillante de la Mer et de la Forêt.

Que représente alors Menin pour moi ? Une bourgade de l'empire espagnol au XVIe siècle, conquise par Turenne en 1658, reprise par Louis XV en 1744, qui repasse au Saint-Empire, avant de revenir un temps à la France pour finir belge au XIXe siècle ?

Rien de tout cela : Menin, à une dizaine de kilomètres de Tourcoing, est une enfilade de débits de tabac et des postes à essence à tous les coins de rue devant lesquels les frontaliers français font docilement la queue. Avec les inévitables embouteillages du samedi soir, du dimanche après-midi et de tous les ponts (belges et français) de l'année. Mais surtout comment oublier les boules de gomme multicolores enrobées de sucre, les rubans de réglisse qui colle ou le Spa grenadine, que je sirote avec une paille jusqu'à la dernière goutte, en prenant mon temps, fasciné par sa couleur rubis et ses bulles ?

C'est devant un Spa grenadine que pour la première fois, en 1956, j'ai aperçu ce minuscule écran de cinéma enfermé dans une boîte de bois qu'on nomme Télévision. Entassées dans la salle principale d'un café de la Grand-Place dans des odeurs de bière, de tabac et de frites, beaucoup de familles belges et françaises se retrouvent chaque dimanche après-midi devant la télé. Hypnotisées, elles ont le regard rivé sur la fenêtre lumineuse qui, juchée sur une étagère, semble narguer l'assistance. Premier spectacle en direct qu'ait gravé ma mémoire : les 24 heures du Mans, commenté par une voix qui, en ces temps lointains, parle encore français. À moins que ce soit la RTF qui diffuse le programme car nous sommes à deux pas de la France. Par un dimanche après-midi pluvieux, on préfère voir la télé à Menin plutôt qu'aller au cinéma à Roubaix. En fin de compte on s'y retrouve car on en profite pour faire le plein et rapporter du tabac pour Pépé.

Dépasser la ligne des villes frontières, c'est atteindre Ypres du côté de la Flandre ou le Mont-de-l'Enclus, qui culmine à plus de 140 m à la lisière du Hainaut. Nous voilà à chaque fois à une bonne trentaine de kilomètres de la maison, soit déjà loin dans ma tête. À la différence de Roubaix-Tourcoing, Ypres possède un passé ancien qui rassemble d'impressionnants vestiges. Envahie de terrasses de cafés, sa Grand-Place est dominée par les Halles médiévales. Elles me paraissent gigantesques. Dommage qu'elles aient été presque entièrement reconstruites après la Première Guerre mondiale ! Ypres conserve aussi une porte monumentale, des restes de rempart et des douves qui font presque le tour de la ville. La vieille cité flamande a tout pour attirer les promeneurs du dimanche sans compter ses cimetières militaires, anglais, canadien, américain, si jolis et si bien tenus que j'ai du mal à imaginer l'apocalypse dont ils gardent mémoire. Difficile dans ma tête de faire le lien entre ces pelouses semées de croix et les plaques de verre du grand-père. L'Ypres des combats meurtriers et des gaz toxiques semble appartenir à un passé encore plus révolu que celui des maisons à pignons dorés et des clochers à bulbe. Pour ma sœur et moi, la ville n'est qu'une escale obligée au retour de la Côte, l'occasion de savourer une frite et d'avaler un soda pour apaiser les picotements des coups de soleil après la plage, peut-être de jeter un regard sur les façades tarabiscotées des vieilles demeures qui ornent la Grand-Place.

Une autre étape sur la route du retour de la mer : Furnes. Proche de la côte, la bourgade est encore balayée par l'air salé et la lumière de la côte belge. La Grand-Place, *Grote Markt*, pas si vaste que cela, le vénérable hôtel de ville aux salons tendus de cuir de Cordoue, le petit jardin tapi derrière l'hôtel de ville, planté de toutes sortes de fleurs, tout y est à échelle réduite.

Mais chaque recoin recèle ce dont Roubaix et Tourcoing manquent cruellement à mes yeux d'enfant, la présence de quelque chose de mystérieux et d'ancien. À l'intérieur de l'hôtel de ville, les tapisseries de cuir de Cordoue m'émerveillent avec leurs reflets mordorés. Et m'intriguent : que font ces trésors venus du Sud dans ce bout de Belgique ? Mais, après tout, on murmure bien que Tourcoing s'est d'abord appelé *Turcoing*, en mémoire d'un passage des Turcs dans la région !

Cependant ce n'est ni pour les fleurs ni pour les cuirs de Cordoue que nous visitons le centre de Furnes.

– Après la plage, si nous avons encore le temps, si vous êtes sages, et surtout s'il n'y a pas trop de circulation sur le chemin du retour, on s'arrêtera à Furnes.

Le dimanche soir, l'engorgement des routes au retour de la mer devient récurrent à la fin des années 50 avant d'empirer dans les années 60. Prudents, d'ordinaire les parents décident d'abandonner la plage vers 4 heures pour avoir le temps de faire une halte à Furnes. Quant à être sages, Patricia et moi, nous l'étions toujours dès qu'il s'agissait de s'arrêter là car ce nom était associé pour nous à un lieu magique, Verdonck. Avec le beffroi octogonal en briques jaunes, le glacier Verdonck était le plus bel ornement de la Grand-Place. J'y ai sans doute dégusté les meilleures glaces de mon enfance, avec, je l'avoue, une prédilection pour la Dame-Blanche, cette coupe remplie de glace vanille sur laquelle s'allongeait une banane nappée de chocolat brûlant. Le glacier vendait aussi les fameuses babeluttes, à base de beurre et de miel qui collaient aux doigts.

– N'en mettez pas partout dans la voiture comme la dernière fois ! Et puis gardez un peu de place pour les crevettes qu'a pêchées votre papa et qu'on mangera ce soir à la maison.

Ma sœur et moi ne pensions pas aux petits sandwichs de pain de mie fourrés aux crevettes qu'on avalerait dans quelques heures, mais au volatile qui trônait au fond de l'arrière-salle, près des toilettes. Habitait chez Verdonck, au fond du magasin, un animal fabuleux, un vieux perroquet attaché sur un perchoir. À chaque fois on prenait prétexte d'un pressant besoin pour lui rendre visite et guetter l'instant où l'oiseau crierait quelques mots, toujours incompréhensibles (pour nous évidemment il parlait flamand). L'arara n'était pas toujours loquace mais il perdait régulièrement de grandes plumes bleues, et revenir à Tourcoing avec l'une d'elles, c'était comme rentrer d'une expédition sur l'Amazone.

Coxyde

À l'aller, dès qu'on traversait Furnes, on avait déjà un pied sur la plage car la bourgade se trouvait à une dizaine de kilomètres à peine de la Mer, et donc de Coxyde, petite station balnéaire qui n'avait ni la grandeur imposante d'Ostende ni les prétentions de La Panne, plus proche de la frontière française. Pour Patricia et moi, Coxyde était notre destination préférée. Son nom barbare évoquait autant les coques ramassées à marée basse que les pare-chocs inoxydables des grosses voitures belges qui occupaient le parking de la plage.

Coxyde, carte postale, 1967

Coxyde connaît une croissance exponentielle dans les années 1950. Des immeubles « modernes » ont poussé à toute vitesse le long de la digue avec vue sur la plage et les flots de la mer du Nord. Mes parents n'aiment pas le monde. On loue toujours à l'une des deux extrémités de la digue, le plus loin possible du centre-ville, là où les vastes champs de dunes encore vierges viennent mourir au pied du dernier immeuble planté sur le sable, d'abord du côté de Newport, puis de Saint-Idesbald. Ma mère est intarissable sur les mérites de la côte belge et ne comprend pas pourquoi sa voisine Mme Vandewalle, la mère de Corinne et Carole, reste inébranlablement fidèle à Bray-Dunes, sur la côte française.

À vrai dire, mes parents apprécient d'autant plus la Belgique qu'ils n'ont pas les moyens de s'offrir la Côte d'Azur et certainement pas l'envie de confier leurs deux enfants à la vieille Tant'Rachel, qui passe sa retraite dans un immeuble d'Antibes, répondant au nom pompeux de Palais Tosca. On nous épargne la férule de l'institutrice à la retraite, nous perdons la chaleur du Midi et le prestige attaché aux vacances sur la Côte d'Azur. Ma sœur et moi resterons donc privés du soleil méditerranéen, mais aurions-nous l'un ou l'autre supporté d'être séparés de nos parents ?

Coxyde résout un autre problème : que faire du grand-père Delcambre désormais grabataire ? Il est impensable de l'envoyer patienter dans un hospice de la région. Maman a beau se plaindre de son père, il y a des choses qu'on ne fait pas. Marcel Delcambre comme Isabelle Gruzinski ignoreront les cruautés de l'hospice ou la fausse humanité des maisons de retraite. En août 1956, on a pris Pépé avec nous lors des deux semaines passées en Suisse. Mais en 1957, plus question de retourner en Suisse. Plus question non plus d'emmener le grand-père avec nous. La Belgique nous tend les bras : en partant à 70 kilomètres de la maison, on n'est pas obligé de le confier à une maison de repos ni d'embêter nos voisins, mais comme il faut tout de même le nourrir tous les jours, la location sur la Côte contraint mon père à multiplier les aller-retour entre Coxyde et la maison. Toujours serviable, notre voisine Francette vient de temps en temps dépanner la famille en apportant un plateau repas, mais les parents préfèrent ne pas la déranger et s'en tirer avec les moyens du bord.

Voilà pourquoi durant une bonne dizaine d'années, de 1957 à 1968, entre juillet et septembre nos vacances se dérouleront sur les plages belges de la mer du Nord, des plages souvent balayées par la pluie et les rafales de vent, régulièrement lessivées par les grandes marées, et jamais gâtées par le soleil, même si nous en revenions assez « noirs » pour que les voisins s'imaginent que nous étions partis nous bronzer dans le Midi. « Partir dans le Midi », c'est déjà la référence obligée pour un été réussi. Nous, on laisse parler les gens, amusés de leur méprise.

Les gigantesques terrains de jeu que dégage la mer à marée basse compensent ces petits désagréments. Les parents y ajoutent les mérites insurpassés de l'air marin avec son fort parfum d'iode. Excellent pour la croissance. Adeptes tous deux de la vie au grand air, ils ont conscience que nous respirons mal à la ville et je vois encore ma mère essuyant jour après jour la fine pellicule de poussière de charbon qui noircissait les appuis de fenêtre. Un coup de chiffon suffisait à les rendre immaculés mais n'empêchait pas nos poumons de se charger de tout ce qui flottait dans l'atmosphère du quartier et que soulevait le flot de voitures qui sans arrêt descendaient et remontaient la rue de Mouvaux. Le long du Canal, cinq jours sur sept, les péniches déchargeaient des montagnes de charbon. Au moindre souffle de vent, celles-ci répandaient une petite neige noire qui salissait les peintures, incrustait les briques et ternissait le feuillage des châtaigniers du château Motte.

L'air de la mer – le doigt sur l'horizon, mon père m'a expliqué qu'en naviguant droit vers le nord on atteint la banquise immaculée et plus loin le pôle –, les paysages naturels que composent les plages et les dunes, le parfum entêtant de l'iode que dégagent les buissons d'algues abandonnées par la marée, même les paquets d'eau salée qui nous secouent à chaque baignade, tout cela a de quoi rassurer les parents. Hantée par le souvenir de sa sœur Loulou, ma mère n'a qu'une obsession, protéger notre croissance en écartant tout risque de décalcification.

Chaque jour, à des heures différentes que j'apprends à repérer, la marée basse découvre d'immenses étendues de sable vierge sur lesquelles on s'élance à perdre haleine. De temps à autre on croise un char à voile, propulsé par le vent du Nord. La mer se fait lointaine et le vacarme des vagues est presque étouffé par un mugissement qui ne s'essouffle jamais et que je retrouverai en version alizés sur les plages de l'Amazonie orientale. Je passe une bonne partie de mes journées à détourner les ruisseaux qui coulent entre les bancs de sable blanc, en élevant barrage après barrage que la marée montante viendra anéantir en quelques minutes. Vers onze ans, la découverte de l'Égypte ancienne me donne l'idée de bâtir des pyramides et de les flanquer d'un fier sphinx de sable. Tant pis si la mer n'en fera qu'une bouchée !

D'autres plaisirs sont moins solitaires. En ces années-là, la plage de Coxyde comme celles de La Panne ou de Saint-Idesbald accueille un trafic qui n'a rien de clandestin : beaucoup d'enfants échangent des coquillages, de fines tourelles, contre des fleurs en papier. Notre pauvre tante Loulou, après sa mort, a laissé des boîtes entières remplies de fleurs de velours, des rouleaux de papier crépon de toutes les couleurs et du fil de fer. Ma mère nous a expliqué que sa sœur en avait fait son métier et que c'était le plus beau souvenir qu'elle lui avait légué. Françoise nous a même appris à confectionner des fleurs. Mais celles de la tante étaient trop belles pour échapper à notre commerce de plage.

Quand nous en avons assez de chercher des tourelles dans les flaques de la marée basse, nous nous installons derrière les monticules de sable qui nous servent d'étals et de vitrines. Les fleurs multicolores sont disposées du mieux que nous pouvons, elles doivent pouvoir être vues de loin. Il ne reste plus qu'à attendre le client. Ce commerce innocent nous enseigne la valeur des choses, les joies et les colères du marchandage, et parfois les pièges du troc quand les fleurs nouvellement acquises se défont toutes seules autour de leur tige métallique. Avec les baignades et les jeux de balles, ces activités marchandes nous incitent à lier connaissance avec les autres enfants de la plage. À leur tour, les amitiés tissées entre les gosses rapprochent les parents, les miens se font de nouvelles relations dont j'ai souvent oublié les noms et les visages : il y a cette jolie petite femme brune, encore plus brune que ma mère, à l'accent chantant, cette « Flamande du Limbourg », – une province lointaine aux confins de l'Allemagne et de la Hollande –, mais aussi une dame française, l'épouse d'un imprimeur de Roubaix dont les six enfants – une véritable smala selon ma mère – partagent nos jeux. Voilà donc ce qu'on appelait une « famille nombreuse ».

Flamands de Gand ou du Limbourg, Bruxellois, Wallons de Liège, Tourquennois, Roubaisiens, Belges du Congo, je ne me rends pas compte de l'effet rassembleur des grandes plages, des jeux partagés sur le sable et du commerce de fleurs et de coquillages. L'Europe se bâtit davantage sur les plages que dans les salles de classe.

La vision idyllique que je garde de ces années belges tient beaucoup à l'attirance qu'exercent sur moi les champs de dunes qui s'étendent à perte de vue, avec leurs énormes blockhaus à demi enfouis dans les sables. En fin d'après-midi, quand le soleil commence à décliner et que la plage se vide, nous poursuivons nos jeux dans ces dédales de collines de sable, nous frayant un chemin à travers les buissons de joncs et de chardons qui nous protègent du regard des parents. On joue beaucoup à se faire peur : la silhouette d'un adulte solitaire circulant dans les dunes déclenche immanquablement un vent d'inquiétude que nous entretenons sciemment sans trop imaginer la menace que peut représenter le promeneur. On n'a pas la moindre idée, bien sûr, de ce qu'est ou fait un pédophile, on imagine plutôt des instincts meurtriers, une variante du grand méchant loup, et cette pensée suffit à nous faire battre en retraite vers la ligne des immeubles qui abritent nos vacances, mi-effrayés mi-excités par l'aventure.

Les morsures de la mer

Les étés et les locations se succèdent avec la régularité des marées. Les images se mêlent d'autant plus facilement dans ma tête que dès que le soleil se pointe en mai et jusqu'à fin septembre la voiture nous emmène vers Coxyde ou Saint-Idesbald. Toujours la même plage immense, la même jetée continue qui s'élève « vertigineusement » vers l'ouest, là où les marées attaquent plus rudement la côte, les mêmes doigts gigantesques des brise-lames, incrustés de coquillages et de mousses, fendant la mer à marée haute et divisant l'étendue découverte à marée basse en autant de mini-plages où chaque famille a pris ses habitudes.

La routine des coups de soleil et du cambouis sur la plante des pieds (à enlever au couteau comme on pèle des pommes de terre), le spectacle infiniment répété des « moutons » sur la mer, la lutte quotidienne contre les bourrasques de sable qui lacèrent les mollets, le plongeon chaque jour dans une eau qui glace me feraient confondre les années si parfois des petits drames, heureusement espacés, ou des peurs soudaines ne venaient rompre la quiétude de ce paradis des mers du Nord. Rien de bien grave, mais déjà un premier apprentissage des accidents de la vie.

Ma mère est inquiète. Mes parents sont de bons nageurs. Mais mon père, cette fois, n'est pas parti nager mais pêcher la crevette. Il s'en va toujours à marée basse avec le grand filet qu'il pousse devant lui et un seau rempli d'eau de mer pour recueillir ses prises. Son instinct de pêcheur le conduit du côté des égouts d'Ostduinkerke dont les énormes canalisations qui traversent les dunes s'enfoncent loin dans la mer, à distance de la ville et de ses baigneurs. Les petits crustacés raffolent de ces parages, évitant les plages trop peuplées d'enfants qui pataugent dans les mares. Ma mère n'est pas femme à s'alarmer facilement mais cette fois elle nous communique son angoisse. Les quarts d'heure s'écoulent, interminables. Et toujours pas à l'horizon de la plage la silhouette de ce petit homme costaud, si reconnaissable de loin avec son grand filet et son seau de plastique bleu. On poussera tous trois un ouf de soulagement en le voyant revenir, mais du côté opposé.

– Tu nous auras encore fait une belle peur…

Notre air préoccupé le surprend. Lui, il s'est bien amusé, il a fait « bonne chère » comme il dit. Ma mère n'est visiblement pas contente. J'ai huit ou neuf ans et j'apprends que je pourrais perdre mon père.

À Coxyde, la location d'une voiture à pédales est l'un des petits plaisirs qu'offre la digue aux promeneurs et surtout à leurs enfants. Une année, une de ces grandes voitures, lancée à fond de train, renverse ma mère sur le bitume chauffé à blanc par le soleil d'août. Elle se blesse l'oreille qui se met à saigner. Plus de peur que de mal, mais elle s'en tirera avec une otite qui lui laissera une légère surdité de l'oreille gauche. L'année suivante a frôlé la tragédie. Partie au large nager avec mon père, Françoise est prise dans un banc de méduses dont les tentacules translucides l'enveloppent et l'électrisent. Le choc lui fait perdre connaissance. Elle coule à pic, mon père la repêche de justesse et la ramène, évanouie, sur le rivage. Nous n'avions jamais vu notre maman aussi mal. On ne sera pas près de l'oublier.

Moralité, gare aux méduses ! Les eaux troubles de la mer du Nord cachent ces petits monstres gluants et colorés qui viennent aux grandes marées s'échouer en masse sur le rivage, étalant leurs guirlandes de gelée violette et orange. La parade consiste, chaque année, à plonger nos pelles dans l'eau pour que s'y collent les indésirables mollusques avant de les assommer et de les enterrer sur la plage. Petits soldats, nous défendons notre maman !

Cette poignée de menus accidents se termine toujours bien. S'ils habitent encore des coins de ma mémoire, c'est que paradoxalement ils m'aident à remonter le temps pour revivre le bonheur limpide de ces étés sur la Côte ou retrouver le visage d'un ami de plage depuis longtemps perdu de vue. J'aurais pu évoquer un coup de pelle reçu sur l'arcade sourcilière, qui a failli me coûter un œil mais qui se soldera par une agrafe et une longue amitié entre mes parents et ceux de mon agresseur involontaire, mon copain Christian S., dont j'ai depuis si longtemps perdu la trace qu'il n'est même plus pour moi un visage.

L'abbaye dans les sables

Les dunes qui s'étendent encore à perte de vue avant que la spéculation immobilière ne les dévore, dissimulent un trésor.

À Coxyde, au XVIe siècle, aux temps lointains de Till l'Espiègle dont je savais par cœur les aventures, s'élevait une grande abbaye bénédictine dont les possessions s'étendaient jusqu'à la lointaine Zélande. Au XIe siècle, ce n'était qu'un ermitage égaré au milieu du désert des dunes, balayé par les tempêtes d'équinoxe. Un siècle plus tard, l'ermitage prit la tête d'une puissante seigneurie ecclésiastique, affiliée à l'ordre de Cîteaux. Un des abbés, Saint-Idesbald, devint le saint patron des pêcheurs et des cultivateurs de polders avant de donner son nom à la petite station balnéaire qui jouxtait Coxyde. À son apogée, l'abbaye abrite un demi-millier de moines, c'est une énorme entreprise agricole qui exploite les ressources de la terre et de la mer sur une large bande maritime devenue aujourd'hui la Côte belge, bref « une sorte d'oasis au bord de la solitude sablonneuse ».

Le relâchement progressif de la discipline, les ravages de la Guerre de Cent ans amorcent un lent déclin. Mais le sable et les eaux de la mer et du ciel se révèlent des adversaires encore plus redoutables : les inondations que provoquent les grandes marées et la progression des dunes mirent plus d'une fois en péril l'existence des moines. Au XVIe siècle, un nouvel ennemi, pire encore, le fanatisme des hommes, s'en prend à l'abbaye des Dunes. Les iconoclastes puis les Gueux de mer – le littoral plat et sans défense expose les religieux à ces pirates d'un nouveau genre – attaquent ce repaire de papistes, et brûlent les bâtiments qui ne s'en relèveront jamais. La bibliothèque de Notre-Dame-des-Dunes est livrée aux flammes. Des manuscrits somptueusement enluminés sont réduits en cendres. Onze ans à peine et je connaissais toute cette histoire.

Combien d'estivants du XXe siècle et du XXIe siècle se rendent-ils compte qu'ils campent ou qu'ils pique-niquent au-dessus d'une autre bibliothèque d'Alexandrie et d'un passé aussi agité ? C'est ce que, intrigué puis émerveillé, je découvre au fil de mes visites sur ce lieu abandonné depuis des siècles. Avec le temps, l'alliance du vent, des dunes, de la mer et de la folie des hommes a fini par recouvrir les ruines d'une épaisse couche de sable. Comme les monuments de l'Égypte ancienne qui me fascinaient depuis l'entrée en sixième, l'abbaye des Dunes dormait ensevelie à l'orée de Coxyde. Dans ma tête, c'était comme si à une heure de la maison se dressaient les pyramides de Gizeh !

Plus que l'histoire de l'abbaye, ce qui me passionne, c'est l'existence même sous les dunes de trésors enfouis. Combien de trous n'ai-je pas creusés dans les parages encore accessibles qui entourent les ruines à la recherche de fragments de sculptures ou de monnaies anciennes. À force de revenir bredouille, j'en viendrai à « emprunter » sur le site archéologique deux ou trois carreaux encore vernissés, aux reflets mordorés, mes « carreaux du Moyen Âge ».

En un sens, ressuscitée des sables, émergeant au milieu de ce décor tout neuf d'avenues bien tracées, de parterres de fleurs, de villas repeintes chaque année et de terrasses de cafés, l'abbaye des Dunes est moins fantomatique que notre Château-Vaissier dont plus rien ne subsistait. Récent ou plus ancien, le passé reste pour moi quelque chose d'évanescent et en même temps d'assez obsédant pour presser mon imagination d'enfant de lui donner un visage.

Lectures dans la dune

Les dunes de Coxyde ne sont pas uniquement des landes peuplées de fantômes de moines qui se battent contre les Gueux. Au cours de mes années de lycée, c'est l'immense salon de sable où je passe mes après-midis, avec tous les livres qui me tombent sous la main. Il suffisait de choisir le bon versant de la dune, celui que réchauffe le soleil et qui reste à l'abri du vent. Les mois de juillet, d'août et de septembre sont assez doux pour que je m'y installe des heures durant, allongé, le nez dans un livre de poche qui me transporte dans la Touraine de Balzac ou la Russie de Dostoïevski.

Tant d'impressions se bousculent dans ma tête, plus durables encore que mes souvenirs de lecture : l'odeur du papier de ces ouvrages bon marché, que j'achetais chaque fois que j'en avais les moyens, mêlée aux effluves iodées de la mer que le vent répand dans les dunes ; les grains de sable qui se glissent entre les feuillets et crissent chaque fois que je referme ou rouvre mon livre ; la lumière éblouissante que réverbère le sable blanc sur les pages de Pouchkine ou de Stendhal ; et la chaleur du soleil sur ma peau mate qui noircit à vue d'œil sans subir la moindre brûlure. Les parents m'ont transmis leur goût pour les bains de soleil et j'en profite sans retenue. On est alors loin d'imaginer que cette exposition sans protection aucune puisse avoir de fâcheuses conséquences. Au contraire, la croyance quasi religieuse dans les bienfaits du soleil dans laquelle communie toute la famille, m'incite à joindre aux délices de la lecture ceux du bronzage intense. Mais à l'époque on ne bronze pas encore, on brunit !

Pendant que je me plonge dans la Parme de *La Chartreuse* ou dans le Saint-Pétersbourg des *Nuits blanches*, mon corps tire une jouissance nouvelle de cette immobilité chauffée à blanc, lointain prélude à d'autres sensations qui naîtront plus tard, plus sensuelles mais tout aussi solitaires. De temps à autre, je lève les yeux pour contempler la mer, devinant l'heure qu'il est, selon qu'elle monte ou qu'elle descend, car je n'ai jamais de montre. À des milliers de kilomètres de moi, j'imagine les alignements de dunes se transformer en steppes ou en îles désertes. Coxyde, avec ses terrasses bruyantes et ses cohortes de vacanciers, s'est évaporé. Il ne subsiste que l'immensité de la mer du Nord et ce paysage de sable étincelant, piqué çà et là de flaques et d'étangs bleutés semés par les averses de l'été.

Je suis seul et le monde (des livres) est à moi.

Du haut de la dune où je m'étends pour lire, à la vue du large, une sensation encore confuse de liberté me saisit, sans doute liée à la solitude de ces après-midis, que j'apprécie d'autant plus que dans l'appartement de Coxyde comme à Tourcoing, je me retrouve rarement seul. Au 22, rue de Mouvaux, je partage la chambre du fond avec ma sœur Patricia, nous avons deux lits jumeaux dans un espace qui me paraît aujourd'hui bien réduit. À Coxyde, à nouveau nous dormons dans la même chambre, et l'appartement est encore moins spacieux que celui de Tourcoing. Cette promiscuité ne m'a jamais véritablement gêné tant elle me semblait alors aller de soi. Il n'empêche que la lecture dans la dune m'enseigne qu'on peut à la fois rester seul, à l'écart, « en pleine nature », et partager avec toutes sortes de personnages, d'époques et de pays, des tranches de vie que je dévorais sans voir passer les heures.

Plus tard, à quatorze-quinze ans, je prolongerai chaque soir ce plaisir en descendant seul sur la plage avec un petit transistor à piles pour contempler le coucher du soleil sur la mer, en écoutant de la musique trop souvent assourdie par le raffut du vent.

Pommes au four et glaces vanille

Au crépuscule, avant que je préfère disparaître sur la plage, les familles se recomposent et se regroupent au pied des appartements. Rentrés de la baignade ou de la digue, nettoyés du sable et du cambouis qui collent à la plante des pieds et douchés, nous descendons, nous, les amis, les amis des amis et tous les parents vers la dune la plus proche pour une dînette de vacances. On creuse d'abord des tunnels dans le talus broussailleux, pour en faire des fours qu'on alimente avec des brindilles ramassées sur la plage. On récupère des morceaux de treillage métallique – on ramasse n'importe quoi près des blockhaus –, ou des fils de fer qu'on tord pour en faire des grils sur lesquels on dépose des pommes de terre entières, avec leur peau. Je n'ai encore jamais joué avec le feu ni avec la fumée qui sort de nos cheminées improvisées, elles aussi creusées dans le sable. Les pommes cuisent lentement dans ces fours de fortune et, souvent, on s'amuse si fort qu'on oublie que le métal chauffe lui aussi et encore plus vite, au risque de se brûler méchamment les doigts.

Les parents bavardent autour d'un verre de porto ou d'une Stella, se plaignent du prix des soles et des croquettes aux crevettes et veillent à ce que les braises de nos feux ne fassent pas dégât.

– Qui veut des glaces, les enfants ? Vanille, fraise ou chocolat ?

Nous attendions avec impatience la question rituelle et une fois la liste établie, l'un des adultes prenait sa voiture et filait vers le glacier le plus proche pendant que nous dégustions nos pommes au four. Le soleil venait juste de se coucher. Souvent le ciel rosé se chargeait de sombres grappes de nuages qui annonçaient des lendemains agités. Mais qu'importe, avec un peu de sel les pommes brûlantes étaient si savoureuses, elles sentaient si bon que nous les engloutissions aussi vite que les cornets. Car c'était aussi bien pomme puis glace, que glace puis pomme et re-glace… Le choc du froid et du chaud, ou du salé/sucré, faisait partie de ces plaisirs du soir après lesquels, repus, nous irions nous jeter sur nos lits, crevés par les courses, les baignades, les gifles du vent et les morsures du soleil, impatients surtout d'être déjà le lendemain matin. Mais avant de nous retirer, il fallait éteindre les fours en faisant s'écrouler les tunnels sur les braises – un autre plaisir –, et enlever précautionneusement les morceaux de fer pour éviter de se prendre une tige dans le pied le lendemain. Nous « rangions » notre dune comme on range sa chambre.

L'obscurité s'installait. Le soleil avait plongé derrière la mer, et avec un peu de chance le vent du soir écarterait le rideau des nuages. Ma mère, en ancienne éclaireuse, nous lirait le ciel, pointant la Grande Ourse, Vénus et Aldébaran, ou nous expliquant la Voie lactée. Un demi-siècle plus tard, par des soirs sans lune et sans nuage, je tenterai de retrouver les astres de Coxyde dans le ciel de l'Amazonie, nostalgique de ces étés sans histoire.

La perle des Ardennes flamandes

Le Mont-de-l'Enclus constitue notre plan B chaque fois qu'il ne fait pas assez beau ou que le temps est trop frais pour aller s'exposer sur la plage, ce qui arrive fréquemment. On le rejoint en une petite heure à peine et tant pis s'il pleut, les futaies de hêtres nous serviront d'abri. Faute d'avoir connu de véritables forêts, le bois qui recouvre le mont a pour nous la taille d'une jungle. Mais pour mes parents, le Mont-de-l'Enclus, c'est aussi – et peut-être d'abord – un court de tennis dissimulé derrière le restaurant de la Sapinière. Avant la partie de tennis hebdomadaire dont ils ne peuvent se passer, nous partons en promenade dans les bois à la recherche des premiers bourgeons, des jonquilles du printemps, ou des girolles de l'automne. Mini-forêt, mini-montagne, le Mont nous accueille dans une nature à notre échelle d'enfant, avec ses mystères et ses histoires. Certains lieux dits, au milieu du bois, ont des noms à donner froid dans le dos comme le « Trou du diable », un modeste précipice mais où nous risquons à notre âge de faire la culbute. Est-ce bien le diable qui a ouvert cette monstrueuse entaille au flanc du mont ou s'y est-il jeté en piquant une colère ? Posée aux parents, la question restera sans réponse.

On nous raconte aussi des histoires « vraies », dont une chaque fois que nous nous promenons à la lisière du bois, du côté d'Amougies, sur le versant wallon du Mont. À la fin de la Première Guerre mondiale, la ligne de front s'était rapprochée du Mont-de-l'Enclus. Effet collatéral des combats, poussées par le vent, des nuées de gaz toxiques s'épandaient sur les prés des paysans. Une ferme avait ses pâturages en bordure de la forêt. Les couches des enfants de la ferme séchaient au soleil, elles s'imprégnèrent du poison. Leur mère ne s'étant aperçue de rien, elle ramassa le linge et langea ses petits avec les tissus contaminés. Tous périrent brûlés.

Ainsi raconté, l'épisode accablait davantage la paysanne insouciante que les Allemands et leurs gaz toxiques. En réalité, la zone était occupée par l'Allemagne et les responsables ne pouvaient être que les Alliés. Difficile d'associer pareil crime à son propre camp ! La sérénité des pâtures et des champs, l'odeur des aubépines s'accordaient si mal avec ce rappel des horreurs de 14-18 que ce contraste m'est resté gravé dans l'esprit. D'autant que cette histoire se mêlait dans ma tête à celle du petit Michel, mort lui aussi de ses brûlures. Et, je m'en rends compte aujourd'hui, dans les deux cas une mère avait involontairement précipité la mort de ses enfants. D'où sortait cette histoire ?

Aux abords du Mont, un home de vacances protestant baptisé « La Volière » recevait les familles pour l'été, et ma grand-mère Isabelle avec ses trois enfants l'avait fréquenté quand ils venaient à l'Enclus dans l'entre-deux-guerres. C'est là probablement qu'Isabelle avait recueilli ce conte tragique, souvent repris par mon père, toujours prompt à nous inculquer la monstruosité de la guerre.

Chaque visite au Mont exerce notre imagination : on joue aux Indiens, on monte le tipi de toile jaune, on casse des branches pour se faire des épées, des arcs et des flèches, on confectionne des abris de feuillages et tant pis pour la flore qui est là pour se plier à nos désirs. Même joie à troubler la nature en détournant les ruisseaux, en endiguant les sources avec des barrages de sable, de cailloux et de brindilles comme si nous étions les petits castors des dessins animés. Avant de partir, quand nous crevons les digues, la force de l'eau emporte tout sur son passage, inondant le sous-bois vite transformé en marécage, semant la panique chez les batraciens des alentours.

Certaines fois, nous partons escalader des falaises de sable dans une vaste clairière à l'orée de la forêt. Le jeu consiste à tailler l'abrupt pour bâtir des abris étayés à grand renfort de branchages. Le sable de la clairière a une couleur orange, il est truffé de concrétions métalliques dont nous ne savons pas trop s'il s'agit de restes d'obus – toujours la Guerre – ou de secrétions naturelles. Nous, on préférait croire que c'étaient des obus.

Vers quatre heures d'ordinaire, mon père sonne la fin de la récré. Retour sur la Sapinière pour déguster un Spa grenadine ou un Spa orange tandis les parents rangent dans le coffre à bagage les paniers de girolles, ou les fougères arrachées avec leurs racines – « pour les replanter au cimetière faute d'avoir un jardin… ». Épuisés, ma sœur et moi nous assoupissons sur le siège arrière de la 2 CV.

La voiture est à nous

Dans la France des années 50, la voiture n'est plus un luxe inaccessible. Une famille de locataires vivant du seul salaire d'un petit employé pouvait s'équiper. La première voiture, une 4 CV, nous emmène en Bretagne puis en Suisse. Lui succédera quelques années plus tard une 2 CV. Mon père conduit mais ma mère n'a pas son permis (qu'elle ne passera d'ailleurs jamais), ce qui à l'époque, semble-t-il, ne gêne aucun des deux.

La voiture, surtout notre 2 CV, devient une seconde maison, mais une maison ou un toit qui ne serait qu'à nous quatre. Elle nous accompagne dans les dunes, sur la plage et jusqu'au fond des bois quand les parents démontent les sièges avant et arrière pour pique-niquer sur les aiguilles de pin ou le sable sec. En fin de journée, elle rentre à Tourcoing, emportant collés à ses tapis de caoutchouc les grains de sable de la mer du Nord ou la terre des jacinthes ramassées dans les bois. Au printemps, le coffre s'illumine du jaune éclatant des jonquilles. En été, notre 2 CV revient au bercail, remplie de l'air du large quand le temps est assez doux et le ciel assez dégagé pour qu'on replie la toile grise qui lui sert de toit. La voiture n'est pas grande mais l'habitacle suffit à abriter la petite famille, le siège arrière peut même accueillir un passager supplémentaire, quand se joint à nous un cousin ou un jeune voisin.

La vie à quatre dans cette coquille mobile a des vertus formatrices. Les migrations régulières soudent encore davantage les passagers : on écoute tout ce que se racontent les adultes, même ce qui ne nous regarde pas, sans tout comprendre bien sûr, mais on est également sans cesse sous leur regard que nous guettons dans le rétroviseur. Les sorties en voiture entretiennent l'impression de faire bloc avec nos parents. C'est dans la voiture qu'on rigole, qu'on joue, qu'on se dispute, qu'on pleure, mais aussi qu'on s'applique à ouvrir les yeux et à regarder le paysage qui défile derrière les vitres. On apprend que les champs de colza ne sont pas des champs de blé, que cette odeur de pourriture est celle dégagée par le lin qui rouit, que ce large canal aux eaux sombres, c'est l'Escaut, qu'avoir passé Ypres signifie être déjà à mi-chemin de la mer, qu'à Pecq si on tourne à gauche on verra bientôt se dresser la silhouette du Mont-de-l'Enclus... C'est à qui de Patricia ou de moi repérera le premier les plantations de tabac dès qu'on a franchi le poste-frontière. C'est de la voiture qu'on se met à épier le ciel : Pleuvra ? Pleuvra pas ? Question vitale au fur et à mesure que l'on se rapproche de la mer. Sur le siège arrière de la voiture j'apprends la platitude sans fin du monde où je vis, de ces Flandres insolemment étirées entre France et Belgique au mépris des découpages des hommes et de la folie des nations.

Une veste de daim

Cependant la vie dans ce cocon crée parfois des situations paradoxales. Il arrive aux parents, en dépit de leurs principes et de leurs leçons de morale qui relaient celles de l'école, de nous montrer comment dans certaines circonstances on peut tourner la loi. L'entrée des marchandises en France est sévèrement réglementée. La communauté européenne de l'acier et du charbon n'est pas encore une communauté économique et les postes frontières sont là pour le rappeler. Mais comment résister aux tentations de la Belgique ? Ne pas tout déclarer, donc mentir aux douaniers, s'impose alors comme une attitude qui non seulement n'a rien de répréhensible mais finit par aller de soi et même devient la règle.

L'affaire se situe en 1962. Elle a pour cadre Ostende, opulente station balnéaire dont les magasins regorgent d'aubaines mais que mes parents ne fréquentent guère tant ils détestent l'agitation qui la fait trop ressembler à une ville et plus du tout à un bout de côte baignée par la mer.

– Demain nous irons à Ostende pour faire des courses. Votre maman a décidé de s'acheter une veste de daim, elles sont moins chères en Belgique. On ira visiter les magasins de la Kapellestraat.

– Pourquoi on va pas à Coxyde ? À Ostende, i'pleut toujours !

La nouvelle sème la consternation chez ma sœur et moi. Cela veut dire ni plage, ni baignade, ni glace à Furnes, ni même frites à Ypres car la route d'Ostende passe plus loin à l'est. Au mieux, on aura droit à une promenade sur la grande jetée de bois qui s'avance dans la mer. Au moins, on pourra courir après les mouettes ou, avec de la chance, observer le départ (ou le retour) de la Malle d'Ostende, le gros ferry qui unit la Belgique à Douvres. Le tunnel sous la Manche n'existe pas encore.

Une veste de daim constitue un luxe pour la petite famille. Même en francs belges, il y en avait pour une coquette somme. Mais sans doute pas autant que le manteau de fourrure qu'un gain inespéré à la loterie avait jeté sur les épaules de ma mère. « Vous restez bien sages dans l'auto en gardant les portes fermées », nous rappelle-t-elle avant de s'engouffrer avec mon père dans une rue commerçante.

Une fois sortie du magasin et revenue dans la voiture, ma mère se met à découdre fébrilement la marque belge que porte le vêtement sur sa doublure. Sur les conseils d'une de ses amies elle la remplace par une étiquette française en nous expliquant qu'ainsi les douaniers n'y verront que du feu. Marchera, marchera pas ? Le suspens monte jusqu'au passage en douane à Menin. Les douaniers français, surtout ceux d'Halluin, ne sont pas nés de la dernière pluie. Mais ils ferment les yeux ou bien ils sont trop pressés. Françoise passera la frontière vêtue de sa nouvelle acquisition comme si cette veste lui appartenait depuis des années et qu'elle l'avait achetée à Roubaix ou à Lille chez Madeleine Tyko. Pour les enfants à qui on a pris la peine d'expliquer l'astuce, c'est un jeu d'un nouveau genre. On nous transmettait une habitude séculaire en zone frontalière, l'art d'échapper aux douaniers. On savait pour l'essence et le tabac. Cette fois, on était monté d'un cran. Aussi longtemps que je verrai ma mère porter sa veste de daim, mes yeux revivront cette histoire « exemplaire » et je comprendrai mieux pourquoi Maxence Van der Meersch a écrit *La Maison dans la dune.*

Villa Les Algues

Corinne

« Demain, on va à la mer »

De Pâques à octobre, depuis ma toute petite enfance, la plage de Bray-Dunes a rempli mes chaussures de son sable fin, le vent du Nord fouetté mon visage, la mer grise élargi mon regard.

En 1952, Pépé et Mémé Bausier (vous avez reconnu Fernand et Simone) y ont acheté une grande et belle villa, la villa Les Algues, assez vaste pour accueillir toute la famille. Une bonne heure de voiture sépare notre maison tourquennoise de la côte flamande.

Aller à la mer fait partie de ma vie. En coupant par la Belgique, on gagne quelques kilomètres. L'essence est moins chère de l'autre côté de la frontière et Papa en profite pour remplir son réservoir.

La villa « Les Algues » est située au coin de la rue de Roubaix et de la longue avenue de la Libération (aujourd'hui boulevard Pompidou) face à la Mairie de Bray-Dunes-plage, à quelques pas de la digue. À quelques pas de la mer. En bon père de famille, Pépé Bausier l'a divisée en appartements et chambres pour chacun de ses enfants. Nous partageons tous la même villa, mais chacun chez soi. Parfois Mémé nous invite tous à déjeuner dans la grande salle à manger du rez-de-chaussée. La loggia donne sur la rue qui mène à la mer, avec ses fauteuils en corde tressée, c'est là que les adultes prennent le café pendant que nous, enfants, jouons au ping-pong dans le jardin.

Bray-Dunes, carte postale

Notre appartement se trouve au premier étage. Chaque été, un manège vient s'installer sur la place de la Mairie. Par la fenêtre de la chambre, nous le regardons tourner au son d'une chanson que nous connaissons par cœur : « Anne Lise, oh Anne lise, tu sais que mon cœur t'appartient », ça doit vraiment saouler les parents ce bruit de foire tous les soirs ! Mais nous, on adore !

On m'a offert un petit scooter vert à pédales, mon cousin Jean me pousse à toute berzingue sur le trottoir, parfois je tombe et je pleure. C'est sur la digue de Bray-Dunes que Papa Jo m'a appris à faire du vélo. Maman disait qu'il était difficile de faire une photo de moi sans sparadrap.

Bray-Dunes

Les chemins de mon enfance courent à perdre haleine à travers des dunes. Sables fins coiffés d'oyats musclés, tenaces, défiant le vent du Nord. À la fin de l'été, galonnées de mûres, les ronces griffent mes chevilles juste au-dessus des lanières de mes sandalettes blanches.

– Attendez-moi, les cousins, j'ai quelque chose dans ma chaussure… oh, une crotte de lapin toute dure…

Plus loin, au-delà des dunes flamandes qui s'écoulent mollement sur la plage, la mer aux lourdes vagues grises charrie des souvenirs tumultueux, qui ne sont pas les miens. Moi, je débarque, je suis toute neuve, je ne comprends rien à toutes vos blessures. Mais il paraît que d'autres ont débarqué avant moi, sur cette même plage. Rendez-vous derrière le blockhaus avec les cousins, vite, vite, on court.

– Oh, non, pas Patrice, il est trop petit, on l'emmène pas.

– Et, toi t'es une fille, alors…

Le long de la route qui mène aux balançoires, toutes ces maisons cassées, ouvertes comme des plaies, offrent à mes yeux les lambeaux de leur intimité, papiers peints à fleurs, baignoires et lavabos accrochés dans les airs par des tuyaux torturés. Les cousins disent « C'est les bombes »…

– Maman, pourquoi les gens y bombardaient leur maison ?

– Parce que c'était la guerre…

Tu parles d'une réponse…

Le mystère reste entier, cette histoire-là a l'air terrible. J'entends parler « des Allemands, des Anglais, des Américains, de la Gestapo », c'est un peu comme des mots sur mon Atlas. Ah oui, je sais, les Anglais c'est ceux qui ont brûlé Jeanne d'Arc, mais quand même je croyais qu'on leur avait pardonné depuis le temps.

– Courez pas si vite les garçons, j'ai pas fini de remettre ma sandale.

Mais ils sont déjà loin, parce que, moi, je suis une fille et ils disent que les filles ça court moins vite, et que d'abord si je veux aller dans les blockhaus avec eux faut que je sois aussi forte qu'un garçon.

– Ben, je croyais qu'on allait aux balançoires ?

Dans le creux d'une dune, serti dans un écrin de sable, un étrange objet nous attire et nous effraie. Mon cousin Jean, c'est le plus grand mais c'est pas le chef. Ses boucles sont trop blondes et ses yeux bleus trop doux pour un chef. En plus, il est gentil avec les filles quand elles pleurent, Jean est pas un vrai dur. Non, le chef c'est Patrick. Parce que son oncle lui a rapporté un slip de Tarzan d'Afrique et aussi parce que sa mère a été torturée et qu'elle n'a pas parlé. Alors, auréolé de la gloire de Tarzan et de sa mère qui n'a pas parlé, c'est lui le chef, c'est normal.

– Maman, ça veut dire quoi torturer ?

– Chut, ne parle pas de ça… tu es trop petite pour comprendre.

Quelquefois, nous aussi, on joue à la torture chinoise. On tord le poignet dans les deux sens en même temps et ça fait mal. Après on a la peau des poignets toute rouge, comme brûlée. C'est vraiment idiot la torture chinoise. Mais les poignets de madame Gottfrein ne sont pas rouges. C'est peut-être pas les Chinois qui l'ont torturée. Les gens la regardent avec respect… Moi, elle me fait un peu peur, pourtant elle sourit tout le temps, on dirait que pour elle la vie est un trésor. Elle a pas parlé… alors elle a fait quoi ? Elle a crié ? Elle a pleuré ? De toute façon, même maintenant, elle parle presque pas, alors…

Patrick, lui, il parle. Pas trop. Mais il parle bien. On l'écoute, le chef, et on est toujours d'accord avec lui, c'est comme sa mère, il force le respect. Tous les regards se tournent vers lui. L'objet métallique qui émerge du sable nous fascine. Un gros crabe tout rouillé et immobile.

– Les filles (les filles ? y'a que moi ici), reculez-vous, c'est peut-être dangereux. Jean, amène ta pelle. Je crois que c'est un casque.

Jean et Patrick se sont approchés, se penchent maintenant sur la forme brunâtre et courageusement commencent à balayer le sable qui la recouvre, doucement, du bout des doigts, le sourire un peu figé.

– On dirait une soucoupe volante.

– Qu'est-ce qu'elle peut dire comme conneries, celle-là. Tu vois pas comme c'est petit, ce truc ?

– Ben quoi, les Martiens y sont peut-être tout petits…

Les garçons lèvent les yeux au ciel. Petits… les Martiens, faut vraiment être une fille pour avoir des idées pareilles !

Patrice, c'est le plus petit de mes cousins, il est mignon, quelquefois il fait encore pipi dans son slip et les autres se moquent de lui. Lui, je sais pas, mais moi en tous cas c'est ma mère qui tricote mes maillots de bain. En laine, à rayures, parce qu'elle dit que ce n'est pas facile de trouver des pelotes de la même couleur. D'où les rayures. Les maillots de bain en laine, ça pique, mais ça pique ! L'horreur. Alors faire pipi dans son slip en laine, ça doit vraiment pas être drôle.

Il a peur, Patrice, tout d'un coup. Il aime pas du tout le truc rouillé sur lequel son grand frère s'est mis à tapoter un peu plus hardiment avec sa pelle. Il sait très bien qu'on n'a pas le droit d'aller jouer dans les blockhaus, d'abord ce truc-là ça n'a pas l'air d'un casque, c'est plutôt comme une petite soucoupe volante, elle a raison la grande. Il a tellement peur qu'il fait pipi dans sa culotte et qu'il se met à pleurer. Pour une fois personne ne se moque de lui, il a pris ma main, il veut s'en aller, il voulait juste aller aux balançoires, lui.

– Chut, fait Patrick.

Comme si on faisait du bruit, comme si on allait réveiller les Martiens ! Je trouve qu'il n'en mène pas large, Tarzan, tout d'un coup.

– MAIS QU'EST-CE QUE VOUS FAITES ? BANDE DE PETITS MALHEUREUX !

Quelqu'un hurle, du haut de la dune et son cri nous pétrifie. C'est le monsieur des balançoires, celui qui vend des glaces et des ballons, souvent il nous crie dessus parce qu'on va sur les balançoires sans payer. Il nous fait les gros yeux et en plus il boite. Papa l'aime bien pourtant, ils vont à la pêche ensemble, c'est un ancien résistant, mais maintenant je crois qu'il ne résiste plus, il vend des glaces.

– FAITES ATTENTION, LES ENFANTS ! ÉLOIGNEZ-VOUS !

Tu parles qu'on s'est éloigné, on a détalé comme des lapins, oui, on a des ailes aux fesses, on court, on court, on court tellement que le fond de la gorge me fait mal.

Je sais pas si c'est exprès mais les nuages gris là-haut se sont mis à s'entrechoquer, le ciel à gronder, faut jamais courir pendant un orage, mais tant pis, la pluie tombe sur moi, me trempe jusqu'à ma culotte en laine qui pique. Patrice ne veut pas me lâcher la main, quel pot de colle celui-là !

Là-bas, au bout de l'avenue de la Libération, la villa, Maman, le chocolat chaud, les serviettes-éponges, le paradis nous attend. Courons, courons, on rigole maintenant, ça détend l'orage. L'électricité jette dans le ciel obscur ses tentacules foudroyants. Oh, Dieu du tonnerre, comme je t'aime aujourd'hui, tes éclairs déchirent mon cœur et c'est de la joie pure qui s'en écoule !

Le soir, les gendarmes viennent à la maison. Nous, on n'a rien dit, on frôle les murs, on prend des airs innocents, parce qu'après tout c'est pas de notre faute si les soldats ont laissé traîné des obus et des bombes partout. Ils n'avaient qu'à tout ramasser, puisque maintenant ils avaient fini de jouer à la guerre.

On nous appelle au salon. Maman est assise sur le tabouret du piano, elle tremble un peu, elle pleure un petit peu aussi en m'attirant contre elle. Les mâchoires de Papa sont si tendues qu'on voit les muscles de ses joues se contracter nerveusement.

Madame Gottfrein, la mère de Tarzan, est arrivée en courant de son petit bungalow, dans une vieille robe de chambre un peu déchirée. Elle embrasse son fils sur la figure, dans les cheveux, comme une folle, elle parle, tu vois bien qu'elle parle des fois ! Elle pleure, elle rit dans ses larmes. Moi, j'ai vu que dans son dos il y a des grandes traînées rouges et violettes très moches, c'est pour ça sans doute qu'elle se met jamais en maillot de bain. Les Chinois y sont allés fort, je trouve.

Paraît qu'on est passé pas loin… mais on nous a pas dit pas loin de quoi. Demain, faudra qu'on aille tous à la gendarmerie. C'est le monsieur de *La Voix du Nord* qui veut faire notre photo, nous et les gendarmes avec la mine.

Je serai la seule fille.

Les Prosts

Après la mort de Mémé Bausier en 1956, juste avant les grandes vacances, tout va changer. Pas seulement notre salon. Mon grand-père Fernand vend le TISSAGE DOMINO, puis la villa Les Algues de Bray-Dunes et quitte le Nord pour aller s'installer dans une grande propriété qu'il a achetée dans la Loire. Il emporte dans ses bagages quelques métiers à tisser… et une bonne sœur (encore une !) : ma Sœur Julie on l'appelle, une petite religieuse toute maigrichonne, qui a soigné ma grand-mère, travailleuse comme pas deux, qui traîne dans chacune de ses phrases un accent des Vosges à couper au couteau. Elle a fini par faire partie des meubles. Quand il déménage, il l'emmène. Finalement, quand elle quittera les ordres, il l'épousera. Elle ne s'appelle plus Sœur Julie, mais Mariette Malhote, épouse Bausier. Maman, mes oncles et mes tantes font un peu la gueule à l'annonce de ce mariage. « Papa vient d'épouser la bonne, ah quelle idée il a eue là, mon petit papa ! » comme chantera Dani.

Oui c'est un peu ça, la pauvre Mariette sera plutôt sa servante que son épouse. Elle l'idolâtre, comme elle a pu adorer son fiancé précédent, Jésus. Son Fernand est son dieu. En la mariant, il la protège bien sûr, mais elle doit adopter tous les enfants de Fernand devant le notaire, un peu surpris devant l'âge et la taille de tous les héritiers ! Fernand, Henri, Georges, Thérèse, Claire et Paul ! Sacré Pépé qui après une vie de séducteur épousera une bonne sœur et finira ses jours avec elle ! Le dimanche, il l'emmène à la messe à Vichy…

Tous les étés nous empruntons désormais la Nationale 7, route des vacances, en descendant sur la Côte d'Azur. Et nous passons quelques jours aux Prosts, Papa va à la pêche miraculeuse dans les étangs de la propriété, Maman discute avec son père.

Un été, en courant après une charrette à cheval, je suis tombée sur un caillou tranchant. Mon genou est bien entamé et un petit lambeau de chair pend tristement sur ma rotule. Je tourne de l'œil, je vomis. Un docteur du coin vient me poser une agrafe, un horrible truc en métal qui va m'empêcher de me baigner dans l'eau salée de la Méditerranée pendant toutes les vacances. Génial.

J'ai commencé à lire le *Club des cinq* et quand nous passons chez Pépé aux « Prosts » dans le village médiéval Le Crozet, près de la Pacaudière, Carole et moi imaginons des passages secrets partout, derrière les murs de cette grande bâtisse.

Désormais notre grand-père Fernand, après une infructueuse tentative textile dans la Loire, est devenu éleveur de vaches laitières... *Why not.* Plus rien ne nous surprend de ce grand-père fantasque. Il n'y connaît rien, les paysans regardent d'un drôle d'air ce monsieur qui vient du Nord, achète la plus grande propriété du village, des vaches, des trayeuses électriques et prend un métayer. Et ça marche plutôt pas mal, Mariette travaille comme une malade, entre la maison, les repas, les poules, le métayer et mon grand-père tout-puissant. Mais les bonnes sœurs sont des dures-à-cuire, elle tient bon.

Je me souviens de lui et de son invention : la première télé-commande ! Assis dans son gros fauteuil de seigneur, il a à ses côtés une longue canne à pêche avec un embout spécial qu'il a adapté à la taille des boutons de la télé. Sans devoir se lever, il règle l'allumage, le son et la luminosité de l'écran. Il n'y a encore à cette époque qu'une seule chaîne et elle est en noir et blanc...

Rencontre sur la plage de La Panne (août 1957)

Corinne & Serge

Depuis deux jours, Carole et moi attendons avec impatience l'expédition qui se prépare. Maman nous a promis que nous irions à La Panne à pied par la plage pour retrouver – devinez qui ? – Yoja et Nounoune ! C'est tellement excitant et bizarre de nous rencontrer en vacances, loin de Tourcoing, loin de l'école.

– Corinne, prépare ton maillot de bain, ta serviette et ton bob. Carole aussi. Mets tout ça dans ton sac.

Maman Thérèse se charge du goûter et du petit parasol à rayures jaune et blanc. Chacune son sac, chacune son petit fardeau. Aujourd'hui nous abandonnons nos cousins à la villa Les Algues. Sitôt le déjeuner terminé et la vaisselle faite, séchée et rangée (nous travaillons vite en équipe !), en route pour la digue de Bray-Dunes et la plage.

À Coxyde, Françoise a reçu de Thérèse une carte postale qui fixe le rendez-vous à La Panne mercredi, en début d'après-midi, à condition, bien sûr, que le beau temps se maintienne. Ce matin-là, Françoise est partie faire des courses pour acheter du Spa grenadine et du cramique, cette brioche flamande aux gros raisins de Corinthe. Pour les glaces, on attendra d'être à La Panne. La famille Gruzinski se met en route après le repas avec deux bouées, les peignoirs de bain, le ballon rouge, l'ambre solaire, et quelques poignées de tourelles pour acheter des fleurs en papier. Françoise a aussi pris des gobelets et des pailles. Cinq bons kilomètres sur le sol ferme dégagé par la marée basse, cela n'est pas la mer à boire. Il suffit de marcher droit le long de cette immense plage flamande qui s'étend sans interruption de Dunkerque aux Pays-Bas.

Thérèse et ses filles quittent la foule qui s'ébat au soleil sur la plage de Bray-Dunes pour une longue promenade d'une bonne heure. « Pas la peine de courir, les enfants, on a tout le temps ! Françoise nous attend pour trois heures. » Oui, mais comment ne pas courir vers nos meilleurs copains ? La mer s'est retirée, le sable humide est dur sous nos petites sandales en plastique. Depuis peu cette étrange matière s'est introduite dans nos vies.

Ma sœur Patricia, côté Gruzinski, ne cessait pas de se plaindre du vent que nous prenions en pleine figure et qui nous piquait les mollets. Mais l'excitation de retrouver nos amies de l'avenue Désiré-Six nous donnait des ailes.

Et puis Françoise a horreur d'être en retard. Mais, comme elle nous le répète, avec Mme Vandewalle l'heure n'a jamais beaucoup d'importance, « elle est si bohème ! ». C'est Maman qui a les bouteilles, c'est moi qui porte les lourds peignoirs de bain qu'elle nous a confectionnés avec du tissu éponge vert acheté au marché. Cela aurait été plus simple de prendre des serviettes mais pas question que nous prenions un coup de froid en sortant du bain.

Côté Vandewalle, en longeant la mer vers la Belgique, nous apercevons les premiers immeubles de La Panne. Un monument ridicule encadrant un roi raide comme un piquet, dos à la mer, est notre point de ralliement. La Panne est alors très populaire parmi les Français car c'est la plage belge la plus proche de la frontière. Son aspect tout neuf, ses beaux immeubles en briquettes jaune font oublier que l'endroit a son histoire : c'est là qu'en 1831 a débarqué le premier roi des Belges, Léopold Ier, dont la statue trône au bout de la digue.

Carrelée comme une salle de bains, La Panne est remplie de restaurants, de marchands de glaces, d'articles de plage. C'est aussi à La Panne qu'on prend le tram qui passe par Coxyde et qui mène jusqu'à Knokke, au bout de la côte belge, à la frontière hollandaise. Sur la plage, des équipes de football improvisées songent déjà à la coupe du monde qui se déroulera l'année suivante en Suède. Trop de monde pour Françoise qui préfère le calme relatif de Coxyde.

« Quelle chance, ce temps magnifique ! Oh ! mais je les aperçois. Corinne, avec tes bons yeux, tu les vois ? »

Effectivement, devant la statue de Léopold, les silhouettes de Françoise, Yoja et Patricia se détachent avec de plus en plus de netteté. Je crois que Yoja nous a repérées. Il porte une petite paire de jumelles autour du cou et scrute l'horizon comme un marin. D'ailleurs il a un maillot à rayures. Il reste quelque 200 mètres. Je me mets à courir. Nos visages d'enfants s'illuminent. Thérèse va moins vite avec son parasol et son panier, dans le sable fin des premières dunes qui ralentit son pas.

– Excusez-moi, Françoise, pour ce petit retard, je ne retrouvais pas mes lunettes de soleil…

Françoise ne peut retenir un léger sourire bienveillant. Thérèse et la ponctualité, cela fait deux.

– Allons-nous installer plus près de l'eau, les enfants sont si impatients de se baigner.

Elles étendent les grandes serviettes de plage sur le sable déjà sec entre deux « bâches ». Pendant que Françoise gonfle les bouées, Thérèse plante le parasol assez profondément pour qu'il ne s'envole pas.

– Mais où sont les enfants ?

– Ils sont déjà partis se baigner.

– Les vôtres savent bien nager ?

– Oui, mais je préfère qu'on les ait à l'œil !

– Vaut mieux aller nous baigner avec eux.

La mer est à l'étale. Elle tourne au gris vert. Calme sous le grand ciel bleu du mois d'août. À droite comme à gauche, la plage s'étend à l'infini. Yoja et Patricia se sont précipités dans les vagues, avec l'assurance que leur donnent leurs bouées. Corinne et Carole y vont plus prudemment. Surtout Corinne qui déteste l'eau froide. L'arrivée de Thérèse et Françoise la décide. Elle avance dans les vagues, encore hésitante. Puis c'est Yoja qui se retourne vers elle et se met à l'éclabousser. Nos mères sont d'excellentes nageuses. Après une partie de ballon – Françoise avait fait du water-polo –, la petite troupe sort de l'eau.

« Allez, on fait la course. Le premier qui arrive aux affaires ! »

Corinne est transie comme d'habitude. Françoise lui tend son peignoir de bain. Thérèse sort son appareil-photo et immortalise cette rencontre de l'été 1957. « Yoja et Nounoune, mettez vos bouées autour du cou et toi Carole, pose le ballon sur ta tête ! Corinne, arrête de faire l'andouille. » Clic, clac, c'est dans la boîte.

« On a faim, Maman. »

Nos mères étendent un drap de plage pour le goûter : les biscuits Gondolo, les tranches de cramique dont le sucre fond entre les doigts, les tartines dégoulinantes de beurre et de confiture. Françoise ouvre le Spa grenadine, la limonade rouge qui fait des bulles et qu'on sirote avec une paille.

– Moi, quand ils sortent du bain, je leur donne toujours un doigt de Porto avec un peu de jaune d'œuf, un Porto flip.

– De l'alcool à des enfants ! Françoise, je ne vous comprends vraiment pas. Vous ne préférez pas le garder pour nous ?

Elles éclatent de rire.

– Viens, Corinne, on va faire un château fort. Nounoune, prends ton seau et va chercher de l'eau.

– Et moi, dit Carole, je peux venir ?

– Oui, va ramasser des coquillages pour décorer le château. Yoja et moi, on va creuser le trou.

Pendant que les enfants s'amusent, Françoise et Thérèse sortent leur tricot. Pelotes Phildar pour Thérèse, pelotes Pingouin pour Françoise, de quoi alimenter d'interminables discussions sur les vertus comparées des deux laines et sur la position des aiguilles.

– Cela ne vous gêne pas de toujours garder votre aiguille sous le bras ?

– J'ai toujours tricoté comme cela. Je n'arrive pas à les tenir comme vous, Thérèse, juste devant, entre les mains.

Le soleil descend sur Dunkerque dont les grues et les usines se dessinent maintenant de plus en plus distinctement à l'horizon.

– Il est déjà six heures. Les enfants !! Il est temps de ranger vos affaires et de rentrer.

Pfff, juste au moment où les vagues remplissent d'eau les douves du château.

– Mais vous nous aviez promis qu'on mangerait une glace ?

– Alors dépêchez-vous ! On remonte sur la digue.

Les enfants abandonnent à regret leur château fort que la marée montante va bientôt engloutir. Le vent s'est levé. Les chandails sont les bienvenus.

– À bientôt, Françoise, au revoir les enfants. Dites bonjour à votre papa de ma part.

– On ne le verra que vendredi soir.

– Comme mon mari… Encore deux jours de tranquillité !

Elles rient à nouveau.

Chacune de leur côté, les deux petites tribus regagnent le bercail. Corinne et Carole vers la France et le soleil couchant, Yoja et Nounoune vers Coxyde et le crépuscule.

Chapitre VII

Années lycée, années yéyé

Les années yéyé

Corinne

Première rentrée

Rentrée scolaire de septembre 1958. Maman nous accompagne.

Près de l'énorme monument aux morts de la place de la Victoire, à Tourcoing, rue des Ursulines (décidément elles me poursuivent), c'est là désormais que Carole et moi allons devoir nous rendre tous les jours. Ça fout la trouille. Adieu Notre-Dame de la Sagesse, la chapelle, les longues robes grises des Chères Sœurs, le béret, l'uniforme bleu marine, l'autocar bringuebalant qui nous ramenait au Blanc Seau au coin du boulevard Descat. Adieu école primaire, j'entre en sixième… Ah la la. Je n'ai pas encore dix ans, et comme d'habitude je vais être la plus jeune, la petite. Mais bon j'y vais.

Les premiers jours, Maman vient avec nous, elle nous explique bien le parcours : la rue de Mouvaux pour aller jusqu'au grand boulevard, attendre le tramway à l'arrêt des « Trois Suisses », présenter notre carte d'abonnement au contrôleur, descendre à La Victoire, longer le petit parc, puis contourner le collège pour entrer par la porte de derrière, rue Philippe de Girard.

Et puis on s'y fait. Carole a huit ans et demi. On y va ensemble. Très vite, on connaît le chemin par cœur, au coin de la rue des Ursulines, une épicerie pleine de bonbeks fabuleux et de Mistral Gagnant[1]. La boulangerie sur l'autre trottoir, et la librairie-papeterie où nous achetons nos fournitures scolaires. Rue Jules Watteeuw, l'étrange façade de la maison du « Broutteux », poète patoisant tourquennois. La place du théâtre.

Comme j'étais la plus jeune et plutôt bonne élève, j'ai longtemps été chouchou de la classe. Surtout de ma prof de français-latin. Et de ma prof d'anglais. Ça ne me dérange pas, les remarques des jalouses et des idiotes. « La chouchou ! La chouchou ! » Le jeudi, il n'y a pas classe. Le matin, je fais les jeux dans la page « enfants » du journal. Je me précipite dans le couloir pour attraper la première le *Nord-Éclair* auquel mes parents sont abonnés. On traîne en pyjama jusqu'à pas d'heure.

Quelqu'un sonne à la porte. On a fait installer un bouton à l'étage pour ouvrir la porte d'entrée. C'est Yoja. Je descends précipitamment. On joue dans le jardin ou on va au « terrain vague » ? Yoja a une épée aujourd'hui et une couronne en papier doré. Partons conquérir d'autres royaumes, combattre les hérétiques, pousser le fils du voisin dans les orties, remplir nos seaux d'escargots malchanceux. Zut, en pleine bataille, on nous appelle pour le goûter. Les adultes ont le don de nous faire tomber de nos trônes, de nos chevaux fougueux, de nos pyramides, de nos avions, navires, que sais-je encore. À la prochaine, Majesté, Pharaon, Capitaine, Messire ! Demain, s'il pleut on ira au grenier (enfin… ce qu'on appelle le grenier, la chambre du troisième étage où sont entassés les valises et les cartons dont on ne se sert plus mais qu'on n'a pas le courage

1. Le Mistral gagnant est une friandise des années 50 et 60, rendue célèbre par la chanson de Renaud (eh oui !).

de jeter comme la robe de mariée de Maman, jusqu'à ce que cette pièce devienne plus tard la chambre de Carole). Ou à la piscine de Roubaix avec nos mères et leurs maillots à fleurs. Peut-être au cinéma.

Yoja, c'est mon meilleur copain.

Cet après-midi, Françoise Gruzinski a proposé de nous emmener ma sœur Carole et moi au cinéma, avec Yoja et Nounoune, bien sûr. Ils vont voir *Le Triporteur* au Fresnoy. Un film rigolo avec Darry Cowl. Maman est d'accord. Je ne lui ai pas dit que demain, c'est la composition d'anglais. La première de ma vie puisque depuis septembre, je suis en sixième classique ! Si elle l'apprend, c'est sûr, elle ne voudra pas que j'y aille. Elle voudra que je révise toute l'après-midi et que je lui récite tout de A à Z. C'est risqué. Je choisis de me taire.

Françoise doit passer nous prendre vers 3 h et demie. Le Fresnoy n'est pas bien loin, on y va à pied en longeant le canal et le mur du cimetière du Blanc Seau. Une jolie promenade en perspective avant d'aller rigoler.

Après le déjeuner, Carole et moi sommes excitées comme des puces. Nous montons dans notre chambre pour jouer en attendant les Gruzinski. Impatience ou énervement ? Nous commençons à nous disputer. Nous roulons par terre, nous nous battons ! Quand Maman monte l'escalier pour voir ce qui se passe, je suis en train de tirer sauvagement la queue de cheval de Carole qui hurle. Maman ne fait ni une ni deux. Je suis punie direct. Et quand Françoise vient nous chercher, seule Carole part avec eux. Yoja me regarde d'un air interrogateur. Je pleure comme une madeleine, je supplie, je demande pardon, rien n'y fait, Maman est intransigeante. D'autant plus qu'elle a jeté un œil dans mon cahier de texte et découvert que j'avais une composition demain. Aïe.

J'ai passé l'après-midi le nez dans mon petit livre d'anglais à la couverture bleue. Maman ne m'a pas lâchée d'une semelle. *I am, you are, she is. The sun shines in the sky. I am 10 years old. My name is Corinne.* Bref, tout ce qu'un premier trimestre de sixième peut contenir de règles, conjugaisons et vocabulaire, je le sais par cœur, par cœur, par cœur. Finalement, j'y prends goût. Même Maman est bluffée. *Le Triporteur* de Darry Cowl est le cadet de mes soucis. Quand la petite bande revient du Fresnoy, joyeuse et hilare, je n'en éprouve plus aucune jalousie. Même quand Carole me dit que Françoise leur a acheté des petits pains au chocolat chez Dereeper pour le goûter. J'ai découvert que j'aimais l'anglais, qu'une autre langue peut être un truc mystérieux dont il faut apprendre les règles, saisir les clés et explorer les dédales.

Le lendemain je cartonne. Je réponds à toutes les questions, remplis tous les vides de la page, conjugue et traduis, thème et version avec une facilité qui déconcerte ma voisine. Je suis sûre qu'elle triche. Je cache ma feuille avec mon buvard Phildar, je ne la laisse pas regarder ma copie. Non mais, elle avait qu'à réviser, cette grande godiche de 12 ans et demi. Évidemment, je me retrouve première en anglais à la grande surprise de mademoiselle Crépin qui n'avait pas décelé en ce « petit bout de chou » de Corinne une future amoureuse de la langue de Shakespeare. Je suis bien loin d'imaginer que dix-huit ans plus tard, j'épouserai un Anglais, demanderai la nationalité britannique, jurerai fidélité à la Reine et me lèverai de mon siège aux premières notes du *God save the Queen*… sans pour autant perdre ma nationalité française. *Of course*.

Mon école s'appelle le « lycée de Jeunes Filles de Tourcoing ».

En fin de première, on passe le premier bac. En terminale, on a le choix entre trois baccalauréats : Philosophie, Sciences expérimentales et Mathématiques élémentaires. On dit Philo, Sciences-Ex et Math'Élem. De la sixième à la terminale, on me fait suivre tout naturellement la voie classique des littéraires, ce qui me convient bien.

Je découvre le latin qui me séduit vite – à moins que ce soit cette petite prof de lettres, Josette, enceinte jusqu'aux yeux, qui me chouchoute. Le latin ouvre mon imagination sur des horizons antiques fabuleux, nos origines, notre langue, une autre manière de penser, un monde où avoir des esclaves est tout à fait normal, où l'on passe des heures dans des bains chauds avec ses amis, des villas ensoleillées, des cours ombragées où l'on mange allongé des grappes de raisins et des olives, pendant que l'armée romaine massacre des Gaulois moustachus et pave les routes de larges pierres. Voilà ma vision de Rome.

J'aime surtout le français, le latin et l'anglais, les autres matières me paraissent accessoires. Tous les quinze jours on change de tabliers. À carreaux rouge et blanc ou à carreaux jaune et blanc. Bien entendu, il nous arrive de nous tromper. Le lundi matin, Maman qui a lavé et repassé nos « blouses » comme disent les pionnes nous demande : jaune ou rouge ? Pour peu que l'on choisisse la mauvaise option et on se retrouve comme un fraise parmi les citrons ou comme un citron dans un panier de fraises dans la cour de récréation. Les surveillantes ne se privent pas de nous le faire remarquer comme si on n'était pas déjà au courant.

En classe de cinquième, où j'entre à onze ans, un petit miracle se produit : une fille de ma classe est plus jeune que moi ! Youpi ! Catherine est du 6 octobre 1948 et moi du 2. Quatre jours nous séparent mais toute ma scolarité, elle m'appellera « ma vieille ». Elle deviendra ma meilleure amie. Son père est ingénieur aux Trois Suisses. Pas l'arrêt du tramway, non. Le Catalogue des Trois Suisses, un concept tout nouveau qu'il est en train de mettre au point. De la vente par correspondance !? Quelle idée bizarre ! Acheter des trucs que l'on ne voit pas, dont on regarde les photos, des vêtements que l'on ne peut ni toucher ni essayer. Le prêt-à-porter commence à apparaître, mais chez nous c'est Maman qui tricote nos pulls et nos gilets, qui coud nos jupes et nos robes. Ou encore, nous allons à Croix, chez notre Tante Thérèse, la femme de Tonton Fernand, qui est une excellente couturière. Manteaux, blazers, pantalons dont on choisit la forme dans un magazine. Elle prend nos mesures. Qu'est-ce qu'elles ont grandi, tes filles,

Thérèse ! Elle dessine un patron avec une craie bleue, elle le découpe sur la table de sa salle à manger. Puis on va acheter le tissu avec Maman près de la gare de Roubaix. Après quelques essayages, miracle et émerveillement : les vêtements dont nous rêvions sur les pages du magazine sont maintenant sur nos épaules.

Ou pas... Parfois, Papa et Maman choisissent pour nous et nous voilà affublées d'un truc qui ne nous plaît pas du tout. Comme ce costume gris – jupe à plis et blazer – que tante Thérèse nous a confectionné pour notre communion solennelle.

Au lycée, l'enseignement est laïc, mais il y a quand même un aumônier qui fait le catéchisme à celles qui préparent leur communion. Mais ici, pas de chapelle. La cérémonie aura lieu dans la salle de gym. Comme la fête du lycée et la remise des prix.

Catherine me dit que j'ai de la chance. Comme elle est la troisième fille d'une famille de sept enfants, elle hérite souvent des affaires de ses sœurs. Mais pas forcément, je me souviens d'une époque où nous demandions à nos mères de nous confectionner la même jupe et de nous acheter le même chandail... et nous allions ensemble au lycée « habillées pareil ». Ah, l'amitié des petites filles ! J'adore aller jouer chez elle, rue de Menin, près du centre de Tourcoing. Elle a trois frères et trois sœurs. Il y a plein de pièces, de chambres, d'enfants.

Catherine est une scientifique, une bonne en maths. Moi, je suis une littéraire, j'adore les rédactions, les versions latines ou anglaises, écrire des poèmes, inventer des histoires. J'aime bien rêver, ne rien faire, imaginer. Je suis le cerveau droit, elle est le cerveau gauche de notre équipe. Les deux plus jeunes de la classe, inséparables. Elle aime me faire endêver. Elle ne me parle pas de la journée, sans raison. Je pleure, je trépigne. Elle, ça la fait marrer. Elle me dit que je suis bête, que c'est un jeu, pour rire. Mais je ne vois pas ce qu'il y a de drôle.

Un jour, la prof de français – dont je suis éhontément la chouchou *number one* – lit ma rédaction tout haut devant toute la classe. Fière. Puis elle se tourne vers Catherine et lui dit que sa rédaction est nulle, la traite de « mémère à chien-chien » jusqu'à ce qu'elle pleure. Je suis perplexe. Je ne comprends pas pourquoi cette petite femme que j'adore est si méchante avec mon amie. Je suis partagée, déchirée. En sortant de la classe, Catherine me dit, les yeux rouges, mais droite dans ses bottes : « Je la déteste. » Cet épisode restera pour moi une énigme. D'autant plus que quand je lis sa rédaction, je ne la trouve pas si nulle que ça…

Les marrons

C'était l'automne. Il y avait cette allée de marronniers entre l'arrêt du tram et le collège. Une allée très belle que j'aimais emprunter. J'aurais pu tout aussi bien choisir le trottoir d'en face. Ou alors traverser le parc, contourner le monument aux morts que la ville de Tourcoing avait érigé à la mémoire de ses sacrifiés. Mais je préférais l'allée de marronniers. C'était un peu mon moment de campagne à la ville. Quand je faisais la route avec ma petite sœur ou une copine, je ne traînais pas. On parlait. Mais lorsque j'étais toute seule, je lambinais. Je marchais dans la boue, je ramassais des marrons. Ou ces étranges petites ailettes qu'on jetait en l'air et qui retombaient en tourbillonnant comme des feuilles-hélicoptères. Je suis née en octobre, c'est peut-être pour ça que j'aime l'automne, la boue, les tas de feuilles mortes. Les couleurs incroyables du soleil à travers les branches. Les marrons dans mes mains, dans mes poches, dans mon cartable. Si beaux, si brillants, si parfaits. En plus, ça ne sert à rien, un marron. Sauf si on veut planter un marronnier, ce qui n'était pas mon cas. J'aimais juste les regarder, les toucher, les poser sur mon bureau. Ça ne se mange pas, c'est juste beau.

Peut mieux faire.

Bavarde.

Trop rêveuse.

Corinne a beaucoup d'imagination.

Manque de rigueur.

Trop souvent en retard.

Bonne petite élève.

Excellent travail.

Elles ne pensent pas toutes la même chose de moi, les profs.

Couture. Je déteste le cours de couture. La prof de couture me déteste. À moins que ce soit l'inverse.

Je me demande ce qu'il y a de mal à rêver, à bavarder, à être un peu en retard quand on a presque deux ans d'avance. D'ailleurs pourquoi on dit « elle est en avance », alors que ce sont les autres qui sont plus grandes, plus vieilles, qui ont des petits seins qui poussent. Nicole a soulevé sa jupe pour me montrer qu'elle avait mis du sang sur sa chaise. C'est quoi, cette horreur ? Je croyais qu'il n'y avait que les mamans qui avaient leurs règles. Pas les petites filles de sixième.

Collégienne

Dans notre classe, depuis la sixième, il y a cette fille qui a un nom pas possible. Sérafinowicz. Au début, ce nom imprononçable et bien trop long, nous fait rire. Elle aussi est de 1948, elle a un an d'avance comme moi. On l'appelle Séra ou encore Véro, parce que son vrai nom est Véronique Sérafinowicz. On devient vite copines. On a le même âge. Elle aime bien l'anglais, comme moi.

Son père, Waclaw, est polonais. Il est chef de chantier. Je lui trouve un air éternellement triste et malheureux. Il parle fort avec un accent des pays de l'Est.

Mon père dit que c'est un Polack. Papa a toujours eu un petit côté raciste, comme beaucoup de gens à l'époque. « Tu ne nous ramènes pas de Noirs, ni d'Arabes à la maison ! »

Ah bon… Je ne sais pas pourquoi, mais j'obéis. Une fille de Polack, ça va encore. Je ne l'ai jamais entendu dire que Serge Gruzinski était un Polack…

Véro m'expliquera un jour que son père était gradé dans l'armée polonaise mais qu'à la fin de la guerre il avait dû fuir son pays et qu'en arrivant en France, il ne parlait pas un mot de notre langue. Il changea son prénom pour Albert. Il dut tout recommencer à zéro et travailler comme ouvrier-maçon. Il voulait partir au Canada, mais Solange, la jeune femme qu'il fréquentait, tomba enceinte et il l'épousa. Il renonça à son rêve d'outre-Atlantique. Et puis la vie, le dur travail, quatre enfants. De quoi faire la gueule, quoi.

Véro me disait que son père ne supportait pas que ses enfants tombent, se fassent mal. À la moindre égratignure, à la moindre goutte de sang, il se mettait en colère. Le sang de la guerre sans doute et toutes ses horreurs. Moi, je trouvais ça bizarre. Quand je tombais, Maman me consolait, me faisait le bisou magique, me mettait un pansement. Je suppose que madame Sérafinowicz faisait aussi des bisous magiques.

Mais Véro tremblait à l'idée du moindre bobo. Un jour, en sortant de l'école, on a fait un tour sur les auto-tamponneuses de la place de Tourcoing et Véro s'est pété une dent de devant. Son père était fou de rage et elle a été privée de sortie pendant un bon moment. C'était en troisième, l'année du BEPC. Les autos-tamponneuses n'étaient pas au programme.

Et puis, en 1963, quatre garçons sont venus perturber notre vie de collégiennes. John, Paul, George et Ringo. Ils nous ont rendues folles. Eux et toute la clique de la pop anglaise. La musique pop d'outre-Manche, d'outre Atlantique, très vite traduite en français par nos chanteurs yéyé, a pris une telle place dans notre monde d'adolescentes !

Sortir de l'enfance avec les Beatles, le twist, Radio Caroline et « Salut les copains », y'a pire.

Pochettes de disques confectionnées par Corinne et Carole

La famille Sérafinowicz vivait à l'autre bout de Tourcoing. Dans le quartier de l'Égalité. De mon quartier, le Blanc Seau, ça faisait une sacrée trotte. Véro ne venait quasiment jamais chez moi. Par contre, il m'arrivait de la raccompagner chez elle, rue de la Malcense. Elle venait au lycée en Solex, la veinarde. Moi, je n'avais même pas de vélo. Mon père était persuadé que si j'avais un vélo, je me ferais tuer en un rien de temps. Il avait probablement raison. Comme disait mon copain en sandales, Jésus, je suis dans ce monde, mais je ne suis pas de ce monde. Souvent, je ressentais ça, cette espèce de non-appartenance aux choses matérielles. Trop dans mes rêves, dans mes pensées, dans mes émotions, dans mon monde. Le code de la route n'y aurait pas trouvé place. Même les patins à roulettes sur lesquels je voyais Patricia Gruzinski filer à toute allure sur les trottoirs de l'avenue me semblaient des engins de mort impossibles à domestiquer.

À part de bons résultats scolaires, mes parents n'attendaient rien de moi. Maintenir leur fierté de parents de bonne élève. Maman faisait tout à la maison. Longtemps je n'ai même pas fait mon lit, ni même débarrassé la table. Ce n'est que plus tard qu'elle nous a demandé de mettre le couvert, d'essuyer la vaisselle, de ranger notre chambre. Le soir, elle nous aidait pour les devoirs, nous faisait réciter nos leçons, nous racontait toutes sortes d'histoires. Elle m'avait dit qu'il n'y avait pas de honte à demander à la maîtresse de réexpliquer ce que je n'avais pas compris. Que c'était plutôt un signe d'intelligence. Et j'ai pu vérifier par la suite combien elle avait raison et quel plaisir un professeur pouvait avoir quand une petite fille levait le doigt.

Par contre, cuisiner, faire des travaux manuels, décorer, réparer, bricoler, non. « Corinne n'est pas une manuelle. » Voilà l'étiquette que j'avais sur le front, et j'en étais moi-même convaincue. La tradition lainière du Nord de la France m'a tout de même appris à tricoter assez jeune. Normal, avec Maman et Françoise Gruzinski comme modèles !

Maman a toujours été une vraie passionnée d'astronomie. Autant l'astrologie lui paraissait risible et ridicule, autant les astres et les étoiles dès ma petite enfance ont peuplé de leur course mon firmament. Quand, à l'école primaire, la maîtresse nous a parlé des saisons, du jour et de la nuit, de la Terre, de la Lune et du Soleil, Maman et son mètre 72 (ce qui dans les années cinquante était une très grande taille) montèrent sur la table du salon à notre plus grand émerveillement.

Le soleil, c'est la lampe qui pend du plafond. La Terre c'est cette orange, la Lune, cet abricot. Alors, spectacle de magie. Les mains de Maman simulaient le mouvement de la Terre autour du soleil. Le pourquoi des saisons, des jours qui rallongent et qui raccourcissent, la face cachée de la Lune, tous ces mystères célestes n'eurent plus de secret pour nous.

Pareil pour comment on fait les bébés. La petite graine du papa et l'ovule de la maman. On ne comprenait pas tout du mécanisme, mais Carole et moi, on a vite su que les bébés ne naissaient pas dans les choux, que les cigognes étaient de grands oiseaux migrateurs sans aucun lien avec la reproduction des humains, que le gros ventre de la boulangère voulait dire qu'elle était « en sainte ».

Et qu'il fallait être vierge à notre mariage. N'oublions pas ce détail.

En sixième, encore bien jeune et bonne petite chrétienne, je ne me fais pas remarquer, sinon par ma précocité, ma facilité à apprendre l'anglais et mon goût pour le français/latin. En cours d'année, Mme Josette R. qui s'est bien arrondie part en congé de maternité et la grosse voix de son remplaçant, monsieur Jacquesson, m'effraie pendant la dictée quand il passe entre les rangs et se penche sur nos copies.

1958 marque un autre tournant dans notre vie. Ma Mamie et mon Papy Masclef, Andréa et Georges, vendent le magasin de vaisselle et cadeaux de la rue du Brun Pain. Adieu assiettes et verres, faïences et porcelaines, petits chiens vernis et biches en plâtre aux pattes si fragiles, adieu gamelles étincelantes. Ma grand-mère en a assez de tenir boutique. Cette grande maison, le magasin, les ventes et les comptes, tout cela la fatigue. Papy – qui le plus souvent n'a pas son mot à dire – est fonctionnaire. Il est contremaître aux Services des Eaux de Tourcoing, son salaire devrait leur suffire. Marraine Annette, la nièce de Mamie, qui vivait et travaillait avec eux, a « rencontré quelqu'un » au cours de vacances sur la Riviera, s'est fiancée et mariée.

Papy et Mamie achètent une maison rue des Champs, toujours dans le quartier du Brun Pain à Tourcoing. Une maison simple, une « maison d'employé » comme on dit, en briques, avec un petit jardin, une de ces maisons typiques du Nord et de la Belgique, construites souvent par les patrons de l'industrie textile pour loger leurs travailleurs, dans un alignement continu. Un rez-de-chaussée avec en enfilade un couloir longeant la « pièce de devant » dont la large fenêtre donne sur la rue, une salle à manger, une cuisine. Un escalier qui monte aux deux étages supérieurs. Ils y font faire quelques travaux de modernisation : une salle de bains et une véranda ouvrant sur le jardinet. Papy a quelques cages à lapins, un petit atelier pour bricoler. Au sous-sol, une minuscule cave avec le « kotch » à charbon et des cageots de bière. Et en face, dans la rue, un « jardin ouvrier » que la Ville lui a alloué. Il y passe beaucoup de son temps libre et fournit pommes de terre, salades, radis, haricots verts à toute la famille.

Tata Jocelyne est adolescente, elle a une jolie chambre avec un cosy-corner, sa fenêtre ouvre sur le jardin. Elle a le droit de mettre du vernis à ongles et des petits talons. Avec elle, on découvrira les Platters, Brenda Lee, Little Eva et Gilbert Bécaud. Le rythme des week-ends aussi a changé. Une semaine sur deux, Carole ou moi dormons chez Mamie. Ce qui veut dire aller du lycée à la rue des Champs après les cours du samedi matin. Souvent Papy vient nous chercher avec la dauphine bleue que Papa lui a revendue. Sinon, à pied. Le soir, celle dont c'est le tour partage la chambre de Jocelyne et la regarde se mettre des bigoudis et un filet sur la tête pour être belle demain dimanche. Personne ne va à la messe. Ouf. Le dimanche midi, Maman, Papa et celle qui n'a pas dormi là viennent déjeuner rue des Champs. Grand-Maman est toujours là, assise près de la cuisinière à charbon. Quand les devoirs sont faits, on joue dans le jardin, on nourrit les lapins de Papy. S'il fait trop froid, la table de la cuisine est réquisitionnée pour nos mises en scène avec petits soldats, indiens et cow-boys ou coureurs cyclistes, faisant bon ménage ou pas. Interdit de toucher au jardin japonais. Tu parles. Ce fascinant petit monde où le sable rose et vert est ratissé avec soin, où un minuscule pont enjambe un morceau de miroir, où une geisha côtoie un pêcheur à la ligne à grand chapeau, ce pays lointain posé comme un rêve sur le rebord de la fenêtre, comment ne pas y hasarder les doigts, y faire galoper un cheval, rouler un vélo, oublier un fusil.

Après le bain, Mamie nous sèche dans des serviettes délicieuses qu'elle a gardées au chaud avec amour sur le bord de la cuisinière.

En 1958, j'ai appris à nager pendant les grandes vacances que nous avons passées en camping à Port-Vendres. Depuis que la villa Les Algues, notre belle maison de famille à Bray-Dunes, a été vendue, nous partons en vacances en camping. C'est tout nouveau pour nous, mais assez marrant.

La Méditerranée est plus bleue et plus chaude que les gros rouleaux gris de la mer du Nord qui nous chahutent depuis notre petite enfance. Elle est aussi moins effrayante et plus calme pour apprendre à nager. Cet été, j'ai abandonné ma bouée et Papa nous a offert à chacune un tuba et un masque.

À cet âge, je ne réalise pas à quel point nous sommes privilégiées. Sans doute parce que Maman a parfois du mal à boucler le budget du mois et que Papa râle. Mais la chance d'avoir une belle et grande maison dans un aussi joli quartier que le Château-Vaissier, un jardin, une voiture, le téléphone, la télévision, bref tout le confort moderne, une maman qui ne travaille pas, des vacances et des week-ends à la mer, des grands-parents qui nous gâtent, toutes ces choses qui sont autant de chances me paraissent normales. De même que les engueulades de mes parents qui deviennent plus fréquentes et les rares fessées, quand je leur réponds. Maman c'est plutôt la gifle qu'elle préfère.

Françoise Gruzinski et Maman prennent toujours leur thé du mercredi après-midi en tricotant. Yoja, Carole et Patricia vont encore à l'école primaire et je les envie parfois d'avoir moins de devoirs que moi. Mais nous continuons à jouer ensemble dès que l'occasion se présente. Au ping-pong dans notre jardin, ou au Terrain-Vague, notre royaume qui jouxte la boulangerie Dereeper, ou encore à la recherche de fossiles près du canal dans les montagnes de graviers amenés là par péniche. Quand le temps ne nous permet pas de rester dehors, c'est au troisième étage de notre maison, au grenier, là où s'entassent malles, valises et cartons, que nous laissons libre cours à notre imagination. L'une des valises contient des robes qui ont dû appartenir à Maman et à Marie-Claire au temps euphorique de l'après-guerre. La robe de mariée et la chemise de nuit de noces de Maman, robes de bal, frous-frous, dentelles et broderies deviendront les costumes des pièces de théâtre que Yoja et moi improvisons là-haut.

Au salon, le piano aussi va souffrir de nos prouesses créatives.

Nous grandissons. Yoja qui va avoir onze ans en novembre 1960 entre à son tour au lycée de garçons de Tourcoing et prend le même tramway que nous. Parfois, si nos horaires coïncident, nous faisons la route ensemble jusqu'à l'arrêt des Trois-Suisses. Il descend à l'arrêt du pont hydraulique en face de son lycée. Carole et moi à l'arrêt suivant place de la Victoire. Mais c'est rare. Yoja est du genre à être toujours un peu en avance, et moi un peu en retard. Certains jours, si j'ai raté le tram, je dois courir, courir comme une dératée pour ne pas trouver porte close rue Philippe de Girard. Alors que lui est probablement assis quelque part près du canal à bouquiner ou à réviser ses leçons. Les Gruzinski sont très ponctuels, nous pas vraiment.

Communion solennelle

On entend parler depuis des mois de ce prisonnier américain qui, après douze ans de détention, a finalement été exécuté. En France on guillotine, en Angleterre on pend. En Amérique, on fait griller ou on asphyxie. C'est la chaise électrique ou la chambre à gaz. Modernité oblige. Il s'appelle Caryl Chessman. C'est un assassin, un violeur, un braqueur, un sale type, on est d'accord. Mais de là à le faire poireauter dans sa cellule pendant douze ans pour finalement l'envoyer dans la chambre à gaz, c'est pas sympa.

Cette histoire souleva une polémique internationale sur la peine de mort et la presse nous en gavera tout l'été 1960. À la rentrée, j'entre en quatrième et Carole en sixième comme Yoja. Je n'ai que douze ans et le sujet de la peine de mort n'a pas jusqu'à présent capté mon attention. Au royaume du Terrain-Vague, nous sommes sans pitié. Dans la vraie vie, nous n'avons pas la moindre idée de ce qui se passe vraiment.

Bientôt, au lycée, on nous demande qui veut faire sa communion. Carole et moi faisons partie du lot et le catéchisme vient s'ajouter à notre emploi du temps.

Ce n'est pas désagréable. Jésus, Marie, Joseph, Moïse, Noé et toute la tribu font déjà partie de mon univers depuis belle lurette. Je vais même à la messe occasionnellement à Saint-Éloi au Blanc Seau avec Marraine Noémie, ou pendant les vacances à l'église de Bray-Dunes-plage. J'aime assez, on chante, on parle en latin, il y a des bougies, de l'encens, de l'orgue et on met une petite pièce dans le panier à la quête. Les hommes doivent se découvrir la tête, les femmes se la couvrir. C'est bizarre mais c'est comme ça. Comme j'ai fait ma communion privée à La Sagesse quand j'avais sept ans, j'ai droit à l'hostie, cette petite rondelle blanche de pain, qui ressemble à tout sauf à une tartine, et qui colle au palais comme un buvard. C'est rigolo. Le curé a droit à un verre de rouge dans un beau calice, mais pas nous. On nous dit que c'est le corps et le sang du Christ, mais je n'y crois qu'à moitié, vu qu'il est mort depuis 2000 ans, pauvre Jésus. Toutes ces histoires qu'on a pu raconter en ton nom, toi qui aimais les petits enfants et qui guérissais les malades. À la messe on s'assied, on se lève, on s'agenouille, on baisse la tête, on joint les mains, on fait le signe de croix, on se rassied. Je ne sais pas qui a chorégraphié tout ça, sûrement pas Toi mon doux Jésus aux belles sandales. Mais j'obéis, ça ne me dérange pas. Le prêtre qui est censé te représenter est habillé de dorures et de soie, pas du tout comme ta djellaba blanche sur mon livre de prières.

La préparation à la communion solennelle oblige, je me remets aux affaires du Bon Dieu sans rechigner, j'avais un peu lâché l'affaire à mon entrée dans une école laïque. L'aumônier du lycée est plutôt un brave type. Son approche de la religion n'est ni pesante ni figée. Il nous pose des questions, il nous écoute. Il a l'air d'un bon vivant et m'amènera à me poser assez tôt les bonnes questions. Comme cette histoire de Caryl Chessman qui me turlupine.

J'ai entendu Papa dire à plusieurs occasions que si quelqu'un faisait du mal à ses filles, il le tuerait. De ce côté-là, je me sens plutôt sécurisée. Un jour, à Bray-Dunes, mon cousin Jean et son copain Alain ont retiré ma culotte « pour voir comment c'était moulé une zézette de fille ». Cet épisode dans la tente de plage est toujours en moi quelque part, tremblant comme une petite fille qui a peur. Ça m'a terrorisée et surtout, ça m'a beaucoup déçue, je devais avoir six ans et j'adorais mon cousin. Je lui faisais une confiance absolue, c'était un peu mon héros…

Après l'auscultation, ils m'ont relâchée et le soir même je l'ai dit à mes parents. Mon père était fou furieux, ma mère atterrée. Convoqués devant la Cour suprême de la famille, les deux nigauds – qui à vrai dire n'avaient pas fait grand-chose à part me faire vraiment peur – n'en menaient pas large. Ils ont confirmé leur méfait. Le plus rude pour moi, c'est que la grand-mère de petit Jean m'a traitée de « petite vicieuse » ! C'est tout juste si c'était pas ma faute ! Je ne savais même pas ce que ça voulait dire…

J'ai appris plus tard que cette pratique, appelée « touche-pipi », était assez courante entre cousins/cousines ou voisins/voisines. Je n'aurais jamais pu concevoir un truc pareil avec mes voisins ! Vraiment pas mon truc.

Tout cela pour dire que finalement Papa ne les a pas tués. Juste bien engueulés.

Mais revenons à ce prisonnier américain, Caryl Chessman, en couverture de *Paris-Match*. Il s'était vu refuser toute grâce et fut exécuté. Après le catéchisme, je dis à Monsieur l'aumônier que je veux lui parler. Il doit penser que je me pose des questions sur la religion et l'engagement que je vais prendre vis-à-vis de l'Église catholique en faisant ma communion solennelle, ou Dieu sait quoi. Que nenni. Je lui parle de Caryl Chessman et de la peine de mort. Il est surpris, il m'écoute attentivement. J'essaie de lui expliquer le fond de ma pensée. Tu ne tueras pas. Alors on a le droit de tuer quelqu'un parce qu'il a tué ? Et puisqu'il était condamné à mort, pourquoi ne pas l'exécuter tout de suite au lieu de le laisser espérer pendant douze ans qu'il sera gracié ? Douze ans, Monsieur l'aumônier !

– Quel âge as-tu, Corinne ?

– Douze ans…

– Tu sais que toi aussi tu es condamnée à mort depuis douze ans ?

Je suis abasourdie. Avec cette simple phrase, cet homme me fait prendre conscience de ma mortalité. Je ne saurais décrire le sentiment que cette révélation éveille en moi. Une sorte d'étonnement, qui tourne à l'évidence. Presque un émerveillement, un soulagement.

Les dents de la fille

Un jour ça me tombe dessus, sans que je n'aie rien demandé à personne. À la visite médicale scolaire d'octobre 1961, on me donne une lettre à remettre à mes parents. Faudrait aller voir le dentiste. Comme pour beaucoup de choses au niveau de mon développement corporel – j'ai toujours l'air d'un petit garçon aux traits fins, plate comme une limande, pas l'ombre d'un poil pubien, d'un sein, d'un désir – ma dentition a pris un peu de retard. Certaines de mes dents n'ont pas encore repoussé et j'ai toujours, à mon entrée en troisième, un sourire partiellement édenté.

Jusque-là, je n'y prêtais guère attention, mais notre dentiste de famille après quelques radios montre à Maman sur une plaque lumineuse le mystérieux pêle-mêle de mes mâchoires.

Serait-ce encore un coup de ces maudits forceps qui à ma naissance m'ont quelque peu cabossée ? Ou une lointaine hérédité de dents de lapin ? Toujours est-il que ces clichés de malheur déclarent que ma mâchoire supérieure est trop étroite pour accueillir une belle rangée de dents bien alignées.

C'est un fait, preuve en main, les racines enfouies dans mes gencives ne promettent pas un sourire de star, comme sur les publicités Colgate haleine fraîche qui envahissent les magazines. Pas le choix, on prend rendez-vous chez un orthodontiste de Roubaix, le docteur Schlemmer qui nous reçoit rapidement. Je n'en mène pas large quand je pose mes petites fesses dans ce grand fauteuil et que je le vois s'approcher de moi avec toutes sortes d'instruments barbares. « C'est juste pour prendre des mesures » me dit-il pour me rassurer. Ce qui ne me rassure pas du tout, je pense à notre plombier sauvage qui assomme la tuyauterie de la maison en faisant trembler les murs. Moi aussi je tremble. Il prend d'autres clichés et bientôt le verdict tombe : je vais devoir porter un appareil dentaire. Pendant deux à trois ans. Rien que ça. Au secours.

Le devis n'est pas mal non plus, d'autant qu'il annonce à Maman que la Sécurité sociale ne rembourse plus ce genre d'équipement à partir d'un certain âge et que j'ai dépassé la date limite… Sur quels critères base-t-on la date à laquelle une dentition « normale » devrait être complète ?

Comme d'habitude, Maman ne fait ni une ni deux. Elle se rend au siège de la Sécurité sociale à Tourcoing et leur explique qu'il aurait été difficile de faire porter un appareil dentaire à une petite fille dont les dents n'ont pas encore poussé. Mais la logique d'un fonctionnaire n'aime pas les exceptions. N'y a-t-il vraiment aucun recours ? L'employée récalcitrante suggère à Maman d'envoyer un courrier au directeur, une demande en recours gracieux, mais qu'elle ne se fasse pas trop d'illusions. C'est mal connaître ma mère. Elle prend sa plus belle plume pour exposer le problème dentaire de sa fille Corinne et le remboursement du vaste chantier qui va s'ouvrir dans ma bouche est accepté. Bien joué, Thérèse.

Je me regarde dans la glace. C'est vrai que j'ai les dents en avant. Deux incisives un peu obliques. « T'as des dents de lapin » me dit mon cousin Jean-Luc quand la semaine suivante je vais me faire couper les cheveux chez Tante Guite, sa mère. Dans le grand miroir de son salon de coiffure, je me plais bien. Avec mes petits cheveux courts, mes yeux brillants et mon sourire d'enfant, je me trouve plutôt mignonne. Ou mignon. Mignonne.

Arrête de faire endêver ta cousine, Jean-Luc. Je l'adore mon cousin Jean-Luc, il me fait mourir de rire, il n'aime pas l'école, il va passer son certif' et après apprendre la coiffure. Je découvre qu'il y a une école où on apprend à devenir coiffeur.

Je ne suis pas très grande pour l'instant, bien qu'au saut en hauteur je les batte toutes, même les grandes guibolles qui mettent déjà des bas et des porte-jarretelles. J'ai toutes les chances de grandir encore pendant quelques années, considérant la taille de Maman. Un mètre soixante-douze.

Le docteur Schlemmer va donc pouvoir profiter de la malléabilité de mon squelette en croissance pour élargir ma mâchoire supérieure et par la suite mettre de l'ordre dans tout ça. Je ne comprends pas tout, mais Maman si. La tête de mort posée sur le bureau du dentiste me fait un étrange sourire. Je me dis qu'on appelle souvent un crâne « tête de mort » alors que le mien est bien vivant et que l'on va s'occuper de lui. Le remodeler. Pour que je sois plus jolie, m'assure Maman quand dans le bus du retour elle me voit fondre en larmes. Deux ans ! Peut-être trois ! Avec un appareil dans ma bouche, tu te rends compte ? C'est pour ton bien, ma fille. Un jour tu nous diras merci.

Les premières manœuvres vont donc consister à élargir le palais. On installe dans ma bouche une espèce de plafond rose, armé en son centre d'une vis métallique du meilleur goût. Je connais vite par cœur la route de chez moi à la rue de l'Alma. Tous les jeudis après-midi je me rends à pied ou en bus au cabinet du docteur Schlemmer près de la gare de Roubaix, non loin de l'ancien Tissage Domino que mon grand-père a revendu à un marchand de carrelage. Pendant que mes copines de classe vont à la piscine, au cinéma ou les unes chez les autres pour faire leurs devoirs ensemble en écoutant « Salut les copains », je passe une partie de l'après-midi dans la salle d'attente du dentiste puis sur son maudit siège en cuir dont l'appuie-tête me fait souffrir. Il regarde bien partout et donne un coup de clé à l'écarteur. Le soir dans mon lit, j'ai un peu de mal à m'endormir avec cet engin de torture dans la bouche.

Mais comme c'est pour mon bien… Une fois cette grosse artillerie mise en place, j'ai un peu de mal à bien articuler, du moins au début, avec ce palais en résine à géométrie variable. Tu vas t'habituer.

Mes vraies copines compatissent, les autres s'en fichent royalement, trop occupées par leurs premiers soutien-gorge ou la dernière couleur de vernis à ongle à la mode.

Madame Josette R., ma professeur de français-latin bien-aimée, qui me suit depuis la sixième, n'a encore rien remarqué. Elle nous a annoncé à la rentrée que cette année, on ne rigole plus. Il y a le BEPC en juin. En troisième, on étudie trois pièces de théâtre. Une par trimestre. Molière, Racine et Corneille. Si on a le temps, on jettera un œil sur Marivaux. La pose de mon appareil dentaire tombe sur la saison cornélienne.

– Corinne, vous prenez la suite.

Aïe. Qui pourrait s'empêcher de rigoler d'une Camille qui clame sa haine de Rome, unique objet de son ressentiment, en zozotant ? Toute la classe s'écroule de rire. Même moi à vrai dire, après une seconde de vexation…

– Allez tout de suite cracher ce bonbon que vous avez dans la bouche !

– Mais Madame ch'est pas un bonbon, ch'est tun appareil, bafouillé-je en ouvrant grand la bouche pour lui montrer l'attirail.

– Ah… là ma pauvre, sourit-elle avec compassion, je crois que je vais demander à quelqu'un d'autre de prendre le rôle de Camille. Véronique Sérafinowicz ?

Je m'y suis habituée, j'ai retrouvé ma diction, avec le temps, je n'y pensais plus. Après l'écarteur j'ai eu droit au redresseur, le fil qui réaligne les dents et dans lequel les feuilles de salade restent coincées pour le bel effet. Et quand à quinze ans et demi on m'a finalement retiré mon appareil, une incroyable sensation de liberté a envahi ma bouche, puis tout mon être. Je devais dormir avec une gouttière en caoutchouc, « mon pneu », comme je l'appelais avec affection, mais ça c'était vraiment un moindre mal, de la rigolade par rapport aux années que je venais de passer.

Et j'allais enfin pouvoir apprendre à embrasser les garçons !

The curse

J'ai fréquenté le lycée de Jeunes filles de Tourcoing de septembre 1958, mon entrée en sixième, à juin 1965 mon bac Philo. Durant cette période de sept années scolaires, je suis passée de la petite fille de dix ans à la grande fille, puis à la « jeune fille ».

J'entendais : « Elle est déjà jeune fille ? » Ce qui signifiait « A-t-elle ses règles ? » Non, pas encore, répondait Maman à ses amies ou à mes tantes, dont les questions me faisaient rougir et monter dans ma chambre. Eh bien, non ! Je viens d'entrer en terminale, j'ai seize ans et toujours rien. Carole ma petite sœur les a eues bien avant moi. Normal, Carole, c'est une fille…

Je ne m'en plains pas, quand je vois mes copines avoir mal au ventre et sortir en plein cours, ou devenir toutes rouges et ouvrir la fenêtre, ça ne me fait pas envie. Finalement ces maudites ragnagna (*the curse*, comme disent les Anglais) finissent par arriver, un soir de décembre 1964 quand un copain me ramène à la maison à l'arrière de sa mobylette. Maman fait sauter le bouchon de champagne, rituel auquel à chaque occasion spéciale elle restera fidèle, jusqu'à son dernier jour !

Années d'apprentissage

Serge

En septembre 1960, j'entre au lycée. Je me retrouve en terre inconnue. J'ai laissé au Blanc Seau les petits camarades du primaire. Je ne vais plus à pied à l'école mais je prends le Mongy. C'est le nom qu'on donne au tramway électrique qui relie Lille, Roubaix et Tourcoing. Le parcours d'une vingtaine de minutes est relativement bref mais ce temps de battement entre la maison et le lycée accentue l'impression de dépaysement. Dorénavant mon univers quotidien dépasse les frontières du Blanc Seau pour mordre sur un autre quartier de Tourcoing.

Lever à 6 h 30 ; toilette vite faite au lavabo, chez nous le bain se prend toujours le soir avant le dîner ; petit déjeuner avalé vers 7 h, Banania et tartines beurrées ; départ invariablement à 7 h 10. Le cartable sur le dos, il me faut une dizaine de minutes pour remonter la rue de Mouvaux, jusqu'à l'arrêt des Trois Suisses – au pied d'une firme au nom déjà fameux –, puis encore une douzaine de minutes de tramway qui me dépose au bord du Canal, de l'autre côté du Pont hydraulique, juste en face du lycée. Un voyage que j'effectuerai sept années durant, quatre fois par jour.

À l'aller, l'une après l'autre, je repasse mentalement toutes les leçons prévues pour la journée. Dès l'entrée en sixième, je mettrai au point ce petit rituel désormais invariable qui m'aide à vérifier si j'ai bien retenu les leçons de la veille. Un rituel qui me sécurise. Arrivé au lycée, je suis d'attaque pour affronter les matières qui se succèdent jusqu'à midi, heure à laquelle je reprends le chemin de la maison, j'attrape de nouveau le tramway près du Pont hydraulique, je descends à l'arrêt des Trois Suisses d'où je regagne la maison. Là, vers midi et demi, je partage le déjeuner familial, on mange toujours très vite à la maison car mon père fait lui aussi l'aller-retour entre la CIMA à Croix et la rue de Mouvaux. Vers 13 h 10, je prépare mes affaires et retourne passer l'après-midi au lycée.

Les parents nous ont épargné le déjeuner à la cantine à ma sœur et à moi. Tant mieux car je n'ai jamais été facile pour manger et les années qui passent ne changent rien à l'affaire. Et surtout je n'ai pas la moindre envie de goûter ce que je ne connais pas. Le déjeuner est aussi l'occasion de se retrouver autour de la table tous les trois avec Papa qui immuablement revient tous les jours du bureau d'abord à vélo, puis en voiture. Même à midi, notre petit monde à quatre fait bloc.

Le bonheur au bord du Canal

Partir à 7 h 10 pour 8 h, ou à 13 h 10 pour 14 h pour un parcours qui demandait au total une petite demi-heure, était-ce bien nécessaire ? Au lycée, le matin comme l'après-midi, j'arrive toujours en avance pour être sûr de ne pas être en retard – une habitude que je n'ai jamais perdue – et me voilà invariablement au seuil d'une porte *encore* fermée.

Ce temps libre, « en rab », dès la classe de quatrième, je l'emploie à dévorer les Classiques Larousse que je me procure avec mon argent de poche, faute de disposer comme mon copain Jean-Michel C., le fils de mon professeur de lettres, d'une bibliothèque à la maison.

Le lycée se dresse à la lisière d'un quartier résidentiel que traverse la grande avenue ombragée qui relie le centre de Tourcoing à Roubaix et à Lille : tout au long du boulevard de la Marne se succèdent villas et maisons de maître qui abritent les familles des industriels de la région. L'arrière du lycée domine les berges arborées d'un canal qui me rappellent qu'il y a eu des bois avant les cheminées d'usine. En le suivant sur quelques kilomètres, je finirai bien par revenir au bercail. Ce cordon ombilical me rassure face à la masse imposante et rébarbative du « bahut ».

Les séances de lecture, au bord du Canal, se multiplient au printemps quand les marronniers reverdissent ou à l'automne lorsque les buissons des berges et les files de peupliers le long du Grand Boulevard endossent des couleurs fauve. Je m'assieds sur ma serviette d'école posée à terre, protégé du vent par le rempart de briques qui entoure l'établissement. De mon poste de lecture, j'essaie, chaque fois que je le peux, d'attraper les rayons d'un soleil toujours chiche. Mais rien ne me met à l'abri du crachin ou de la pluie.

Les bords du Canal sont toujours paisibles. Le chemin de halage a depuis longtemps perdu sa raison d'être. Pas un passant, sauf quelques mariniers regagnant leur péniche ou leurs femmes pendant du linge. Le boulevard de la Marne est trop loin pour que me dérange le bruit des automobiles, et ce n'est pas le ronronnement des moteurs des barges chargées de sable ou de charbon qui me détournent des pages où je me plonge. Pas plus que le coup de vent qui répand une odeur de gasoil et disperse des panaches de fumée. Côté lycée, l'aile du bâtiment qui donne sur le Canal et son enfilade de grandes salles vides à l'heure du déjeuner, m'isolent des chahuts de la récré de midi.

Profitant de cet entre-deux qui n'appartient qu'à moi, avant les cours et hors de la maison, je m'aventure dans la « Littérature » sans toujours bien comprendre ce que je lis. D'abord Balzac, Flaubert, Maupassant, avant la découverte en classe de troisième de Proust et d'*Un amour de Swann*. À vrai dire, ce ne sont que des morceaux choisis et « mes livres » se réduisent à une poignée de Classiques Larousse. Mais quelque chose dans l'air, dans les nuages qui se poursuivent à travers le ciel, dans la lumière changeante, dans les odeurs de feuillages mouillés – il drache souvent –, insuffle aux pages que je lis une présence qu'elles n'auront jamais en salle de classe.

Je projette ce bout de décor champêtre, le Canal, ses arbres, sur la Normandie de Flaubert ou le Combray de Proust. Pour la première fois sans doute, j'apprends à exercer ma jeune liberté à l'écart du parcours obligé que trace et retrace chaque année le Lagarde et Michard[1], sans composition à rédiger, sans note à recevoir et sans compétition à affronter. Sans compte à rendre à personne. Chaque été, je retrouve le même plaisir, allongé sur le sable, dans les dunes de Coxyde et de Saint-Idesbald.

À Tourcoing, le lycée d'État de garçons remonte à la fin du XIXe siècle. Ouvert en 1885, il porte le nom d'une des grandes figures de la Troisième République, Léon Gambetta. Fondé contre la bourgeoisie bien-pensante de Tourcoing, qui ne jurait que par l'enseignement catholique et ne se privait

1. L'indétrônable manuel scolaire de littérature française, lancé en 1948 et prescrit jusqu'en 1992.

pas de dénoncer cette « citadelle de l'athéisme », le lycée a commencé par accueillir les fils des familles qui ne voulaient pas confier leur progéniture aux congrégations religieuses ; ou ceux qui n'avaient pas les moyens de leur offrir un enseignement privé haut de gamme. Catholiques, les dynasties du textile préfèrent « mettre » leurs enfants au collège de Marcq, à Marcq-en-Barœul, une bourgade cossue aux abords de Lille. Mi-dédaigneux, mi-envieux, nous savons qu'il est dans l'ordre des choses que les gosses de riches aillent à Marcq. C'est là que se coudoient les fils des industriels, des notables et des hommes politiques de la région, tous élevés par des curés. Même la bourgeoisie protestante, je l'ai su plus tard, succombait aux séductions des bons Pères du Collège de Marcq.

Posté en sentinelle de la République sur le boulevard de la Marne à l'entrée de Tourcoing, mon lycée campe à l'écart du centre, à distance respectueuse des cafés, des pâtisseries et d'autres tentations moins avouables. Cette géographie n'est pas l'effet du hasard. Au XIXe siècle, les éducateurs ont pris soin dans leur grande sagesse d'installer le lycée public de filles aux antipodes du lycée de garçons. Dans ces années 50, non seulement ces établissements ne sont pas mixtes, mais filles et garçons ne risquent pas de se croiser à midi ou à la fin des cours.

Le lycée de Tourcoing a déjà près d'un demi-siècle quand, à la fin des années 1920, mon père l'a rejoint pour poursuivre ses études secondaires, interrompues dans les circonstances que l'on sait. Trente ans plus tard, à l'en croire, le « bahut » n'a pratiquement pas changé, tout juste un peu plus noir de suie et un peu plus érodé par les pluies. Au sortir de l'école primaire, le lycée me plonge dans un décor tout aussi austère mais pas forcément déprimant. Comme si la transmission du savoir devait s'accompagner d'une gravité spartiate, en accord avec la grisaille du ciel ou les brouillards du Canal. À cet égard, mon passage de l'école Lasseron au lycée Gambetta se fait sans rupture, sauf que les élèves y sont bien plus nombreux et certains déjà de petits hommes.

L'apprentissage de la différence

Passage sans heurt ? Pas vraiment. L'entrée en classe de sixième me fait faire une découverte : je ne suis pas un élève tout à fait comme les autres. Mon lycée a beau être public, il a été bâti avant la séparation de l'Église et de l'État. Cette enfilade de cours et de jardins abrite une chapelle et une aumônerie. Les cours de catéchisme ne sont pas obligatoires, il ne manquerait plus que cela, mais ils figurent sur nos emplois du temps comme les classes de mathématiques et d'histoire-géo. Moralité, une fois par semaine, tandis que le reste de la classe part apprendre ses prières, me voilà seul en permanence, sous les regards interrogateurs de ceux qui s'y trouvent pour faire pénitence. La permanence est autant un lieu de punition qu'une salle d'études. C'est là aussi que se regroupent les internes, condamnés à vivre la semaine reclus au lycée, un régime qui n'a rien d'enthousiasmant et auquel je suis heureux d'avoir échappé.

Pas question, bien sûr, d'assister avec les autres au catéchisme puisque je ne suis pas baptisé. Pour l'instant, je ne suis même encore rien et donc je me retrouve comme suspendu dans le vide, les limbes prenant la forme du *no man's land* de la salle d'études. Mes copains, eux, considèrent que j'ai de la chance de ne devoir aller ni à confesse ni à la messe. Moi, j'éprouve pour la première fois l'impression d'être différent des autres et comme je ne connais encore personne dans ma classe, mon sentiment d'isolement s'accroît.

Mes parents ne m'ont pas préparé à cette situation. Je sais vaguement que ma mère est catholique, qu'elle s'est mariée à l'église avec mon père protestant, et que le curé – c'était en 1949 sous Pie XII – les a alors traités en « pestiférés » – le terme est de ma mère, elle aurait pu dire « hérétiques » si le mot avait fait partie de son vocabulaire. Mariée à l'église, en fait à la sacristie comme le répétait la saga familiale. Et pas question de mariage en blanc. En prime, le curé l'oblige à signer un document qui l'engage à faire baptiser ses futurs enfants au sein de l'Église catholique, apostolique et romaine (*sic*). Le papier a fini dans la corbeille. Aux yeux de l'Église, ma mère est donc parjure mais nous n'en savons rien. Les quelques photos du mariage de mes parents, je m'en rends compte aujourd'hui, masquent sous des sourires de circonstance les tensions qui ont accompagné la célébration et surtout sa préparation. Sans doute fallait-il complaire à la famille de Françoise, à mon grand-père Marcel et aux parents de Laon qui avaient fait le voyage pour l'occasion. Mon père, toujours tolérant en matière de croyances, avait accepté le mariage à l'église. Pour un protestant, le rite romain et le mariage mixte ne posaient pas de problème. Ma mère, par contre, s'en mordra les doigts.

Une « Bonne Nouvelle » ?

En fait, jusqu'à mon entrée au lycée, on ne parle pas de religion à la maison, même si mon père m'a mis entre les mains un recueil de récits bibliques, *La Bonne Nouvelle*. Ce livre a été rapporté de Strasbourg en 1939 par la Tant'Rachel. Sur lui, je vois l'ombre portée de notre vieille tante, Rachel Volck, enseignante, gaulliste, patriote comme l'Alsacienne qu'elle n'était pas, célibataire endurcie et protestante « militante ». Était-ce un cadeau pour la famille ou un ouvrage que l'institutrice utilisait dans ses classes et qu'elle aurait oublié chez sa sœur Isabelle ? Après la victoire de 1918, l'Alsace avait quitté l'empire allemand pour rejoindre la République sans abandonner le régime concordataire. L'enseignement des religions était donc au programme des écoles publiques.

La Bonne Nouvelle m'initie à l'Ancien et au Nouveau Testament. L'ai-je lue ? Non, mais souvent feuilletée. Son découpage en courts épisodes de deux ou trois pages s'accorde aux premiers pas que je fais alors dans la lecture des livres. Cette découverte tombe au moment où mes parents me font lire les volumes d'une collection qui me captive, les *Contes et légendes*. Tant pis ou tant mieux si les récits bibliques se mêlent aux mythes grecs et aux légendes du Moyen Age. Écrits révélés, mythes ou légendes, quelle différence ?

On m'a laissé me débrouiller avec le livre de la Tant'Rachel. Ma mère aurait été bien en peine de me guider dans les méandres de l'Ancien et du Nouveau Testament. En bonne catholique élevée dans les années 20, sa culture biblique se réduisait au strict minimum et très vite j'en saurai plus qu'elle. Mon père, lui, se gardait d'intervenir en matière religieuse. À ses yeux, seule comptait l'éducation morale qui passait par l'exemple qu'on devait donner aux autres.

Ce n'est pas le texte de la *Bonne Nouvelle* qui capture mon attention. Par contre, je passe des heures à contempler les deux cartes qu'elle renferme : celle de la Méditerranée orientale et celle de la Palestine, qui est dotée d'un encart montrant l'ancienne Jérusalem. J'ai sous les yeux ce monde lointain que l'on appelle antique ou biblique.

Davantage encore que les cartes, ce sont les illustrations qui me font ouvrir et rouvrir le livre de la Tant'Rachel. Une des premières gravures représente un ange, le glaive à la main, les ailes déployées, s'acharnant sur un Adam en larmes et une Ève tout aussi éplorée. L'ange est en train de les expulser du Paradis. Mes parents ne m'ayant jamais parlé de cette histoire vieille comme le monde, c'est seul que je découvre le grand roman de nos origines. Et, qui plus est, à travers une image horrifique qui s'est incrustée dans ma mémoire. Mais il y a pire dans le genre : le meurtre d'Abel par Caïn devant leurs moutons terrifiés par le geste. Ou encore le sacrifice d'Abraham : le couteau dans une main, l'autre sur la tête d'Isaac, le patriarche est arrêté in extremis par un ange qui écarte l'arme et apporte un bélier. De quoi intriguer un enfant de dix ans.

Qu'ont de si fascinant les images de *La Bonne Nouvelle* ? Les gravures composent une bande dessinée d'un nouveau genre, beaucoup plus travaillée, même si, à mon goût, ce déroulé noir et blanc manque un peu de couleurs. Rien à voir avec les dessins de Hergé ou d'Uderzo qui me sont familiers. Alors que les albums de Tintin me transportent, à mon insu, dans les années 1930, les images de *La Bonne Nouvelle* me plongent dans un académisme romantique et suranné qui excite ma curiosité. Les scènes de guerre à dominante macabre (l'œil de Goliath roulant sur le sol dans un petit geyser de sang sous le regard mauvais du jeune David) voisinent avec des scènes d'amitié et presque d'amour (David et Jonathan tendrement enlacés, la tête du second sur l'épaule du premier). J'enregistre.

Le Nouveau Testament me laisse plus indifférent puisqu'il contient « moins d'histoires anciennes ». Et je saute la fin du livre, qui raconte la naissance du protestantisme, et pour cause : je ne sais pas encore qu'il y a des protestants et des catholiques, et que cette différence me concerne au premier chef.

Une promesse non tenue

Les contacts épisodiques avec l'église paroissiale pour des messes de mariage ou des obsèques m'ont toujours laissé une impression de malaise, celle de ne pas savoir où me mettre ni quoi faire : le latin d'église, les gesticulations et la langue incompréhensibles du curé, la foule qui se lève puis se rassoit pour un oui ou pour un non, tout cela a quelque chose d'étrange et même de répulsif. Outre que l'église Saint-Éloi n'a rien d'ancien et ne présente donc pour moi aucun intérêt. Son adresse, « rue du Docteur Dupont », achève de la rendre insignifiante.

Dans l'immeuble du 22, Françoise T., la meilleure amie de ma mère, est une catholique fervente. Tout le monde l'appelle Francette pour la distinguer de ma mère Fafa. Avec Paul, son mari, elle donne beaucoup de son temps aux œuvres de la paroisse. Francette s'occupe de la bibliothèque paroissiale, où je vais de plus en plus fréquemment chercher des livres et qui devient la première bibliothèque que je fréquente assidûment. Par fidélité indéfectible à l'institution autant que par conviction, le couple a fini par épouser l'évolution de l'Église et suivre la voie frayée par le concile Vatican II. Mais la Rome de Pie XII n'est pas morte d'un coup.

Francette a toujours reproché gentiment mais fermement à ma mère de ne pas avoir tenu l'engagement pris, lors de son mariage, de nous faire baptiser ma sœur et moi au sein de l'Église catholique.

– Mais Françoise, vous avez promis et vous êtes parjure. Vos enfants en subiront les conséquences. Vous savez bien ce qui attend les enfants non baptisés… Vous ne voulez vraiment pas leur donner d'éducation religieuse ?

– Il y a des choses, répond ma mère agacée, que je ne pourrai jamais admettre, et surtout pas qu'on impose d'office à des enfants des croyances qu'ils n'ont pas choisies. Ah si mon mariage n'avait pas été une comédie de sacristie !

– Il faut savoir pardonner…

– C'est vite dit…

– C'est pourtant votre devoir de catholique, ce n'est pas à vos enfants de choisir, ils sont trop petits…

– En tout cas, ne croyez pas que je vais faire une croix sur ce qui s'est passé. On attendra que les gosses arrivent à l'âge de raison et on leur demandera ce qu'ils veulent devenir.

– Tout ça ne tient pas debout, Françoise. Même plus âgés, Yoja et Nounoune seront incapables de prendre cette décision.

« Pas d'éducation religieuse. » Tout pourtant ne tombe pas dans l'oreille d'une sourde. Et il est possible après tout que le livre de la Tant'Rachel soit arrivé à point nommé pour introduire ces rudiments d'éducation religieuse que nos parents n'avaient pas encore trouvé bon de nous donner officiellement. Reste que déjà l'orientation protestante avait pris le pas sur le catholicisme.

À l'école primaire, on s'en doute, régnait une laïcité intégrale. J'y apprenais des tas de choses, lecture, écriture, calcul, histoire, géographie, sciences naturelles, gymnastique, tout ou presque sauf bien sûr la religion. L'école Lasseron se dressait à deux pas de l'église paroissiale, Saint-Éloi, et dans nos manuels tous les villages de France étaient dominés par le clocher de leur église. Mais à l'intérieur des murs de l'école, pas un mot sur ce que pouvaient représenter une église, un temple, une synagogue, a fortiori une mosquée. Comme je n'étais pas baptisé et que je ne préparais pas ma communion, que mes parents n'allaient ni à la messe ni même d'ailleurs au temple, la religion restait pour moi une case vide, et ce n'étaient pas mes maîtres d'école, communistes, libres penseurs, laïcards ou tièdement catholiques, qui allaient m'expliquer le livre de la vieille tante.

C'est dans ces circonstances que je prends conscience au lycée de ma singularité. Aujourd'hui, il me semble que les heures passées en permanence n'ont pas été vaines. Elles ont même pu être décisives pour le reste de mon existence. Aurais-je dû parler de ce malaise à mes parents ? En fait, je suis encore trop jeune pour saisir ce qui m'arrive. Se sentir troublé est une chose, mettre des mots sur un trouble une autre. Je suis sûr que mes parents auraient estimé que j'accordais trop d'importance à ce qui n'en avait point. Et à en juger par la relation fort lâche que tous deux avaient avec l'institution religieuse, je ne pense pas m'être trompé. Reste que ce trouble n'avait rien à voir avec un quelconque handicap ou blocage scolaire dont j'aurais pu me plaindre à mes parents, ni avec une peur clairement identifiable. Mais cette situation prenait en moi une résonnance disproportionnée. Que faire ?

Je me suis efforcé de régler le problème à ma façon, « comme un grand » auraient dit mes parents. Donc tout seul, en ne comptant que sur moi-même. Puisque les camarades catholiques se plaignaient tant du catéchisme et considéraient mon sort avec envie, c'était peut-être qu'il valait mieux être un autre. Et cet autre, pourquoi pas, serait protestant.

Un an plus tard, à la question posée par mes parents, si nous voulons ma sœur et moi aller à l'église, au temple ou « nulle part » – je souligne le nulle part – je réponds sans la moindre hésitation : « au temple », ce qui signifie suivre les cours de l'école du dimanche au temple de la rue des Arts à Roubaix. La liberté laissée par mon père et ma mère à des enfants de dix et onze ans paraîtra peut-être prématurée, comme le pensait notre voisine Francette. Elle révèle en tout cas une ouverture d'esprit dont je ne prendrai toute la mesure qu'après coup, parvenu à l'âge adulte.

C'est qu'auparavant s'est produite en moi, au gré d'une alchimie perverse qui m'échappe encore, la mutation d'une différence en l'idée encore confuse d'une supériorité. Devenir protestant. Si les protestants valaient mieux que les catholiques, cet avantage devait se manifester dans tous les domaines, et d'abord dans celui qui était à ma portée, les résultats scolaires. Cette différence me galvanisait comme si une énergie secrète me propulsait, plus encore qu'à l'école primaire, vers les études. La justification viendra plus tard, au fur et à mesure que se préciseront mes rudiments de protestantisme et que je prendrai conscience de ce que représente une religion et de la manière dont elle s'oppose à d'autres croyances. Ce sera l'occasion de mes premières discussions « intellectuelles » avec mes camarades catholiques : « C'est idiot d'adorer des images de bois qui sont des choses mortes et puis c'est interdit dans la Bible ! Pourquoi vous priez une Vierge qui n'en est pas une puisque Marie a donné des frères à Jésus-Christ, c'est noir sur blanc dans la Bible ! »

Ma conviction est d'autant plus virulente que mes copains interloqués sont pris au dépourvu et restent plutôt sur la défensive. « Moi, je parle directement à Dieu et je lui dis *tu* (Vatican II n'a pas encore abandonné le "Notre Père qui êtes aux cieux") ; en tout cas, moi, je ne dois pas raconter ma vie à des curés qui distribuent des punitions ! Ou (plus méchamment) tu sais ce qui se passe quand une souris d'église attrape une hostie pour la grignoter ou nage dans un bénitier ? »

Drôle de discussion dans un établissement « laïque », mais qui se déroule dans un pays pas encore déchristianisé ! Je prends d'autant plus aisément le dessus qu'ils sont catholiques par tradition, parce que leurs parents et leurs grands-parents l'étaient, rarement par choix personnel. Dans le Nord, en revanche, le protestantisme est perle rare. Extirpé à l'époque de la domination espagnole, il réapparaît au XIXe siècle sans réussir à s'implanter en milieu ouvrier. La communauté protestante est marginale et mal ancrée localement : elle compte parmi ses membres éminents des industriels d'origine étrangère, anglaise, belge et hollandaise. Le fait est que je n'ai jamais connu d'autres protestants que moi au lycée.

En attendant, et c'est sans doute ce qui compte le plus, on a tous déjà l'impression de discuter comme des grands. De tout cela rien ne transpire dans ma famille ni dans la salle de classe. L'univers des récréations n'est ni celui de mes parents ni celui de mes professeurs. Au reste, Françoise et Serge auraient été bien surpris d'apprendre l'énergie que j'investissais dans ces discussions. Ce que j'ignorais, c'est que cette initiation à la différence me servirait plus tard à affronter et à assumer une tout autre singularité.

Tous les copains catholiques, à vrai dire, n'étaient pas que des croyants à la petite semaine. J'en fais l'expérience dès la quatrième, quand le fils de mon professeur de lettres, Jean-Michel C., devient un interlocuteur privilégié puis un ami proche. Nous avons treize ans tous les deux. Les C. sont une famille d'enseignants, bourgeoise, à la fois éclairée, gaulliste et bien-pensante, installée dans une grande maison du centre de Tourcoing. Ils reçoivent l'un des rares exemplaires du *Monde* qui arrivent à Tourcoing.

Rétrospectivement la famille C. m'a fait parfois penser à celle que met en scène Étienne Chatiliez dans *La vie est un long fleuve tranquille* (1988). Les enfants y vouvoient leurs parents. Cette habitude m'intrigue et m'impressionne et c'est la première fois que je pénètre chez un de mes professeurs. Jean-Michel est catholique et pratiquant. Les C. vont régulièrement à la messe. On peut donc être aussi sincèrement catholique que protestant. Ce qui ne nous interdit pas de nous lancer dans d'interminables débats dont nous sommes de plus en plus fiers. En discutant avec Michel, je découvre ce que signifie frotter des idées contre d'autres idées. Mais j'apprends également à respecter ceux qui ne pensent pas comme moi.

L'Église, au reste, est en train de changer. En 1964, la télévision parle de plus en plus d'un concile et d'un pape qui veut réformer l'Église, Jean XXIII, sur le trône de Pierre depuis six ans.

D'autres langues, d'autres mondes

Entrer en sixième, ce n'est pas seulement changer d'école, c'est aussi découvrir qu'il existe d'autres langues que le français et qu'elles s'apprennent autrement puisqu'on ne les parle ni à la maison ni au lycée. La méthode appliquée m'apparaît aujourd'hui fort discutable. Les trois langues que je découvrirai, le latin, le grec et l'anglais, sont pratiquement traitées de la même façon, comme des langues écrites et donc comme des langues mortes. Il me faudra attendre une bonne dizaine d'années, lors de mon séjour romain, pour que contraint de partager une *lingua franca*, je m'habitue à faire de mon anglais une langue capable d'exprimer mes idées et mes émotions en dehors du cadre convenu d'une salle de classe ou d'une composition écrite.

Pour l'heure, en 1960, le grand défi c'est le latin que ni mon père ni ma mère n'ont appris. Pour l'anglais, Papa se débrouille assez bien pour me faire répéter les leçons. Son boulot l'aide un peu. Il travaille pour une firme américaine, International Harvester, basée à Chicago, et se rend de temps à autre à Manchester où la multinationale possède l'une de ses filiales. Quand des années plus tard j'aurai entre les mains les lettres qu'il adressait à l'ami américain Frank C. et aux copains allemands à son retour de captivité, je me rendrai compte qu'il était capable de correspondre aussi bien dans la langue de Goethe que dans celle de Shakespeare, ce qui jamais n'a été mon cas.

Je me suis donc mis au latin. Sans jamais ressentir la moindre difficulté, toujours avec l'idée que cette langue est un gigantesque mécano dont il faut progressivement acquérir toutes les pièces, en commençant par les plus élémentaires, les déclinaisons et les conjugaisons. Je les mémorise sans effort comme j'ai appris les tables de multiplication à l'école primaire. Et je me prends vite au jeu de ce puzzle dont chaque élément doit recevoir sa bonne terminaison et sa bonne place. C'est amusant de renvoyer les verbes à la fin de la phrase, de se passer d'articles, de collectionner les mots de vocabulaire comme on rassemble des images. Un jeu a ses règles et la grammaire latine en regorge, toujours plus complexes au fur et à mesure que les mois passent et que je m'enfonce dans cet univers nouveau.

Mais l'enseignement du lycée me fait passer à côté de l'essentiel. En partant du principe qu'à chaque mot latin correspondait un mot français, s'enracinait l'idée trompeuse d'une équivalence mécanique entre le monde romain et celui dans lequel je vivais. Comme si on pouvait les superposer terme à terme. Personne n'a jamais cherché à m'expliquer ce qu'avait d'original la société antique en dehors de son ancienneté. Ni en quoi consistait une civilisation. La grammaire, le thème et la version latine escamotaient l'essentiel, l'initiation à un ailleurs éloigné dans l'espace et dans le temps, mais encore assez fort pour continuer à marquer la France du XXe siècle. Rome, c'était un peu comme mes deux grands-pères, on savait qu'ils avaient existé et qu'on descendait d'eux sans en demander davantage, sans trop s'interroger sur les liens qui nous rattachaient à leur monde et leur génération. Les années lycée passeront et cette découverte ne viendra jamais. Les vocabulaires s'enrichiront, les textes à traduire se feront toujours plus difficiles sans qu'on essaie de me transmettre le goût de cet autre monde. Que n'a-t-on cherché à insuffler de la vie à ces sociétés anciennes au lieu d'en produire une version aseptisée, figée comme les tableaux des déclinaisons et prise dans un moule classique de pure convention ? La règle est d'écrire le latin de Cicéron. Antérieure au temps de grand orateur, la tournure est considérée comme archaïque ; postérieure, elle passe pour impériale et donc décadente. Jamais on ne m'aura donné l'envie ni l'idée d'aller lire les Classiques latins (dans une version française), de me plonger dans Tacite ou Suétone, comme je le faisais alors pour d'autres littératures. Restait un carcan de règles et d'exemples à retenir par cœur, de quoi sans doute discipliner un jeune esprit, l'initier à la rigueur et profiter de la version latine pour polir son français. Belle occasion ratée de réfléchir sur l'esclavage, le militarisme, l'expansion à tout crin, mais également d'évoquer ce que la romanité a tissé de commun entre nous et nos voisins européens ! Ces années 1960 sont pourtant celles de la construction de l'Europe, la décennie qu'ouvre le traité de Rome (1958).

Les cours de grec, à partir de la quatrième, introduisent une nette embellie : le petit groupe d'élèves, quatre ou cinq, le nouvel alphabet, la diversité d'un langage qui tranche sur le latin cicéronien me rapprochent d'une autre Antiquité, moins monolithique, et qui traite autrement l'écriture, la langue et la pensée. Et puis à quinze ans, on commence à se poser des questions qu'on n'imagine pas au sortir du primaire. Et je me retrouverai en fin de classe Philo à essayer de traduire pour moi-même un peu de Platon.

Un lied de Schubert

Les classes de musique et de dessin sont conçues dans le même esprit efficace et réducteur. On nous équipe des rudiments essentiels sur les techniques du dessin ou de la notation musicale, mais sans guère chercher à éveiller en nous une passion pour les beaux-arts. Comme si ceux-ci étaient voués à n'être que matière à examen et jamais source de découvertes et de plaisir. De la sixième à la quatrième, les heures passent à explorer les balbutiements de la musique occidentale dans une progression aussi chronologique qu'implacable et désincarnée. On apprend à dessiner des portées, à reconnaître et à écrire les notes sur les lignes que nous traçons. On nous enseigne les clés, le rôle de la dominante, la signification des accords. On fait régulièrement des dictées musicales – la dictée restant un sport majeur toutes disciplines confondues. On essaie même de nous apprendre à chanter. Mais pas n'importe quoi…

Au programme, un lied de Schubert, *Röslein auf der Heiden*, dont nous devons retenir par cœur le texte en allemand. Un exercice absurde pour une classe de purs anglicistes, ignorants de la manière dont se prononce et fonctionne cette langue chaude et rugueuse. Bon élève, j'ai mémorisé le poème, si bien que j'en sais encore aujourd'hui assez pour le chantonner en moi-même. Plus tard, à force d'écouter Bach, Wagner ou Strauss, et de suivre la traduction des livrets d'opéras et de cantates en allemand, j'ai fini par comprendre l'intention de Mlle Dupont. Elle avait souhaité nous initier à l'une des manifestations majeures de la musique classique, son volet germanique. Sur le moment, c'était raté. Pour la plupart, mes camarades n'écouteront plus jamais de *lied* de leur vie.

À l'époque, dans l'esprit des programmes, l'histoire de la musique (essentiellement classique) tient du catalogue encyclopédique. Tout y passe, des *Tropes de Pâques* (XIIe siècle) d'Adam de la Halle, de la « polyphonie primitive » (on remonte à Charlemagne !) à Ockeghem. On aborde l'opéra italien avec Monteverdi et Cavalli. On finit par atterrir dans la France de Versailles et de Lulli. Que de siècles à parcourir – et d'années lycée – avant d'écouter le Bach de la *Suite en si mineur* ou de la *Passion selon saint Jean*. Pire, l'encyclopédisme des programmes n'empêche pas de faire l'impasse sur Bartók ou Stravinsky.

Au moins, la classe de musique échappe au francocentrisme du cours de lettres. Miraculeusement préservé sous sa couverture de plastique bleu pâle, gravée de petits scaphandriers, de poissons et d'anémones de mer, mon cahier en témoigne encore. En classe de sixième, le cours a débuté par un peu de musique russe, Borodine – *Dans les steppes de l'Asie centrale* : « La note tenue évoque l'immensité et l'infini du désert. » Mais pour qu'on nous parle *enfin* du jazz et du bouleversement qu'il a introduit dans la musique occidentale, il faudra attendre 1965 et la classe de seconde, voire l'année suivante, une fois le cours de musique devenu facultatif. Quant à évoquer la déferlante du rock-and-roll et de la pop music, impensable au lycée. Comme s'il allait de soi que ce qui se passait hors des murs de l'établissement n'avait rien à faire avec ce que l'on nous y enseignait et ce que l'on nous y faisait entendre. Notre professeure était probablement trop consciente d'avoir à enseigner une matière secondaire et trop fidèle aux programmes pour nous conduire par d'autres chemins vers les mondes magiques de la musique.

C'est donc à la maison et non au lycée que j'aurai l'occasion de rencontrer et d'aimer Bach, Vivaldi ou Mozart. Mais c'est aussi à la maison qu'on écoute les Beatles depuis 1963, quand mon père de passage à Londres rapporte deux précieux 45t achetés sur le conseil avisé d'un disquaire local. Les parents ont acquis un petit tourne-disque Philips que j'ai plus ou moins appris à manipuler.

– Attention, Yoja, en sortant le disque de sa pochette ! Lave-toi les mains avant de le toucher. Ne cours pas dans la pièce sinon le saphir va encore sortir des sillons. Et gare à toi si tu raies le disque !

L'ennui, c'est que plus je m'efforce de faire attention, plus je m'agace et je risque « d'esquinter le microsillon ». Immobile, fasciné par les sons qui sortent de l'unique haut-parleur, je fixe les révolutions régulières du microsillon, les reflets de la lumière sur sa surface, les ondulations du bras qui promène le petit éclat de pierre noire. Ce saphir qui n'en fait qu'à sa tête, qu'il faut libérer de la poussière qu'il charrie et changer à intervalles réguliers, a tout pour moi d'une pierre magique.

Davantage que la radio et ses concerts, et nos quelques disques – l'achat d'un 33t pèse sur le budget familial –, c'est la télévision qui introduit au 22 la musique classique, les variétés, Johnny et les Yéyé dont raffole ma petite sœur, plus si petite que cela. Comme Corinne et Carole. Je finis par croire que c'est surtout un truc de filles. Le petit écran nous a rendu familiers deux noms qui depuis n'ont pas quitté ma mémoire : Denise Glaser qui anime *Discorama* et Bernard Gavoty qui présente des compositeurs et des interprètes inconnus de moi mais qui vont bientôt coloniser mon existence. Le temps a passé. Les traits de Bernard Gavoty se sont effacés mais pas la voix grave ni les grands yeux pénétrants de Denise Glaser.

Un jour, au lycée, ma professeure de musique m'interroge sur l'état de mes connaissances. Invité à donner le nom d'un grand violoniste, j'écris celui de Yehudi Menuhin sur ma copie et j'explique que je regarde régulièrement l'émission de Bernard Gavoty. Mlle Dupont me jette alors un regard consterné et réprobateur : « Comment, Gruzinski, vous perdez votre temps devant le petit écran ? » Pour elle, Gavoty n'est tout au plus qu'un organiste talentueux ou qu'un critique musical qui n'a rien à faire à la télévision française.

Le goût de l'histoire

Corinne et moi sommes partis à la chasse aux souvenirs, certains émergent, se formant ou se reformant, d'autres nous échappent ou nous filent entre les lignes. Parfois, par chance, nous exhumons une photographie ou un bibelot à quoi nous accrocher pour remonter le temps et retrouver ce que nous avons cru enfoui à jamais. Comme ce minuscule bouddha taillé dans une pierre rosâtre veinée de noir offert par ma grand-mère pour mon petit musée. Parfois, ce sont des cahiers d'écolier, préservés Dieu sait comment.

Deux de mes cahiers d'histoire ont ainsi survécu. Dès l'école primaire, dès les vacances belges – l'abbaye des Dunes – l'histoire me passionne. L'Égypte découverte dans l'album de photographies de Samivel, *Trésor de l'Égypte*, me captive au point que je décore les murs de notre chambre à coup d'Osiris et de hiéroglyphes que je copie de cet ouvrage. Je dors dans un tombeau égyptien avec la bénédiction de mes parents et l'accord tacite de ma sœur.

Alors pourquoi l'histoire ? Est-ce pour compenser les lacunes de la mémoire familiale ou pour pallier l'absence d'histoire locale, quand on vit au sein d'un quartier sans passé, surgi au début des années 1930 dans une cité de la révolution industrielle ? À ce compte, ma sœur Patricia, Corinne ou Carole auraient dû emprunter la même voie. Ce qui n'est pas le cas.

La découverte du passé

Le plus ancien des deux cahiers s'intitule : *Le Moyen Âge de 987 à 1492.* J'ai treize ans. La page de titre indique : *Cahier d'histoire, Quatrième A2,* celle des lycéens qui font du latin et de l'anglais. La quatrième A1 est la classe des germanistes car l'échelle des valeurs scolaires donne le pas à l'allemand sur la langue de Shakespeare, jugée plus facile et donc réservée à des sujets réputés moins doués. Cette hiérarchie – comme celle qui place les mathématiques avant les lettres – est indiscutable pour l'administration du lycée, les professeurs et les parents d'élèves. Sauf pour nous. Confrontés à la prétendue supériorité des copains qui apprennent l'allemand, nous ne nous laissons pas faire et nous moquons de ce préjugé, souvent démenti par la médiocrité des résultats de ces germanistes en herbe.

En plus des cours dictés en quatrième, le cahier renferme un lexique et une série de documents. Il est donc volumineux, et pas seulement parce qu'il est bourré d'images. Je voulais en faire un vrai livre. Sa couverture a reçu un traitement particulier : je l'ai doublée d'une feuille de papier Canson noir découpée au format du cahier puis glissée sous un film de plastique transparent. Avant de poser cette protection, en caractères blancs et vaguement gothiques mon pinceau a tracé sur la couverture puis sur la tranche : *Le Moyen Âge de 987 à 1492.*

La couverture reflète l'idée que je me fais du Moyen Âge, à la fois un temps de ténèbres (le noir), mais aussi de gravité (encore le noir) et de flamboyance. Pour la flamboyance, sur le canson de la couverture, j'ai collé une carte postale en couleurs. Elle reproduit une toile de Van Eyck, *La Vierge et le chanoine Van der Paele.* Van der Paele, c'est le nom bien flamand de ce vieillard en soutane blanche qui tient dans les mains un bréviaire et une paire de lunettes – des lunettes au Moyen Âge ! – et dont le regard las fixe l'Enfant Jésus. À droite, un archange en armure sourit, il porte une bannière blanche ornée d'une grande croix rouge. Son armure brille comme de l'argenterie bien astiquée. À gauche, un évêque coiffé d'une mitre sertie de bijoux, couvert d'une cape bleue brodée d'or, observe l'archange. Sa main droite tient un curieux objet en forme de petite roue, sur lequel brûlent des bougies. J'ignore qu'il s'agit de saint Donatien et de l'instrument avec lequel il a été torturé. Au centre, la Vierge présente l'Enfant assis sur un linge blanc qui dissimule en partie son manteau écarlate.

Qui pouvait m'expliquer tous ces personnages ? Personne, et moins encore mes parents. Je ne crois même jamais les avoir entendus parler de « Primitifs flamands ». Mon œil est happé par les couleurs vives, les objets précieux et le luxe des tissus, autant de reflets de l'opulence de la Bruges des siècles passés. Car c'est de Bruges que vient cette toile. Je la découvre lors de la première visite que je rends à une cité médiévale et à un musée. J'ai onze ans, en 1961, quand les parents nous conduisent dans la « Venise du Nord », une appellation d'autant plus énigmatique que je n'ai jamais vu Venise. Bruges et ses canaux ont quelque chose de féerique. Rien à voir avec le morne paysage industriel de Roubaix-Tourcoing. Ni même avec Ypres ou Furnes, nos escales habituelles sur la route de la mer.

« Nous allons visiter une "ville morte" », annonce mon père. Une « ville morte » ? Et il m'explique qu'au Moyen Âge la cité était un port florissant, tout près de la mer. Puis mystérieusement la mer s'est retirée trop loin et le port s'est ensablé, les navires chargés de cargaisons précieuses ne sont plus venus et les habitants se sont appauvris. Peu à peu ruinée et vidée de sa substance, la cité flamande s'est endormie avant de dépérir comme une plante qu'on cesse d'arroser.

Une fois sur place, je constate qu'une « ville morte » regorge de monuments « moyenâgeux », de vieilles églises, de maisons à encorbellement, de canaux aux eaux stagnantes où nagent des canards et des cygnes... et de boutiques de souvenirs. Bruges abrite aussi quelques palais remplis de tableaux que l'on appelle des musées et où je retournerai fréquemment. C'est dans l'un d'eux, le musée Groeninge, que je fais connaissance avec *La Vierge à l'Enfant.* Par chance, les notices y sont encore bilingues, en français et en néerlandais.

Aujourd'hui, il me suffit d'un clic pour retrouver cette image sur la toile, en identifier les acteurs, en observer les détails avec une précision qu'interdit la carte postale. Un autre clic me permet de tout savoir sur le tableau, le peintre, le musée. En 1963, à l'époque du cahier, j'en suis réduit à cette reproduction. À la maison, il y a bien un vieux Larousse universel en deux volumes (1922), dont les hors-textes présentent les chefs-d'œuvre de l'art occidental sur des planches couleur sepia. Mais *La Vierge à l'Enfant* brugeoise n'est pas au rendez-vous, les auteurs ayant donné priorité à la grande peinture d'histoire de la fin du XIXe siècle.

De bric et de broc. Le cahier d'histoire s'ouvre sur une grande reproduction en noir et blanc, découpée dans la revue mensuelle que lisent mes parents, *Historia.* Elle représente le prévôt des Marchands Étienne Marcel face au dauphin Charles. En fait, il s'agit d'une scène pseudo-historique, dramatisée par un artiste du XIXe siècle, aujourd'hui heureusement tombé dans l'oubli, Lucien-Étienne Mélingue. Une autre revue, prêtée ou offerte par une voisine, entre à la maison : *Aux carrefours de l'histoire.* Mois après mois, les articles d'*Historia* et de *Carrefours de l'Histoire* m'aident à accroître mon stock de « belles images ». J'y retrouve des noms que la radio et la télévision m'ont rendus familiers, Alain Decaux et André Castelot. Ce sont les premiers historiens dont je connais la voix et le visage car la famille écoute *La Tribune de l'Histoire* et ne manque jamais une

Caméra explore le temps[1]. Les hebdomadaires *Elle* et *Paris-Match* sont systématiquement mis à contribution, surtout leurs pages en quadrichromie. Quant aux délicieuses Biscottes Saint-Honoré, chaque semaine elles m'apportent sous le cellophane qui les protège, un chef-d'œuvre du Louvre, lui aussi reproduit en couleurs.

Le cahier fourmille de noms, de dates et de notions sans doute aussi vite oubliés qu'appris. Car pour moi cette tranche de passé qu'on nomme Moyen Âge reste attachée au souvenir des halles d'Ypres et des canaux de Bruges qui m'en ont offert un si extraordinaire avant-goût. Ce n'est pas un hasard si le chapitre sur la féodalité s'orne d'une carte postale d'un haut lieu de l'histoire des Flandres : le château des Comtes à Gand, « mon » premier château-fort, le premier dont j'ai arpenté les murailles, escaladé le donjon, humé l'humidité froide montant des douves. Les excursions en Belgique me mettent au contact physique d'un passé que me refuse le désert monumental de Roubaix-Tourcoing et que désincarne le savoir livresque du lycée.

Le paradoxe veut qu'en classe on ne nous parle guère de la Belgique pourtant si proche. À part quelques visions panoramiques, le cours se focalise sur l'histoire de la France. Sans la guerre de Cent ans, on n'évoquerait même pas notre voisin d'outre-Manche ! Toute perspective européenne est absente du programme. Hormis dans l'une des phrases laconiques de la conclusion : « c'est donc au Moyen Âge que s'est formée l'Europe politique moderne ». Au mieux les auteurs du manuel ont en tête l'Europe des nations dont on nous rappelle que les premiers spécimens voient le jour en France et en Angleterre à la veille des Temps modernes. Les autres pays européens sont aux abonnés absents. L'Italie des marchands et des artistes s'en tire un peu mieux : c'est en cours

1. *La Tribune de l'Histoire* était une émission radiophonique hebdomadaire diffusée de 1951 à 1997 ; *La caméra explore le temps* est une série française consacrée aux grandes énigmes de l'histoire, qui occupe le petit écran de 1957 à 1966.

d'histoire que j'entendrai évoquer – pour la première et la dernière fois au lycée – le nom de Dante et l'existence de la *Divine comédie*.

Et les autres empires ? Si Byzance est citée, c'est à l'occasion de sa chute. Chinois et Persans sont encore plus chichement traités. La question de l'héritage islamique est à peine effleurée. Vite fait, bien fait : « Les Arabes nous lèguent le coton, la soie, la médecine, l'arithmétique. » Le passé parcouru au lycée ne tient compte ni de la construction de l'Europe ni de la réconciliation franco-allemande. Les murs de l'établissement, et donc de ma mémoire, restent ceux, étanches, de la Troisième République.

On tente pourtant de nous initier à l'histoire de l'art en Europe, on nous enseigne à distinguer le gothique du roman ou à reconnaître les flamboiements du gothique tardif. On aborde enfin la question de la religion à travers un épisode comme le Schisme d'Avignon. De quoi retenir quelques mots rares et nouveaux : « schisme veut dire coupure, séparation », « hérésie veut dire erreur ». Au reste, le portrait qu'on nous présente de l'Église n'est guère édifiant. Les papes entretiennent des banquiers et des changeurs, et « leurs principaux auxiliaires », les cardinaux, vivent dans le luxe. Mais au moins, l'institution est-elle créditée du développement des universités, de l'enseignement du latin, de l'écriture des chroniques. En tout cas, je me sens confirmé dans la justesse de mon choix : l'Église romaine est une institution qui a périclité à la fin du Moyen Âge avant l'implacable nettoyage opéré par la Réforme.

« Ma cassette ! Ma cassette ! »

Mes années lycée ne sont pas des années muettes. Le cours de récitation m'oblige à mémoriser des tirades de théâtre et des poèmes. J'apprends à m'exprimer à haute voix devant les professeurs et les camarades. Je lève toujours le doigt pour participer aux lectures collectives des classiques : les rôles des pièces de Corneille, Racine ou Molière, sont distribués entre cinq ou six élèves. Selon un rite immuable, chacun à son tour depuis sa place lit la tirade ou la réplique qui lui correspond. Avec les comédies de Molière, on s'amuse beaucoup. J'entends encore les cris du vieil Harpagon : « Ma cassette ! Ma cassette ! » et les rires des copains. Avec Corneille ou Racine, les situations nous dépassent. Il n'est pas si facile de jouer des rôles graves et féminins, moins encore de comprendre en quoi Phèdre, qui s'amourache de son beau-fils, commet un crime monstrueux qu'elle paie de sa vie. « Le flux les apporta, le reflux les remporte… », *Le Cid,* au moins, ressemble un peu à une histoire de cape et d'épée comme on en trouve dans les bandes dessinées ou les feuilletons vus à la télé.

L'exercice garde toujours un aspect statique. Chacun reste à sa place sans jamais échanger de regards, ni jamais monter sur l'estrade ni jamais – quel dommage ! – se déguiser. Le texte, rien que le texte mais sans la scène. Le théâtre ne deviendra du théâtre que lorsque chez Corinne et Carole nous monterons nos pièces au grenier avec nos histoires, nos costumes, notre rideau bricolé. Nous faisons aussi notre théâtre dans le Terrain-Vague, un peu à la façon dont M. Jourdain, mon lointain ancêtre, faisait de la prose… sans le savoir !

À vrai dire, question théâtre, je ne connais que ce que j'en capte à la télévision dans des émissions comme *La caméra explore le temps* ou *Les Cinq Dernières Minutes.* Aujourd'hui la lecture de leurs génériques m'apprend que le petit écran m'a mis au contact des meilleurs comédiens de l'époque. Pas de sortie théâtre avec le lycée, du moins je n'en garde aucun souvenir. Je me console en me disant que j'ai évité la médiocrité des tournées et des scènes de province. Pas de sortie cinéma non plus, autre grand absent de l'enseignement secondaire. Une fois encore, la « Télévision française » – condamnée sans appel par la plupart de nos enseignants – comble un vide que ni ma famille ni le lycée ne sont en mesure d'occuper. Ce que représentent une scène, des acteurs, un décor, des éclairages, une salle de théâtre, des spectateurs qui applaudissent, c'est le petit écran qui me le révèle.

En classe on se concentre sur le texte imprimé, sur les mots, le sens et la grammaire. Les prestations orales passent d'ordinaire au second plan, surtout en classe d'anglais, avec les conséquences que l'on sait. Je n'en ai guère conscience. Hormis ma totale incapacité à comprendre les vieux dessins animés américains (*Felix le chat*) que diffuse et rediffuse le petit écran ! Notre anglais, écrit ou parlé, est censé être celui de Cambridge, pas celui des USA. Il n'est en fin de compte de nulle part.

Jour de fêtes

Hérité du modèle napoléonien et fils de la Troisième République, le lycée veille à soigner son image le jour de la distribution des prix. Avec ses fleurs sur l'estrade, sa pompe et ses discours, la cérémonie me confronte à tout un monde d'adultes que je ne connais pas. La salle de sports est transfigurée. Les planchers de bois gris et râpés disparaissent sous d'épais tapis cramoisis. Les familles endimanchées, les professeurs, l'administration du lycée au grand complet avec son proviseur et son censeur, enfin une notabilité locale chargée de prononcer le discours se pressent au cœur d'une institution où l'on s'amuse rarement. Et moins encore ce jour-là. La cérémonie marque la fin des cours, quand le soleil de juin et les premières chaleurs viennent annoncer le long entracte de l'été et notre migration vers la mer.

Abonné au prix d'excellence et aux premiers prix, sauf en gymnastique qui reste pour moi une matière négligeable, réservée aux forts en muscles, j'attends la cérémonie avec impatience pour augmenter ma collection de livres. Chaque année, une douzaine d'ouvrages au moins rejoignent ma mini-bibliothèque : pas forcément les bons car l'économe du lycée reçoit souvent des donations sans intérêt ou achète des stocks d'invendus.

Un de ces livres, au moins, a fait exception, un volume in octavo : *Le Colonel Chabert* (Honoré de Balzac). Gravé à l'encre noire, le titre se détache sur le carton d'une couverture verte, assez laide. Les chapitres sont illustrés de gravures sur bois qui aiguisent ma curiosité. À douze ans, le vieux colonel Chabert m'aura aidé à décoller de la terre des bandes dessinées et de la Bibliothèque rose pour m'approcher du ciel de la grande littérature.

À chaque distribution, j'ai le sentiment d'être justement récompensé pour mon mérite et mon travail, et la joie que j'observe sur le visage de mes parents me conforte dans cette idée. Les paroles que m'a adressées mon père à l'entrée en primaire se vérifient d'année en année : « je m'applique » et j'en suis rémunéré sous forme de citations au tableau d'honneur, de félicitations du conseil de discipline et de gros livres aux reliures cartonnés. Il n'y aurait donc pas de fatalité familiale, je ne suis pas condamné à partir à l'usine comme mon père. Le monde où je vis est équitable et il sanctionne le travail assidu.

En me maintenant en haut de la classe, une tête au-dessus des autres, je trouve le moyen de maintenir ma différence, qui désormais ne se résume plus à une histoire de catéchisme. Cette détermination exige de moi des efforts constants qui me font vivre ces années lycée dans un état de tension dont je n'ai pris que plus tard toute la mesure. Une tension de sprinter, qui me pousse à rester égal à moi-même plutôt qu'à dépasser les autres, vite devenue une seconde nature.

Le monde est dans les livres

Pas grand-chose à lire chez mes parents, sinon une poignée de livres entassés dans le grand tiroir de la desserte qui encombre notre chambre d'enfants. Mon grand-père a bien une bibliothèque dans la pièce qu'il occupe. Le meuble est d'une sobriété néo-classique, qui tranche avec le mobilier des années 30. Ses deux portes vitrées laissent entrevoir quelques livres et quantité de registres, bloc-notes, modèles de facture, souvenirs du temps où il plaçait des meubles et des machines à laver. Nous n'avons guère l'occasion de nous attarder chez Pépé : l'atmosphère enfumée, les odeurs de pipe (et autres) n'ont rien d'attirant pour des enfants, pas plus que ce vieil homme au corps décharné et au crâne dégarni qu'on vient baiser chaque soir sur le front une fois qu'il a été parfumé par mes parents, après sa toilette.

Derrière la vitre de sa bibliothèque, les *Œuvres complètes* de Jules Watteuw, dit « Le Broutteux », forment un bloc rouge sombre, aisément repérable. On se souvient de cette célébrité qui était liée à mon grand-père Delcambre. Pas de chance, la littérature patoisante et tout ce qui équivoque de près ou de loin le monde du grand-père Delcambre m'inspirent un profond désintérêt, pour ne pas dire une radicale aversion. Est-ce parce que le patois est banni à l'école ? Ou l'impression confuse de me trouver devant une forme de provincialisme ou de régionalisme attardé ? J'aurais mieux fait de méditer l'exergue que l'un de ses ouvrages emprunte à La Rochefoucauld : « L'accent du pays où l'on est né demeure dans l'esprit et dans le cœur comme dans le langage. » Je mettrai du temps à comprendre à côté de quoi j'étais passé quand j'étais enfant et adolescent. Le passé est fait de refus et de ratages autant que d'héritages.

Un livre pourtant éveille ma curiosité : *Les Carnets du Capitaine Coignet*. Un volume jauni, à la couverture toilée et huileuse, publié en 1909, imprégné d'une forte odeur de tabac. Les premières pages ont été rafistolées avec une sorte d'adhésif, ou de ce qui en tenait lieu avant guerre. L'ouvrage a l'air si antique que j'imagine qu'il a été imprimé au temps du valeureux capitaine après la chute de Napoléon. La page de titre indique : « d'après le manuscrit original ». C'est assez pour que j'entrepose ce précieux témoignage sur les rayons de l'étagère que mon père m'a confectionnée, et qu'on a réussi à caser dans notre chambre à coucher.

De chez mon grand-père, mais après sa mort, j'extrais également un *Théâtre choisi de Shakespeare* en trois volumes (1878), deux tomes d'un *Théâtre de Molière*, des livres qui sentent encore le XIXe siècle. Le reste est parti sans laisser de trace. Comme ce saxophone qui dormait dans un étui de cuir usagé. Comme ce buste en plâtre, imitation bronze, d'un homme à la chevelure en bataille, coiffé d'une ample casquette : une inscription disait « Richard Wagner ». Mon grand-père ne m'a jamais expliqué qui était ce Richard Wagner, ni pourquoi ce buste trônait dans sa chambre sur son secrétaire à cylindre. Mais le lui ai-je jamais demandé ? L'ai-je interrogé sur ces musiques dont il conservait les partitions jaunies, des opéras comme *Tannhäuser* ou *Cavalleria rusticana* de Mascagni, des opérettes comme *Phi-Phi* de Henri Christiné (« la scène se passe en 600 ans avant Jésus-Christ »), *Mignon* d'Ambroise Thomas, des chansons d'humour (Vincent Hyspa), des ouvertures symphoniques…

On repérait aussi dans la chambre enfumée un sous-verre accroché au-dessus de son lit. Il contenait la photo d'un vieux militaire : un maréchal Pétain, assis, la main gauche recouvrant la main droite, accompagné de la formule restée fameuse, « Je fais à la France le don de ma personne ». Le petit garçon que je suis n'y voit qu'un vieillard dans la chambre d'un vieillard, un militaire dont l'effigie figure encore sur les pièces de monnaie des années cinquante.

Entre Croix de feu côté Gruzinski et Maréchal côté Delcambre, me voilà bien loti ! Pire encore quand je me rappelle que l'un des livres qui dormaient dans le grand tiroir de la desserte s'appelait *Mon combat*, auteur : Adolf Hitler. Plusieurs fois je le feuillette furtivement sans rien comprendre à ces questions d'« espace vital ». Qui avait acheté l'ouvrage ? Pour quelle raison ? Quand ? Je n'en saurai jamais rien. Patricia et moi ignorions que nous partagions notre chambre avec d'aussi sinistres fantômes.

Ma cousine Rachel

Du côté des parents, surtout de ma mère, je garde encore en tête une poignée d'ouvrages qui ne seront jamais pour moi que des titres. Fafa, ancienne infirmière, a dévoré la série des *Hommes en blanc*. Impossible de ne pas remarquer les quatre volumes d'André Soubiran, publiés entre 1947 et 1958, alignés côte à côte, « peinture psychologique du monde médical sur fond d'intrigues sentimentales » (selon *La Dépêche de Toulouse*). Françoise semblait passionnée par cette lecture dont elle ne décollait plus. « Ce sont des histoires de carabins, vous êtes trop petits pour comprendre… » Moi, de toute façon, des histoires de médecins, ça ne m'intéressait pas du tout.

Françoise apprécie Daphné du Maurier mais elle lit aussi Sigrid Undset. Pour Daphné du Maurier, c'est *Rebecca*. Ce nom biblique m'intrigue. Je n'ai bien sûr aucune idée de l'importance de ce roman, paru peu avant la guerre (1938) et devenu depuis lors un classique. Après guerre, ma mère a sans doute vu le film éponyme d'Alfred Hitchcock, avec Laurence Olivier et Joan Fontaine, avant d'en découvrir la source. Le cinéma est déjà l'une des voies d'accès à la littérature.

Qu'est-ce qui pouvait tant la captiver dans ce drame policier et romantique ? Peut-être l'histoire d'un couple sans faille, celui que forment Maxim et la narratrice, à l'épreuve de tout et même du pire, pareil à celui qu'elle s'efforce alors de réaliser avec mon père ? Un autre titre de Daphné du Maurier, *Ma cousine Rachel*, est resté dans un coin de ma mémoire, associé aux lectures maternelles. Non pour l'intrigue, je ne l'ai pas lu non plus, mais précisément pour ce titre qui évoquait notre fameuse Tant'Rachel, même si rien ne pouvait rapprocher l'institutrice protestante et l'héroïne de Daphné du Maurier. Là encore, l'adaptation cinématographique a dû précéder et encourager la lecture : *Ma cousine Rachel*, de Henry Coster, avec Olivia de Havilland et Richard Burton, est sorti sur les écrans en 1952. Un troisième ouvrage m'a encore plus frappé, et toujours à cause de son titre : *L'Auberge de la Jamaïque*, lui aussi filmé par Hitchcock en 1938. C'est la Jamaïque qui intrigue le petit garçon, qui rêve de pirates et de Peter Pan, et s'imagine, à tort, que le roman se déroule sur une île des Caraïbes. Drôles de livres qui vivent encore pour moi par la simple magie de leurs titres, sans que je les aie jamais ouverts !

Une autre dame compte beaucoup pour ma mère, mais elle n'a qu'un prénom : Colette. Françoise possède depuis 1938 – elle avait alors dix-sept ans – un exemplaire des *Vrilles de la vigne* que j'ai aujourd'hui sous les yeux en écrivant ces pages. Je ne lirai pas Colette non plus : « De toute façon ce n'est pas encore une lecture pour toi. » Je n'en connaîtrai que les gravures sur bois qui alternent paysages et silhouettes de dames dévêtues. L'une des nouvelles, « En baie de Somme », pousse Françoise à fréquenter un bord de mer picard qu'elle évoquait volontiers : Saint-Valéry. J'imagine qu'elle s'y rendait avec les scouts juste après guerre, quand elle était guide. C'était l'endroit rêvé, pas trop loin de Tourcoing mais pas trop près non plus, pour faire du camping et pratiquer la baignade.

Parfois Maman nous lit des pages de Colette pour nous faire partager le plaisir que lui donne la vieille dame. Comme cette histoire du rossignol pris au piège : « Il crut mourir, il se débattit, ne s'évada qu'au prix de mille peines, et de tout le printemps se jura de ne plus dormir, tant que les vrilles de la vigne pousseraient. » De ces lectures à haute voix j'ai aussi retenu quelques noms, dont celui de Sido, la mère de Colette, si libre, si épatante et si féministe avant la lettre. Sido comme les notes de musique…

Ma mère s'évade en suivant les traces des héroïnes de Daphné du Maurier ou celles, plus sulfureuses, de l'auteure des *Claudine*. En ces années 1950, Colette est à la fois la gloire littéraire à laquelle on accorde des obsèques nationales (1954) et l'écrivaine à scandale qui brise les conventions, qu'elle aime les hommes ou les femmes, qu'on la trompe ou qu'elle trahisse les autres à son tour. On ne disait pas encore « écrivaine », mais même en province des Françaises cherchaient déjà dans une écriture de femme de quoi s'inventer une autre ligne de vie.

Mon père possède aussi quelques livres. Des livres de guerre, dont la trilogie de l'écrivain allemand Theodor Plievier, *Stalingrad, Moscou* et *Berlin*. Cette fois, je me suis glissé clandestinement entre les pages de ce long récit cauchemardesque, en récoltant des images apocalyptiques qui ne m'ont plus jamais quitté comme celles de ces soldats russes hystériques qui, dans leur avancée sur Berlin, prennent plaisir à sectionner les couilles de leurs prisonniers allemands avec du fil de fer. Pourquoi mon père si pacifiste éprouvait-il le besoin de se replonger dans une guerre qu'il détestait ? Et dans ses pires épisodes ?

Des réponses, sans doute en trouverais-je dans les volumes de la trilogie et dans la trajectoire de cet Allemand qui avait appris à se méfier de toutes les idéologies : Theodor Plievier avait quitté l'Allemagne d'Hitler en 1933 pour se réfugier en Union soviétique. C'est là qu'il écrit *Stalingrad* en 1945 à partir des témoignages recueillis auprès de prisonniers allemands. Plus tard, quand il publie *Moscou* et *Berlin*, il a rompu avec l'URSS et choisi l'Ouest.

Moi, ce n'est ni Daphné du Maurier, ni Theodor Plievier et moins encore Le Broutteux qui m'ouvrent la littérature des grands. Honoré de Balzac s'en est chargé. Et pas seulement celui du *Colonel Chabert*. En 1962, à douze ans, je tombe sur un volume dépareillé des *Scènes de la vie parisienne* et je commence par le premier fascicule : *La Maison Nucingen.*

Démarre une fréquentation assidue qui se prolongera plusieurs années. Je découvre enfin le plaisir de lire, cette drogue ou ce sport solitaire qui se déroule en marge des programmes scolaires mais aussi à l'écart des parents. Les années ont jauni et en partie mangé le mauvais papier de cette édition de 1936. Chaque page risque de partir en lambeaux. Comme la reliure ne tient plus, j'ai récupéré une bande d'un vieux papier collant mordoré dont on se servait avant guerre pour confectionner les sous-verres. Je sépare les différentes histoires, les numérote et encadre chaque titre au stylo bille. Je marque ainsi l'objet de ma lecture et multiplie d'un coup le nombre de volumes de ma petite bibliothèque.

La Maison Nucingen me fait croiser Eugène de Rastignac. Il m'introduit dans ce Paris de la monarchie de Juillet qui fourmille d'aventuriers, de spéculateurs, de jeunes ambitieux et de jolies femmes. Je lis alors Balzac comme on lirait un livre d'histoire qui suivrait les êtres humains à la trace, dans toutes leurs tribulations. De tout cela le cours d'histoire ne nous parle jamais ! Balzac est en train de m'expliquer le monde et d'abord Paris. Le meilleur restaurant de la capitale s'appelle *Le Rocher de Cancale*, l'opéra sert à autre chose qu'à écouter de la musique, les danseuses ne se consacrent pas qu'à la danse, et dans ce monde, tout se conquiert, tout s'achète et donc tout a un prix. Récit après récit, Balzac m'initie aux méandres de l'existence humaine. Autant que les grands films d'Hollywood que nous offre le poste de télé chaque dimanche soir, les *Scènes de la vie parisienne* m'enseignent pas à pas ce qu'est la société, le monde hors de la famille et hors du lycée. Balzac, qui parle du « mécanisme de la vie », sera pour moi ce guide omniscient et il le restera jusqu'au jour où André Gide prendra la relève, lorsque le jeune garçon aura fait place à l'adolescent. Un guide qui, roman après roman, chuchote à son lecteur en herbe les chemins à suivre ou à éviter. Avec lui, j'apprends l'importance de l'argent, des rangs et des classes sociales. Je découvre aussi ce que signifie le passé quand sur tant de personnages de *La Comédie humaine*, jeunes ou vieux, hommes ou femmes, pèsent, sans cesse ressassés, l'héritage de l'Ancien Régime et la mémoire de l'Empire.

Mais je tombe aussi sur des récits plus étranges, comme celui de Sarrasine, tombé éperdument amoureux d'une actrice italienne qui se révèle être un jeune homme, surveillé de près – pourquoi ? Balzac ne l'expliquait pas ou du moins pas assez clairement pour moi – par un Monsignore de l'Église romaine.

J'ai atteint ma treizième année, je suis en classe de quatrième et avec mon copain Jean-Michel C. nous nous sommes tout simplement mis en tête de lire tout Balzac, ou du moins tous les titres qui nous passeraient entre les mains. Avec le plaisir commun de retrouver, au gré des lectures, des personnages déjà entrevus dans les épisodes précédents, de jouir de la familiarité que forgent les longues heures de tête à tête passées avec chacun d'eux et de partager ensemble ces moments.

Après *La Maison Nucingen*, viennent les plats de résistance comme *La Rabouilleuse*. C'est la dimension sérielle qui me fait lire un livre après l'autre avec l'enthousiasme que je mettrai plus tard à suivre le *Twin Peaks* de David Lynch. Sur les grands écrans, les films à épisodes sont rares et la télévision n'offre encore que peu de feuilletons. Sur l'unique chaîne, *Le Chevalier de Maison-Rouge* et *Janique Aimée* ne démarrent qu'en 1963. Au lieu de lire Alexandre Dumas ou Eugène Sue, je préfère naviguer sur les eaux de *La Comédie humaine*. Étais-je séduit par l'idée qu'une histoire pouvait ne pas avoir de fin, un peu comme ce que j'imaginais alors être la vie ?

Mais comptaient autant pour moi le contact physique du papier, l'intimité avec le livre que l'on dévore sous les draps, dans la chaleur des couvertures, à la lueur d'une lampe électrique, à l'insu des parents ou de la sœur qui partage la même chambre et qui, plus jeune, n'a pas encore ce vice. Avec ce goût salé que laissent sur la langue les lamelles de cuivre de la pile, testées à la salive pour savoir si elle ne me lâchera pas trop tôt dans la nuit. Mais je préfère encore lire au bord du Canal, dans l'environnement « sauvage » des orties et des sureaux ou, à l'époque des grandes vacances, dans les dunes de la mer et les bois du Mont-de-l'Enclus.

Sans que je m'en rende compte, les contacts avec Corinne et Carole se font de plus en plus sporadiques. Le lycée, Balzac et l'Histoire m'occupent trop. Je ne comprends pas pourquoi ma mère, si proche de Thérèse, éprouve une profonde antipathie à l'égard de leur père, Georges Vandewalle, un homme qui m'a toujours intimidé. Au fond, cela m'est bien indifférent. Mon petit monde est en train de changer.

Yéyé

Corinne

Papa travaille chez Phildar. Il a commencé comme représentant, il est maintenant Inspecteur des Ventes. Il gagne plutôt bien sa vie. Il est responsable d'une équipe de commerciaux sur une région qui couvre plusieurs départements du Nord de la France. Il est toujours nickel. Costume fait sur mesure chez un tailleur de Tourcoing, cravate sobre, chemise blanche impeccable, chaussures de belle qualité en cuir noir, toujours cirées. Rasé de près, coiffé, les ongles faits, il doit donner une image parfaite de la Maison qu'il représente.

Maman lave et repasse son linge le week-end et prépare sa valise. Le lundi il se rend au bureau à Roubaix et dès le mardi matin, il prend le volant pour la Somme, le Pas-de-Calais ou les Ardennes. Il va visiter les magasins Phildar de son secteur, inspecter leurs ventes, rencontrer les gérantes et superviser le travail de son équipe.

« Mes chemises sont prêtes ? » Il les glisse dans sa valise avec soin et nous embrasse. Il rentrera vendredi soir. Il dort trois nuits par semaine à l'hôtel et mange au restaurant deux fois par jour. Tous les soirs, il téléphone à Maman. Il nous signale son retour le vendredi soir par deux coups de klaxon quand il franchit le pont du Canal. Maman dit « Voilà votre père » et, selon la semaine que nous avons passée, nous nous réjouissons ou nous craignons son arrivée. « Je vais le dire à ton père ». C'est la menace que Maman a proférée si j'ai fait la moindre bêtise pendant son absence. Au contraire, si mon bulletin scolaire est bon, voire très bon, je sais qu'il va être content et fier de moi.

Il est fatigué de sa semaine, il a les traits tirés, le dos tendu par la route et n'a qu'une envie : se reposer, s'asseoir dans son fauteuil et manger un repas simple, loin des menus de restaurants. Une omelette baveuse, des pommes de terre, une salade verte et une bière. Il ne prend jamais de dessert. Il mange en regardant le journal télévisé et parfois s'endort devant l'écran.

Le samedi matin, il va faire un tour à Roubaix. Il prend l'apéro avec ses copains, le plus souvent ses collègues de chez Phildar dans un café de la Grand'Place. Maman râle un peu, elle dit qu'il préfère passer du temps avec ses potes qu'avec sa famille. Maman n'a jamais rien compris aux mecs.

Généralement, le samedi midi, Tonton Marco, le meilleur ami de Papa Jo depuis l'enfance, vient déjeuner à la maison. Maman prépare quasiment toujours le même repas : un délicieux rôti de bœuf, de la purée de pommes de terre gratinée, des petits pois ou des haricots verts extra-fins. L'entrée et le dessert sont variables. Tonton Marco n'est pas marié et il ne veut pas d'enfants. Une de ses sœurs est handicapée de naissance et, de ce fait, il n'a jamais voulu prendre le risque d'avoir une descendance.

Carole et moi sommes ses « biquettes ». Il appelle Carole « Lolly ». Il est directeur chez Singer, une boîte de machines à coudre réputée et gagne beaucoup d'argent. Il a fait HEC. Il voyage souvent, il va en Amérique. Quand il lit mes leçons d'anglais, il n'a pas du tout le même accent que ma prof. Papa l'admire beaucoup. Plus que ça, même. Ils ne parlent jamais de la guerre devant nous, mais je sais que la Résistance a créé des liens indestructibles entre sa famille et la nôtre, quand Papa et Marco étaient encore au lycée. Il me semble que Tonton Marco nous aime autant que si nous étions ses nièces. En fait, Papa et lui sont comme des frères.

Papa change de voiture tous les deux ans. Il faut que son véhicule soit aussi nickel que lui. Dans l'ensemble, il est très fidèle à Peugeot et j'en ai vu défiler plusieurs modèles au cours des années soixante, mes années « teenager ». Il lave sa voiture tous les samedis après-midi devant la maison. Intérieur et extérieur. Parfois même, il nous demande, à Carole et à moi, de « simoniser » les chromes. Faut que ça brille.

Je me demande parfois si Maman est heureuse. Elle aime Papa, mais elle s'est fait une idée du couple et de la vie de famille un peu romantique, comme dans les films américains. Dans la vraie vie, ça ne se passe pas comme ça. Papa n'est pas très démonstratif. Il n'est pas du genre à serrer sa femme dans ses bras, ni à l'embrasser en public. Ni même ses filles. Je crois qu'il ne sait pas comment on fait pour montrer à quelqu'un qu'on l'aime. Il ne sait pas comment s'y prendre.

Mais il lui a offert un grand frigo tout neuf, à une époque où c'est encore un luxe, et un magnifique manteau de fourrure en astrakan. Maman, elle, a économisé sur son budget familial pour lui offrir une chevalière en or gravée à ses initiales : GV. Par contre, elle fait parfois des dépenses inconsidérées, sans même lui en parler. Comme la fois où elle a acheté une caravane avant les grandes vacances sans lui demander son avis ! Elle dit qu'il est radin, ce qui est un peu vrai, mais dans la famille Vanelslander ils n'ont pas rigolé tous les jours et comme dit Grand-Maman « un sou, c'est un sou ». Cela dit, Papa avec le temps est devenu un grand fan du caravaning.

Papa ne lit pas beaucoup, à part le journal et des livres qu'il reçoit tous les mois du « Reader's digest », des bouquins prédigérés. Il aime Jacques Brel et Charles Aznavour. Pas très yéyé dans l'ensemble.

Maman dit aussi qu'il est dur. Peut-être. Pas sûr. Mais il est colérique et il crie fort. Pour pas grand-chose. Ils se descendent mutuellement en public. Par exemple quand elle joue mal à la belote, il ne la rate pas. Elle lui rappelle que lui, il n'a pas eu son bac. J'en passe et des meilleures. Ça rend triste et ça blesse certainement mon adolescence. À cet âge-là les histoires de parents, on ne veut pas en entendre parler.

Chez les Gruzinski, ça ne doit pas se passer comme ça. Maman dit toujours que Serge Gruzinski est un homme « droit », c'est un protestant, il n'est pas très marrant, mais je crois que sa famille compte par dessus tout. J'ai entendu dire que Françoise avait une boule au sein, je ne sais pas trop ce que ça veut dire, mais ça n'a pas l'air de l'inquiéter. Elle vient toujours le mercredi après-midi boire le thé avec Maman pour bavarder et tricoter.

Maman est seule avec ses filles du mardi matin au vendredi soir. Elle s'occupe de la maison, des courses, du ménage, du repassage, de la lessive, de nous, de nos devoirs et de nos leçons qu'elle suit de très près – c'est difficile d'échapper à son œil et à son intuition maternelle – mais elle, au moins, elle aime notre musique, nos idoles, « Salut les copains » qu'on écoute sur le transistor dès qu'on rentre du lycée, « Âge tendre et tête de bois », le petit conservatoire de la chanson de Mireille et tout le tintouin. Elle tricote nos pulls, mais nous laisse maintenant en choisir le modèle et la couleur dans le catalogue Phildar. Elle nous coud des robes Sylvie Vartan avec un petit col et des jupes Sheila à carreaux. À l'école, nous avons toujours les plus belles chaussettes et les plus chouettes collants, toujours à la pointe de la mode, vu que Papa a la collection Phildar de la saison prochaine. On passe des chaussettes blanches de petites filles sages aux Chaussettes noires d'Eddy Mitchell.

Maman et Papa n'aiment pas Sylvie Vartan ! Pourquoi ? Nous, on l'adore, on la trouve géniale. Les affiches de nos idoles, que l'on trouve à la page centrale de *Salut les copains,* recouvrent les murs de notre chambre. Bientôt Carole réclame sa propre chambre. Je vis ça très mal, comme une trahison… Mais elle a gain de cause et les parents aménagent pour elle la chambre du troisième étage, qu'on appelait jusqu'alors le grenier. On se dispute pour les affiches, mais on finit par s'arranger et je m'habitue à avoir ma chambre à moi toute seule. J'en profite pour leur demander de me la refaire aussi. Je réclame des murs rouges (!). Quelle drôle d'idée. Mon bureau, placé devant la grande fenêtre du balcon, me permet de rêvasser pendant des heures à regarder la gigantesque grue qui, le long du Canal proche, vide et remplit le ventre des péniches de sable, de charbon, de graviers. L'avenue est jolie en toutes saisons, le ciel est immense au-dessus des villas, au coin les gens entrent et sortent de la boulangerie Dereeper, chargés de pains, de baguettes et de boîtes à gâteaux. Je fais mes devoirs sans grande conviction. Les auteurs français sont entrés dans ma vie. Rabelais que j'adore, Montaigne qui me fait réfléchir, les poètes qui m'ennuient.

Pour la première fois de ma vie, je vais au théâtre. Le fameux théâtre de Tourcoing, à deux pas de mon lycée. On y va avec toute la classe. C'est *Horace* qui se joue. Quel étonnement, ça me met même un peu mal à l'aise – je ne saurais dire pourquoi – de voir ce beau jeune homme en jupette déclamer les vers que notre prof nous avait donnés à apprendre par cœur la semaine dernière et cette comédienne brune pleurer son amant mort et maudire Rome… Je suis bouleversée. D'autant plus qu'après la représentation, ils reviennent s'asseoir, habillés normalement, en bord de scène pour discuter avec nous de la pièce. Quel étrange métier.

D'autres salles vont me fasciner. Les salles de concert. Maman nous emmène à TOUS les concerts possibles et imaginables de nos idoles quand elles viennent chanter à Roubaix ou à Mouscron.

Richard Anthony, Cloclo, Sylvie, Johnny, Françoise Hardy, Sheila, Franck Alamo, les Sunlights (un groupe local dont nous sommes très fans). Oui, on les a tous vus et revus, quelle chance vous avez, nous disent les copines de lycée. J'ai eu un Teppaz pour mon anniversaire et une pile de 45 tours s'amoncelle dans ma chambre, remplaçant la foule de poupées qui ont peuplé notre enfance.

En troisième, je lis tout Colette et tout Hervé Bazin. Et ce que la prof de Français nous demande d'acheter. J'aime lire tard dans mon lit avec une lampe de poche. Quand je me réveille le matin, la pile est morte.

L'hiver 1962-63 fut le plus froid du xxe siècle ! Nous allons en famille faire un tour à Bray-Dunes pour voir le phénomène dont tout le monde parle : la mer du Nord a gelé et nous pouvons marcher – prudemment – sur la banquise. Papa a ramené un chien à la maison. Une chienne en fait, boxer, très gentille, on l'a appelée Karah. On l'adore, sauf Timmy la chatte qui se hérisse à chaque fois que Karah l'approche. Elle ne s'y habituera jamais.

Elle est âgée de quelques mois seulement quand on lui fait couper la queue et les oreilles en pointe. Je trouve ça d'une cruauté insensée. Les critères de beauté, les pedigrees, les mutilations de ce genre… je ne suis pas trop d'accord, mais Papa dit que les boxers doivent avoir la queue courte et les oreilles pointues. Elle était bien plus mignonne avec ses petites oreilles tombantes. Après la cicatrisation, on n'y pense plus. Karah fait partie de la famille, on l'emmène partout, elle couvre les fauteuils, les tapis et nos manteaux de ses petits poils roux qui s'incrustent, mais c'est comme ça quand on a un chien. Ce qui m'énerve avec elle, c'est qu'elle ronfle et qu'elle bave dès qu'on passe à table. Et qu'elle te démet une épaule quand tu la tiens en laisse. Sinon, je l'aime bien. Elle a tellement de peau qu'on dirait qu'on lui a taillé un costume 3 tailles au-dessus.

La banquise à Bray-Dunes ! Incroyable ! Karah est de la partie, elle qui adore courir sur la plage, attraper un bâton, crever un ballon, la voilà bien perplexe quand elle découvre avec nous la plage couverte de neige et la mer gelée, solidifiée mais mouvante. Quelle sensation étrange que de sentir sous nos pieds le bercement moelleux des vagues et le mouvement à peine perceptible de la croûte de glace. Je rentre à la maison émerveillée comme si j'avais fait un voyage dans un pays lointain, inconnu, magique. Karah s'est roulée dans la neige. Elle tremble à l'arrière de la voiture sous son plaid à carreaux. Papa roule tout doucement, la route de Belgique est une patinoire, mais c'est tellement féerique que nous ne sommes pas pressés de rentrer à Tourcoing. Quand nous arrivons au coin de l'avenue Désiré-Six, la lumière est allumée chez les Gruzinski. Maman lève les yeux vers la fenêtre de leur salon. Elle s'inquiète pour son amie Françoise. Elle dit qu'elle a une boule au sein. Je ne comprends pas bien ce que ça veut dire.

AIMEZ-VOUS BACH ?

Serge

Cet hiver-là, pas d'excursion sur la banquise. Mon père redoute les routes verglacées. Quant à Françoise, elle a rejoint le cercle des dames protestantes de Roubaix. Au temple, elle s'est fait une amie, une Hollandaise depuis longtemps installée dans la région, et cette dame l'a introduite dans ce milieu bourgeois. Elle est fort gentille, Mme Visser. Et si affectueuse avec nous. Mme Visser est veuve. Ma mère nous a expliqué que son mari était pasteur, que pendant la guerre il a aidé les Juifs de Hollande à se cacher. Jusqu'à ce qu'un jour les Allemands découvrent ses activités. Ils l'arrêtent et l'envoient dans un endroit d'où il n'est jamais revenu. La vision répétée de *Nuit et Brouillard* lors des années d'école primaire m'aide à imaginer les camps où le pasteur fut assassiné. Mme Visser prit alors courageusement la relève de son mari. Elle officia comme pasteure et continua à secourir des Juifs jusqu'à la fin de la guerre.

Si ma mémoire ne m'a pas trompé, je dois pouvoir retrouver la trace des Visser. Et en effet plusieurs couples du nom de Visser figurent sur la liste hollandaise des Justes parmi les nations. Faute de connaître le prénom de cette dame – Françoise disait toujours « Madame Visser » –, je n'ai pas poussé plus loin mon investigation. Le destin tragique des Visser n'a plus jamais quitté ma mémoire. C'est la première fois que le drame de la Shoah prenait un visage, celui de cette dame si attentive et si chaleureuse avec ma mère. Patricia et moi, nous connaissions l'histoire de la petite Anne Frank, ma mère nous l'avait racontée, mais elle s'apparentait à un conte tragique pas si différent, en somme, de ceux d'Andersen ou de Selma Lagerlöf. Mme Visser, elle, on l'avait vue à la maison, on l'avait embrassée.

Les dames du Temple ont l'habitude de se réunir une fois par mois. Elles organisent entre elles des petites conférences pendant qu'elles tricotent, prennent le thé et dégustent des gâteaux. Chacune, à son tour, entretient le reste du groupe d'un sujet de son choix. Ma mère décide de leur parler de la vie de Jean-Sébastien Bach. Pourquoi Bach ? Je l'ignore, si ce n'est qu'on écoutait du Bach à la maison. Tout a commencé avec un petit 45t, la *Toccata et fugue en ré mineur*, puis une poignée de 33t ont complété le répertoire.

Ma mère appréciait la musique de Bach mais de là à se plonger dans l'existence du cantor de Leipzig et surtout à en faire le sujet d'un exposé ? L'exercice était casse-gueule, en tout cas pas évident pour une élève-infirmière qui n'avait pas dépassé le brevet. Son père Marcel a beau avoir été excellent musicien, que je sache, elle ne jouait d'aucun instrument. Et puis nous, on n'a jamais eu de piano dans la salle à manger comme chez Corinne et Carole. Quant à Bach, il n'a jamais été la tasse de thé de mon grand-père, qui ne jurait que par Massenet ou Reynaldo Hahn. Une autre raison me vient à l'esprit. Le cercle des dames du Temple avait un petit côté huppé : plusieurs d'entre elles étaient les épouses d'industriels belges ou hollandais fixés dans la région pour leurs affaires. Françoise voulait-elle gagner son ticket d'entrée dans un milieu qui n'était pas le nôtre ? Après tout, mon père était devenu le trésorier du temple depuis que la famille avait repris le chemin de la rue des Arts et de l'office du dimanche. L'affiliation protestante, donc l'appartenance à une minorité ici plutôt aisée, apportait-elle une distinction à laquelle chacune des deux familles, Gruzinski ou Delcambre, avait prétendu avant guerre, Marcel (Delcambre) dans les cercles d'artistes de Roubaix-Tourcoing et René (Gruzinski) avec ses Anciens combattants ?

C'est la première et la dernière fois que ma mère se prête à ce genre d'exercice qu'elle va préparer minutieusement, non sans une tension qui m'était perceptible. Il a lui fallu du courage – elle aurait dit « du culot » – pour rédiger un texte et affronter ces dames. Mais ma mère ne redoutait pas les obstacles et ce n'était pas le premier défi qu'elle relevait.

Je n'ai pas assisté à la présentation, mais je me souviens de l'événement – oui ce fut pour nous un véritable événement – pour y avoir apporté une minuscule contribution dont j'étais très fier. Ma mère m'avait demandé de dessiner une carte de l'Allemagne à l'époque de Jean-Sébastien Bach. Ce que j'ai fait avec empressement. Je m'applique même à donner un aspect ancien à mon dessin en esquissant une calligraphie un peu tarabiscotée. Les Allemands, mon père me l'a expliqué, écrivent avec des lettres gothiques. J'ai même vu à quoi cela ressemblait puisque chaque fois qu'il écrit des lignes en allemand, sa main reproduit ces formes bizarres qui pour moi évoquent le Moyen Âge et la Renaissance.

Pas de wikipedia à portée de main, ni de bibliothèque à la maison ou dans le quartier. La tâche de ma mère n'est pas simple. Elle s'est procuré, au Magasin du Printemps à Lille, quelques ouvrages qui sont encore en ma possession, dont une vie de *Bach* par Luc André Marcel.

Dans ce livre, des paragraphes soulignés au crayon ou simplement pointés, des petits morceaux de papier pour marquer des pages signalent encore les passages ou les idées qui ont retenu sa curiosité. Qu'en a-t-elle fait ? En pistant ces indices, je croyais parvenir à reconstituer la conférence, comme un archéologue ausculte des tessons pour raconter une civilisation. Peine perdue. Quand Françoise rentre à la maison, elle a l'air satisfaite et nous voilà tous soulagés. En tout cas, elle a de nouvelles amies sur lesquelles elle pourra bientôt compter.

La musique de Bach et celle de ses contemporains occupent une grande place à la maison, sans commune mesure avec les enseignements du cours d'éducation musicale. Chez nous, chacun avait ses raisons. Pour mon père, c'est la spiritualité qui émane des textes des cantates qu'il nous traduit volontiers pour accompagner notre écoute ; les paroles le replongent dans la foi qui l'a soutenu durant sa captivité. Pour ma mère et ma sœur, le rythme et la joie ; et pour moi l'énergie qui rayonne de cette musique, dont les psaumes que nous chantons le dimanche au temple de la rue des Arts ne donnent qu'une pâle idée.

Les années soixante sont aussi celle de la montée irrésistible de la musique « baroque » : Bach, Vivaldi, Albinoni – le fameux adagio –, Haendel et une poignée d'autres musiciens comme Pachelbel, passé de mode aujourd'hui. Le *Te Deum* de Charpentier ouvre les programmes de l'Eurovision. La musique « baroque » est dans l'air du temps. Elle déborde des salles parisiennes ou des conservatoires pour pénétrer les foyers des classes moyennes. De nouveaux objets s'installent dans la maison : 33t, 45t, gravure universelle et enfin disques stéreo. Le microsillon sous ses déclinaisons successives confère à la musique, classique ou non, une présence inouïe. Les prix baissent : la collection « Richesse classique » rend abordables les vinyles, mais les 33t Haute fidélité, de moyen format, le sont encore davantage. Encore faut-il aller jusqu'à Lille pour se les procurer.

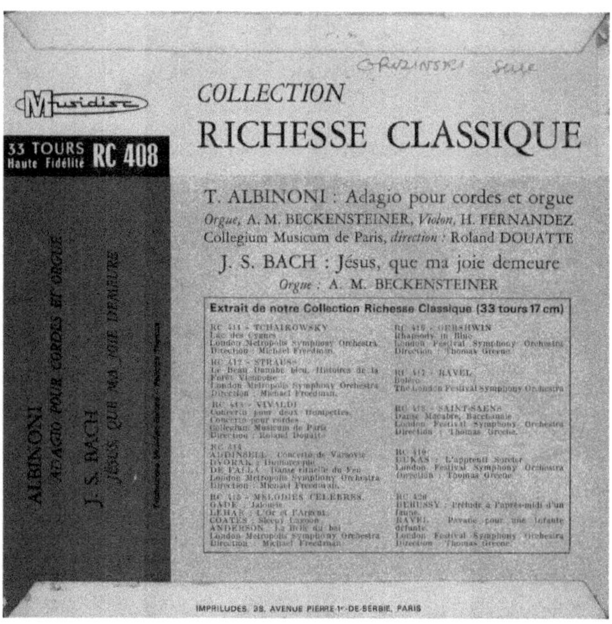

T. Albinoni, L'Adagio, Richesse classique, Musidisc (Coll. S. G)

J'écoute Bach ou Albinoni en boucle, tant pis si les disques en souffrent assez vite. J'écoute le *Messie* de Handel, mais un Messie réduit à la taille d'un modeste 45t, donc à une poignée d'airs et de chœurs fameux. Dommage que mes parents n'aient pas les moyens de s'offrir les luxueux coffrets toilés. Toujours les mêmes disques... À cette fréquence, le chœur *For unto us a Child is born*, l'un des plus beaux du *Messie*, finit par se graver en moi et ses paroles trottent encore quelque part dans un coin de ma tête comme si je les avais découvertes hier.

Un 33t m'a particulièrement marqué. Il réunit deux cantates de Bach, BWV 182 et BWV 43. Aujourd'hui, l'écoute de ce vinyle miraculeusement préservé, qui craque comme un bon feu de bois, me transporte au 22, rue de Mouvaux, dans la salle à manger, au retour du lycée, à la tombée du jour, dans la tiédeur du chauffage central. Je suis assis sur le tapis près du haut-parleur du tourne-disque. Pas trop fort, me répète ma mère, pour ne pas déranger les « voisins du dessus », mais pour moi, bien sûr, c'est toujours trop bas.

La cantate « Pour le dimanche des Rameaux » débute par une ouverture qui diffuse une impression de sérénité avant qu'éclate un chœur d'une force jubilatoire : « *Himmelskönig, sei willkomen* », « Roi du Ciel, sois le bienvenu. Telle Sion, nous t'accueillons. Viens parmi nous ! » Le disque est stéréo, une révolution pour l'amateur. Pas de chance, en 1962 notre pick-up ne lit que la mono. Comment ce disque de cantates a-t-il débarqué à la maison, comment cette musique inconnue de mes parents est-elle parvenue jusqu'à mes oreilles ? J'imagine la vendeuse des Galeries du Printemps à Lille conseillant à ma mère l'achat de cette nouveauté.

En 1962, la « musique de Bach » se confond pour moi avec la « musique » tout court. Les yéyé qui excitent tant Patricia, Corinne ou Carole, me laissent plutôt froid même si j'écoute pour faire comme tout le monde. Problème : il n'y a qu'un pick-up à la maison et il arrive que je me chamaille avec ma sœur qui s'est mise à collectionner les 45t de Johnny et de

Claude François. Mais en fin de compte les rythmes yéyé et les éclats du baroque coexistent pacifiquement. Chez nous il n'y aura pas de guerre froide entre les musiques.

Chapitre VIII

Les temps difficiles

Crises

Corinne

Ado

Si Maman n'est pas très heureuse, je ne veux pas le savoir. Ce qui compte, c'est les copines, les fringues, les disques, nos idoles, et déjà un peu les garçons. L'école, bien sûr, vu qu'on y passe le plus clair de notre temps. On va boire des chocolats chauds dans les cafés de la place de Tourcoing, surtout au Carillon. Je ne flirte pas encore à cause de mon appareil dentaire et aussi parce que ça ne m'intéresse pas vraiment. Mais je tombe amoureuse de temps en temps.

L'école suit son cours. Je ne me foule pas trop, pourtant je continue à avoir de bons résultats. « Satisfaisant, mais peut mieux faire » dit souvent mon carnet de notes. Oui, bien sûr, mais pourquoi ? Pour faire comme Maman ? Rester à la maison et élever mes enfants ? Maman voudrait que je sois dentiste. Parce qu'elle aurait voulu l'être.

« Il faut que tu fasses de bonnes études pour avoir un bon boulot et ne pas dépendre d'un homme » voilà ce que j'entends. Mais alors pourquoi Papa ne voulait-il pas que sa femme travaille ? Bien sûr qu'elle est frustrée, Maman. Elle ne voit son mari que le week-end et pendant les vacances. Souvent le soir, dans notre chambre qui jouxte la leur, Carole et moi entendons nos parents se disputer. Maman pleure, Papa est démuni. Il travaille tout le temps, lui aussi doit être frustré. Elle prétend qu'il est radin. Merci, on avait remarqué.

Mais nous, on s'en fout. Les parents et leurs problèmes ne nous intéressent pas. Ça ne nous regarde pas. Qu'ils se débrouillent avec leurs histoires de fric, de famille, de travaux. Nous, on est ado. On veut juste qu'on nous laisse tranquilles, qu'on puisse s'acheter des fringues, des disques, aller aux concerts, voir nos copains, danser le twist, aller au cinéma voir *West Side Story.*

Je ne vois plus Yoja et Nounoune qu'occasionnellement. Il est toujours le nez dans ses bouquins, premier en tout. Je ne lui connais pas de copains, ni de copines. Il rafle tous les premiers prix au lycée. Quelqu'un me dit un jour en riant que Gruzinski devrait venir à la remise des Prix avec une brouette pour pouvoir emporter tous les bouquins qu'il a gagnés ! Sacré Yoja. Je suis toujours contente de faire la route avec lui quand l'occasion se présente. On parle de l'école et des vacances. Il aime les Beatles, lui aussi. Mais qui ne les aime pas ?

Notre prof d'anglais a organisé un voyage scolaire en Angleterre à Rochdale, une ville jumelée à Tourcoing. Quelle aubaine ! Ma grande copine Véro (Véronique Sérafinowicz) fait partie du voyage. Nos correspondantes anglaises sont déjà venues passer les vacances de Pâques chez nous. La mienne s'appelle Susan, la sienne Catherine. Susan s'ennuie sans doute vu qu'elle ne comprend rien à ce qu'on raconte. On est censé parler français, mais le plus souvent on se parle en anglais, c'est plus facile.

Les parents nous ont emmenées en vacances à Bray-Dunes, en caravane au Camping du Perroquet. À Pâques, ce n'est pas très folichon et il ne fait pas très beau. Les autres correspondantes anglaises qui sont restées à Tourcoing doivent s'amuser plus que nous, elles se rencontrent, elles visitent des musées, vont à Lille, font des excursions.

Mon premier voyage en Angleterre, premier voyage sans les parents sur le dos, m'enchante. Je découvre qu'à la Grammar School de Susan, les élèves appellent leurs profs par leur prénom. Entre les cours, elles boivent le café ou le thé ensemble dans une grande salle commune. « *Helen ! Jane ! Mary ! I like your shoes !* » Ce genre de rapport est inconcevable chez nous !

Le soir, après l'école ou après une excursion, nous rentrons chez les parents de Susan qui ont une grande maison dans un quartier middle-class de Rochdale. Nous dînons tôt. En fait ce qui est l'heure du thé pour Maman et Françoise est ici l'heure du repas du soir. Des œufs, des saucisses, du bacon, des petits sandwiches, des haricots à la sauce tomate, du pain grillé et bien sûr du thé. On boit des litres de thé dans ce pays. Le petit déjeuner est un peu similaire à leur dîner, avec des corn-flakes, de la confiture d'orange, du beurre de cacahuète en plus. Ça vous cale pour un bon moment, *the English Breakfast*... À midi nous mangeons à l'école ou sur le lieu de notre excursion. Je me demande quand ces gens font un repas normal... Le dimanche, des frites, de la viande, des petits pois énormes à la menthe et du pudding. Avec du thé.

Mais à notre âge, on s'en fiche de la bouffe. Ce qu'on veut, c'est se retrouver, après le repas du soir, au « Youth Club », un lieu merveilleux, avec un baby-foot, des affiches des Beatles, de la pop-music à fond les ballons, du Coca-Cola dans nos verres et des garçons de notre âge aux cheveux longs – encore rares en France ! – pantalons à pattes d'éléphant et chemises à fleurs. Des Dave, Mike, Rodney, John qui matent les petites Françaises en vadrouille. *Oh yeah.*

Le père de ma corress' est étrange. Il n'a pas un poil. Pas de cheveux, pas de sourcils, de cils, de moustache. Rien non plus sur les bras. Par contre une « peau de roux » pleine de taches de rousseur. Je le regarde avec étonnement, mais il semble bien vivre ça, sa femme aussi. Il est ingénieur, je crois. Ils sont gentils avec moi et me parlent doucement. Au bout de quinze jours à Rochdale, je me débrouille plutôt bien en anglais. Véro aussi.

Quand je rentre à Tourcoing, quelque chose a changé en moi. Les grandes vacances approchent. Carole et moi achetons des T-Shirts noirs « Salut les copains ».

Crêpage de chignons

Tu te laves les cheveux, tu les sèches bien. Et puis, tu les crêpes mèche après mèche. C'est-à-dire que tu les peignes à rebrousse-poil. Quand tu as sur la tête une espèce de broussaille hirsute, tu donnes à cette choucroute la forme que tu veux selon la mode ou la chanteuse qui t'inspire ce jour-là. Sylvie Vartan, Brenda Lee, Sheila (ajouter les couettes) ou France Gall. Tu laques. Pshhhhhh. Un petit nœud en velours parfois agrémente le plat. Puis quand tu as l'air d'une parfaite idiote, tu enfiles ta petite robe à col Claudine ou ta jupe à carreaux écossais et tu vas twister avec ta sœur, tes copines, tes cousines.

Les garçons te regardent. Eux aussi ont dû se battre contre leurs parents pour avoir les cheveux à la Beatles et cette chemise à fleurs. *Oh yeah*. Ceux qui n'ont pas gagné la bataille arborent une coupe « tour d'oreille » et un polo blanc. Lacoste s'ils ont les moyens. Un Levi's ou un pantalon à pli en Tergal beige.

On s'en fout, on est jeune, on sait tout. Les parents sont des cons.

Alturan

Été 1963. Nous descendons avec la caravane au Pays Basque. Tata Jocelyne est du voyage. Elle a planté sa petite tente sur le même emplacement que nous. Notre camping « Alturan » est à deux pas de la plage. Un ami de Papa, Francis, directeur chez Phildar, et sa femme Mimi sont là également. Ils ont trois fils, Jean-Marc, Pascal et un petit Éric.

On a enfin retiré mon appareil dentaire. Il était temps. J'ai juste une gouttière en caoutchouc à me mettre en bouche tous les soirs.

Pour la première fois de ma vie j'embrasse un garçon ! Il s'appelle Bernard. Mais le lendemain, il embrasse déjà une autre fille. Un peu plus vieille que moi, cette Doris a au moins seize ans ! Elle le laisse probablement aller plus loin que moi, qui suis novice en la matière. Je suis vexée, mais pas trop. Il est un peu bête. Il est en troisième. Il veut devenir prof de gym.

Je ne saurais dire exactement quand les choses ont commencé à tourner au vinaigre entre mes parents, mais nos vacances au Pays Basque ont bien enfoncé le clou. Jocelyne, la sœur de Papa, vient d'avoir vingt ans. Elle est fiancée à Noël, un étudiant en médecine, qui était avec elle en terminale à Tourcoing. Tous les jours, elle passe à l'accueil du camping pour voir si son amoureux lui a écrit. Il devrait bientôt passer la voir ici, à Hendaye, et elle meurt d'impatience. Maman est chargée de sa vertu et la surveille de près. On se marie vierge, compris ?

Nous étions revenus de la plage pour déjeuner. Chaque famille dans sa caravane ou plutôt devant sa caravane sous l'auvent. Après le déjeuner, vaisselle faite et ventre plein, nous ne retournons pas directement à la plage à l'heure où le soleil tape fort. Papa fait la sieste, Maman bouquine ou en profite pour aller faire une lessive et étendre le linge sur le fil derrière la tente de Jocelyne.

Carole et moi jouons aux petits chevaux, aux sept familles ou au ping-pong avec les garçons de Mimi et Francis. Nous écrivons des cartes postales à nos grands-parents et aux copines d'école. Jocelyne revient du courrier avec un grand sourire. Elle a des nouvelles de Noël, il arrive dans deux jours. Papa, Francis et un voisin sont partis jouer aux boules. Ambiance camping !

Deux silhouettes gravissent le chemin de la colline qui va de la route en contrebas au camping Alturan. Deux jeunes filles un peu hésitantes s'approchent de notre caravane et demandent timidement à Maman si monsieur Vandewalle et monsieur

Rousseau sont bien ici. Maman qui lisait *ELLE* dans son transat lève les yeux et reconnaît deux jeunes secrétaires de chez Mulliez qu'elle a déjà croisées au Bal Phildar et qui sont même passées à la maison à je ne sais plus quelle occasion. Elle est surprise, voire contrariée. Que viennent-elles faire ici ? Elle se lève et va chercher Mimi Rousseau, alors occupée à endormir le petit Éric qui rechigne à faire la sieste.

– Quoi ? Des secrétaires de chez Phildar ?

– Oui, Michèle et Brigitte.

On m'envoie chercher les papas au jeu de boules et les voilà qui débarquent tous les deux, sourire aux lèvres. « Quelle surprise ! » Embarrassés quelque peu devant leurs femmes et leurs enfants, ils invitent les jeunes femmes à aller boire un verre à la Buvette du camping, laissant là Thérèse et Mimi passablement énervées... Nous les enfants ne comprenons pas tout mais nos mères sont particulièrement fâchées à l'idée que leurs maris aient donné aux deux secrétaires l'adresse de notre lieu de vacances ! Et comme ça, par hasard, elles passaient par là !?

Bébé Éric a fini par s'endormir. Il doit avoir un peu plus d'un an et les dents qui poussent. Carole et moi allons voir Jocelyne jouer au volley-ball sur le terrain derrière la Cafétéria. Quand nous passons devant la terrasse, Papa nous fait signe pour nous présenter à Brigitte et Michèle. Il est bien obligé, mais je sens que ça l'embarrasse.

– Vous avez déjà de si grandes filles ?

– Corinne va avoir quinze ans à la rentrée, elle rentre en première. Carole a eu treize ans en mars, elle passe en troisième.

– Nous avons juste dix ans d'écart alors, dit Brigitte à Carole, je vais avoir vingt-trois ans dans quelques jours.

Papa ne nous propose même pas de boire un coca avec eux et nous filons au terrain de volley. Pourquoi Maman et Mimi se sont autant monté la tête ? Probablement parce qu'à elles non plus, ils n'ont pas proposé de venir boire un verre.

De retour à la caravane, je trouve Mimi très remontée. Maman fait la gueule, mais elle sait se tenir. Mimi est toute rouge, elle me flanque le petit Éric dans les bras et me demande d'aller le porter à son père. Vous parlez d'une mission… C'est vrai qu'en plus ce petit garçon gigote tout le temps. Il doit ressentir les vibrations d'énervement de sa mère. Mimi est une sanguine. Je l'emmène tant bien que mal à la Buvette de l'Alturan. Les bébés, c'est pas trop mon truc. En me voyant débarquer avec son plus jeune fils dans les bras, Francis fait semblant d'être content, mais à sa grimace je devine son agacement. Il sent qu'il va y avoir du grabuge dans la soirée, ça va chauffer dans les chaumières !

Je le plante là avec son bambin et file rejoindre les copains à la plage. Les vacances de Doris ayant pris fin, elle est rentrée chez elle et Bernard essaie de nouveau de m'embrasser. Non mais ça va pas, non ?

Comme prévu, le soir les parents s'engueulent. Mais pas trop, parce qu'au camping, tout le monde entend tout. Par contre, Mimi qui a un peu forcé sur l'apéro clame son mécontentement à la ronde. Le lendemain, l'incident est clos. Enfin apparemment. Nous allons faire un tour en Espagne. Papa tient Maman par la taille et nous achète des castagnettes et des gourdes en peau sur lesquelles sont peints des danseuses de flamenco et des joueurs de chistera.

NON

Mille fois Maman, par la suite, nous reprochera notre attitude. Elle nous reprochera de ne pas l'avoir soutenue. Les disputes sont de plus en plus fréquentes. Les absences de Papa se prolongent. Elle pleure. Qu'attend-elle de nous ? Nous, deux gamines, deux ados, deux teen-agers. On a autre chose en tête que les conneries de nos parents, leurs engueulades débiles qui nous empêchent de dormir, même s'ils chuchotent.

Un matin, je descends de ma chambre, je n'ai pas cours avant 14 heures. Maman est assise par terre, sur le tapis, devant la cheminée. Elle a fait du feu, une belle flambée. C'est l'hiver, je suis en première classique et dans quelques mois, je passe mon « premier bac », qu'ils ont rebaptisé cette année « examen probatoire ».

Maman pleure, pour changer. Je vais dans la cuisine pour préparer mon café au lait et mes tartines. Elle m'appelle. Quelle barbe. J'aimerais autant qu'elle nous tienne à l'écart, Carole et moi, de ses problèmes avec Papa. Qu'ils se démerdent. On a autre chose à penser. L'école, d'abord, et puis tous les émois de l'adolescence : nos amourettes, nos fringues, nos copines, nos premières boums, nos coiffures, le cinéma, la musique, enfin toutes ces choses terriblement importantes qui nous maintiennent dans notre monde de jeunes.

« Assieds-toi, il faut que je te dise quelque chose. (Elle pleure). Voilà : ton père me trompe. Il me l'a avoué. Il me trompe. »

On m'aurait arraché le cœur de la poitrine, on m'aurait poignardée, on m'aurait jetée du haut de la falaise du cap Gris-Nez que je n'aurais pas plus souffert que ce matin-là. Pourquoi m'a-t-elle dit ça ? Pourquoi m'infliger ce supplice ? Pour que je pleure ? Pour que je meure ? Oui, c'est ça. Je meurs. Mon Papa. Ma Maman. Mes parents. Ma famille. Enfin tout. Tout explose dans mon cœur, tout s'effondre autour de moi. Je vais le tuer, est ma première pensée.

Elle pleure comme une Madeleine. Je ne sais pas quoi dire. Je crois que c'est ce jour-là que mon compteur émotionnel s'est arrêté. Que mon évolution sentimentale a pris fin et que je suis restée bloquée à l'âge affectif d'une adolescente. J'ai quinze ans et le cœur brisé. Je vais le tuer. Je vais le poignarder, l'empoisonner, l'étouffer avec un oreiller, saboter sa voiture, l'étrangler, lui mettre une balle avec son gros revolver, celui qui est dans le tiroir de la table de nuit. Et puis non. Je m'allonge par terre, je gémis et je descends en catastrophe au rez-de-chaussée pour aller vomir. Je le vomis.

Un peu plus tard, quand les choses se sont calmées, Maman me prépare des œufs et me parle doucement. Elle a dû bien le tarabiscoter et il a fini par lui avouer qu'il avait des « habitudes » au cours de ses tournées. Une cliente par-ci, une gérante par-là. Rien, en tout cas, de bien sérieux, mais pour nous c'est la fin du monde, la pire trahison. Thérèse a souffert toute son enfance des infidélités de son père et porté le chagrin de sa mère Simonne, alors qu'elle n'était encore qu'une gamine.

Qu'est-ce qu'elle croit ? Que je vais parler à Papa ? Que je vais faire comme elle à l'époque de la Prudhomme à Bruxelles ? Sûrement pas. NON. Il a signé son arrêt de mort. Je ne lui adresse quasiment plus la parole. De toute façon, Carole et moi essayons de nous échapper le plus souvent possible pour fuir cette atmosphère pénible. Aller voir nos copines, nos cousins, à la patinoire, au cinéma.

C'est à cette période que Maman décide de travailler. Comme elle est belle, classe et intelligente, qu'elle a son bac et qu'elle présente bien, elle n'a aucun mal à trouver un emploi. Elle devient hôtesse d'accueil chez Segard, une boîte de négoce de laine à Tourcoing, pas très loin du lycée de jeunes filles. Ça lui fait du bien de travailler. Elle apprend à se servir du standard téléphonique, refait de l'anglais, se met toute seule à la sténo, appelle l'Australie, elle a un petit revenu, ce qui la libère de l'idée de dépendre à 100 % de Papa. Tous les matins, elle prend sa petite 2 CV grise et part au bureau coiffée, maquillée, parfumée, séduisante.

Un jour Papa, après une dispute, est parti chez sa mère Andréa, rue des Champs. Les rapports sont très tendus. Mamie dit : « C'est mon fils, je ne vais quand même pas le laisser dehors. »

Le mot « divorce » flotte dans l'air. Ils en parlent, mais pas ouvertement. Puis Papa revient. Je me souviens d'un soir tard où il est entré dans ma chambre en pleurant, il m'a embrassée et serrée contre lui en me demandant pardon. Ça m'a mise mal à l'aise. Je n'avais pas l'habitude de ce genre d'effusions venant de lui. Il dit qu'il est revenu alors que je me suis à peine aperçue qu'il était parti.

C'est alors qu'il a commencé à avoir des soucis de santé. Les reins. Passer la moitié de sa vie assis dans une voiture ne favorise pas le bon fonctionnement des voies urinaires. J'apprendrai plus tard que les reins sont le siège de la peur. Nous avions tous peur à vrai dire de ce que l'avenir nous réservait. Sous l'épaisse couche d'indifférence, sous la cuirasse égoïste de l'adolescente que j'étais, sous la frange trop longue qui cache mon regard, ça devait trembler, pleurer, mourir de peur, sans que j'en prenne conscience. Les parents, quelle galère !

Je me revois pleurer à chaudes larmes dans les couloirs du lycée, devant la porte de ma classe de français. Madame Josette R., toujours elle !, vient me voir et me demande ce qu'il m'arrive. Je me mouche, en plus je saigne du nez pour un oui pour un non. « Mes parents veulent divorcer... » Je vois la colère monter en elle. Elle en veut à mort à mes parents. « Ces gens-là mériteraient de perdre un enfant ! » rage-t-elle.

Je la regarde, interloquée. Perdre un enfant ? Je ne vois pas le rapport avec la situation. C'est alors que je réalise que son petit garçon, celui qu'elle attendait quand j'étais en sixième, est mort. Et que cette femme que j'aime beaucoup, que je vois chaque jour et qui forme ma pensée avec Voltaire, Diderot, Rousseau, Montesquieu, qui m'a poussée à continuer le latin, cette petite rouquine courageuse, porte en son cœur jour et nuit une souffrance inimaginable, comme un pieu, comme un hurlement muet.

« Excuse-moi, je ne sais plus ce que je dis... » Elle m'a tutoyée pour la première fois. Elle et moi partageons à présent ce même secret, cette même tristesse. Son petit garçon est mort à l'hôpital à la suite d'une erreur médicale. Quelle horreur.

Pour finir, mes parents ne divorcent pas. Papa doit se faire opérer d'un rein. Il a des calculs. Il fait des coliques néphrétiques qui le rendent fou de douleur. À se taper la tête contre les murs, dit-il. Après son opération, il reste allongé à la maison sur un lit que Maman lui a installé dans le salon, pour qu'il puisse lire, regarder la télé, continuer à vivre. Il boit des litres d'eau !

Cet été 1964, nous n'emmenons pas la caravane dans le sud de la France. Nous restons tout l'été à Bray-Dunes au camping du Perroquet. Carole et moi sommes ravies. Nous avons tous nos copains et copines ici. La plage, les dunes, les petits flirts, et tous les soirs nous allons danser à « La Maison de la Dune », le café-restaurant du camping. Adamo cartonne. *Tombe la neige*, *Vous permettez, Monsieur*, mais aussi tous les slows de l'été – Elvis, France Gall, *I'm sorry* de Brenda Lee – bercent nos premiers émois amoureux, et le twist, le madison, le rock nous remuent les hanches et les membres. Les toits des blockhaus ensablés sont devenus désormais des pistes de danse dans les dunes. Quelqu'un a réussi à amener la musique jusqu'ici. Ça se bécote dans les oyats.

Maman nous a donné la permission de 11 heures. Ce qui n'est déjà pas mal. Mais les grands de 18 ans peuvent rester plus longtemps que nous. C'est énervant ! On se croit très malignes en retardant la pendulette de la caravane de 20 minutes. C'est sans compter sur le fait que Maman écoute la radio tous les soirs en tricotant ou en papotant avec sa copine Monique W. dont les deux filles Régine et Christine partagent le plus clair de leur temps avec nous. On fait croire à tout le monde que nous sommes cousines. Le coup de la pendulette foire lamentablement et le lendemain, nous sommes privées de sortie… voilà ce qui arrive.

Papa a passé le mois de juillet avec nous, mais il a repris le travail en août. Maman, Carole et moi restons au Perroquet où il nous rejoint dès le vendredi soir pour le week-end. Tôt le lundi matin, il reprend le volant pour partir en tournée. En septembre, Phildar propose de nouvelles laines, de nouvelles couleurs pour les tricots, les chaussettes et les collants. Nous, nous sommes déjà au courant des futures tendances de la rentrée. J'ai choisi un pull en laine mohair couleur vert d'eau, col en V, et une jaquette en grosse laine bordeaux, que Maman tricote pour mon entrée en terminale.

Sortir de l'enfance, quitter le royaume merveilleux de l'enfance, abandonner l'innocence, pour quoi faire ? On n'est pas pressées. Même si Carole a eu ses règles, et pas moi…

Papa a une cicatrice dans le bas du dos, mais ça ne l'empêche pas de jouer aux boules avec Robert W. le mari de Monique, ni de pousser son large filet à crevettes dans la mer du Nord ou de faire courir Karah notre chienne boxer sur la plage de Bray-Dunes.

Sa sœur Jocelyne, notre tata, s'est mariée en juin avec son étudiant en médecine. Elle est institutrice et c'est elle qui fera bouillir la marmite jusqu'à la fin des études de son mari, Noël M. Parfois, ils viennent passer le week-end avec nous au Perroquet. On commande d'énormes portions de frites à la baraque du camping.

Ça a l'air d'aller mieux entre Papa et Maman. On est une famille normale, en vacances, en caravane au camping du Perroquet, à Bray-Dunes. Le mois prochain, j'entre en Philo.

À la rentrée, la situation s'aggrave chez les Gruzinski. Françoise est très malade, Maman est allée la voir hier. En rentrant du lycée, j'ai vu Yoja dans le tramway. Je n'ose pas lui en parler, lui non plus. Il passera en seconde, bien sûr. Avec tous les honneurs. Son père lui a acheté le dernier 45 tours des Beatles. Je ne crois pas qu'il sorte avec une fille. De ça non plus, nous ne parlons jamais. Au coin de la rue de Mouvaux, on se fait la bise et chacun rentre chez soi. Salut, Yoja.

La mort de Fafa

Serge

Malaise

1964, me voilà dans ma quinzième année et depuis un certain temps je sens poindre en moi une sorte de ressentiment contre les parents. Qu'ai-je bien à leur reprocher ? Rien de concret. Mon père aurait souhaité que je fasse de l'allemand au lycée en plus de l'anglais. Pour moi, pas question. J'ai préféré, prudemment, n'apprendre qu'une langue vivante. Mon père et ma mère m'encouragent à faire du tennis. Tous deux sont des passionnés de la raquette. C'est même leur seul luxe. Plusieurs fois par semaine, ils jouent ensemble au prestigieux Tennis-Club des Flandres à Roubaix, quand ce n'est pas sur les courts de la Sapinière au Mont-de-l'Enclus ou sur ceux du Kursaal de Coxyde. Le tennis est la passion et le sport qui les unissent : c'est sur un court de tennis qu'ils se sont rencontrés, qu'ils ont flirté après avoir joué, puis sont tombés amoureux. Je sais tout cela. Mon père a beau se montrer avec moi un professeur attentif et patient, après quelques essais, je renonce à m'amuser en tapant dans une balle et au-dessus d'un filet. Tant pis pour mes parents.

Ils acceptent mes choix et sur le moment je n'ai pas l'impression que mes refus les aient blessés. Ou plutôt, si c'était le cas, je n'y ai pas prêté attention, à moins que je n'aie pas voulu voir que je les décevais. Mes résistances ne sont que la face émergée d'un malaise qui me gagne. Comme si j'éprouvais le besoin de mettre une distance entre eux et moi. À vrai dire, mes résultats scolaires et ma conduite en général me mettent à l'abri de tout reproche. Pas de quoi déclencher un conflit ouvert.

En fait, c'est moi qui suis insatisfait. Je ne leur en veux pas pour un défaut d'amour, d'attention ou de tendresse, mais pour un manque que l'éducation du lycée me rend de plus en plus évident, de plus en plus pesant. Pourquoi suis-je né au sein d'une famille où on trouve si peu de livres ? Pourquoi ai-je des parents qui n'ont pas fait d'études, un grand-père qui incarne un monde si vieillot ? Pourquoi cette existence si réglée, scandée par ses aller-retour Tourcoing/Coxyde ou Tourcoing/Le Mont-de-l'Enclus, m'apparaît-elle si morne et si routinière ? Je m'éloigne du monde tranquille de mon enfance, celui du Blanc Seau, du Château-Vaissier, de Corinne et de Carole, où je me sens de plus en plus à l'étroit. Quelque chose ne marche plus, même si je m'efforce de ne pas le montrer – y suis-je parvenu ? – et de ne pas en parler.

À vrai dire, qu'avais-je à reprocher au mode de vie que mes parents avaient instauré au 22, rue de Mouvaux ? Pourquoi étais-je aveugle aux efforts qu'ils déployaient pour nous offrir tout ce dont ils avaient manqué, et insensible à l'affection et aux soins dont ils nous entouraient ? À croire qu'un bonheur finit toujours par peser. Tout ce théâtre, bien sûr, se déroulait dans ma tête. Il me fallait m'affirmer en me dressant contre quelque chose ou contre quelqu'un. Une crise d'adolescence ? Ou, plus simplement, la réaction d'un gosse qui lit trop de livres et rêve d'autres horizons, le désir de secouer un cocon trop confortable et de s'émanciper du paradis familial ? Pour se mettre à voler de ses propres ailes, toutes les raisons sont bonnes, même les plus mauvaises.

La fin

Début septembre 1964. Une fin d'après-midi sur la plage de Coxyde, à marée descendante. L'eau s'est retirée fort loin et nous avons dû traverser une vaste étendue de sable humide pour atteindre la ligne des flots. Le vent est tombé. Le soleil nous éblouit. Il est déjà assez bas pour colorer les vagues qui frappent nos corps de plein fouet. À cette heure de la journée, le vert sombre de la mer, la blancheur mordorée de l'écume, l'eau presque tiède donnent à cette après-midi d'été tout l'éclat du bonheur au grand air. Avec un soupçon de nostalgie. Les vacances touchent à leur terme, la rentrée et l'automne s'approchent. Ce sont les dernières images de ma mère heureuse, au terme de plusieurs semaines de villégiature, ses dernières vacances et nos dernières vacances à quatre.

En compagnie de quelques amies et de leurs enfants, Françoise enjambe les premières vagues pour se baigner et nager un peu. Qu'a cette journée de si particulier ? Ma mère commence à se plaindre d'un mal de dos persistant que ni les brasses dans la mer ni le choc tonifiant des vagues ne parviennent à apaiser. On pense à une simple sciatique, on en plaisante et on passe vite à autre chose, sans faire le rapprochement entre la douleur persistante et le problème qu'elle traîne depuis au moins trois ans, voire davantage : Françoise a une « boule » au sein. On apprivoise la chose en lui donnant une origine rassurante : Françoise passe des heures à tricoter, et elle tient toujours ses aiguilles serrées entre le bras et le sein. Madame Vandewalle, la mère de Corinne, c'est tout le contraire, elle tricote toujours avec les aiguilles devant elle. Alors, pensez donc, le frottement. Pas étonnant qu'il y ait une boule.

Françoise a toujours refusé de se faire opérer : « Je suis infirmière, je sais bien de quoi je parle. Trop souvent l'opération ne fait qu'accélérer le développement du mal et les rayons n'arrangent rien. » Avec Fafa, on ne discute pas et ce n'est pas notre médecin de famille qui la fera changer d'idée. « Et puis je ne veux pas qu'il puisse m'arriver quelque chose tant que les enfants ne seront pas élevés et qu'ils auront besoin de moi. » Combien de fois n'avons-nous pas entendu cette belle résolution, toujours ponctuée d'un péremptoire : « Et, de toute façon, rassurez-vous, il ne peut rien m'arriver. »

Cette tranquille assurance – après tout, Maman était infirmière et elle devait réagir en connaissance de cause – l'emporta pendant plusieurs années. On en oubliait qu'elle portait en son sein cette présence de mort. Jusqu'à ce mois de septembre 1964, où il fallut bien se rendre à l'évidence : la boule grossissait et durcissait.

Rentrée à Tourcoing, ma mère décide de consulter, finalement prête à accepter ce qui a été longtemps pour elle l'inacceptable, l'opération. Verdict du médecin de famille qui nous a mis au monde ma sœur et moi : « Il est trop tard, Mme Gruzinski. La médecine ne peut plus grand-chose pour vous, vous vous en doutez bien. Les métastases ont déjà atteint la colonne vertébrale. L'opération n'est plus envisageable. »

Héroïquement ou stoïquement, c'est ainsi que les choses m'apparaissent a posteriori, ma mère a choisi de vivre le plus de temps possible, donc de durer pour accompagner notre entrée dans l'adolescence. Quelle énergie, quel courage n'a-t-elle pas trouvés en elle pour tenir des années durant ce pari fou qui devait un jour ou l'autre mal se terminer ? Quelle force ne leur a-t-il pas fallu à tous deux, car mon père a partagé jusqu'au bout sa détermination. Mais c'est ma mère, elle seule, qui a pris la décision de ne rien tenter.

La maladie est là, désormais nous le savons, installée dans la maison et tapie dans ce vilain mot, métastase. En dehors du mal de dos, ma mère semble aller aussi bien que d'habitude. Après les vacances nous retournons au lycée et reprenons nos études, moi en seconde et Patricia en troisième. Nos parents parviennent à maintenir les apparences d'une vie sans histoire jusqu'à Noël, la vie que nous avons toujours connue et dont nous n'avons jamais imaginé qu'elle pouvait tout à coup voler en éclats. À partir de cette fin d'année, le mal se lit et se lira de plus en plus sur le visage et le corps de ma mère.

L'automne arrive et mes parents ne se donnent pas pour vaincus d'avance. J'ignore comment ils entrent en contact avec un guérisseur belge, de la ville de Leuze, une petite ville du Hainaut près de laquelle on a encore brûlé des sorcières à la fin du XVIIe siècle et qui, en 1964, était jumelée avec Loudun, qui eut, pour les mêmes raisons, son heure de célébrité. Ils vont s'y rendre à plusieurs reprises en voiture. Leuze-en-Hainaut se trouve sur la route de Bruxelles, à une petite heure de Tourcoing. On prend la route de Tournai puis on poursuit jusqu'à Leuze, à une quinzaine de kilomètres de l'ancienne capitale mérovingienne. Nous devons attendre à la maison le retour des parents. « Rassurez-vous, les enfants. Le "docteur" a été encourageant. À Leuze, tout le monde nous dit qu'il a des pouvoirs extraordinaires. Il est capable de changer la course des nuages dans le ciel, il les envoie dans le sens contraire au vent. On est revenu avec une potion qu'il fabrique avec une bière noire, de la Guinness. Elle va remettre notre Fafa sur pied. »

À l'approche de la fin, tout espoir est bon à prendre. Mes parents, ma sœur et moi y croyons dur comme fer. Et comment faire autrement ? D'autant que ma mère semble aller mieux et récupérer des forces. Le malheur annoncé s'éloigne.

Et la Belgique, déjà si proche dans mon enfance, devient alors la terre d'une immense espérance et qui sait, peut-être, d'une guérison.

Noël 64 sera le dernier pour la petite famille. Je ne me souviens plus de l'état de ma mère mais il me semble qu'elle tient encore bien le coup, même si elle se fatigue assez vite. La nouvelle année s'annonce difficile. Ma mère souffre de plus en plus de son dos : les métastases envahissent son corps. Elle continue à se battre et à se battre chez nous. Elle ne partira jamais à l'hôpital. Ce qui signifie que mon père, ma sœur et moi serons les témoins jour après jour du crépuscule et du départ de Fafa.

Papa se démène comme un diable pour que nous ne souffrions pas de l'incapacité grandissante de notre mère. Il s'efforce de la remplacer dans tout ce qu'elle faisait. Et il y parvient miraculeusement. Il court de la maison au bureau et du bureau à la maison. Il s'occupe des courses, prépare la cuisine, lave le linge, fait le ménage et sera le seul infirmier qui soignera Françoise. Nulle étrangère, nul étranger ne viennent perturber l'intimité de la famille. Ma sœur et moi pouvons continuer à étudier comme si de rien n'était. Sauf que nous mangeons dorénavant dans la cuisine pour ne pas déranger Maman : celle-ci se repose dans la pièce qui a toujours été à la fois la salle à manger et la chambre des parents.

J'admire, en écrivant ces lignes, ce courage paternel et la formidable preuve d'amour que mon père témoignait à ma mère et nous donnait à tous les trois. Mon père le faisait si naturellement que nous, ses enfants, avions à peine conscience du fardeau qui pesait sur ses épaules. Je m'en veux de ne pas l'avoir mieux compris.

Nos voisins aussi entourent la malade. C'est comme si l'immeuble du 22, tous ses locataires, les Brachot du second, les Tison du troisième, ne vivaient plus que pour Françoise, que par rapport à Françoise. Les dames du temple de Roubaix se relaient pour apporter des plats cuisinés. Je me souviens encore du chauffeur de Mme***, la femme d'un industriel néerlandais, qui montait la nourriture dans une belle vaisselle que nous avions peur d'ébrécher quand nous lavions les plats avant de les rendre. Une amie de Maman, madame Vandewalle, la mère de Corinne et Carole, vient souvent prendre des nouvelles et lui tenir compagnie. Une autre amie, Marie « la parfumeuse », une autre encore, Denise « la gantière », la visitent à tour de rôle et ma mère grabataire me demande de préparer du thé pour ces dames. Jamais je n'ai vu passer autant de dames dans l'appartement du 22.

Plus imprévue, l'apparition dans notre quotidien du curé de la paroisse, l'abbé Pellegrin. Notre voisine du 3e étage, Francette, presque une sœur aînée pour ma mère, a prévenu le prêtre. Il rend une première visite à ma mère sans rien lui demander : peu importe que cette ancienne catholique soit devenue protestante, pour lui elle reste sa paroissienne. À chaque fois, il apporte des disques, les Psaumes de la Bible de Jérusalem, des cantates de Bach. Ma mère y trouve un apaisement. Je m'habitue à la présence réconfortante, d'une désarmante humanité, de cet homme d'église. C'est bien la première fois qu'un curé pénètre chez nous. Autant que le pasteur Roy, et peut-être davantage, l'abbé Pellegrin aide ma mère à affronter sa maladie et la certitude, dorénavant inéluctable, qu'elle s'achemine vers la fin. Un soutien providentiel…

« Soutien providentiel », « s'acheminer vers la fin » : ces clichés font barrage à l'émotion qui m'étreint au fur à mesure que je fouille ma mémoire. Plus je m'approche du terme de ce drame, plus je m'aperçois qu'il m'est de plus en plus difficile d'enfiler les souvenirs et d'y coller des mots. Je me heurte à des anecdotes que ma mémoire me livre comme si l'essentiel restait hors champ et devait le rester.

Pour apaiser les douleurs de ma mère, on bricole des solutions. Comme si face à l'inéluctable il était besoin coûte que coûte de trouver quelque chose à faire. Maman a une amie, Marie Moyon, qui habite au bout du Blanc Seau, au-delà du Canal et du boulevard Descat. On l'appelle « la parfumeuse » parce qu'elle possède un petit magasin de parfumerie où ma mère achète son rouge à lèvres, son fond de teint, et se fournit en bijoux de pacotille. Marie propose de lui prêter un grand fauteuil qui devrait moins éprouver son dos. Mon père est déjà au bureau. Ma sœur et moi allons chercher à pied ce meuble qui sert aux travaux de la manucure et en échange nous apportons chez Marie le fauteuil de la salle à manger. Ce n'est pas très commode, même à deux, de transporter ces sièges assez lourds sous les regards de tout le quartier, mais au moins on a l'impression de faire quelque chose pour notre mère.

Françoise a quarante-cinq ans. Fin janvier, février, début mars : je la vois dépérir semaine après semaine. Ma mère devient la vieille femme que je ne connaîtrai jamais. Elle finira par ressembler à ces corps décharnés que j'ai entrevus sur les photos des camps de concentration ou dans le film *Nuit et Brouillard*. Elle est devenue si légère que je peux même la porter de son fauteuil à son lit et du lit au fauteuil. Parfois la vue de ce squelette ambulant m'est si insupportable que j'en viens à souhaiter qu'elle s'en aille plus vite, conscient de la monstruosité de cette pensée. À moi d'apprendre ce que signifient la douleur, l'anéantissement et la mort. Dure formation pour mes quinze ans, encore pire pour ma sœur Patricia. Même si plus tard cette expérience nous aidera à affronter d'autres souffrances. Pour mon père il n'est pas question qu'elle parte à l'hôpital. Nous sommes donc trois à partager l'épreuve avec elle. Les tourments de ma mère augmentent jour après jour. J'apprends alors l'existence de la morphine et qu'elle peut servir à autre chose qu'à adoucir la douleur.

Un samedi après-midi, je pars en catastrophe chez Corinne et Carole qui ont le téléphone pour appeler le médecin de famille. Ma mère se plaint de plus en plus et mon père est parti faire des courses. Quand il rentre à la maison, le docteur est déjà au chevet de la malade.

« Monsieur Gruzinski et vous, mes enfants, comprenez bien, on ne peut plus faire grand-chose pour votre maman. À chaque fois je dois augmenter la dose de morphine pour diminuer ses souffrances. Une dose de plus et elle pourrait s'endormir, tranquille. » Tranquille et délivrée. Le docteur demande à mi-mot à ma sœur, à mon père et à moi si nous souhaitons qu'il abrège les souffrances de Françoise. Puis mon père nous prend à part tous les deux : « Vous avez bien compris ce que le docteur vient de nous dire. Je pense que votre maman a assez souffert et qu'il faut qu'on l'aide maintenant. » Il nous explique ce qui va se passer mais aussi sonde notre réaction. La décision est prise. Doucement la morphine emportera ma mère.

Cette décision, j'y ai souvent réfléchi. Pouvais-je me rendre compte de la gravité de ce qu'on me demandait ? J'ai accepté que la fin de ma mère soit hâtée. Rien de plus. Mais je n'assistais plus seulement au travail de la mort. Indirectement, j'y prenais ma part. Souvent bien des années plus tard, cette pensée me hantera.

Je n'étais pas seul : il y avait aussi mon père et notre médecin de famille, un catholique plutôt traditionnaliste, pour qui la pratique de l'avortement était un crime absolu et dont jamais on n'aurait pensé qu'il nous mît devant pareil dilemme. Impossible d'imaginer ce qui se passe dans la tête du médecin ou dans celle de mon père. Moi, par contre, je sais bien ce que je ressens. Jour après jour, le spectacle de la douleur et de la déchéance physique qui détruisent ma mère m'est devenu plus insoutenable. Je souhaite sa « délivrance » comme plus ou moins consciemment je cherche aussi la mienne.

La morphine fait son effet. À la fin de l'après-midi (c'était un samedi gris de mars) ma sœur et moi nous rendons compte que notre mère, assise sur le grand fauteuil, « son fauteuil de douleur », a cessé de respirer. J'approche un petit miroir de sa bouche comme je l'ai vu faire dans les films à la télévision et au cinéma. Aucune trace de buée sur la surface du verre. Ma mère s'est éteinte. Elle n'est plus avec nous. Mon père accourt et la serre entre ses bras.

Quelque temps plus tard, Mme Fournier, la dame des Pompes funèbres, sonne à la porte. Fafa sera étendue sur le canapé-lit du couple dans la salle à manger. Elle est lavée, habillée une dernière fois. Elle redevient belle. J'accompagne mon père acheter un énorme bouquet de roses rouges, comme elle les aimait. Le bouquet flamboyant est placé sur une table basse à côté du lit mortuaire. Mais les sels placés sous le lit pour retarder la décomposition du corps ne tarderont pas à oxyder les pétales pourpres des roses. Comme un autre cancer…

Le soir venu, mon père nous explique qu'il passera une dernière nuit au côté de sa Fafa. Sur le coup, la chose me semble aller de soi. Où aurait-il dormi ailleurs que dans la salle de séjour qui leur servait de chambre à coucher ? Avec le temps, l'idée de mon père reposant tout contre le corps de sa femme morte, la nuit durant, en ultime preuve d'amour, s'est chargée d'une grandeur macabre et bouleversante.

Les doubles funérailles

Quelles avaient été les dernières volontés de ma mère ? Je l'ignore et je ne crois pas qu'elle avait prévu le déroulement de ses obsèques. Mon père a toujours été indifférent aux rituels et aux conventions sociales. Ce sont donc les hommes de Dieu, le pasteur de Roubaix et le curé de Saint-Éloi qui s'occupent du départ de ma mère.

Le jour des funérailles, un 30 mars, sera interminable et interminablement beau. Et inoubliable. Mon père a demandé au pasteur de célébrer un culte dans notre temple de Roubaix. Ce qui entraîne d'absurdes tracasseries bureaucratiques puisque le corps de Françoise doit sortir de Tourcoing, entrer dans la commune de Roubaix puis revenir à son point de départ afin d'y être enterré. Dieu merci, les Pompes funèbres du Blanc Seau sont aux mains d'un couple ami de mes parents, les Fournier, qui font de leur mieux pour nous épargner les tracasseries. Avec le pasteur et le curé, ils se chargent de l'organisation un peu compliquée de la journée qui s'ouvre par un long service au temple de Roubaix.

Quand nous arrivons sur place rue des Arts, le cercueil est déjà installé près de l'autel, c'est-à-dire dans ce sanctuaire sans image, au pied de la table sous laquelle s'ouvre la Bible. La nef est pleine à craquer de fleurs et de fidèles, ma grand-mère Isabelle, Tante Nadine et Tante Sonia, les sœurs de mon père, des protestants qui connaissent mes parents, des amis et des connaissances catholiques du quartier, des commerçants, la boulangère, la parfumeuse, la bouchère, des collègues de la CIMA, des familles avec leurs enfants. Pour la première fois je me trouve avec mon père et ma sœur au centre d'une cérémonie publique et l'objet de l'attention d'une foule de gens que j'hésite parfois à reconnaître. Comme il est d'usage, la liste des cantiques s'affiche sur un tableau à la droite de l'autel. Je ne me souviens plus du sermon qu'a prononcé le pasteur, mais j'imagine qu'il a salué le courage de ma mère dans sa « longue maladie » et rappelé comment quatre années auparavant cette catholique avait franchi le seuil du temple et rejoint la communauté. Mais il a certainement aussi évoqué les liens qu'elle avait gardés ou rétablis avec le curé de sa paroisse. Et fait de ma mère un exemple d'œcuménisme et de rapprochement entre les Églises.

Ce culte éveille encore en moi aujourd'hui un souvenir si vif que des larmes me viennent aux yeux. Un souvenir associé au chœur « *Seht den Sieger ruhmgekrönt* » de l'oratorio *Judas Maccabée* de Haendel. Toute l'assistance, catholiques, protestants et indifférents confondus, a repris la version française de ce chœur dans une explosion de joie tranquille :

– À toi la gloire, O Ressuscité !
À toi la victoire pour l'Éternité !
Brillant de lumière, l'ange est descendu,
Il roule la pierre du tombeau vaincu.
À toi la gloire, O Ressuscité !
À toi la victoire pour l'Éternité !
À toi la Gloire, à toi la victoire pour l'Éternité.
Il roule la pierre du tombeau vaincu…

Dès que le chœur commence à retentir, porté par l'orgue et lancé par une belle voix de soprano, mon père nous agrippe ma sœur et moi. Il nous serre tout contre lui. Puis il passe ses bras autour de nos épaules et nous conduit jusqu'au cercueil. Patricia et moi disons alors adieu à notre mère dans la lumière éclatante de la musique de Haendel. Dans ma mémoire se confondent l'entrain jubilatoire des instruments et des voix, et la main chaude de mon père sur mon épaule. Aucun de nous ne pleure : ma mère est en train de partir. Elle part tout simplement. Comment peut-elle être morte si Christ a vaincu la mort : « Il roule la pierre du tombeau vaincu. »

On me reparlera des années plus tard de ce moment rare où l'émotion causée par la disparition de cette femme encore jeune s'est mue en un élan de recueillement collectif où pour un instant – mais pour un instant seulement – la certitude de la Résurrection balayait la tristesse de la séparation. Le service protestant arrive à son terme. Le cercueil quitte le Temple pour reprendre le chemin du Blanc Seau. À la sortie, sur le parvis, se presse l'assistance. Nous recevons les condoléances. Je ne sais plus vraiment ce qui se passe ensuite, un déjeuner sans doute, probablement chez ma grand-mère.

L'écran des souvenirs se rallume pour l'après-midi : nous nous rendons à pied au cimetière du Blanc Seau où nous attendent tous nos camarades de classe, conduits par leurs professeurs. L'abbé Pellegrin, curé de Saint-Éloi, prend le relais. Moi qui me suis tant efforcé de marquer ma singularité protestante, je me trouve face au témoignage d'une catholique, ma mère, devenue protestante sans rompre pour autant avec son Église d'origine.

La fin et les funérailles de ma mère gommaient la différence qui m'avait tant préoccupé. « Aidez-nous maintenant à vivre dans la lumière et dans un authentique amour fraternel. » L'homélie de l'abbé s'adressait à ma mère : « Veillez du haut du ciel sur ces communautés chrétiennes que vous avez voulu rassembler, répondant en cela au désir même du

Seigneur Jésus. » Françoise prenait doublement congé, de la communauté protestante comme de la paroisse catholique. On pouvait donc réunir les patrimoines spirituels. Ma mère était devenue l'incarnation d'une préoccupation œcuménique alors toujours plus vivace au sein des Églises. L'abbé Pellegrin fera de sa mort un signe précurseur de la réconciliation des chrétiens. Revêtu de ses ornements sacerdotaux, il donnera l'absoute : la religion romaine dans laquelle ma mère était née l'escortait dans sa descente en terre comme son protestantisme d'adoption, par la grâce de Haendel, l'avait élevée vers les cieux.

Durant tout ce temps, notre pasteur est aux côtés du prêtre de Saint-Éloi. Deux classes de deux lycées laïques, l'une de filles, l'autre de garçons, sont témoins de ce « signe » (selon l'abbé Pellegrin et son acolyte réformé) dans une société où la religion est déjà en chute libre. S'il est vrai que les rituels aident à affronter collectivement la grande vague de la mort, j'avoue que j'ai été gâté. Mais dans les mois qui suivent, une fois seul face à moi-même, leur effet apaisant s'estompe.

Les voies du Seigneur…

Et juin 1965 arrive avec la cérémonie de ma confirmation. Les quatre années de préparation à l'école du dimanche m'ont familiarisé avec la Bible, l'Ancien Testament se taillant la part du lion face au Nouveau. Mais pas d'histoire du protestantisme au programme. Interrogé, le pasteur m'a répondu que Dieu nous demandait de connaître les Saintes Écritures et que je ne devais pas confondre le catéchisme avec un cours d'histoire. Dommage. Je me sentais déçu mais n'en disais rien.

Paradoxalement mon entrée officielle dans l'Église réformée correspond aussi à l'un de mes premiers pas vers la sortie. Les voies du Seigneur… Le déroulement interminable du culte dominical, la sociabilité obligée du dimanche matin, les sermons parfois laborieux du pasteur sont loin de me mettre dans l'état où me plonge la musique de Bach. Mon père n'a jamais insisté sur la pratique religieuse et pour moi les rituels, même ramenés à leur plus simple expression, tiennent davantage du pharisaïsme que de la sincérité. La mort de ma mère déclenche un décrochage d'abord imperceptible, puis de plus en plus accentué. Plus d'ailleurs que la mort, les souffrances inacceptables qui l'ont entourée ont ébranlé mes certitudes d'adolescent.

En juin 1965, les jeux ne sont pas encore faits. Je me vois souriant sur les photos du jour de la confirmation. Ma grand-mère rayonne, ma tante Nadine, la sœur de mon père, est radieuse elle aussi. J'apporte de la cuisine un gâteau qui ressemble à une montagne de crème chantilly sur laquelle est plantée une petite bannière blanche ornée d'une croix. Le pâtissier du quartier semble s'y être pris comme s'il s'agissait d'une célébration catholique. Je souris mais le sourire me semble un peu forcé comme sur les autres photos. Trois mois à peine se sont écoulés depuis le départ de Françoise.

Avant de partir à l'usine, Papa se rend tous les matins sur la tombe de Maman et les fleurs qu'il rapporte du cimetière remplissent la maison, de la cuisine à la salle à manger. Quelques diapositives ont préservé l'éclat de ces bouquets dans la fraîche lumière de mai. Ces explosions de jaune et de rouge sont la manière qu'il a imaginée pour nous dire que la morte est toujours vivante. Il y a aussi du bleu : mon père a planté un rosier bleu sur la tombe de ma mère. Un bleu à la fois beau et funèbre.

Mais j'ai du mal à me rendre avec lui au cimetière et à partager le sentiment qui le ramène tous les jours sur le tas de terre fleurie marqué d'une croix au nom de Françoise Delcambre Gruzinski. Ma mère ne peut pas être ce cadavre pourrissant à quelques pieds sous terre. La vie reprend. Papa s'attache à remplacer en tout notre mère et il y parvient parfaitement. De la vie à quatre, nous étions passés à la vie à trois. Et seulement à trois car l'année suivante le grand-père Delcambre rejoint ses deux filles, Loulou et Françoise, dans un monde qu'on espère meilleur. Le retour au lycée se fait sans encombre, sauf que les nouveaux orphelins font désormais l'objet d'une sollicitude particulière de la part de leurs professeurs alors que leurs compagnons d'étude, et c'est mieux ainsi, tournent vite la page, encore bien incapables de comprendre ce que signifie le deuil d'une mère.

Âge ingrat

Corinne

Après ce qu'ils appellent l'âge bête, nous passons à l'âge ingrat. Sympa. Je ne me suis jamais sentie ni bête ni ingrate. Tout à coup, à l'adolescence, quand tu t'aperçois qu'on t'a pas mal menti, qu'on t'a fait croire à des choses fausses et que, petit à petit, tu pénètres dans un monde pas si joli que ça, que tu sors de l'innocence, tout en gardant ton cœur d'enfant, faudrait dire merci ? Merci de quoi ?

De m'avoir mise au monde, de m'avoir aimée, protégée, nourrie, éduquée… Bon, d'accord, pour ça merci. Mais tout à coup, tous ces mensonges me sautent aux yeux. Comme ce curé de la paroisse de Mouvaux qui lors d'une confession (la dernière !) me pose des questions obscènes que je ne comprends même pas. Des gestes impurs ? Des pensées impures ? Non, je ne connais pas, désolée, Monsieur le curé. Et ce regard vicieux, pervers, malsain qu'il pose sur moi à travers sa petite grille de bois ce jour-là fera que je décide de ne plus aller à la messe. Terminé. Salopard.

Comme cet oncle qui nous fait à Carole et à moi des propositions de dépucelage, parce que quand même ce serait dommage de se laisser faire ça par un jeune inexpérimenté. Non merci, Tonton. Va te faire foutre ! J'ai même pas quinze ans. Comme Papa qui nous interdit de nous maquiller, de mettre des bas et des talons, d'aller en boum, de danser, mais qui de son côté trompe Maman avec ses « habitudes » et n'hésite pas à nous flanquer une gifle phénoménale devant tous nos copains parce que nous sommes rentrées un peu plus tard que prévu de la Maison de la Dune. Non, l'âge adulte ne nous fait pas envie.

J'entre en terminale Philo quelques jours avant mon anniversaire. Pour mes seize ans j'ai le droit de faire « ma première surprise-partie » comme Sheila. Pour ma boum, on a aménagé le garage en petite « boîte » avec lumières, posters, décorations diverses, musique yéyé sur mon Teppaz. Slows de l'été pour flirter, *and twist again*. J'ai embrassé trois garçons différents dans la même après-midi ! Je rattrape le temps perdu depuis que j'ai dit au revoir à mon appareil dentaire.

Mon amie Catherine est partie depuis deux ans déjà vivre en Bretagne avec sa famille. Il y a dans ma classe une autre petite Catherine, encore plus jeune que nous ! Deux ans d'avance, je la plains !

Notre prof de philo, Mademoiselle de R., est une vieille fille, catholique à mort, qui – de ce fait – ne peut nous ouvrir l'esprit à la philosophie que par une porte assez étroite. Pourtant, elle a l'air d'en connaître un bout. Mais toujours éclairé à la lumière d'un cierge à la Sainte Vierge, son enseignement manque carrément d'impartialité. Je suis en terrain connu, ayant passé mes années de maternelle et de primaire chez les bonnes sœurs de Roubaix.

Au début, je ne comprends pas grand-chose à son histoire et à l'intérêt de la philo. Du blabla inutile. La morale, surtout : quel sujet casse-pied. La logique, c'est déjà plus clair. Je commence à m'intéresser doucement au sujet quand on aborde le comportement, la psychologie et tous les mystères de la pensée humaine. Quand un jour je lui parle en privé de mes parents qui, de nouveau, pensent au divorce, mademoiselle de R. me prend sous son aile et désormais ma moyenne en philosophie augmente notablement.

En septembre 1964, marraine Marie-Claire, la sœur de Maman, accouche d'un beau petit garçon, Philippe. Je vais être marraine à mon tour. C'est son deuxième fils. Je n'aime pas beaucoup son mari, Roland K. Depuis qu'il est revenu de la guerre d'Algérie, je le trouve bizarre, il me fait peur.

L'année de ma terminale, je découvre aussi que les mamans, ça meurt. Carole me raconte que la maman de sa copine de classe, Chantal Ladesou (oui) s'est tuée dans un accident de voiture. La maman de mon amie Véronique Sérafinowicz est atteinte d'un cancer et sa mort va laisser son mari Waclaw – dit Albert – seul avec quatre enfants. Cette année-là, Véro deviendra bien malgré elle la nouvelle maîtresse de maison. Depuis la maladie de leur maman, Véronique et sa sœur Béatrice sont en charge de beaucoup de choses, cuisine, courses, ménage, lessive en plus de s'occuper de leurs deux jeunes frères. Pour le bac de Véro, c'est foutu.

Au coin de la rue de Mouvaux, Françoise Gruzinski se meurt. Je croise Yoja sur le chemin quotidien de l'école. Il est toujours sérieux et très bon élève, je crois qu'il se carapace pour cacher sa douleur, dont il ne laisse rien paraître. Mais à vrai dire, tout cela me passe au-dessus de la tête et ne m'atteint pas vraiment. Je ne peux mesurer du haut de mes seize ans la souffrance de mes amis qui deviennent orphelins de mère à un âge où ils en ont tant besoin. Si jeunesse savait… mais c'est comme ça… je ne vois rien.

Aux funérailles de Françoise, pour la première fois je mets les pieds dans un temple protestant. Ça me paraît bien austère. L'Église catholique m'avait habituée à plus de couleurs, de vitraux, de statues, de saints et d'anges, de clochettes et d'encens et de soutanes brodées d'or des prêtres censés représenter notre humble Seigneur !

Je vois passer devant moi Serge Gruzinski, Yoja et Nounoune, mais mon cœur d'adolescente n'arrive pas à s'ouvrir à la compassion. J'ai seize ans et je ne comprends pas bien ce qui peut se passer dans leurs cœurs, j'ai déjà du mal à comprendre ce qui se passe dans le mien. Maman Thérèse pleure énormément. Françoise est son amie et elle part bien jeune. C'est injuste, dit Maman. Comme si la mort était juste. La mort ne m'intéresse pas. Samedi ou dimanche, j'irai à la patinoire avec Carole et les copains. À la fin de l'année scolaire, je passe mon bac. Donc à part moi, je ne pense à rien. Cela fait-il de moi une ingrate ?

Papa et Maman sont très fiers quand, en allant consulter les résultats du bac sur les panneaux des murs du lycée de Jeunes Filles de Tourcoing, nous croisons une copine de classe au bord des larmes (elle a bossé, elle l'a raté) qui me crie avec dégoût : « Et toi, t'as une mention ! » Je n'en reviens pas, j'ai juste 12 de moyenne, donc assez bien. Une épreuve facultative de gymnastique m'a permis de gagner un petit bonus, vu que j'ai sauté 1, 45 m en hauteur – à peu près ma taille à l'époque ! Tiens, prends ça la prof d'allemand qui s'obstine à m'appeler « *Kleine* » !

Mon bac en poche, récompensée par mon premier vélo, je me vois assaillie de toutes parts : « Qu'est-ce que tu vas faire à la rentrée ? » Je n'en ai pas la moindre idée. Envie de rien en particulier. À part écrire, raconter des histoires, rêver, partir en vacances… Médecine, décide Maman… « Chir-dent » (comprendre chirurgien-dentiste). Après des années littéraires au lycée et une année de Philosophie, je vais devoir aller trifouiller dans les caries et la mauvaise haleine de gens qui ont mal aux dents ? Alors que ces années passées avec un appareil dentaire sont mon pire cauchemar ? Médecine, quelle angoisse…

Je voudrais faire l'École de journalisme de Lille, qui a une très bonne réputation. Manque de pot, malgré la lettre de recommandation de madame Josette R. ma prof de lettres, on m'annonce que je suis trop jeune pour m'inscrire. Il faut avoir minimum 18 ans. Franchement à quoi sert d'être en avance à l'école… On te demande à un âge où tu voudrais t'amuser de décider de ton avenir ! Le directeur de l'École de journalisme suggère à mes parents de m'envoyer un an à l'étranger, en Angleterre ou en Amérique. Comme ça, je maîtriserai parfaitement la langue anglaise. C'est mal connaître mes parents. Pourquoi pas m'envoyer sur la Lune ou sur Mars ? Et puis journaliste n'est pas vraiment un métier de femme. À part la mode et le courrier du cœur, dit Papa…

Une de mes meilleures copines de classe, Jocelyne D., qui habite à Mouvaux et prend chaque jour le tramway avec moi aux Trois Suisses, est dans le même cas que moi. Elle a

16 ans 1/2, son bac Philo en poche et pas la moindre idée de ce qu'elle veut faire à la rentrée. Elle est bonne élève, fille unique suivie de près depuis la maternelle par ses parents, tous deux instituteurs.

Comme Maman m'inscrit – sans trop tenir compte de mon avis – à la fac de médecine de Lille, les parents de Jocelyne D. font de même. Au moins on sera ensemble…

La politique et moi

S'il est un sujet que l'on n'abordait jamais à la maison, c'est bien la politique. Dans la famille de Papa comme dans celle de Maman, le général de Gaulle faisait figure de Dieu le père. On n'en discutait pas, c'était comme ça… Mes petites oreilles entendaient bien des mots comme les cocos, les bicots, l'OAS, le FLN, mais je ne savais pas de quoi il s'agissait. Roland, le mari de ma tante Marie-Claire, avait « fait » l'Algérie et il en était revenu bien secoué. Maman disait : l'Algérie aux Algériens. Par contre Papa nous avait interdit formellement de ramener à la maison des Noirs ou des Arabes. De toute façon, j'en connais pas !

Je me souviens d'avoir fichu ma prof de lettres en colère parce que je ne comprenais pas la différence entre révolutionnaire et réactionnaire. C'est vous dire ! Je connaissais mieux les anges et les saints que le nom des ministres et des hommes d'État. J'aimais assez bien la famille royale d'Angleterre, sans doute le côté conte de fées des pays imaginaires où il est tout à fait normal que des princesses et des princes se marient, aient beaucoup d'enfants et soient aimés de leur peuple. La famille princière de Monaco me plaisait bien aussi… On lisait *Paris-Match*. J'étais aussi attardée sur le plan de la conscience politique que sur le plan hormonal. Une petite fille naïve.

Un jour mon grand-père maternel, mon Pépé Bausier, déjà installé dans la Loire avec sa bonne sœur de femme, me posa quelques questions. Il savait que je me débrouillais plutôt bien en classe et me demanda ce que j'aimerais faire après mon bac. J'étais perplexe. « Quoi que tu choisisses, ne fais jamais de politique. Ce n'est que de la crapule. » Message reçu. De toute façon, loin de moi l'idée de consacrer un seul de mes neurones à ce panier de crabes !

Les gens de son village, Le Crozet, étaient montés jusqu'à chez lui aux « Prosts » pour lui proposer de devenir maire. Lui qui venait du Nord industriel, petit patron du textile, avait réussi à conquérir leur confiance et leur admiration de paysans. Il refusa tout net. À la maison il était très autoritaire, voire tyrannique. Mais il préférait laisser à d'autres la vie de la Cité. Comble de l'ironie, il ressemblait beaucoup au général de Gaulle et un jour quelqu'un l'aborda dans un restaurant de Roanne pour lui demander s'il était le Général. Non, répondit mon grand-père sans hésiter. Je suis son cousin…

Je n'ai jamais aimé ni le pouvoir ni la compétition. Sans trop savoir pourquoi. Aujourd'hui, je me dis que ces deux appétits-là sont probablement la cause première de bien des maux de l'humanité. C'est pourtant ce même grand-père qui m'apprit, sur la grande table du salon de la villa de Bray-Dunes, à jouer aux cartes et aux échecs alors que je n'avais pas sept ans. Je m'aperçus assez vite aussi que gagner n'était pas très important, tricher n'avait aucun intérêt et n'apportait aucune satisfaction. Je détestais les tricheuses à l'école. Celles qui avaient des antisèches dans leurs manches et des dictionnaires d'anglais minuscules planqués dans leur trousse. *No fun.*

Amboise

En juillet 1965, Papa décida d'installer notre caravane au pied du château d'Amboise et de rayonner chaque jour d'un château de la Loire à l'autre. Cet été-là, j'ai découvert deux choses que je n'ai jamais oubliées.

Il y avait une famille qui campait non loin de nous, dont le mode de vie me surprenait chaque jour un peu plus et qui quelque part me dérangeait, bousculait mes certitudes, ébranlait mes croyances. Des parents et trois enfants : deux filles dans nos âges à Carole et moi – entre quinze et dix-sept ans – et un petit garçon. Jusque-là, rien que de bien normal. Mais il y avait chez eux une espèce de totale liberté qui contrastait avec l'éducation chrétienne et la sévérité paternelle que j'avais toujours connues. Cette famille dégageait beaucoup d'amour, leur tente était toujours ouverte à tout le monde, copains, voisins, enfants. Papa ne les appréciait pas beaucoup. Des « libres-penseurs », voire des « anarchistes ».

Un jour, la grande avec laquelle je discutais souvent et qui n'aimait pas l'école me présenta son nouvel amoureux qui devait avoir vingt ou vingt et un ans. Elle me raconta qu'ils avaient passé la nuit dans une petite maison en ruine et qu'ils avaient fait l'amour... Je tombai des nues ! Inconcevable pour moi ! « Pourquoi ça te choque ? C'est merveilleux l'amour ! »

Ses parents ne s'étaient pas inquiétés de son absence et semblaient trouver ça tout à fait naturel qu'une gamine de dix-sept ans ne rentre pas de la nuit. Le lendemain, comme Maman les avait dépannés d'un peu de beurre ou d'huile, ils invitèrent mes parents à l'apéro. Ça ne plaisait pas beaucoup à Papa, mais comment refuser ? Ma copine et son mec se bécotaient et ce n'est pas la pudeur qui les étouffait, comme disait Maman. Une fois rentrés à la caravane, nous avons eu droit à un petit sermon des parents et Papa nous demanda de ne plus fréquenter ces filles. Fin de l'épisode.

Une autre chose se passa pendant ce séjour à Amboise qui probablement est encore ancrée dans ma mémoire corporelle. Une NDE *(near death experiment)* dont je n'ai jamais parlé à mes parents.

Comme dans la plupart des campings, se trouvaient à l'entrée un petit pavillon d'accueil et une boutique qui vendait du pain, quelques bricoles de base comme du papier-toilette, des bougies, des allumettes, des journaux et des bouteilles de gaz. La route qui menait au camping n'était pas très large et ce jour-là la municipalité avait déposé des barrières mobiles en métal pour séparer les piétons des véhicules. Peut-être étaient-ce les préparatifs du 14 juillet, je ne m'en souviens plus, mais j'ai en mémoire une circulation inhabituelle sur ce petit bout de route où je roulais à vélo. Arrivée à l'approche de l'entrée du camping, je me faufile entre une ganivelle métallique et un camion de livraison. Le passage est étroit pour ma bicyclette, mais ça ne devrait pas poser de problème. Mais si. Voilà que le camion recule et se colle à moi lentement, lentement, jusqu'à me serrer contre la barrière avec une force progressive et terrifiante. Mon étroit bassin d'adolescente est maintenant coincé entre le camion et la ganivelle. Je vais craquer comme une coquille de noix. En une fraction de seconde, je prends conscience que je vais me faire broyer, que le conducteur ne me voit pas, que je vais mourir. J'ouvre la bouche pour crier mais aucun son ne sort de ma gorge serrée. La mort est là qui va me saisir. Pourtant je suis en vie et plus consciente d'être en vie que jamais. Je tape sur la paroi du camion, mais rien n'y fait, il recule, il va me briser comme un simple bout de bois. À cette seconde même où je m'attends à entendre craquer mon squelette, le camion s'arrête et se remet en marche avant. Le conducteur m'a-t-il aperçue dans son rétroviseur ? Un passant lui a-t-il fait signe ? Mon ange gardien a-t-il pris en main le levier de vitesse ? Toujours est-il que je suis indemne. Comme par miracle.

Mon cœur bat à 100 à l'heure, je me sauve vite fait de cet endroit terrible, de ce moment d'épouvante, de cette faille spatio-temporelle, je pédale à toute vitesse vers notre caravane où je m'effondre en pleurs. Maman lève les yeux de son *ELLE* et me demande ce qu'il m'arrive. « J'ai failli me faire tuer par un camion. » Papa dit : « Je savais bien qu'il ne fallait pas lui acheter un vélo à cette tête en l'air ! » Tremblante, totalement incomprise, je regarde mes deux imbéciles de parents qui ne réalisent pas que j'ai regardé la mort en face. Désormais riche de cette expérience je sais que la vie ne tient qu'à un fil et que la mort est là, partout, et qu'entre ces deux-là le lien est bien étroit.

Papa se lève. Préparez-vous les filles, on va à Chambord aujourd'hui.

Double vie

C'est quoi cette famille ? Cette famille où tout le monde ment, où tout le monde a une double vie, cette famille de schizo... Papa et Maman sont ensemble, du moins en apparence, surtout depuis que Papa a eu des problèmes de santé. Mais ni l'un ni l'autre ne paraissent heureux. Maman travaille toujours chez Segard, Papa voyage toujours du mardi matin au vendredi soir pour le compte de Phildar. Carole va au lycée et pour moi la rentrée d'octobre 1965 s'annonce vraiment problématique.

Les quinze premiers jours passés à la fac de Médecine de Lille m'ont terrorisée. Ma copine Jocelyne D. qui est plutôt une littéraire va vite battre en retraite et s'inscrire en Droit. Dans les couloirs de la fac de Médecine, nous sommes comme deux petites filles, chaperons rouges parmi les loups... Des étudiants bien plus âgés que nous se frottent les mains et nous promettent un bizutage carabiné. Le soir, je rentre à la maison épuisée. Je vous rappelle que j'ai dix-sept ans, pas de permis donc pas de voiture et la fac est à l'autre bout de Lille. Rien ne va. Je ne comprends pas grand-chose aux cours, c'est un charabia épouvantable. Je passe mon temps à pleurer, je me sens abandonnée par mes parents, un papa qui n'est jamais là et une maman passablement déprimée qui travaille et ne sait plus très bien elle-même où elle en est. Elle comprend vite que son désir de faire de moi une dentiste, une kiné ou une pédiatre est en train de tomber à l'eau.

Un autre événement va me dégoûter totalement de la médecine. Notre médecin de famille, celui-là même qui nous a tous mis au monde, Carole et moi, Yoja et Patricia, doit contrôler mon carnet de santé et mes vaccinations pour mon inscription à l'Université de Lille. Je me rends seule à son cabinet à

Mouvaux, aussi naïve que Bambi, je lui fais confiance, normal, il est mon docteur. Il regarde mes papiers, tamponne et signe çà et là, me prend le pouls et me pose quelques questions. Puis me regarde bizarrement. « Tu sais que tu ne seras plus jamais aussi belle que maintenant ? »

Je suis interloquée par sa remarque. Où veut-il en venir ? Il me regarde avec insistance, puis il soupire « Bon, tant pis ! » comme s'il se parlait à lui-même, plus très catholique tout à coup. Puis prenant un ton autoritaire : « Déshabille-toi ! » Me déshabiller ? Mais je croyais qu'il devait juste signer mon carnet de santé. Il insiste ! « Déshabille-toi ! » Après tout, c'est mon médecin, il a le droit de m'examiner. J'obéis, mais là il me fait un peu peur. En fait, ce salopard veut juste se rincer l'œil. Il me regarde intensément, s'approche de moi et me caresse la poitrine. Je suis pétrifiée. Puis comme à regret, il me dit : « Rhabille-toi vite avant que je fasse une bêtise… »

Tout juste si ce n'est pas moi la fautive ! Comme si le fait de m'avoir vue naître lui donnait des droits sur moi. Je reprends vite fait mes papiers, lui donne le chèque de Maman – l'examen était payant par dessus le marché – et rentre à la maison. Ce jour-là mon médecin de famille rejoint le curé de Mouvaux dans ma poubelle à ordures. Naïve, mais quand même.

Donc, comme la politique, la médecine c'est pas trop mon truc. Que faire de ma peau, maintenant que j'ai mon bac et pas le moindre plan de carrière ?

On me suggère l'École d'optique (faire des lunettes ?) mais là aussi il faut avoir dix-huit ans, l'École normale pour devenir institutrice, bof bof, la fac de Lettres, le Droit… Dépêche-toi, on est en octobre !

Finalement Papa se renseigne sur les grandes écoles et m'inscrit en Prépa HEC. Quelle idée ! Tout compte fait, ce choix n'est pas si mauvais. Le cadre reste très scolaire, ce n'est pas une fac. Et la petite lycéenne que je suis encore s'y retrouve rassurée. Je fais du covoiturage tous les matins avec deux garçons de ma Prépa qui viennent de Tourcoing en 4L (la Renault 4, voiture préférée des étudiants des années 60). Il y a des cours de français et de philo, ça ça me plaît, surtout que le prof est vraiment sympa, mais carrément bigleux. Mais l'anglais et l'allemand deviennent « commerciaux » et non plus poétiques, ce qui me barbe copieusement, adieu Goethe et Lord Byron. Par contre, tout ce qui est fiscalité, comptabilité, droit commercial, statistiques et autres réjouissances m'assomment littéralement.

Côté mensonges, tous les week-ends Carole et moi racontons à nos parents que nous allons au cinéma, ou chez notre copine Pénélope – un sacré numéro celle-là – ou encore à la patinoire, mais en fait nous allons en boîte, précisément à *La Peau de Vache* à Marcq-en-Barœul... Toute notre petite bande s'y retrouve, on danse, on rigole, on flirte, on n'a pas le droit de boire de l'alcool, mais le Coca nous suffit. Jusqu'au jour où nos parents découvrent le pot aux roses et nous passent un savon mémorable, suivi de sanctions sévères. Sorties, argent de poche, boums... c'est tintin pour un certain temps !

Notre amie Pénélope – elle s'appelle en vérité Myriam et son nom de famille varie selon les divorces de sa mère – nous entraîne dans une autre aventure qui ne plaira pas beaucoup non plus à nos parents quand ils vont s'en rendre compte : le Spiritisme...

Comment Péné a-t-elle déniché cette adresse ? Je l'ignore. Je sais que sa mère est friande de cartomancienne, voyance et Madame Irma en tous genres. Toujours est-il qu'un mercredi après-midi, ma sœur Carole, Jocelyne D., Pénélope et moi échouons dans le salon de monsieur et madame Roussel à Lille, deux petits vieux bien allumés, qui nous reçoivent avec une extrême gentillesse et une cordialité non feinte. Nous discutons longuement et ils nous invitent à venir assister dans une salle de la rue de l'hôpital militaire de Lille à une conférence donnée par une célèbre voyante (jamais entendu son nom...), éminente médium. On peut apporter des photos de personnes décédées, avec qui elle essayera de communiquer. J'emporte une photo de ma mémé Bausier chérie, Simonne, et une photo d'un copain rigolo pas mort du tout. Là, la voyante me bluffe totalement.

Quand elle prend la photo de ma grand-mère, elle ferme les yeux et sourit en annonçant qu'elle est en « pleine Lumière ». Je suis heureuse pour ma grand-mère qui à mes yeux a toujours été une sainte, une âme angélique, un océan d'amour. Elle l'a bien mérité, d'être dans la Lumière, ma mémé.

Par contre dès qu'elle a en main la photo de mon copain Bernard, elle éclate de rire : « Qui m'a fait cette farce ? Ce jeune homme est bien vivant ! Il me donne envie de danser ! » Je lève la main un peu honteuse. Mais tout le monde rit en me regardant avec indulgence. C'est gagné, nous sommes conquises : le Spiritisme va devenir très vite une de nos principales occupations extra-scolaires. Les tables tournent, les esprits viennent nous parler, le « OUI-JA » fonctionne à toute berzingue. Je tiens à préciser que monsieur et madame Roussel sont d'honnêtes gens, fonctionnaires en retraite, et que jamais ils ne nous demanderont un sou pour participer à ces séances de spiritisme. Jocelyne D. est particulièrement réceptive aux énergies de l'au-delà. Elle entre en transe facilement et pour s'assurer qu'il n'y ait pas de supercherie, Monsieur Roussel lui plante une épingle à nourrice dans la main sans qu'elle réagisse… La voix de Jocelyne se transforme et les esprits communiquent avec nous à travers elle. Avant la séance, monsieur Roussel fait toujours une prière afin que nous soyons protégés des esprits malins. Voilà tout. Quand Papa l'apprend, je ne sais comment, il est furieux. Je crois même qu'il va voir les Roussel et leur interdit de nous recevoir chez eux et d'avoir le moindre contact avec nous. Même injonction pour nous. Les parents de Jocelyne sont au courant. Leur a-t-elle lâché le morceau ?!

Nous continuons bien de temps en temps à faire tourner les tables et à appeler les morts, mais cela nous effraie de faire ça toutes seules et peu à peu, nous laissons tomber cette pratique. Sans doute parce que les examens approchent ou bien qu'aller danser avec les minets de la place de Lille nous amuse davantage.

En juin, je passe le concours d'entrée à HECjf (jeunes filles) à Paris et à l'École supérieure de Commerce de Lille. Carole de son côté se fait virer du lycée de Jeunes Filles de Tourcoing sans explication et doit redoubler sa classe de première. Bien trop gamine pour intégrer HEC, je suis reçue à l'ESC Lille (on dit Sup de Co). J'ai l'impression que nos parents se désintéressent de plus en plus de notre sort. On dirait que Papa est pressé d'en finir avec nous et Maman semble nous en vouloir, mais de quoi bon Dieu ? Carole va s'inscrire, toute seule, dans une institution catholique de Tourcoing. Bonne ambiance à la maison.

Cet été-là, en juillet, les parents nous emmènent dans les Alpes, en Haute-Savoie. Je crois que ce sont les vacances les plus ennuyeuses de ma vie, et ce sont d'ailleurs les dernières que je passe avec eux, à part Bray-Dunes et le camping du Perroquet, où nous laisserons la caravane tout l'été désormais.

Au mois d'août nous retrouvons toute la bande de copains qui nous attend au Perroquet. Enfin ! Je dépérissais au bord du lac d'Annecy. Johnny et Sylvie ont eu un petit garçon, David, ce qui nous fait bien plaisir à Carole et à moi. Nous fréquentons assidûment le *Caveau,* une petite boîte sympa de La Panne où tous les jours un groupe de musiciens de Roubaix, les Sunlights nous fait danser, rire et chanter dans le micro comme des hystériques.

À la rentrée, j'entre à Sup de Co Lille où je vais m'ennuyer ferme pendant trois ans.

Les parents nous mentent, ou peut-être se mentent-ils à eux-mêmes. Ils se disputent, se séparent, parlent de divorce, se rabibochent, Maman pleure, Papa fait la gueule. Carole me raconte qu'elle a vu Papa sortir son gros revolver et qu'elle a eu très peur. Cet imbécile, croyant la rassurer, lui explique que ce n'est pas pour Maman, mais pour lui-même qu'il a sorti son arme. Très rassurant en effet…

Le fossé parents-enfants qui se creuse généralement à l'adolescence devient de plus en plus large, profond, obscur entre nous. Je me désintéresse complètement de leurs histoires. Si

Papa rentre moins souvent, après tout, tant mieux, il nous fiche la paix. Seule sa chienne, Karah, lui fait la fête quand il vient.

Maman a repris le tennis. Du « temps de Françoise », elle allait souvent avec les Gruzinski au Tennis-Club des Flandres. Après la disparition de son amie, sa raquette est restée dans sa sacoche longtemps, sauf parfois en été à Bray-Dunes quand elle jouait avec tata Jocelyne.

Et puis en 1967, Serge Gruzinski père propose à Thérèse de venir taper quelques balles. Peu à peu ils se remettent à jouer ensemble, en tout bien tout honneur.

Yoja a décroché son bac avec une mention Très bien et félicitations du Jury. Malgré le décès de sa mère, son travail ne s'en est jamais ressenti comme nous le fait remarquer Maman. Au contraire même, j'ai l'impression qu'il y trouve un refuge.

L'arrivée de Serge Gruzinski dans le tableau ne nous plaît pas particulièrement. Cette amitié de longue date va-t-elle se transformer en histoire d'amour ? Le soir où je surprends Maman et Serge dans le garage ajoute une couche à ma perplexité... Rien d'officiel pour l'instant. Papa rentre encore le week-end et Serge a conservé son appartement au 22, rue de Mouvaux. Yoja va partir faire ses études à Paris, Carole et Patricia sont encore au lycée.

Je vous l'ai dit, tout cela est bien déroutant.

Pollux

Si les études de commerce que j'ai entamées ne correspondent ni à mes aspirations ni à ma personnalité, la vie d'étudiante, elle, est pleine de charme. Tous les jours, dans la grande et magnifique ville de Lille, je me balade, je traîne dans les cafés, je fais les boutiques, je rencontre des tas de gens intéressants. Quasiment tous mes amis sont juifs. Fils et filles de commerçants de la rue de Béthune ou de la rue Neuve. D'ailleurs très vite, bien qu'élevées dans des institutions catholiques chez les religieuses dès la petite enfance, Carole et moi arborons des maillons de David. Je ne sais ni comment ni pourquoi ce désir d'appartenance à la communauté juive nous a prises... Carole sort avec Samy B., un jeune étudiant en Droit extrêmement politisé qui la convertit au socialisme, alors que moi, dans mon école de bourges je ne fréquente sur les bancs de l'ESC que des fils à papa issus de la grande bourgeoisie du Nord – « les grandes familles », quasiment une secte ou plutôt une caste – ou des étudiants venus de Paris ou d'ailleurs recalés à HEC ou ESCP (Sup de Co Paris). Pour la plupart, ils vont intégrer l'entreprise familiale une fois le diplôme en poche. Le seul cours qui m'intéresse ici c'est l'économie politique, bizarre non ? J'aime bien découvrir ces grands mouvements globaux qui régissent notre planète et dont la plupart des humains ignorent totalement les tenants et les aboutissants.

À la maison, tout le monde se fiche royalement de mes études. D'ailleurs mes notes sont très moyennes, mes efforts minimum. Juste assez pour passer en classe supérieure.

Autre chose également intéressante et bizarre : à Sup de Co, on compte 90 % de garçons et 10 % de filles. Quand on oublie les moches, nous ne sommes plus très nombreuses à attirer la gent masculine. Je cherche mon look. Je me teins les cheveux d'une couleur différente à tout bout de champ. Rousse, brune, blonde, cheveux courts, frange, frisée, Corinne se cherche. Ma frange jaune m'a valu le surnom de Pollux, le chien du Manège enchanté, qui me collera à la peau pendant des années.

Autre bizarrerie. Quand je tombe amoureuse, c'est quasiment toujours d'homosexuels. Je les trouve plus beaux, plus intelligents, plus sensibles. Eux au moins ne pensent pas à me sauter dessus. Joël C., un étudiant en Art textile, futur styliste chez Dior, s'affiche ouvertement avec moi. Pourtant notre relation ne s'aventure guère au-delà que quelques baisers et caresses timides. Amour quasi platonique, mais vrai. N'oublions pas que fidèle à Jeanne d'Arc, je suis toujours pucelle. Par contre Ghislain M.V. et Patrick D.R. sont des homos purs et durs et je n'arriverai jamais à mettre la main sur eux. Ils m'aiment bien, mais pas de trop près. Comment expliquer cette attraction irrésistible pour les « pédérastes » comme disent les parents ? Peut-être parce que mon étiquette de garçon manqué a quelque peu brouillé mes pistes affectives et sexuelles. En tous cas, ma virginité ne prend aucun risque...

Le week-end nous allons sur la côte. En Belgique, le plus souvent. À Ostende ou à La Panne. À part ceux qui suivent des études de Droit ou de Médecine, ceux dont les parents veulent des fils avocats ou chirurgiens, la plupart de mes amis juifs n'aiment pas trop l'école, ils ratent leur bac et travaillent déjà dans les boutiques de leurs parents. De ce fait, ils ont plus d'argent que la plupart des jeunes de leur âge, ils ont leur permis de conduire, une voiture et peuvent inviter les filles au restaurant, les emmener dans leurs virées. Ce qui leur confère un certain avantage.

Papa nous surveille, mais de loin. Il est mécontent de nos résultats scolaires, il nous interdit les mini-jupes et le maquillage mais, comme il n'est pas souvent là, on s'en contre-fiche. On ne sait pas trop ce qu'il traficote ni avec qui. Deux ou trois fois, il me paye les sports d'hiver, sans doute par culpabilité de ne plus nous emmener en vacances.

Serge Gruzinski père passe souvent à la maison, un peu trop à notre goût. De quoi il se mêle celui-là ? Patricia Gruzinski non plus n'apprécie pas beaucoup cette relation. La mort de sa mère est encore trop récente et ce genre de blessure met longtemps à se fermer, si jamais. Comme d'habitude Yoja est plongé dans ses livres, on ne le voit plus.

Je vais encore souvent rue des Champs à Tourcoing, chez ma Mamie Masclef, Andréa, la mère de Papa. Elle nous a toujours adorées. Tata Jocelyne, mariée à son futur médecin Noël M., a eu un petit garçon en 1966, Christophe. Comme elle est institutrice, c'est souvent Mamie qui pouponne. Moi j'ai dix-huit ans et pour l'instant les bébés et les enfants n'offrent aucun intérêt à mes yeux. Aucun.

1967/68

Non mais regardez-les ces deux-là ! Des folles, des inconscientes ! Mignonnes comme tout, elles passent leur temps à se balader en auto-stop. En mini-jupes en plus ! « Vos filles sont jolies comme des gravures de mode », déclare une amie de Maman. Ça fait plaisir à entendre, parce que côté compliments, nous ne sommes pas gâtées à la maison. Papa nous oblige à nous démaquiller dès qu'il aperçoit la moindre ombre à paupière, la moindre trace d'eye-liner. Quoi ? Des bas ? Des porte-jarretelles ? Des collants ? Heureusement que j'ai de tout petits seins, pas besoin de soutien-gorge. Carole a pris de l'avance sur moi depuis longtemps. Elle a des formes, de la poitrine et a eu ses règles bien plus tôt.

On nous voit partout, le pouce en l'air au bord des grands boulevards ou des routes de la métropole Lille-Roubaix-Tourcoing. Mais nous sillonnons aussi la Belgique pour aller danser au « Twenty » à Mouscron où des groupes de rock, américains ou anglais, viennent nous faire découvrir leur pop-music. Une photo dans le journal affiche Jimi Hendrix à côté de Carole. Mon cousin Jean-Luc hallucine.

Bray-Dunes, La Panne, Ostende, Le Touquet, Paris.

Regardez comme elles sont mignonnes, Corinne et Carole Vandewalle : pulls-chaussettes, mini-jupes, T-Shirts trop courts, pantalons taille-basse (on montre son nombril), chemisiers à fleurs, vestes en velours. Elles commencent même à se servir de la machine à coudre Singer pour se faire des robes à la Sylvie Vartan.

Toujours étudiante à Sup de Co Lille, parfois je me lève tôt le matin pour aller en cours. Si j'ai raté mon co-voiturage, je fais du stop, mais je ne m'arrête pas à la hauteur de l'École, je continue sur l'autoroute A1 et j'arrive à Paris dans la matinée. Traîner à Saint-Germain-des-Prés, boire un café – hors de prix – aux Deux-Magots ou au Café de Flore, acheter un magazine de rock anglais au Drugstore et rentrer en stop à

Lille en fin d'après-midi, voilà comment je passe la journée, toute seule, et je n'en souffle mot à personne.

Papa est parti en tournée Phildar pour la semaine, et si Maman s'inquiète de l'heure tardive, je trouve un prétexte à mon retard. « J'ai mangé au resto U, mais c'était pas bon. Il reste quelque chose à manger, Maman ? » ou « J'étais chez une copine, on a révisé le cours de droit commercial ». Peu importe, de toute façon, elle n'écoute pas.

Cet été 1967, nous ne partons pas en vacances en famille. Brigitte C. m'a invitée à Valras dans l'Hérault. Ses parents ont un mobil-home sur un terrain entouré de vignes. Son petit frère est sourd-muet, il est vraiment mignon, plein de taches de rousseur, vivant, piquant, intelligent, il comprend tout, je l'adore. Face à tant de finesse, j'ai l'impression que les handicapés, c'est nous.

Après le Sud, une nouvelle expérience s'offre à moi. Véronique et Béatrice Sérafinowicz projettent de faire le tour de la Grande-Bretagne en stop, en mode sac à dos, auberges de jeunesse. Je m'incruste dans leur voyage. À ma grande surprise, les parents sont d'accord. On leur a menti éhontément en leur disant que nous allions chez nos correspondantes anglaises… et ils ne vérifient même pas ! En fait trois semaines de grand n'importe quoi, nous dormons n'importe où, nous mangeons des cochonneries, des burgers-frites, des beignets à la framboise, des œufs frits et des haricots en boîte. De la nourriture anglaise normale, quoi. Béatrice sera constipée tout le voyage ! À cet âge, on ne fait pas le rapport entre ce qu'on mange et notre état de santé, notre forme, notre humeur, nos boutons.

On monte en Écosse, Édimbourg, Loch Lomond, ah tous ces petits moustiques qui nous piquent toute la nuit ! On bouge un peu au jour le jour de bed'n breakfast en auberges de jeunesse, de campings en petits hôtels, on n'est vraiment pas organisées pour deux sous, on n'est pas très riches non plus. Bien souvent, on s'arrête là où vont les braves automobilistes qui nous ont prises en pitié sous la pluie…

Notre expédition se termine à Londres où nous passons quelques jours à lézarder dans Hyde Park – miracle il fait beau ! – à dépenser nos derniers *pence*, à traîner à Chelsea et au Kensington Market. On ne parle pas encore de hippies cette année-là, mais les premiers beatniks que l'on croise sont allongés sur les bancs ou dans l'herbe des parcs, grattent leur guitare – truc infaillible pour attirer les filles – chantent du Bob Dylan, Donovan ou Léonard Cohen. Nous les petites Françaises, nous craquons, nous regardons, découvrons, écoutons tout ça, béates ! Toutefois, aucune de nous trois ne « couche ». Les garçons doivent se contenter de notre admiration et de nos sourires. C'est déjà pas mal.

Les parents sont loin, loin de nos préoccupations. Quelques cartes postales devraient leur suffire.

Fin août 67, je retrouve Maman et Carole au camping du Touquet. Dieu sait pourquoi notre caravane a atterri ici !? Carole y a passé quelques semaines, elle me fait découvrir le meilleur chocolatier, me présente le groupe de rock anglais qui joue au Chatham, « Mickey Finn », me promène dans les coins sympa de cette petite station balnéaire archi-snob de la côte d'Opale. Mais les gentils garçons aux cheveux courts et chemise Lacoste impeccable ne font pas le poids à côté des beatniks vagabonds de Londres qui m'ont donné le goût de la liberté.

Je leur préfère aussi mille fois mes copains de Bray-Dunes, l'ambiance familiale du Perroquet et le *Caveau* de La Panne.

En septembre, Papa a l'idée saugrenue de m'envoyer en stage en Allemagne, pour me perfectionner dans la langue et m'apprendre les rudiments de la vente. Me voilà dans un magasin Phildar à Duisburg, tenu par Frau Sommer dans la rue la plus commerçante de la ville. La famille Sommer, dont la fille Sandra a à peu près mon âge, vit dans la banlieue proche, à Rheinhausen, c'est moche, il faut prendre le bus matin et soir. Je déteste ça. En plus mon allemand est si mauvais que je me sens vraiment godiche quand il s'agit d'expliquer à une grosse tricoteuse teutonne les avantages de telle ou telle laine pour son projet de couvre-lit au crochet. Même en français, j'aurais du mal ! Nulle, la vendeuse.

Sandra et moi attendons impatiemment le week-end pour aller danser le jerk – le twist est *out* – et le slow dans des dancings bondés, boire des bières et manger des saucisses. Ma sœur Carole me rejoint pour quelques jours. Je me sens moins seule. Comment a-t-elle réussi à venir jusqu'ici ? Elle n'a que dix-sept ans…

Papa et Maman aussi viennent me rendre visite à Duisburg. Papa a une belle Peugeot flambant neuve et je comprends vite que les Sommer me prennent pour une fille de bourges. Faut dire que Papa est maintenant directeur commercial chez Phildar et Maman toujours très chic. Je ne sais pas si Papa a « quelqu'un » en ce moment, ni si Maman voit toujours Serge Gruzinski, le père de Yoja, mais en tout cas, Georges et Thérèse s'entendent bien, ils rigolent, ils découvrent le coin ensemble, ils m'emmènent au resto et dorment ensemble dans le même lit à l'hôtel.

Avant de repartir, ils me laissent tous leurs Deutschemark, ce qui me fait bien plaisir, je n'ai pas beaucoup d'argent, je suis payée des clopinettes pour ce stage de malheur.

Un soir, pour notre plus grand plaisir à Sandra et à moi, une émission sur les Beatles passe à la télévision. Avec leurs têtes d'anglais, leurs sourires, leurs cheveux longs, leurs jeans serrés, leurs boots pointues, les Beatles quel bonheur ! Sandra et moi, on chante et on danse dans leur salon affreux ! On saute partout comme des folles. *Yeah yeah yeah*. J'entends Herr Sommer dire, en baissant le son, « on n'aurait jamais vu ça du temps d'Adolf »…

De ce jour je ne lui ai plus jamais adressé la parole. Qu'il s'étouffe avec ses saletés de charcuterie, ses saucisses et ses morceaux de porc graisseux dont il se goinfre au petit déjeuner. Beurk beurk. Je rêve de baguette fraîche, de croissants de chez Dereeper, de bon café. Je n'ai qu'une hâte : retourner en France, retrouver mes copains juifs, ma famille bancale, la place de Lille, ma chambre aux murs rouges, ma sœur. Ce qui ne m'enchante guère, c'est l'idée de rentrer en deuxième année de Sup de Co Lille.

Je croise Yoja rue de Mouvaux, il me dit qu'il va monter à Paris pour ses études. Ni l'un ni l'autre ne savons très bien où en est la relation entre son père et ma mère. On n'en parle pas… Carole entre en terminale dans une école catho, et Patricia est une jeune adolescente de seize ans, orpheline de mère. Comment voulez-vous que ce soit facile ?

J'ai dix-neuf ans, je suis un peu perdue mais pas vraiment, je m'ennuie pas mal mais pas vraiment. Ma famille se barre en sucette et les valeurs morales et religieuses qu'elle m'a inculquées s'effritent. Petite Pollux qui ne comprend pas grand-chose à ce qui se passe en elle, autour d'elle et dans le monde.

Les Beatles ont changé. Ils ont un gourou indien. Ils sont devenus très psychédéliques. Leur album *Sergeant Pepper lonely heart's club band* tourne en boucle sur la platine du salon. Quelque chose là-dedans m'attire et me fascine. *Sex and drugs and rock n' roll*, pour moi ça ne veut pas encore dire grand-chose. Je suis vierge et je ne me drogue pas. J'écoute du rock et je danse beaucoup. Je découpe dans les journaux des articles sur le LSD…

Voilà 1968. Une autre année s'ouvre devant moi. Bonne Année, Corinne ! Tu parles.

À suivre…

Partir…

Serge

Retour trois ans plus tôt.

Jusqu'à la mort de ma mère, hormis deux brèves semaines en Suisse déjà bien lointaines, le monde que je fréquente se borne en France à Lille-Roubaix-Tourcoing et à une mince portion de Belgique. Les vagues souvenirs d'un voyage à Paris à l'âge de cinq ans – les bancs brûlants du bord de Seine en attendant le bateau-mouche –, et d'une visite à Champagne chez l'oncle Ephraïm, ont la présence fugace des rêves.

J'ai du mal à associer des événements si différents, la disparition de ma mère et mes premiers voyages. Pourtant, après coup, les choses me paraissent liées. La mort de Françoise clôt le temps de mon enfance et de mon adolescence. La marche vers l'âge adulte s'ouvre sur une série de voyages qui explosent mes horizons. Ils s'enchaînent dans le temps et finissent après coup par former un tout cohérent. C'est mon père qui prend l'initiative de nous envoyer ma sœur et moi à Paris, puis en Grèce et en Italie, enfin, mais plus tard et moi seul, en Égypte. Il songe avant tout à nous rendre heureux en nous sortant d'un foyer ébranlé par le deuil. Il est temps aussi que nous apprenions à nous débrouiller par nous-mêmes dans des milieux et des contrées qui ne sont pas les nôtres.

Partir pour la Grèce

Un mois après la mort de ma mère, je découvre Paris. Enfin !

La cousine Roselyne, la fille de Sonia et d'Albert le photographe, nous a invités ma sœur et moi à passer une semaine dans la capitale. Cette jolie jeune femme de vingt-trois ans est l'intellectuelle de la famille, elle fait des études de psycho, elle enseigne aussi dans un collège de la banlieue parisienne pour gagner sa vie. Ma mère l'appréciait beaucoup. Et nous aussi. On l'appelle encore Nénette mais elle n'aime pas cela. On veut tout voir. Elle nous fait tout visiter. Toute la ville y passe ou presque, les musées, le Louvre, Carnavalet, les monuments, le Quartier latin, le Marais, les Halles, pas encore démolies, Versailles sous la pluie, avec en prime, merveille, un dîner à Orly pour regarder de près décoller les avions. Le musée d'Orsay, le Centre Pompidou n'existent pas. C'est la première fois que nous mettons les pieds dans un aéroport – qui n'est pas encore envahi par le tourisme de masse –, la première fois que nous prenons le train tout seuls, que nous entrons dans un restaurant chinois, l'Empire céleste, rue Royer-Collard au Quartier latin. Inlassable et étonnamment attentive, la cousine ne nous laisse pas respirer un instant et c'est tant mieux. Je suis ravi de visiter le Paris de Balzac, rue Raynouard, et de Victor Hugo, place des Vosges, avec ses façades noires pas encore ravalées. Mais surtout je découvre que j'ai quelqu'un à Paris qui m'aime et sur qui compter, ce qui pèsera bientôt sur ma décision de partir étudier dans la capitale.

Cette excursion de Pâques en prépare une autre. Partir alors en Grèce n'a plus rien d'une aventure, mais dans les hôtels et sur les sites le nombre des touristes reste raisonnable. Mon père a contacté une organisation de voyage catholique et nous partons rejoindre à Lyon une quinzaine d'adolescents cornaqués par un jeune prêtre. Double première, des vacances sans mes parents, et l'apprentissage de la vie de groupe. Je corrige le mot vacances, car c'est à la découverte de la Grèce antique et byzantine que nous partons et pas de ses plages chauffées à blanc, en tout cas pas moi car ma petite sœur en trouvera vite le chemin. À priori, l'idée de voyager sous la direction d'un curé m'impressionne un peu. Mais nous sommes en 1965 et l'Église catholique entreprend alors une formidable cure de rajeunissement qu'elle ne connaîtra plus jamais depuis. Du reste, le contact sera excellent et le prêtre témoigne d'une ouverture d'esprit proche de celle de l'abbé qui a accompagné les derniers jours de ma mère. Patricia et moi oublierons vite que c'est un curé, sauf quand tout le groupe, à l'exception de nous deux, se rendra à la messe le dimanche matin à Athènes.

Comme il n'est pas question de prendre l'avion, nous gagnons la Grèce par voie de terre et de mer. Un premier train nous conduit de Lille à Paris, puis un deuxième convoi de la capitale à Lyon où nous rattrapons le groupe, avant un troisième train de Lyon à Turin. À Turin, nous nous transbordons dans des wagons qui traverseront l'Italie de haut en bas et ne s'arrêteront que sur les rives de l'Adriatique, à

Brindisi. Tourcoing-Brindisi, environ trente-six heures et deux nuits sur les banquettes des trains. La belle aventure ! Pas très confortable mais dès le lever du soleil à la hauteur de Rimini, l'excitation l'emporte. L'éclat de la lumière méditerranéenne le long de la côte Adriatique, les villages et les églises anciennes perchés sur les flancs de l'Apennin, les paysages cuits par le soleil, pas question d'en perdre une miette. Rimini, Pesaro, Ancône, Termoli, Barletta, Bari, le train italien, un vrai tortillard, s'arrête partout.

Dans l'après-midi nous arrivons enfin à Brindisi. Me voilà dans la ville du poète Virgile et je suis persuadé que la grande colonne romaine qui se dresse sur le port a été érigée en souvenir de sa disparition. La colonne, en réalité, marque le terme de la voie Appia. Le port de Brindisi met la Méditerranée à mes pieds avant que dans la soirée le ferry qui nous conduit à Patras ne s'élance sur cet immense lac bleu. Je ne me lasse pas de contempler l'Adriatique. Ni les cours de latin ni ceux d'histoire romaine ne m'ont laissé imaginer un tel éblouissement. Pour un gars qui a vécu ses premières quinze années dans la grisaille du Nord, où la lumière est le plus souvent ternie par les passages nuageux ou les ondées glaçantes, le choc est rude et délicieux. Il fait si bon de se plonger dans la piscine du ferry Brindisi-Patras avant de se rafraîchir sous une douche bien méritée après tant d'heures de train. Nous passons la nuit sur des fauteuils d'avion assez inconfortables, mais le spectacle des étoiles m'empêche de fermer l'œil. Le navire glisse sur les eaux de l'Adriatique avant de longer les côtes albanaises qui vues du bastingage ont des allures d'éden. Les touristes, moi le premier, se dorent sur le pont du navire alors que le camarade Enver Hoxha a précipité son pays dans une révolution culturelle inspirée du grand frère chinois. Ce face-à-face muet de l'Europe des loisirs et de celle des dictatures est déjà banal à l'époque. C'est aussi la condition *sine qua non* de l'essor aveugle du tourisme de masse.

À l'aube, quand j'ouvre l'œil, un des serveurs italiens du bar m'apprend que je suis face à Ithaque, l'île d'Ulysse :

« *Ecco l'isola di Ulisse !* ». Ce coin du monde, qui se réduisait à quelques lignes d'Homère dans un livre de classe ou aux pages des *Contes et légendes tirés de l'Iliade et de l'Odyssée*, se révèle à moi brutalement, déjà calciné par le soleil du matin.

Débarqué à Patras sur le Péloponnèse, le groupe s'entasse dans un car qui nous ballotte par des routes escarpées jusqu'à notre premier hôtel aux abords d'Olympie. Nous commençons à apprécier nos compagnons de route et à nous faire des amis. Une dame m'attire. Plus âgée que nous tous, elle devait avoir la trentaine, belle et chic en toutes circonstances, avec ses allures de star américaine et ses grandes lunettes de soleil. Elle chante et comme elle ressemble à Maria Callas, elle sera pour le groupe, pour moi et à jamais, « la Callas ».

Peut-être se souviendra-t-elle, si elle lit ces lignes, de l'adolescent coincé qui la suivait partout dans les ruelles de Plaka ou de Mykonos. C'était l'adulte, séduisante et rassurante, dont nous avions besoin ma sœur et moi, qui étions les benjamins de la troupe. N'était-ce pas la première fois que nous passions des vacances hors de la famille en terre inconnue ? À nous de nous accoutumer à vivre sans notre mère et à nous débrouiller loin de Papa dans un pays dont nous ignorions tout de la nourriture et des habitudes, dont nous ne parlions pas la langue, mes rudiments de grec ancien me servant au mieux à déchiffrer fièrement les panneaux de signalisation. Les Grecs cuisinent tout à l'huile d'olive qui donne un goût bizarre aux aliments. Il va falloir s'y faire, nous qui ne connaissions que le beurre. L'ouzo qui ressemble un peu au Pernod de Grand-Père ou le vin résiné passent mieux. Les feuilles de vigne farcies et les yaourts « à la grecque » sont un délice.

Avec « la Callas » et deux ou trois autres filles de mon âge je ne manque aucune visite alors que souvent ma sœur, lasse de tant de ruines – mais après tout elle n'a que quatorze ans – apprend vite à s'échapper vers les plages de Glyfada où elle collectionne les coups de soleil à ses risques et périls. « La Callas » chante et connaît son Offenbach sur le bout des doigts : on éclate de rire en répétant après elle un chœur de

La Belle Hélène, « Ce roi barbu qui s'avance, -bu qui s'avance, -bu qui s'avance, c'est Agamemnon... », gueulé en montant et en descendant les rampes de l'Acropole ou de Mycènes. Le télescopage entre la contemplation médusée des ruines et cette Antiquité de vaudeville version Second Empire condense pour moi l'atmosphère de ce voyage, à la fois éblouissant et revigorant une fois surmontés les mois difficiles.

Première étape après le débarquement à Patras, les ruines d'Olympie auraient pu me décevoir si j'en avais visité d'autres auparavant mais il s'agissait de mes premiers vestiges antiques. Il fait très chaud et à la fin d'une journée passée à parcourir le site en tous sens, je ne pense qu'à me tremper dans l'Alphée avec la sensation de me plonger dans la mythologie : Hercule n'a-t-il pas détourné cette rivière pour nettoyer les écuries d'Augias ? Avec le même plaisir, à Nauplie je m'immerge dans les eaux du golfe Argolique après une journée épuisante à déambuler entre Mycènes et l'Acrocorinthe et avant une nuit mémorable passée sur la terrasse qui recouvre l'hôtel. Avec deux copains, sans rien demander à personne, et non sans effort, on a tiré les lits dehors. Allongé, face vers le ciel, je découvre ce sentiment de vertige et d'écrasement que donne la contemplation de la voûte étoilée. La visite des sites archéologiques dont à Tourcoing je n'avais qu'une vague idée, faute d'images photographiques ou de films, s'accompagne partout d'impressions physiques qui m'ont profondément marqué : la chaleur brûlante des marbres, la lumière qu'ils réfléchissent, le chant lancinant des cigales, mais aussi cette mer aux eaux cristallines, parfois violemment colorées par les taches orange que forment les bancs de méduses.

En Grèce, le mariage de la mer et des sites se répète à l'infini. À Coxyde, la mer du Nord et l'abbaye des Dunes s'ignorent l'une l'autre. On ne voyait pas la mer depuis l'abbaye et depuis la plage les ruines étaient invisibles. En Grèce, tout s'offre au regard en même temps. Un bain de mer pris au coucher du soleil, au pied du cap Sounion, me place sous l'œil du temple de Poséidon. Les traversées en bateau, courtes vers Egine, plus longues vers Mykonos et Délos, me jettent au cœur de l'Égée, surtout quand souffle le meltem, que les caïques tanguent et que des paquets de mer me trempent jusqu'aux os. Sensations fortes et rêvasseries se bousculent dans ma tête. Je me sens heureux. Parfois j'oublie presque que ma mère est morte en mars.

La visite de l'Acropole marque l'apogée du voyage. Visite d'abord fort scolaire avec le groupe en suivant les explications du prêtre et d'un guide local. Le lendemain, nous avons quartier libre et je reviens seul à l'heure de l'ouverture pour m'installer sur l'Acropole jusqu'au coucher du soleil. Je me pose à l'entrée, à l'ombre tiède des Propylées. En août 1965, l'intégralité du site, y compris le Parthénon, reste accessible au promeneur. On n'en est pas encore à mesurer les effets du piétinement des hordes d'été et de la pollution urbaine. Aux heures chaudes, l'Acropole se vide comme par enchantement et me laisse seul face à ce qui serait donc l'origine de la civilisation et de la culture. La torpeur, la déshydratation, le reflet aveuglant de la lumière solaire sur le marbre blanc, la vue sur le golfe Saronique me plongent dans un état étrange. Le vent chaud qui souffle à travers les colonnades donne à l'air sa transparence de cristal. Des senteurs nouvelles m'entourent sans que je sois capable de distinguer la lavande du laurier ou de l'olivier.

À quoi ai-je songé durant ces longues heures ? Je me laisse imprégner par toutes les choses mortes et vivantes qui se dressent autour de moi. Tandis que ma sœur a disparu du côté des plages du Pirée et que les autres font la sieste, cloîtrés en bas à l'hôtel, moi, j'ai le monde antique sous les yeux. Les héros des *Contes et Légendes* que j'ai dévorés trois ou quatre ans plus tôt me reviennent à l'esprit. Comme repassent les notices que j'ai tirées du *Larousse universel* pour tracer les généalogies des divinités de l'Olympe.

Autre moment marquant, la représentation des *Troyennes* d'Euripide donnée en grec moderne à l'Odéon d'Hérode Atticus. Je n'ai jusque-là jamais vu de pièce de théâtre, boulevard ou classique, sauf à la télévision. Me voilà catapulté dans le spectacle antique, via le théâtre qu'un riche Romain, Hérode Atticus, a fait construire au pied de l'Acropole. La nuit tombe. Le vent s'apaise. Le ciel se remplit d'étoiles. Au-dessus de nous, le haut des colonnades du Parthénon brille sous les projecteurs du son et lumière. Serrés en haut des gradins, nous assistons au spectacle d'un chœur masqué qui déclame au son d'une étrange musique. Le prêtre qui nous accompagne a eu la bonne idée de nous distribuer une traduction de la pièce puisque nous ne comprenons rien aux dialogues mais les évolutions des acteurs et la musicalité de la langue suffisent à nous river sur notre banc de marbre.

Je suis bien décidé à ne pas revenir de Grèce les mains vides. Les boutiques de Plaka sont tentantes : j'achète une tête de *Niobe*, pas trop mal imitée, un joli petit lécythe blanc orné de figures peintes, lui aussi décemment reproduit, un vieil encensoir en cuivre, avec des grains d'encens, deux ou trois cierges qui sentent le miel. À quoi s'ajoutent une grosse éponge acquise sur l'île de Mykonos, et cette sorte de rosaire que manipulent les hommes à longueur de journée, un *kobuloi* (komboloï) dont on m'a expliqué le maniement. La tristesse de quitter la Grèce m'étreint si fort que je veux à tout prix emporter ces reliques qui évoquent l'Antiquité, la mer, les Grecs rencontrés sur les bateaux, et même les églises orthodoxes avec leurs popes « crasseux » et leurs senteurs d'encens. Je les conserve encore autour de moi. Mais plus jamais je ne reverrai mes compagnons de voyage.

L'Italie n'est pas la Grèce (1966)

L'année suivante, c'est le tour de l'Italie. Les conditions de voyage sont bien différentes. Une agence a proposé à mon père un itinéraire, et retenu hôtels et visites dans les grandes villes de la Péninsule.

Arrivés à la gare de Lyon, ma sœur et moi nous rendons à l'évidence : nous voyagerons seuls, c'est-à-dire à deux. Premier agacement : partout nos hôtes penseront que nous sommes en « *viaggio di nozze* », et donc nous proposeront immanquablement un grand lit matrimonial. Il faudra s'expliquer à chaque étape et changer de chambre, ce qui n'est pas toujours simple en haute saison. Pas de navire cette fois voguant sur l'Adriatique, avec piscine à bord. Pas d'amis de rencontre et comme nous ne parlons pas un mot d'italien, des relations réduites au strict minimum en dehors des guides touristiques, du personnel des hôtels et des garçons de café. Pas d'échappée possible vers les plages comme en Grèce – ma sœur en souffre davantage que moi –, au contraire un défilé ininterrompu d'églises, de musées et de palais, commentés par des guides plus ou moins compétents, plus ou moins pressés, de Venise à Florence, de Florence à Rome puis à Naples. Patricia fait vite une indigestion d'églises et nos rapports s'en ressentent.

Un seul souvenir surnage dans le cours de ces quinze jours et il est déplaisant : nous arrivons à Naples le 14 août. Le lendemain, tous les musées sont fermés et l'excursion prévue à Pompéi, pour moi le clou du voyage, disparaît du programme. C'est *Ferragosto*. Notre 15 août dans un pays encore très catholique. Catastrophe : je pensais retrouver à Pompéi l'émotion de l'Acropole. Tant pis, nous occuperons ce jour férié à nous perdre dans le *centro storico* où j'acquiers via Portalba mon premier livre ancien, un *Missale romanum* joliment imprimé en rouge et noir à Naples au début du XIXe siècle. C'est l'ancienneté de l'objet, pas le contenu qui m'intéresse. En face de Portalba, sur une terrasse de piazza Dante, les délices de la *granita di limone*, ce sirop de citron versé sur de la glace pilée, ou la saveur tonifiante de la *granita di caffè* nous font oublier le ratage napolitain.

Je regrette la Grèce sans le dire, ma sœur Patricia plus encore que moi et elle ne se gêne pas pour se plaindre. Chaleurs étouffantes, saleté des rues et des gares, villes chaotiques, tourisme au rabais… Où est la blancheur immaculée des îles de la mer Égée et la joie qui a inondé les deux longues semaines grecques ?

Conclusion : l'année suivante, en 67, nous reviendrons à Coxyde, autrement dit à la case départ. Et il faudra que j'attende deux ans, 1969, pour reprendre la route des lointains.

Les vertus de la version latine

Je ne vois pratiquement plus Corinne ni Carole et je ne comprends pas pourquoi elles vont perdre leur temps en boîte, ni où elles trouvent l'argent pour y aller. De ce point de vue-là, je suis fait à l'image de mon père.

En classe de première, mon professeur de Lettres décide de me présenter au Concours général des lycées et collèges. On ne me demande pas mon avis. Je n'ai ni la prétention ni le moindre espoir de remporter quoi que ce soit. Être le premier de la classe, c'est une chose, mais se retrouver parmi les premiers de la nation ! Je présente l'épreuve de version latine. Avec succès. Une semaine plus tard, au petit matin, mon père me réveille en brandissant *La Voix du Nord* : « Ta maman aurait été si heureuse ! Quel dommage que Fafa ne soit plus là pour le voir ! »

Il en a les larmes aux yeux. Je figure sur la liste des lauréats et, qui plus est, je suis le lycéen tourquennois distingué en cette année de 1966. Mon père est immensément fier comme si la parenthèse, ou la blessure ouverte plus de trente années auparavant, avec sa sortie contrainte du lycée, se refermait enfin sur ce palmarès. Il se prénomme Serge tout comme moi et notre nom s'affiche sur la page « Tourcoing » de *La Voix du Nord*.

Au lycée, ce palmarès m'accorde pour la première fois un statut privilégié, rompant la règle égalitaire qui stipule que tous les élèves doivent être traités de la même façon. Le professeur d'éducation physique, M. L., qui ne m'appréciait guère – et je le lui rendais bien : une « peau de vache » –, félicite mon père, me serre la main, se préoccupe maintenant de ma santé, suggère que je pourrais aussi, avec un petit effort, améliorer mes résultats dans sa discipline.

Les répercussions, directes et indirectes, du concours se font bientôt sentir. La distribution des prix en juin sera d'abord l'occasion d'un nouveau voyage à Paris : la cérémonie est présidée par le Premier ministre de l'époque, Georges Pompidou, que je ne connais que par la télévision. Le rituel se déroule le 23 juin dans le grand amphithéâtre de la Sorbonne avec ses fresques aux couleurs défraîchies. Les fastes pompeux impressionnent le petit Tourquennois et lui rappellent que tous les chemins mènent à Paris.

Après l'école primaire et ses maîtres convaincus de leur mission, après la formation classique reçue au lycée, avec le concours général, pour la troisième fois la République m'apporte son coup de pouce, aussi décisif que les précédents. On aura beau jeu par la suite de critiquer les distinctions d'excellence, les distributions des prix et même le Concours général, en négligeant les atouts offerts à qui n'avait derrière lui ni les réseaux familiaux, ni les ressources, ni le capital culturel pour s'embarquer dans de longues études.

Un château près du Rhin

Pour l'heure, mon succès incite le lycée à me présenter au Concours de la journée européenne des écoles. Depuis 1953, ce concours invite les élèves du primaire et du secondaire à disserter sur un thème européen. Cette fois, la barre est moins haute. Je ne me souviens plus de ce sur quoi j'ai disserté, mais je suis sélectionné et je décroche un voyage en Allemagne, soit une dizaine de jours dans la région de Cologne. Je pars seul, sans ma sœur Patricia, une première.

On loge les lauréats français et allemands dans un château du XIXe siècle qu'entoure un vaste parc à l'anglaise, planté de grands arbres et couvert d'immenses pelouses. Dans mes souvenirs, ce château avait autrefois appartenu au prince de Metternich ou à sa famille. S'agit-il du château de Gracht ou du château Wasserburg ? Les photos que je repère sur la toile ne correspondent guère à celles que j'ai dans la tête. Ce serait plutôt le cas du château Arff, or celui-ci semble bien n'avoir aucun rapport avec la famille Metternich.

Mon premier contact avec la terre allemande se déroule dans la chaleur de l'été 1966. Une fois encore, comme au lycée, rien que des garçons, pas de filles. Des éducateurs d'une vingtaine d'années nous encadrent. L'un d'eux en particulier, un bel Allemand aux cheveux de jais, capte mon attention. Je le suis partout, fasciné par son autorité tranquille, son français lumineux et ses réparties caustiques. La nature qui entoure le *Schloss* se prête aux divagations romantiques. Le parc gigantesque, la végétation touffue et les pièces d'eau, le ciel semé d'étoiles, le temps toujours orageux s'en mêlent, autant que les discussions interminables dans ces longues soirées de juillet. Je tiens mon premier journal sur lequel je dessine à l'encre bleue les grands arbres du parc et l'étang qu'ils ombragent. Je tente maladroitement mais avec le plus grand sérieux du monde de transcrire mes premiers émois d'adolescent.

Au moment d'écrire ces lignes, j'ai longtemps cherché ce cahier. Vainement. Avec le sentiment d'avoir perdu quelque chose de précieux, gommé depuis longtemps. Mais quoi ? Dans ses notes à *L'Œuvre au noir*, Marguerite Yourcenar interroge les curieux détours de ce que l'on nomme oubli.

À partir du château nous partons découvrir la grande ville proche, Cologne : on nous explique la guerre, les bombardements, la reconstruction, la prospérité des années 60. De mon côté, je raconte la captivité de mon père et sa sympathie pour les Allemands.

Puis d'autres excursions nous entraînent sur le Rhin jusqu'au Drachenfels, le « Rocher du Dragon » où le héros Siegfried est venu à bout du dragon Fafner. Sur le bateau, un guide évoque Wagner et les Filles du Rhin. Les jeunes Français ne comprennent pas un mot de ce qu'il nous explique tandis que résonne à mes oreilles l'enregistrement de la *Chevauchée des Walkyries* si souvent écoutée chez moi à plein volume, les fenêtres grandes ouvertes sur la rue de Mouvaux.

Comme en Grèce ou en Italie, je me trouve dans un pays dont j'ignore la langue. Et pour la première fois je recours au truchement de l'anglais pour communiquer avec les amis allemands. Cette langue commune, qui n'est ni la mienne ni la leur, devient pour moi cette semaine-là une *lingua franca*, mais davantage un outil passe-partout qu'une langue à part entière.

Pour un adolescent qui n'a jamais connu les colonies de vacances, le séjour allemand me rappelle le voyage en Grèce : la vie collective dans les jeux, les repas, les excursions, les dortoirs, les amitiés qu'on noue le temps d'un séjour et qui ne survivent pas à la rencontre. À quoi bon sélectionner ces garçons et les réunir dans ce château de rêve pour qu'il n'en subsiste aucune trace humaine puisque chacun est reparti de son côté et qu'ils ne seront plus jamais ensemble ? De là ma nostalgie de ces journées rhénanes dont il ne m'est rien resté, pas même les traits de cet ami allemand, pas même un prénom.

L'ami Gide

Pour me récompenser de mon succès au Concours général, mon prof de lettres m'a offert le *Journal* d'André Gide, deux gros tomes en papier bible. Je profite de l'été 66 pour me plonger dans cette lecture. Ce sont aussi mes premiers volumes de la Pléiade. Après le choc Balzac, le choc Gide. En classe de première, nous avions étudié l'auteur des *Nourritures terrestres* et des *Caves du Vatican*. Le prof ne jure que par Gide.

Un jour, Guy H., un de mes camarades de lycée, me tend son Lagarde et Michard : « T'en as pas un peu marre de ce blabla ? » Il pointe la ligne où apparaît la fameuse injonction « Nathanaël, à présent, jette mon livre ! » :

– Regarde ce que j'ai écrit dans la marge : *N'en faites rien ! Note du bibliothécaire,*

– T'en as du culot !

On éclate de rire tous les deux sous le regard intrigué de notre enseignant.

Le *Journal* de Gide était tout autre chose. D'abord le portrait d'un homme public, engagé dans son temps, que je retrouve dans le *Retour de l'URSS* ou le *Voyage au Congo*… Je découvre un Gide moins « vieillot » que celui des *Nourritures terrestres.* Mais à côté de l'intellectuel qui dénonce aussi bien les errances du système soviétique que le colonialisme européen, s'exprime aussi un protestant, amoureux de Bach, qui se mesure chaque matin au piano à une partita ou une fugue du cantor de Leipzig. André Gide me raconte la vie au jour le jour dans la France de l'avant-guerre et de la guerre. Et même davantage.

Au fil de mes lectures, *Si le grain ne meurt* me met tout à coup face à un Gide encore plus intime, celui qui partage avec Oscar Wilde l'amour des adolescents. Et sur lequel le Lagarde et Michard fait courageusement l'impasse. Pourtant c'est bien par la voie du lycée et de la manière la plus « officielle » que j'entrevois l'univers encore tabou de l'homosexualité. Une porte pas si « étroite » que cela. Avant Gide, j'ai parcouru, curieux, le *Sodome et Gomorrhe* de Proust. Me voilà cette fois confronté à une existence bien réelle, celle d'un grand écrivain, et pas à des créatures de roman où les fantasmes se mêlent au travestissement des sentiments. Gide ne dissimule rien des habitudes de son ami irlandais en Algérie et ses aveux m'intriguent. Je me dis qu'à mon âge je ne peux pas tout comprendre mais ce que je lis doit bien avoir un sens qu'un jour je saisirai.

À l'époque, j'ignore quel chemin prendra ma sexualité. J'ai l'esprit ailleurs. En tout cas, en me plongeant dans ces volumes de la Pléiade, je me rends compte qu'on peut être un écrivain engagé, un humaniste polyglotte et musicien et… un homosexuel. À vrai dire, par chance, l'éducation familiale n'a jamais dressé autour de moi des tabous que j'aurais dû renverser. Je dois avoir un peu plus de dix ans, quand ma mère m'explique l'homosexualité : « Tous les gens ne sont pas comme tes parents. Il y a des hommes qui aiment d'autres hommes, et des dames qui préfèrent rester entre elles. Jean Marais – te souviens-tu du *Capitan* ? – préfère être avec ses amis, et Juliette Greco, qu'on écoute souvent à la radio, au contraire, elle aime aussi les femmes. »

Elle cite encore le nom d'un vieux poète (Cocteau) que je ne connais pas. Que pouvais-je alors entendre de ce qui se passait dans la vie de ces célébrités ? Reste que j'ai retenu la leçon. Le Jean Marais de 1960 était le héros plutôt macho, connu et admiré du *Bossu* et du *Capitan* – on est loin de *La Cage aux folles*. Quant à Juliette Gréco, elle est alors l'interprète fameuse de *Il n'y a plus d'après* de Guy Béart, et vient d'interpréter Minna dans *Les Racines du ciel* de John Huston. Pouvait-on rêver pareille entrée en matière ?

L'explication ne portait aucune trace de réprobation et moins encore ne sonnait comme un avertissement. C'était la simple constatation d'un mode de vie et de pratiques qui n'étaient après tout sanctionnées que par la beauté et la célébrité.

Mon professeur de lettres a tout autre chose dans la tête quand il me fait lire *le Journal* : me mettre au contact de l'auteur qu'il admire le plus, d'une pensée humaniste et politique, et de ce premier XXe siècle qui s'achève en 1945. De quoi déclencher les sarcasmes de son rival qui enseigne la philo. Ce collègue marxiste ne manque pas de tirer à boulets rouges sur la pensée bourgeoise et individualiste qu'incarne à ses yeux le détestable André Gide. Quant à l'autre Gide – sans doute tout aussi méprisable à ses yeux et pour les mêmes raisons – le pédéraste, il n'est bien sûr pas question de l'évoquer dans l'enceinte d'un lycée.

Partir

Que faire après le bac ? Dès la classe de première, je m'interroge. Au lycée comme à la maison, je suis le seul à m'en préoccuper, du moins je l'imagine, et je serai seul à choisir. Je suis alors persuadé que certaines portes me restaient infranchissables par nature. Pas question de tenter Normale Sup, que j'imagine exclusivement réservé à une poignée de génies en herbe, à des Sartre ou à des Camus (en fait, Albert Camus n'a jamais été normalien). Pas question non plus d'aller droit dans le mur. Que faire ?

Un de nos voisins, monsieur Mathieu, que mes parents respectaient beaucoup (le « bon monsieur Mathieu »), m'avait pris en amitié. Ce professeur de mathématiques à la retraite était un passionné de généalogies. Connaissant mon inclination pour l'histoire, il proposa un jour à mes parents de me faire découvrir les archives départementales du Nord à Lille. Je l'ai donc accompagné. Nous avons pris le tramway jusqu'à l'Opéra de Lille puis un autre tram qui traverse le centre-ville de part en part. M. Matthieu m'a montré les vieux registres qu'il consultait, avant de me présenter au directeur des archives. Celui-ci m'a alors appris l'existence d'une grande école parisienne, l'École nationale des Chartes, qui formait les conservateurs, et dans laquelle on accédait par concours.

Je rapporte à la maison la brochure qui renferme les clés de mon avenir. Le « bon monsieur Matthieu » m'a initié au monde des archives, le directeur m'a révélé un métier, celui d'archiviste-paléographe.

La chose, cette fois, me semble jouable. Reste un obstacle de taille : la classe préparatoire se trouve à Paris au lycée Henri IV, un établissement qui m'apparaît aussi prestigieux que l'École de la rue d'Ulm, et donc tout aussi hors de portée. Ai-je le droit de demander à mon père de m'envoyer à Paris où les études coûtent bien plus cher qu'à Lille ? Mon père accepte sans hésiter. Mais moi, je me promets bien d'intégrer l'École des Chartes le plus tôt possible pour ne plus avoir à dépendre de personne.

Tout à coup, je réalise qu'un jour peut-être, comme les héros de Balzac, je vais monter à la capitale, ou plutôt descendre de mon Nord. Encore faut-il décrocher le bac.

Les Jeunesses musicales de France

En attendant, je découvre la musique, la vraie, celle des salles de concert avec des instrumentistes en chair et en os grâce à la mère de Corinne et Carole, qui est pour moi « Mme Vandewalle ». « Si tu veux, Yoja, je t'emmène demain soir. Il y a un concert des Jeunesses musicales de France au Théâtre Sébastopol. On donne les *Quatre saisons* de Vivaldi. Avec l'orchestre Paul Kuentz. »

Je n'ai jamais mis les pieds au Théâtre Sébastopol à Lille, je n'ai jamais non plus entendu de concert en salle, j'adore la musique « baroque » et je saute sur l'occasion. Pour cette première, j'ai droit à la vieille salle lilloise au beau nom slave, inaugurée à la Belle Époque. Partout en France, depuis la Libération les concerts des Jeunesses musicales mettent la musique classique à la portée d'un public jeune qui n'y aurait accès que par la radio ou le disque, encore onéreux.

Mme Vandewalle, la mère de mes copines et l'amie de ma mère, frise la quarantaine. C'est une belle femme blonde, qui ressemble aux actrices de cinéma. Elle conduit sa voiture, elle travaille comme standardiste dans une firme textile dont le siège se trouve à Tourcoing, un peu plus haut que le lycée, vers le centre-ville. À midi, quand j'attends le tramway pour rentrer à la maison, à l'arrêt du Pont hydraulique, il lui arrive de stopper sa voiture et de me faire monter à ses côtés pour me ramener chez moi. Le 12, avenue Désiré-Six est à peine à cinquante mètres du 22, rue de Mouvaux. Je suis fier d'être pris en voiture par une si jolie dame, devant mes camarades de classe qui, épatés, ironiques et jaloux, trouvent que « ça alors, i s'embête pas, Grugru ». Cela flatte mon machisme en herbe, d'autant que l'époux de Mme Vandewalle est plutôt du genre invisible. Elle doit avoir des problèmes avec son mari. En tout cas, ça n'est pas mon affaire pas plus que je ne me demande pourquoi elle s'est mise tout à coup à travailler.

En revanche, une chose compte : des mois après la disparition de ma mère, l'affection discrète de cette dame qui m'entourera des années durant, me fait chaud au cœur. Et puis nous partageons la passion de la musique. Dans la grande salle à manger de Mme Vandewalle trône maintenant un meuble imposant, un tourne-disque stéréo et je ne rate pas une occasion d'aller remplir mes oreilles de ce son neuf, en relief, que diffusent les deux haut-parleurs. Pour un ado qui ne connaît pas les salles de concert, le résultat est prodigieux. Mon père, de son côté, se réjouit qu'elle m'emmène à Lille et se charge de mon éducation musicale car il n'aime pas trop quitter son chez soi. Moi, je commence à m'extraire de ma coquille. Ce ne sont plus ni Corinne ni Carole que je viens voir au 12, avenue Désiré-Six, mais la machine stéréo.

Tristes Tropiques

En classe de première, le professeur de lettres attire notre attention sur les questions morales que soulève l'étude de la littérature. Des philosophes du XVIIIe siècle, nous sommes invités à retenir « leur combat commun contre le racisme, l'intolérance et le colonialisme ». Telle est la trilogie de base censée inspirer nos dissertations sur les mérites des Lumières. Une bonne dose d'humanisme, un engagement au-dessus des partis, des valeurs plus portées par Voltaire que par Rousseau, par Gide et Camus que par Sartre, voilà le message que nous transmet la classe de première.

Nous ignorions, moi le premier, que nous n'étions que les « jouets d'une pensée bourgeoise et aliénante ». C'est ce que, l'année suivante, se charge de nous apprendre notre jeune professeur de philo, sur un ton péremptoire. Il vise André Gide : « La liberté n'est pas que le pouvoir du refus. C'est une attitude illusoire, provisoire et irrationnelle. Gide est un auteur bourgeois qui n'a rien compris à l'URSS. Ouvrez plutôt Aragon si vous voulez de la vraie littérature ! »

Le choc entre les deux hommes n'est pas seulement celui de la philosophie et des lettres. La friction constante entre leurs points de vue m'aide à comprendre la société où je vis. Les meilleures intentions cachent parfois d'insidieux conservatismes, je commence à m'en rendre compte, mais je m'aperçois aussi que les discours radicaux peuvent dissimuler des formes de pensée autoritaires. Chacun à sa manière cherche à nous outiller sans imaginer qu'à peine un an plus tard, ma génération traversera Mai 68.

Le cours de philosophie nous entraîne dans un parcours méticuleusement calculé du *Discours sur l'inégalité* de Jean-Jacques Rousseau au *Manifeste du parti communiste* de Karl Marx, en passant par Kant et Hegel. Mais surprise, le troisième trimestre est consacré à l'analyse de *Tristes Tropiques*. Le chef-d'œuvre de Claude Lévi-Strauss est sorti en 1955. Douze ans plus tard, dans une petite ville de province, en classe de Philo, l'ouvrage appartient déjà au canon des classiques, au même titre que Platon ou Descartes. Il me confronte à une nouvelle façon de regarder le monde qui m'entoure. Qu'est-ce que la civilisation occidentale ? Je prends conscience de son existence, en même temps que j'apprends à la relativiser en questionnant sa prétendue supériorité. Au passage, *Tristes Tropiques* m'initie à l'existence de peuples sans histoire dont, bien sûr, nos cours d'histoire ne soufflaient pas mot.

L'année de Philo ou l'année de toutes les questions. Qu'est-ce qu'un philosophe ? Est-ce un homme qui s'éveille et qui parle ? Sommes-nous maîtres de nos pensées ? En ce premier trimestre, je confirme et signe : l'importance accordée à la pensée de Rousseau, un drôle de protestant mais un protestant tout de même, me dit que j'ai eu raison d'éviter le catholicisme. « La meilleure de toutes les religions est la plus claire », proclame l'auteur de *L'Émile*. Rousseau a raison même si cette confirmation intervient un peu sur le tard, à un moment où ma foi déjà s'est effilochée.

Avec Rousseau, le cours me pousse à m'interroger sur la naissance des sociétés et des inégalités sociales, sur l'origine de la liberté et sur l'opposition entre le sauvage et le civilisé. De quoi nous préparer, je le comprends quelques mois après, à la lecture de *Tristes Tropiques*. Je m'habitue aussi à raisonner en maniant toutes sortes d'oppositions du type nature/culture, conscient/inconscient, pensée sauvage/pensée civilisée. En somme, cette dernière année de lycée me livre d'un coup la boîte à outils, remplie de concepts et de questions avec lesquels je vais avoir à me mesurer ma vie durant.

La greffe philosophique prend. La philosophie perçue comme antidote et complément du cours de lettres et le débat implicite ou non entre les deux enseignants ont une efficacité dont eux-mêmes ne sont probablement pas conscients. Le lycée m'offre son dernier et plus beau cadeau, l'apprentissage de l'esprit critique.

Une capacité fort utile dans la France gaulliste de 1967. Le Général domine encore sans partage et la France conservatrice prospère. Dans le Nord, les concentrations d'entreprises s'accélèrent. En novembre 66, les patrons du textile fusionnent pour fonder la Lainière de Roubaix. En mars 1967, les élections législatives ont beau marquer une nette montée de la gauche, Georges Pompidou reste Premier ministre. En mai, les communistes déposent une motion de censure, sans aucun succès. Il n'est pas encore question d'union de la gauche. Pas étonnant qu'entre le marxisme du prof de philo et le radical-socialisme du prof de lettres le courant passe aussi mal. Les idées défendues de part et d'autre ont la vertu de nous initier au débat intellectuel et politique alors que télévision et radio d'État continuent d'être solidement bridées par le pouvoir. Et ce ne sont ni la presse locale ni le *Paris-Match* de la maison – notre source d'informations politiques ! – qui peuvent m'ouvrir l'esprit.

L'initiation démarrée par le lycée est d'autant plus précieuse qu'elle repose sur la base de la discussion et non de l'endoctrinement, même en classe de Philo. Les œuvres inscrites au programme nous parlent enfin de la planète et du temps où nous vivons, Voltaire du pacifisme et de l'antiracisme, Rousseau de l'injustice sociale et des inégalités, Gide du colonialisme, Marx du monde ouvrier, Lévi-Strauss des sociétés non occidentales, abîmées par l'Occident.

« L'épine dans la chair »

Je parcours des notes prises en classe et à la maison sur un gros carnet, robustement cartonné, à la tranche toilée d'un bleu passé par le temps. Du genre de ceux dont se servait mon grand-père pour tenir sa comptabilité de représentant de commerce. L'odeur d'encre qu'il a conservée s'accorde à cette couleur bleue qui a fini par colorer mes souvenirs.

Je visite quantité d'auteurs que souvent je n'aurai plus l'occasion de croiser au cours de ma vie : Descartes, Husserl ou Kierkegaard : « Le désespoir est la discordance interne d'une synthèse dont le rapport se rapporte à lui-même » ; Kant : « Quand on part d'une pensée bien fondée, mais non développée qu'un autre nous a léguée, on peut bien espérer la conduire par une méditation obstinée plus loin que l'homme pénétrant auquel on devait la première étincelle de cette lumière. »

Le carnet me confronte à un moi d'autrefois, plus jeune d'un demi-siècle, qui commence à s'interroger. Que veut dire être libre ? Que signifie la liberté ? Pourquoi l'adolescent de dix-sept ans revient-il si obstinément sur S. Kierkegaard ? « Dans cette forme de désespoir qu'est le désespoir du temporel ou d'une chose temporelle, on a montré qu'au fond il est et se révèle aussi du désespoir quant à l'éternité, c'est-à-dire qu'on ne veut pas se laisser consoler ni guérir par l'éternité, qu'on attache tant de prix au temporel que l'éternité ne peut être d'aucune consolation… » (*Traité du désespoir*).

Ce ton grave me renvoie une petite musique qui m'est devenue familière, le premier mouvement de la *Sonate en si bémol majeur* de Schubert : même fatalité sereine et désabusée que j'associe à la figure du musicien et à celle du philosophe. « Mais n'est-ce pas une autre forme du désespoir, le refus d'espérer comme possible qu'une misère temporelle, qu'une croix d'ici-bas puisse nous être enlevée ? C'est ce que refuse ce désespéré... »

L'idée de désespoir comme défi et comme forme d'existence me talonne. Deux ans après la mort de ma mère, m'est-il si difficile de faire mon deuil ? « Mais s'il est convaincu que cette épine dans la chair [...] pénètre trop profond pour qu'il puisse l'éliminer par abstraction, éternellement alors il voudra la faire sienne. » Le deuil, « l'épine dans la chair »... Des années plus tard, ma sœur Patricia me confiera les tourments qu'elle a affrontés pour la même raison et qu'elle mettra plus longtemps que moi encore à surmonter.

Kierkegaard le protestant me touche. Je m'agrippe à cet esprit qui m'emporte loin des formules désincarnées à la Kant. Tout cela, un demi-siècle après, me semble excessivement sombre, pour ne pas dire lugubre, mais je ne l'ai pas vécu ainsi sur le moment.

Un premier compagnonnage intellectuel

En voici l'une des raisons. Mon initiation à la philo doit beaucoup à l'amitié d'un lycéen qui a redoublé sa classe et me paraît incollable sur le sujet. Plus âgé que moi et plus grand d'une tête, F. devient pour moi le frère aîné que je n'aurai jamais. Il jongle avec les concepts avec une virtuosité aussi fascinante que la calligraphie impeccable de ses notes. F. a des fiches sur tous les sujets, qu'il met toujours avec humour à ma disposition. Je me souviens de son sourire. Il maîtrise le langage tout nouveau pour moi de la philosophie. J'ai l'impression qu'il me prend sous son aile intellectuelle et je tire, je l'avoue, une particulière jouissance de cette situation inédite. Jamais jusque-là je n'avais connu de rapport qui me place dans une telle position d'écoute et d'admiration.

Exigeante, sur le qui-vive, cultivée, sans cesse en tension, l'amitié est pour moi un sentiment neuf, distinct de la camaraderie que j'ai partagée avec plusieurs condisciples du lycée, différent aussi des complicités qui m'unissent à ma sœur Patricia, ou à Corinne et Carole, presque des sœurs. J'adore travailler avec lui et me rendre chez lui. On va à la piscine ensemble. Ensemble on lit les philosophes. Pour la première fois, j'ai l'impression de partager quelque chose avec un être qui me ressemble, même si ce quelque chose se ramène à des idées, des discussions, des notes et des textes échangés.

Des idées et davantage ? Immature, à l'époque je ne me suis jamais posé la question. Nos routes se sont écartées. Cinquante ans plus tard, mes tentatives pour renouer avec F. et évoquer ce passé peu avant l'écriture de ce livre sont restées vaines. Un texte poignant de Stefan Zweig, *La Confusion des sentiments*, m'aide à mettre des mots sur cette amitié, quand le narrateur conclut à la fin du roman : « Je ne l'ai plus jamais revu. [...] Je n'ai jamais reçu de lettres ni de nouvelles de lui. Son livre n'est jamais paru, son nom a été oublié, personne ne se souvient de lui, sauf moi. Mais encore aujourd'hui, comme autrefois le jeune ignorant que j'étais, je réalise qu'à personne je ne dois plus qu'à lui. »

Le silence de nos morts se referme sur l'éternité. Celui des vivants est plus désespérant encore quand on s'aperçoit que les échanges du passé sont à jamais taris et que les quelques traces qui en subsistent à leur tour glisseront dans l'oubli.

En reprenant mon carnet de Philo et en rédigeant ces pages, je tombe sur une volée de citations qui traitent du souvenir : « Le souvenir, c'est ce qui se présente à la pensée (Leibniz), c'est l'habitude (Bergson), c'est la prise de conscience du passé en tant que passé, le monde du réel qui n'est plus [...]. » « Comment comprendre l'oubli : il est lié au temps, c'est une fonction normale (Bergson). »

Page après page, l'apprenti-philosophe scrute les rouages de la mémoire, explore le rôle du déjà-vu, de l'émergence spontanée, s'interroge sur les rapports de la mémoire et du langage. C'est étonnant comme la classe de Philo poussait des jeunes gens à s'interroger sur la mémoire alors que la question n'acquiert de sens qu'une fois que s'approche la fin du voyage.

Le carnet s'achève sur trois pages que je déchiffre rapidement et qui sur le moment m'intriguent car elles semblent me décrire au chevet d'un ami mourant :

– *En vérité, bien singulières furent mes impressions pendant que j'étais à son chevet. En effet à l'idée que j'assistais à la mort d'un homme qui était mon ami, ce n'est pas un sentiment de pitié qui m'envahit car j'avais devant moi un homme heureux, [illisible] dans son comportement et ses propos. À tel point qu'il me donnait l'impression, lui qui [illisible], de ne pas y aller sans faveur divine mais arrivé là-bas, de devoir y goûter un bonheur comme personne d'autre n'en a jamais joui. Voilà pourquoi pas le moindre sentiment de pitié ne m'envahissait comme il eût semblé normal chez le témoin d'un deuil […]. Mais ce n'était pas le plaisir qui régnait d'ordinaire dans nos entretiens philosophiques car telle était la nature de nos propos. Mon impression avait quelque chose de tout à fait étrange, c'était un mélange insolite fait à la fois de plaisir et de peine car je pensais que bientôt cet homme allait mourir et nous tous qui étions là présents, nous avions à peu près les mêmes sentiments, tantôt pleurant, tantôt riant et l'un de nous encore plus.*

Je m'en aperçois vite, ces lignes bien sûr ne sont pas de moi. Il s'agit d'une traduction adaptée ou recopiée d'un passage du *Phédon* (Platon) où il est question de la mort de Socrate. Pourquoi cette traduction pour clore et conclure le carnet bleu ? L'adolescent de 1967 ne me répondra pas.

Paris

Une ultime distribution des prix en juin 1967 et je quitte le lycée de Tourcoing qui m'oublie aussi vite que je l'ai oublié. L'oral du bac se déroule à Lille. Les résultats dépassent mes espérances. La mention TB m'assure l'inscription au lycée Henri IV à Paris. Mon père prépare mon trousseau. Chaque pièce de vêtement et de linge de toilette doit être marquée de mon nom. Je serai interne sur la montagne Sainte-Geneviève, mais assuré de rentrer à Tourcoing au moins tous les quinze jours. À l'époque, c'est encore un long voyage en train de trois heures et demie, jalonné d'une série d'arrêts, Lille, Douai, Arras, Albert, Amiens, Creil, qui rendent Paris encore plus distant. C'est la dernière année que je regarderai le monde depuis le cocon du Château-Vaissier. Adieu Patricia, Corinne, Carole.

Je le sais si bien que monte en moi une sourde inquiétude au fur et à mesure que septembre approche et, avec la rentrée, le départ pour Paris. Paris, c'est l'inconnu : être interne, dormir au lycée, manger à la cantine, mais aussi avoir toute une ville à explorer et toutes sortes de défis à relever, à commencer par me connaître moi-même.

En ce mois de septembre 1967, je pars avec le regret et la certitude d'arriver trop tard : le Paris des existentialistes, de Sartre, de Greco (« Il n'y a plus d'après..) et de Boris Vian s'est éteint depuis longtemps. Dommage… J'imagine mon futur quartier, le Quartier latin, en lisant *L'Écume des jours* :

« Mais, Jean-Sol approchait. Des sons de trompe d'éléphant se firent entendre dans la rue et Chick se pencha par la fenêtre de sa loge. Au loin, la silhouette de Jean-Sol émergeait d'un houdah blindé, sous lequel le dos de l'éléphant, rugueux et ridé, prenait un aspect insolite à la lueur d'un phare rouge. À chaque angle du houdah, un tireur d'élite, armé d'une hache, se tenait prêt. À grandes enjambées, l'éléphant se frayait un chemin dans la foule et le piétinement sourd des quatre piliers s'agitant sur les corps écrasés se rapprochait inexorablement[1]. »

Trop tard !

Qui m'aurait dit que moins d'un an plus tard, en Sorbonne, j'aurais la chance d'assister au retour triomphal de Jean-Sol ?

1. Boris Vian, *L'Écume des jours*, 1947.

Famille Vandewalle-Vanelslander

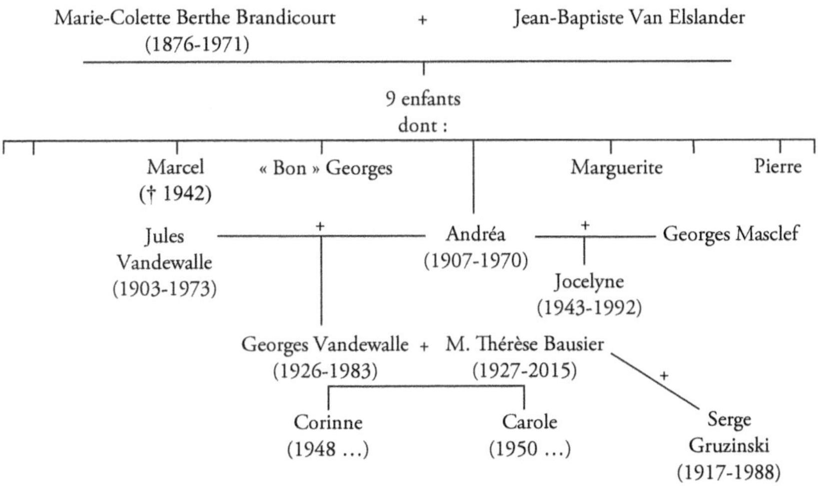

Famille Bausier-Allaerd

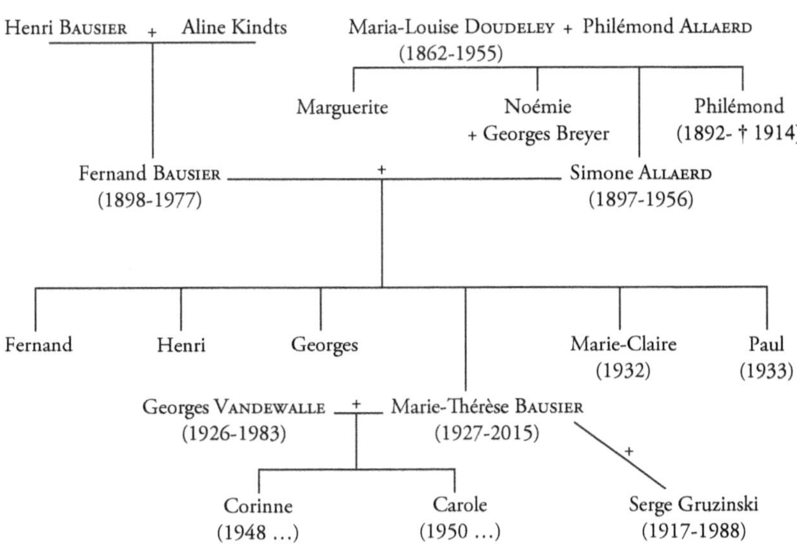

Arbres généalogiques

Famille Gruzinski-Delcambre

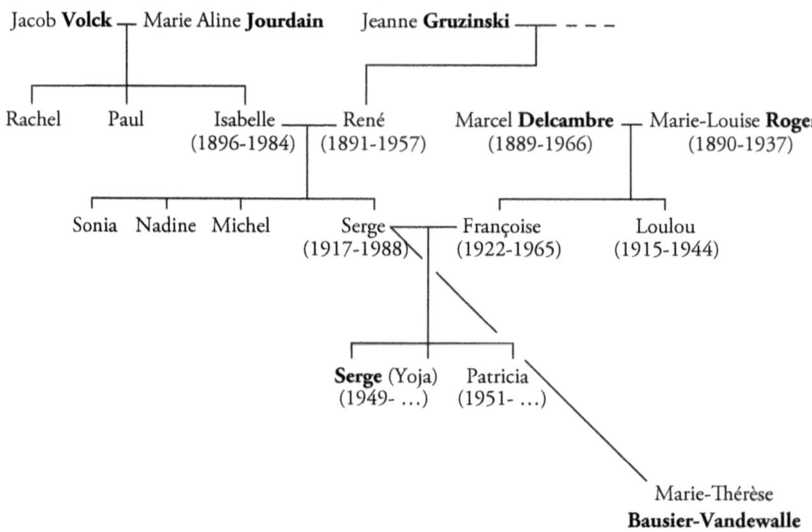

Arbre généalogique

Remerciements

Nos remerciements vont d'abord à la direction et au personnel de la Maison Julien Gracq à Saint-Florent-le-Vieil qui par deux fois nous a accueillis pour des résidences d'écriture.

Carole, Marie-Claire, Paul, Bruno, Alice, Crystal et Célia, Nadine, Décio, Roselyne nous ont rafraîchi la mémoire et confié des photos.

Chez Fayard, Sophie de Closets a bien voulu nous ouvrir ses collections. Dans cette maison les Sophie sont au moins trois : merci également à Sophie Hogg-Grandjean et Sophie Debouverie pour leurs relectures et leurs conseils.

Table des matières

Cet ouvrage a été imprimé en France par
CPI Bussière
Z.I. rue Pelletier Doisy
18200 Saint-Amand-Montrond (France)

pour le compte des Éditions Fayard
en octobre 2019

Photocomposition Nord Compo à Villeneuve-d'Ascq

Dépôt légal : novembre 2019
N° d'édition : 63-3686-7/01 - N° d'impression : 2046335